清华国学书系

吴其昌文存
WUQICHANG WENCUN

清华大学国学研究院 主编
谢伟铭 选编

江苏人民出版社

图书在版编目(CIP)数据

吴其昌文存/清华大学国学研究院主编;谢伟铭选编. —南京:江苏人民出版社,2016.5
(清华国学书系)
ISBN 978-7-214-17586-1

Ⅰ.①吴… Ⅱ.①清… ②谢… Ⅲ.①吴其昌(1904~1944)-文集 Ⅳ.①C53

中国版本图书馆 CIP 数据核字(2016)第 085567 号

书　　名	吴其昌文存
主　　编	清华大学国学研究院
选　　编	谢伟铭
责任编辑	王　田
装帧设计	姜　嵩
出版发行	凤凰出版传媒股份有限公司
	江苏人民出版社
出版社地址	南京市湖南路1号A楼,邮编:210009
出版社网址	http://www.jspph.com
经　　销	凤凰出版传媒股份有限公司
照　　排	江苏凤凰制版有限公司
印　　刷	南京爱德印刷有限公司
开　　本	652毫米×960毫米　1/16
印　　张	26.25　插页2
字　　数	352千字
版　　次	2016年10月第1版　2016年10月第1次印刷
标准书号	ISBN 978-7-214-17586-1
定　　价	54.00元

(江苏人民出版社图书凡印装错误可向承印厂调换)

总　序

　　晚近以来，怀旧的心理在悄悄积聚，而有关民国史的各种著作，也渐次成为热门的读物。——此间很重要的一个原因，当然是在蓦然回望时发现：那尽管是个国步艰难的年代，却由于新旧、中西的激荡，也由于爱国、救世的热望，更由于文化传承的尚未中断，所以在文化上并不是空白，其创造的成果反而相当丰富，既涌现了制订规则的大师，也为后来的发展开辟了路径。

　　此外还应当看到，这种油然而生的怀旧情愫，又并非只意味着"向后看"。正如斯维特兰娜·博伊姆在《怀旧的未来》中所说："怀旧不永远是关于过去的；怀旧可能是回顾性的，但是也可能是前瞻性的。"——由此也就启发了我们：在中华文明正走向伟大复兴、正祈望再造辉煌的当下，这种对过往史料的重新整理和对过往历程的从头叙述，都典型地展现了坚定向前的民族意志。

　　正是在这样的背景下，本院早期既昙花一现、又光华四射的历程就越发引起了世人的瞩目。简直令人惊异的是，一个仅存在过四年的学府，竟能拥有像梁启超、王国维、陈寅恪、赵元任、李济、吴宓这样的导师，拥有像梁漱溟、林志钧、马衡、钢和泰及赵万里、浦江清、蒋善国这样的教师，乃至拥有像王力、姜亮夫、陆侃如、姚名达、谢国桢、吴其昌、高亨、刘盼遂、徐中舒这样的学生……而且,无论是遭逢外乱还是内耗,这个如流星般闪过的学府,以及它的一位导师为另一位导师所写的、如今已是斑驳残损的碑文内容——"独立之精神,自由之思想",都在激励后学们去保持操守、护持文化和求索真理,就算不必把这一切全都看成神话,但它们至少也是不可多得的佳话吧?

可惜在相形之下,虽说是久负如此盛名,但外间对本院历史的了解,总体说来还是远远不够的,尤其对其各位导师、其他教师和众多弟子的总体成就,更是缺少全面深入的把握。缘此,本院自恢复的那一天起,便大规模地启动了"院史工程",冀能在深入研究的基础上,最终以每人一卷的形式,和盘托出院友们的著作精选,以作为永久性的追思缅怀,同时也对本院早期的学术成就,进行一次总体性的壮观检阅。

就此的具体设想是,这样的一项"院史工程",将会对如下四组接续的梯队,进行总览性的整理研究:其一,本院久负盛名的导师,他们无论道德还是文章,都将长久地垂范于学界;其二,曾以各种形式协助过上述导师、后来也卓然成家的早期教师,此一群体以往较少为外间所知;其三,数量更为庞大、很多都成为学界中坚的国学院弟子,他们更属于本院的骄傲;其四,等上述工作完成以后,如果我们行有余力,还将涉及某些曾经追随在梁、王、陈周围的广义上的学生,以及后来在清华完成教育、并为国学研究做出突出贡献的其他学者。

这就是本套"清华国学书系"的由来!尽管旷日持久、工程浩大、卷帙浩繁,但本院的老师和博士后们,却不敢有丝毫的懈怠,而如今分批编出的这些"文存",以及印在其前的各篇专门导论,也都凝聚了他们的辛劳和心血。此外,本套丛书的编辑,也得到了多方的鼎力支持;而各位院友的亲朋、故旧和弟子,也都无私地提供了珍贵的素材,这让我们长久地铭感在心。

为了最终完成这项任务,我们还在不停地努力着。因为我们深知,只有把每位院友的学术成就,全都搜集整理出来献给公众,本院的早期风貌才会更加逼真地再现,而其间的很多已被遗忘的经验,也才有可能有助于我们乃至后人,去一步一步地重塑昔日之辉煌。在这个意义上,这套书不仅会有很高的学术史价值,也会是一块永久性的群英纪念碑。——形象一点地说,我们现在每完成了一本书,都是在为这块丰碑增添石材,而等全部的石块都叠立在一起,它们就会以一格格的浮雕形式,在美丽的清华园里,竖立起一堵厚重的"国学墙",供同学们来此兴高采烈地指认:你看这是哪一位大师,那又是哪一位前贤……

我们还憧憬着:待到全部文稿杀青的时候,在这堵作为学术圣地的"国学墙"之前,历史的时间就会浓缩为文化的空间,而眼下正熙熙攘攘的学人们,心灵上也就多了一个安顿休憩之处。——当然也正因为那样,如此一个令人入定与出神的所在,也就必会是恢复不久的清华国学院的重新出发之处,是我们通过紧张而激越的思考,去再造"中国文化之现代形态"的地方。

清华大学国学研究院
2012年3月16日

凡　例

1. 文存一律用简体横排排版，均用现代通行字及通行标点。原文中所写繁体字无法对应现代简体字者，保留原样。选文多甲骨金文研究，文中所引甲骨金文保留原样。

2. 文存所据底本多为竖排繁体，因此选文中多有"右"字，仍依原书体例，予以保留。

目　录

导　言　1

梁任公先生别录拾遗　40

梁任公先生晚年言行记　45

王观堂先生学述　54

宋代学生干政运动考　74

历史上国难的教训——在武汉大学讲演　117

开国的士风与亡国的士风——一九三四年五月二十一日在武汉大学讲演　125

宋三京图考　131

《星经》四种跋尾　143

说梐枑声例　156

读　词　177

《王会篇》国名补疏（中篇）　184

朱子传经史略　210

朱子之根本精神——即物穷理　236

朱子治学方法考　243

宋代哲学史料丛考　256

驳郭鼎堂先生《毛公鼎之年代》　290

殷代人祭考　312

中国家族制度中子孙观念之起源　320

甲骨金文中所见的殷代农稼情况——《中国文化史·国民经济篇·田制章》的第一节　333

汉敦煌太守裴岑破北匈奴纪功碑跋尾　364

金文名象疏证·兵器篇（节选）　370

吴其昌先生学术年表　389

导　言

吴其昌(1904年4月26日—1944年2月23日),字子馨,曾号正厂。1925年考入清华国学研究院,是国学院第一届学生。在院学习三年,主要从学于梁启超和王国维二先生。吴其昌的主要研究领域在甲骨文、金文、宋代学术史方面。学术著作涵盖学术史、理学、甲骨文、金文、天文历算等诸多领域,并多有创获,而且书法也颇有造诣。曾历任南开大学、辅仁大学①、清华大学和武汉大学的讲席,还曾任国立北平图书馆特约编纂委员。在清华国学院时期,他组织创办了《实学》杂志,担任《清华周刊》的编辑,还是中国营造学社、北京考古学社、中国博物馆协会的会员。其短暂的一生,留下了不可磨灭的印记,亦创造了辉煌的学术成果。

时人评价:"吴其昌研究学术,继承了王国维先生的衣钵;发为文章,则一秉梁启超先生的文心。"②可以说概括了吴其昌的学问路径和气质。当年,陈寅恪先生曾向辅仁大学校长陈垣写信推荐吴其昌,信曰:"吴君

---

① 据吴其昌先生的女儿吴令华女士回忆,就任辅仁大学这段经历,吴其昌本人并未提及过,只是在纪念吴其昌的相关文章中有提及,待进一步考证。
② 吴令华:《沸血胸中自往来——追忆父亲吴其昌教授》,见夏晓虹:《清华同学与学术薪传》,生活·读书·三联书店,2009,第36页。

其昌，清华研究院高才生。……学问必能胜任教职，如其不能胜任，则寅恪甘坐滥保之罪。"①陈寅恪先生可以为吴其昌做这样的担保，可见吴其昌的学问人品自是优秀卓绝。在这里，我们对吴其昌的为人为学作一简要概述，以期让更多人有一番了解。

一、人格剪影

吴其昌出生在浙江省海宁县石硖镇一个平民家庭。十一岁的时候，受业于桐城派古文家张仲梧先生，打下了古文功底。随着家道日贫，十三岁时辍学，开始了自学之路。年仅十七岁便考入了无锡国学专修馆②，跟随唐文治先生研习经学及宋明理学。吴其昌治学勤奋，好学多思，常与同学相互问学、切磋辩论。无锡国专期间，亦养成了严谨、重考据的学风。在治宋儒五子及诸家年谱方面，成果颇丰。1925年，吴其昌以第二名的成绩考入清华国学研究院，在四大导师的传道授业中，开始了自己学问上最重要的积累阶段。在国学院，吴其昌不仅继续深入宋代学术史、哲学方面的研究，而且开始了对甲骨文、金文的涉猎和钻研，为自己今后的学问路径打下了基础，也开拓了方向。吴其昌精研学问的同时，更加关注学校事务和家国天下的命运。作为研究院同学会的副干事和校学生会评议部副职，吴其昌积极投身于研究院的各种事项，诸如刊发国学院杂志，学生请假制度等；③并就学校有关取消研究院一事，与杜纲百代表研究院同学致教职员全体大会公函，坚决要求维持研究院之独立存在；④还就校长曹云祥买通研究生王某反对梁先生为庚款董事会董事

---

① 据陈智超先生所存陈寅恪先生与陈垣先生的十九封往来书信所载，见陈智超：《史学二陈的友谊与学术》，《纪念陈寅恪教授国际学术讨论会文集》，中山大学出版社，1989，第249页。
② 以下简称"无锡国专"。
③ 见《吴宓日记》第3册所记1927年1月、2月、5月、6月、9月的内容。《吴宓日记》（第3册），生活·读书·新知三联书店，1998。
④ 此事当在1926年3月，见吴令华：《海宁吴其昌教授年谱》，《吴其昌文集》（五），三晋出版社，2009，第314页。

一事,参与撰写呈控公文;①还在"三一八"反帝请愿大游行中,毫无畏惧地举大旗走在队伍前列。任职期间,吴其昌不仅鞠躬尽瘁于讲台,面对国难深重的时局,更是做出了绝食请愿的义举。

纵观吴其昌的一生,可记录处甚多,可钦佩处亦更多,然篇幅所限,仅就若干方面略作叙述,以期管窥其行状性情。

(一) 交游之谊

吴其昌为人刚毅秉直,与朋友交而重信有义,无论身处何时何地,都有挚友或砥砺于身边、或问候于他乡。平素好辩,凡学术上意见不同之处,定要据理力争、辩个明白。据王蘧常回忆,在无锡国专时,吴其昌经常与唐兰、王蘧常就先儒时贤、朱子集传等问题进行言辩文驳,激昂之情甚矣。但同时,其亦能服善,他人观点中正确和有益的地方,他定能欣然接纳。在他与郭沫若就毛公鼎年代问题进行的往来辩驳中,郭沫若合理的观点他都予以肯定并采纳。这也正是吴其昌性格中可爱可敬之处,也是其"直"的体现。

友人中与吴其昌交往甚密的有唐兰、王蘧常、刘节、徐中舒、侯堮、方壮猷、高亨、刘盼遂、姚名达、谢国桢、戴家祥。他们常常往来问候,于学问上相互切磋砥砺,共求进步。

吴其昌与唐兰、王蘧常的结识是在无锡国专,三人还被称为"国专三杰"。王蘧常对吴其昌的治学路径很熟悉也很夸赞,认为"理学而尚考据,自君始"②。这个评价一直被后人采用,用来概括吴其昌治理学的方法与特点。而且,在惊闻吴其昌去世的消息后,王蘧常立即于悲痛中作《吴子馨教授传》,要发诸报端,但因其文"语太直",亲友劝其不要发表,以免惹祸,而王蘧常毫无畏惧地说:"为子馨而得祸,亦心所甘。"③足见吴

---

① 此事当在1927年秋,见吴令华:《海宁吴其昌教授年谱》,《吴其昌文集》(五),三晋出版社,2009,第319页。
② 王蘧常:《吴子馨教授传》,《国文月刊》,1945年第45期。
③ 王蘧常:《吴子馨教授传》,《国文月刊》,1945年第45期。

其昌在王蘧常心中的份量,而吴其昌得此挚友,想来也可含笑九泉了。

吴其昌很看重同学间的友情,也很珍惜与友人对酒当歌、相互问学的机会。

在清华国学院学习时,唐兰有两次来京,一为1927年元宵节前后,一为1928年1月下旬,难得的相聚,吴其昌倍感珍惜,邀上好友侯堮,彻夜欢聚,即兴联词,可谓痛快淋漓。还有1927年秋,借在天津随侍梁启超先生的机会,吴其昌便常约在津的同学相见,如谢国桢、刘节、姚名达等。是年10月10日,邀约谢国桢畅饮于天津津门酒楼。他曾作诗云:"削鸢围裳愧未工,坐欹双鬓战秋风。忍看瓯碎还成末,未博狙欢芋易穷。秋入肺肠樽酒薄,愁回天地夜灯红。饮兰各有微茫意,孤愤哀鄄一例同。"①谢国桢在《记清华四同学》中还提及另一次与吴其昌畅饮。那是吴其昌从八里台来找谢国桢,二人痛饮狂歌,并在深夜中蹑步而行,直至晓鸡欲唱之时。二人可谓投契甚深,后来吴其昌到了武汉大学,谢国桢还于夜宿泰山时寄书于吴其昌,怀念当年把酒言欢之情景,并认为"元白之谊"亦不及其二人之遇②,足见两人相知之义。吴其昌的诗集《燕都八哀辞》还记录了1930年前后,他与张仁政、钱穆、方壮猷等诸友及妻、弟同游故都名胜古迹的交游时光。与友人们相聚的时刻,总能唤起吴其昌的愉悦之情。1942年,当老友侯堮自北平脱险至重庆,特地前往乐山看望他时,他珍惜道:"数年来无此乐矣。"

1931年"九一八"事变前夕,吴其昌还与唐兰、刘节同去拜访商承祚③,商承祚拿出新近得到的庐江刘氏藏羼羌十二编钟墨本,众人一同研究讨论,并相约各作考释一篇。之后,四篇考释均成,可谓共同研学的

---

① 吴令华:《海宁吴其昌教授年谱》,《吴其昌文集》(五),三晋出版社,2009,第319页。
② 参见谢国桢:《瓜蒂庵文集》,辽宁教育出版社,1996,第273页。
③ 商承祚(1902—1991),字锡永,古文字学家、考古学家,曾从学于罗振玉。编有《殷虚文字类编》。

佳话。①

1929年,吴其昌发表了《殷周之际年历推证》和《金文历朔疏证》,郭沫若有《毛公鼎之年代》进行批驳。但吴其昌当时因忙于《金文历朔疏证》的继续研究,并未看到驳文,还是唐兰看到后写信告之,经由刘节交到吴其昌手上,吴其昌赶紧购得《东方杂志》阅读此文。后作与郭沫若商榷之文《驳郭鼎堂先生〈毛公鼎之年代〉》。这一时期,吴其昌本欲继续作《金文历朔疏证》,但郭沫若《两周金文大系》出版,其观点与吴其昌有合者、有异者,当时刘节建议先做简表,与郭说相讨论。在此期间,刘节、唐兰、徐中舒帮助吴其昌共同商讨,常至深夜,其友人间相互关切之情流露无疑。

吴其昌也很关心同学的境遇,据戴家祥回忆,1928年的时候,戴家祥一直谋不到差事,吴其昌为之担心着急,比戴家祥自己还焦虑,并时刻关注戴家祥的情况,当得知戴家祥被聘为中山大学的副教授时,立即给戴家祥写信,并引用苏东坡的诗"日啖荔枝三百颗,不辞长做岭南人"来慰勉他。1937年,戴家祥特地到珞珈山造访吴其昌,吴其昌因之前急性肋膜炎住院刚出院,拿出新得元明人书画相示,共同品评,倍感欢喜。

吴其昌还在1927年主持编辑了《清华学校研究院同学录》,不仅有梁先生的题笺,还有王国维先生的遗像和手迹;还辑有梁先生与同学们在北海游玩时的谈话记录——这对研究梁先生也有重要的史料价值。同学录中同学们各缀小传,其中刘盼遂、程憬、王庸等十余位同学的小传都是由吴其昌执笔的。这本同学录是对导师、同学言行情状的留念与珍藏。而吴其昌作为主持者,恰恰体现了他这份珍视友情与师恩的温暖心境。

---

① 当时四人相约后,不久,东三省沦陷,吴其昌爱国之心迫切,将此文暂且搁置,12月,才作出《鼺羌钟补考》。见吴令华:《海宁吴其昌教授年谱》,《吴其昌文集》(五),三晋出版社,2009,第319页。

(二) 尊师之情

吴其昌在清华国学研究院主要受业于梁启超先生,与梁先生相处时间也最长。自入学以来,便跟随梁先生学习宋史、文化史等课程。梁先生平时上课也大都由吴其昌笔录。《清华周刊》上曾多次刊登吴其昌记录的讲稿,如《读书法》、《读书示例——荀子》、《政治家之修养》等。

在梁先生生病期间,他又跟随先生寓居天津住所,可以说是陪伴先生走过生命最后路程的学生,对梁先生的感情笃厚至深。

1928年夏,吴其昌在天津随侍梁先生时,于双涛阁作《说榘榗声例》,请梁先生批阅,后又呈给陈寅恪先生批阅。梁先生于病中亲笔批字。吴其昌因珍爱先生手迹,一直不敢将此文付梓,至1940年1月,《金陵学报》复刊,李小缘①向吴其昌约稿,吴其昌才终于将其刊出,但数次嘱咐李小缘在排字时不要污秽先生手迹。在此次重校文稿时,吴其昌发现文中还有陈寅恪先生的手批之字,其惊喜与珍重之情自不待言。我们可以从吴其昌给李小缘的信中窥得吴其昌对梁先生手迹的珍视之心,其尊师之情亦流露无遗:

> 今接奉元旦手教,欣喜《金陵学报》即将恢复,至为庆贺,而征文及弟,弥增惶悚。……惟忆乡间行箧之内携有旧稿《说榘榗声例》一篇,因有先师梁任公亲笔批字,故从未付刊,恐被排字工友污秽先师之手迹,不知先生以为值得登载否?……惟祈原稿缮抄赐还,因愿永保先师遗泽……一月廿三日

> 拙著《说榘榗声例》(连跋约九千字),昨已特赴乡间检出,校读一过,始知除有先师任公先师手批外,尚有吾师陈寅恪先生手批之字(第二页眉上所注即印度文字母即是),且梁师之批乃易箦前三月

---

① 李小缘(1897—1959),原名李国栋,字小缘,江苏南京人。曾任金陵大中国文化研究所所长、图书馆馆长等职。1952年后任南京大学图书馆副馆长。

之手笔,故宝爱至今,宁可不予发表。今以先生之故,始敢呈教,惟至恳先令书记誊写一遍,原稿掷还,至祷至感。……二月十八日①

吴其昌原稿被寄回时,迟迟未收到,于是吴其昌连去四封信请李小缘与邮局交涉,焦急之情难以言表,对邮局更是严词相对:"须令其知此件决不能敷衍了事者,亦不能任意延宕时日者。……彼如不能限期交出,惟邮务长是问。"②而终于在二个月后收到原稿时,吴其昌心中犹如一块石头落地,看到原稿"得以幸存",深是"感激无既"。

梁先生去世后,吴其昌撰写了《祭梁启超先生文》,其情之挚,其念之深皆流露笔端。文中有先生在时的谆谆教诲、殷切期望、关切询问,如"率尔叩门,必蒙招趋。垂诲殷拳,近何所为?有何心得?复有何疑?"也有向先生禀诉时局晦暗,国难犹深之语,如"至于国难,更深于海。今者北房,如魃如鬼。虔我边陲,饮我血脂。匪言可尽,转喉成戾。九原可作,犹当切齿。不敢悉告,恐师零涕"③。可见吴其昌深知先生心系民族国家之安危、期望王师北定之日,尤其这句"不敢悉告,恐师零涕"更是透彻地表现出对先生忧国之情的体知,不敢将国难犹深之实相告。这篇祭文,字字包含对先生的怀念敬重之情,让人读之不禁潸然。

吴其昌还着力为梁先生写传。1943年12月,吴其昌于病中开始撰写《梁启超》上册,虽发烧、吐血亦未尝中断。到1944年1月19日,上册封笔。而吴其昌于2月23日病逝于乐山。《梁启超》上册成为先生的绝笔。其笃于师情,大可概见。

而梁先生在世时对吴其昌亦是颇为倚重,不仅让其跟随左右,还为其推荐至南开大学任教,并常常与吴其昌倾心畅谈,讲述自己的过往。在《梁任公先生别录拾遗》中,吴其昌记录了梁先生对日本人态度的转变,由最初的感觉日本人可敬可爱,到护国之役后感觉日本人的可畏可

---

① 姜庆刚:《吴其昌先生书信选刊》,《中国文化》,2012年第35期。
② 姜庆刚:《吴其昌先生书信选刊》,《中国文化》,2012年第35期。
③ 吴其昌:《祭梁启超先生文》,《吴其昌文集》(五),三晋出版社,2009,第70页。

怖可恨；为阻止袁世凯称帝，梁先生曾与冯国璋往见袁世凯，却被其先发制人；梁先生对谭嗣同、刘光第的钦重之情等等。在《梁任公先生晚年言行记》中，讲到康有为与孙中山之关系；提到梁先生当时对蒋介石这一新青年的爱护之心；提到梁先生有赴朝鲜隐居之想法，并欲作朝鲜理学与朝鲜学案，以期厘清七百年来朝鲜理学之渊源；又道先生为建设国家文化事业而付出的努力……所谈种种多是梁先生不曾公布的内容，而其对弟子娓娓道来，正可见师生二人关系之亲近，亦见梁师对吴其昌之信任。

另外，吴其昌还跟随王国维先生学习甲骨文、金文等课程，对王先生亦敬重有加。也曾认真细致地为王先生记录讲稿，在《清华周刊》上连续刊载，如《王静安先生古史新证讲授记》、《王静安先生尚书讲授记》、《王静安先生古金文字讲授记》、《王静安先生仪礼讲授记》等。

在得知王先生自沉昆明湖之后，吴其昌悲痛至深，第二日上午，便与国学院学生二十余人前往颐和园与校领导及王先生家人一同处理先生后事。6月14日，吴其昌主动找到时任国学院主任的吴宓，提议以《学衡》专期纪念王先生。① 直至多年后，吴其昌在武汉大学任教期间，还做了题为"王国维先生生平及其学说"的演讲②，其中对清华园的生活记忆犹新，对亲炙王先生门下、王先生之掌故轶闻、治学经过等"如数家珍、滔滔不绝……令人动容"。③ 可见吴其昌对王先生的怀念之情及王先生对其影响之深。

就治甲骨文金文而言，其研究方法均得自王先生，而且始终将先师未竟的事业作为自己的责任，力求将先师之业发扬开来。比如，在王先生逝世五周年之际，吴其昌作《卜辞所见殷先公先王三续考》以示纪念。因为自王先生去世后，考古发掘的成果越来越多，但在先生之文《殷卜辞

---

① 吴宓著，吴学昭整理：《吴宓日记》（第3册），生活·读书·新知三联书店，1998，第354页。
② 该演讲稿发表于1943年《风土什志》，据吴令华先生所撰《海宁吴其昌教授年谱》所注此次演讲时间待考，又据极荣所撰《吴其昌先生印象记》所写"某年秋，史学系一次学术演讲……王国维先生之生平及其学术思想，由先生主讲……"当是这篇演讲，但年月不详。
③ 见于极荣：《吴其昌先生印象记》，陈明章：《国立武汉大学》，南京出版社，1981年，第164页。

中所见先公先王考》和《殷卜辞中所见先公先王续考》写后十五年间竟没有继先生之志、广先生之业者,他自觉承担此业,遂成此文。还有《殷周之际年历推证》一文,开篇讲到王国维先生曾以"共和以前年代之研究"命题,但当时吴其昌并未有所创获,随着研究的深入和对彝器卜辞的积累,对先师遗业,不敢不竟,于是作此文以答先师。

国学院的另一位导师陈寅恪先生也是吴其昌时常惦念的师长。虽然在国学院时期,吴其昌向陈先生问学之时不多,但毕业之后,吴其昌时常给陈先生写信问安,惦念先生近况。其信尚未得见,但通过陈先生1940年和1942年的两封回信可以看到,吴其昌是常致信陈先生的。①

(三) 爱国情怀

吴其昌为人所叹服、敬仰之处,除了他的学识,还有他的爱国之情。吴其昌所处恰是中国战乱频仍的时代,他有着强烈地爱国情感和担当意识,在埋首做学问的同时始终关注着中国的前途命运。带病上课时,他曾说:"国难深重,前方将士效命疆场,后方教授当尽瘁于讲坛。"②其实,不止尽瘁于讲坛,他更在实际行动中积极地践履着自己强烈地爱国情感。

1926年3月18日,发生了震惊全国的"三一八"惨案。鲁迅称这一天为民国以来最黑暗的一天。当天,包括众多学生在内的游行队伍在段祺瑞执政府门前请愿,却遭到军警的武力驱散,结果造成当场死亡47人、伤200多人的惨剧。其中有北京女子师范学校学生刘和珍,《纪念刘和珍君》一文就是鲁迅因此事而作。

而此次游行,吴其昌正是举大旗行于队伍前者,也险遭枪击。清华

---

① 1940年4月2日,陈先生回信说:"云南地高,於患心脏病者不宜。今秋恐不免有欧西之行。世乱国危身病,真不知相何日何地也。"1942年8月5日,陈先生回信说:"尊恙想是过劳所致,不知能有稍修养否? 念念。"见吴令华:《海宁吴其昌教授年谱》,《吴其昌文集》(五),三晋出版社,2009,第340、343页。
② 吴令华:《海宁吴其昌教授年谱》,《吴其昌文集》(五),三晋出版社,2009,第344页。

学生韦杰三遇难,吴其昌便代表全校未遇难同学作《祭韦杰三烈士文》,以悼念遇难同学。字里行间,哀韦杰三之不幸,愤当政者之暴行,不忍与痛恨之情溢于全文。随后,吴其昌博考群书,查古代学生干政运动事。他指出中国古代学界干政之事东汉和明代都有,但学生干政,只见于宋代。于是撰成《宋代学生干政运动考》,以表先烈懿行,为后人树立楷式,并以当日政府之宽厚,对比今日政府之所为,望今日之官僚能扪心自省。

1931年,时逢"九一八"事变,吴其昌奔走呼号。于11月20日,率弟吴世昌与妻子诸湘到顺承张学良官邸绝食请愿,并慷慨呈文曰:愿效昔日申包胥哭于秦庭七日夜,今哭于张副司令之庭,望张副司令即刻出兵支援奋战于东北前线的马占山将军。吴其昌具体提出了三个要求,第一,急调大军,由昂热线昼夜趋进,捣日寇之背,以解龙江之围;第二,急电蒋主席,调首都空军飞黑,驱逐暴日;第三,急电巴黎施公使,在日军未退出洮昂线以前,拒绝任何和解。在吴其昌的义举之下,张学良只答应了第一条,并说其余二条需请示南京。于是,吴其昌率妻弟赶赴南京,与蒋介石面谈,蒋介石答应全部接受,随即吴其昌诸人转而拜谒中山陵。从至张府绝食始,一直到南京拜谒中山陵,共绝食约八十四小时,在中山陵前诸湘夫人已晕倒。吴其昌满怀爱国激情发表昭告总理文,明示:"此后如蒋主席张副司令果能实践前诺,毅然御侮,是不愧为先生肖徒,尚先生在天之灵,明神佑之。如蒋中正张学良背势卖国,或食言误国,是甘心为先生之罪人,尚望先生在天,明神殛之。谨率吾全家即在先生陵下开始复食。并当锻炼此躯,为国家尽虫蚁劬瘁。"[①]为了国家的命运前途将一己之安危、小家之生命抛诸脑后,真可谓"壮怀激烈"。此壮烈之举产生了广泛的影响。清华大学学生会组织了二百余人的请愿团在24日赶赴南京,要求国民政府实现吴其昌的主张。全国各地学生抗日请愿活动也风起云涌。

卢沟桥事变后,吴其昌更是不遗余力地进行抗日宣传,并曾发电要

---

① 吴其昌:《昭告总理文》,《吴其昌文集》(五),三晋出版社,2009,第179页。

求率妻女上前线。① 还在中央干部训练团为抗日军官讲"历史上的国难教训"。抗日战争全面开始之后,吴其昌随武汉大学转移到四川乐山县。积极参与各种抗日救国活动。到处讲演,对青年学生讲、对抗日军官讲、对大小官员讲……不仅付诸行动,亦诉诸笔端,从1932年开始,陆续有满含爱国之情和时政评论的文章发表,如《治学的态度和救国的态度》(1932)、《民族危机的认识和救国治学的态度》(1933)、《开国的士风与亡国的士风》(1934)、《历史上国难的教训》(1935)、《复兴民族的教育宗旨》(1936)、《文人对于国家的责任》(1937)、《乐观、知耻、戒慎、奋进》(1938)、《中华民族生存发展的斗争》(1939)、《长期抗战的国民意志》(1940)、《中日战争的一个历史看法》(1941)、《拯救沦陷区的忠诚青年》(1942)、《响应献金运动补陈三义》(1943)、《光明的进程》(1944)。直至去世前夕,吴其昌都在笔耕不辍地激励人们救亡图存的意志和为国奉献的精神,《光明的进程》是1944年元旦发表的,他知道前途必定是光明的,只可惜他没有等到抗战胜利,但想来他对此结果是必信无疑的。他坚信抗战胜利、民族复兴的信念在文中随处可见:

  我们要坚决自信全民族复兴的成功。②

  应该每一个人都把整个的精力全部贡献于国家的复兴事业……复兴目的,不达不休。③

  至少常识上应该知道中华民族的"最后胜利",从全部世界史的无数显例去观察,是天经地义!④

  而且在《金文世族谱》序中,吴其昌讲到,这部著作正值"禹域神州行

---

① 吴令华:《海宁吴其昌教授年谱》,《吴其昌文集》(五),三晋出版社,2009,第337页。
② 吴其昌:《历史上国难的教训》,《前途》,1935年第3卷第12期。
③ 吴其昌:《民族复兴的自信力》,《国闻周报》,1936年第13卷39期。
④ 吴其昌:《民族盛衰的史例观》,《子馨文在》,沈云龙主编:《近代中国史料丛刊续编》(第八十一辑),文海出版社,1978年,第21页。

将碎沦之日",他"冥心孤索我义黄神胄之种姓、族源",苦瀍悲愤,"不可忍堪",于是将《金文世族谱》"自比于屈子哀郢,韩非孤愤之笺注也。"①吴其昌之于民族家国的情感、传承华夏文化的责任令人可感可佩。"数年中为抗日写论文数十篇,卅余万字。文笔犀利,饱蘸情感,人称有梁任公风。"②吴其昌还曾打算写一部《抗战护国贤豪传》,后写出了《郝梦龄传》和《郑安宝传》两篇。

另外还有一个小片段,在南京大学收藏的吴其昌与李小缘的往来书信十六封中,有一封是吴其昌所写日军对住地的轰炸,"然巨弹落于后院,碎片飞于桌上,墙垩剥落,玻窗碎倒,受赐已不浅矣。炸弹碎片灼热以后冷缩,乃成一奇古假山,弟他日拟携之倭邦展览,此倭创送予之礼物也。"③此段记述,不仅呈现了当时日军轰炸的惨状,还流露出吴其昌对日军的戏谑嘲讽。"受赐已不浅矣"、"携之倭邦展览"等语于风趣中亦见吴其昌坚定的态度。此番经历当发生在 1939 年日军轰炸乐山时。④

吴其昌的爱国之情不仅体现在这诸多爱国壮举之中,同时也体现在存续祖国文化遗产的努力中。

早在 1924 年,吴其昌在容县任教期间,曾致书胡适,提出了四点建议:"一、请保存石鼓,望呈请教育部设博物馆;二、请辑宋元佚书;三、请剪裁重编一切类书;四、请钞集永乐大典。"⑤

1938 年,面对战争给生命、文化带来的灾难,吴其昌拖着病体,不忘对文化遗产的珍视与拯救。此年,他给张元济写信,要求其出面拯救宋刻《旧五代史》一书。当时,蒋慰堂告知吴其昌此书在上海,吴其昌"惊喜

---

① 吴其昌:《金文世族谱》(序),台湾商务印书馆,1936年。
② 吴令华:《海宁吴其昌教授年谱》,《吴其昌文集》(五),三晋出版社,2009,第337页。
③ 姜庆刚:《吴其昌先生书信选刊》,《中国文化》2012年第35期。
④ 此封信未注明时间,据吴令华先生所编年谱,1939年,暑假,吴其昌先生到重庆开会。"八月十九日军轰炸乐山,在寓所扔一炸弹,弹片飞入室内。先生从重庆回来,不问自家损失,先问师生情况。"当是此事。见吴令华:《海宁吴其昌教授年谱》,《吴其昌文集》(五),三晋出版社,2009,第339页。
⑤ 吴令华:《海宁吴其昌教授年谱》,《吴其昌文集》(五),三晋出版社,2009,第313页。

欢起",因为此书在明朝时只有二部,"一为闽中连江陈一宅口所藏(见世善堂书目)。一为姚江黄梨洲先生所藏",而此书"殆尚为梨洲先生所藏本也"。明代时尚有宋刻全帙,由傅山所藏,但"以无人流布而绝种",因此,吴其昌于惋惜中更生出希望,"今次书又岂忍坐视其再绝种乎!"认为"计海内可以呼吁拯救此书垂绝之命者,惟吾丈耳!"对张元济拯救此书寄予很大期望。除此书之外,他还强调"凡四库丛书未著录,海内外仅一孤本,即将绝种灭影之书,拯救犹不可缓"。并且认为"多流传一四库未见之经籍,即多为民族积存一分之光荣也"①。字里行间,亦见吴其昌珍视先辈精血之情与存续文化之赤心。

正所谓是"慨然以天下为己任",吴其昌的精神品格中有着明显的"士"②人情怀,弘毅、传道,不遗余力。进则请缨前线,绝食明志;退则立足讲台,激昂文字。始终体现着一种坚毅的决心和高昂的斗志。即使疾病缠身,还在"忧国不辞身独瘠,忆辽常梦鹤重还。何须金篦苦针灸,沸血胸中自往来"③。其"内热救黎元"之志溢于言表。

二、学术研究

中国在晚清以后,传统文化衰落,西学之风渐盛,五四前后,反传统与全盘西化已成为中国思想界的主流。但在世界范围内,也已经开始了对科学、对物质文化的反思。如西方人本主义思潮的兴起,就是关注生命的价值,反对科学主义、反对机械的人生观。梁启超的《欧游心影录》中更是讲到大洋彼岸的人们期待着用中国文化去解救他们。所以,很多学者便开始重审传统,挖掘中国传统文化中安心立命之旨,1923年科玄论战中玄学派的主旨即在于此。另外,白璧德的人文主义思想也产生了

---

① 此段引文皆引自方继孝:《吴其昌先生精神品格剪影——从吴其昌致张元济的一封信谈起》,见王兆成主编:《历史学家茶座》总第9辑,山东人民出版社,2007,第119页。
② 吴令华女士在谈到吴其昌先生精神品质时,着重强调了其"士"的精神。
③ 吴令华:《海宁吴其昌教授年谱》,《吴其昌文集》(五),三晋出版社,2009,第337页。

广泛的影响,其针对美国社会面对的物质文明的危机,强调用历史的智慧来反对当代的智慧。白璧德对中国儒家传统非常感兴趣,也希望在中国能有"新孔教之运动"①,他的学生梅光迪、吴宓等将他的思想在中国传播开来,以《学衡》为阵地,积极阐释和发扬中国传统文化。于是在五四新文化运动的主流之外,还有着积极倡导传统的一股潜流。

而清华国学研究院正是顺应着这股潜流创办的。在国学院的人员构成上,主任为吴宓,四大导师为梁启超、王国维、陈寅恪、赵元任。他们都有着深厚的国学根基,对中国传统文化有着深厚的情怀。同时,他们也都有着很高的西学素养,都走出过国门,接受过西方文化的熏陶。而清华国学院设立的意旨即在于一方面精深于西方文化,一方面精进于中国传统文化。吴宓在《清华开办研究院之旨趣及经过》中讲到设立研究院的初意时说:"(一)值兹新旧递嬗之际,国人对于西方文化,宜有精深之研究,然后可以采择适当,融化无碍;(二)中国固有文化之各方面(如政治、经济、哲理学),须有通彻之了解,然后于今日国计民生,种种重要问题,方可迎刃而解,措置咸宜。"②这和几位导师的研究志趣、心志所向颇为吻合。

这几位导师在国学院所开的课程和指导的学科范围都是围绕传统学术展开的。王国维先生开设古史新证、说文练习等课程,指导范围包括古文字学、上古史、中国文学等;梁启超先生开设中国通史、儒家哲学等课程,指导范围包括宋元明学术史、中国佛学史、诸子等;陈寅恪开设西人之东方学之目录学、梵文——金刚经之研究等课程,指导范围包括年历学、古代碑志与外族有关系者之比较研究、佛教经典各种文字译本之比较研究等。③ 而学生们的研究成果充分体现了导师们的教学宗旨。如杜纲百《中庸伪书考》、高亨《韩非子集鲜补正》、刘盼遂《春秋名字解诂补正》、陆侃如《乐府的影响》、陈守寔《明清之际史料》、王庸《旧伦理与新

---

① 白璧德撰,胡先骕译:《白璧德中西人文教育谈》,《学衡》1922年,第3期。
② 徐葆耕编选:《会通派如是说——吴宓集》,上海文艺出版社,1998,第173页。
③ 参见孙敦恒编著:《清华国学研究院史话》,清华大学出版社,2002年,第51—65页。

道德》等等，学生们在国学院期间成果颇丰，大都发表在《国学论丛》、《实学》、《清华周刊》、《清华学报》等刊物上，受到校内外学人的瞩目。其中，《国学论丛》是国学研究院刊行的，《实学》是由研究院学生吴其昌、刘盼遂、杜纲百等人发起创办的一个学术月刊，该刊的宗旨是"本之经以明圣贤之心，攻诸史以寻治乱之迹。汇百家之学，集万国之观"①。一方面强调了对传统文化的尊重，一方面又指出要采百家之长，要有先进的方法和观念，而最终指向的还是对传统的阐发，即"明圣贤之心"。

总之，面对新文化运动、五四运动以来"西化"之风日盛的社会风潮，清华国学院的创办是朝着挽救和振兴中国传统文化方向努力的，几位导师精研中国传统文化，并在国学的教学中传播传统文化之精髓，以开放和包容的心态融合中西学说，希冀培养国学人才，担负起弘扬传统之任。国学院为实现传统文化的创新与发展，扭转传统文化的颓势发挥了积极的作用。这正是流淌在清华园的守护传统的潮流，从这里走出去的学子们延续着这股潮流，促使着中国传统文化的逐渐复兴。我们可以从国学院学生蓝文徵的话里感受到这一传统对学生们的影响："同学分研中国文、史、哲诸学，故皆酷爱中国历史文化，视同性命。"②

吴其昌的学术研究正是在这样的文化浸润中开始的，他的治学之路也正是沿着导师们的思想指向展开的。他短暂的一生留下了丰富的学术成果，其中满含着对祖国文化的挚爱和信心。

(一) 求学时期的学术研究

吴其昌一生求学最重要的两个时期是，求学无锡国学专修馆和求学清华国学院。在无锡国专，吴其昌受到了专业的学术训练，为学术研究打下了基础。在清华国学院，其学术成果逐渐丰硕，此时研究的重点在

---

① 《实学》创刊号，1926年4月。
② 蓝文徵：《清华大学国学研究院始末》，见孙敦恒编著：《清华国学研究院史话》，清华大学出版社，2002年，第173页。

宋明时期的学术思想,尤其是理学方面。

1. 理学研究

吴其昌在国学院做了大量宋明理学的研究,这是他早年在无锡国学专修馆的治学方向的延续和深入。早年入无锡国学专修馆时,他便跟随唐文治先生治宋明理学。1923年,经唐文治先生组织,吴其昌与王蘧常、唐兰等编辑了《朱子全集校释》;同年,在《学衡》上发表了《朱子传经史略》,这也是吴其昌先生发表的第一篇学术论文;王蘧常还记录到吴其昌"作朱子理学讲义,累数十万言"①。考入清华国学院跟随梁先生治学后,继续对二程、朱子做进一步的研究。因此,吴其昌早年在二程、朱子研究方面颇有成果。国学院时期,他在理学方面的著述主要有《朱子著述考(佚书考)》、《明道程子年谱目录》、《宋代学术史》、《谢显道年谱》、《李延平年谱》、《程明道年谱》、《宋代哲学史料丛考》、《朱子外集》等。

民国时期,朱子学还是很受关注的。1914年,汤用彤发表《理学谵言》,推崇朱子学,1916年,谢无量出版了《朱子学派》。在1930年,正值朱子诞辰800周年之际,著名的《大公报》专辟"文学副刊"刊登纪念朱子的文章,并以"朱晦翁诞生八百年纪念"为主题,连续五期刊载了四篇学术论文:贺麟的《朱熹与黑格尔太极说之比较观》、张荫麟的《关于朱熹太极说之讨论》、吴其昌的《朱子之根本精神——即物穷理》和《朱子治学方法考》。1932年,冯友兰还发表了《朱熹哲学》。当时还有两部儿童读物《朱子》②。这一时期朱子学研究也借鉴了西学的方法,体现着中西文化的冲荡融合,也可见全盘西化潮流背后传统文化的阐扬并未停息。

当然,贺麟、张荫麟所讲朱子的太极说、朱子的理学思想,是从哲学角度进行的探讨,而吴其昌对朱子的探讨,更注重的是方法本身,注重材

---

① 王蘧常:《吴子馨教授传》,《国文月刊》,1946年第45期。
②《民国时期的两部儿童读物:〈朱子〉》,《朱子文化》2012年第6期。

料的发掘和考证。前文提到,王蘧常总结说:"理学而尚考据,自君始。"①吴其昌作理学研究的特点就是不直接做义理的研究,而先从考据入手。这也是吴其昌朱子学研究包括整个理学研究的特色,他"对朱子著述的考察、对朱子辨伪学的研究,开民国研究的先河"②。为朱子学研究开辟了一个新的方向,成为民国时期朱子学研究的重要一环。

在《宋代哲学史料丛考》中,吴其昌开篇讲到,他自己有志于撰写宋代以后的哲学史,然而在他来看,撰写哲学史的先决条件是精密地考定哲学史料,"否则捕风捉影,高谈玄虚,一若倭邦坊间所售之《中国哲学史》等,将遗后世通人以'瞽说''梏说'之纠焉"③。本着这一原则,吴其昌在作宋代哲学研究时都要进行史料的考证。

1923年10月,发表于《学衡》第廿二期的《朱子传经史略》一文,奠定了吴其昌之后治理学的理路和方法。这篇文章就朱子传经之史加以考察,从"行之于躬"与"施之于人"两方面入手,将朱子一生治经学的经过从"初期端倪"到"豁然贯通"分为六个时期,并详细考证了朱子所研习的22种经学著作的起始、成稿过程,从而使人们可以通观朱子对经学的用功之处。其中,吴其昌还特别运用图表法,分别就四书、五经的细目制成师徒渊源表,使人对朱子经学传承的统系一目了然。图表之运用与统系之记述是他非常提倡的,虽然师友渊源之表由来已久,如《伊洛渊源图》,但中国人对图表并不重视,鲜有流传下来。当初吴康斋见到《伊洛渊源图》时,"慨焉慕之,由是益发愤向学",因此,图表在明了师承、继承先志、启迪后学方面有着不容忽视的作用,吴其昌在此文中列出图表,也正体现了这一用心所在。

吴其昌于朱子学方面的积累,在纪念朱子诞辰八百周年之际也有一次集中体现。他发表了《朱子之根本精神——即物穷理》、《朱子治学方

---

① 王蘧常:《吴子馨教授传》,《国文月刊》,1946年第45期。
② 乐爱国:《"理学而尚考据"——民国学人吴其昌的朱子学研究》,《江南大学学报(人文社会科学版)》,2013年,第12卷第2期。
③ 吴其昌:《文哲季刊》1940年第7卷第1期。

17

法考》两篇文章,详论了朱子的格物致知论和朱子治学的态度与方法,更为可贵的是吴其昌非常重视朱子对于古籍文献的"鉴别真伪",对朱子有关古籍辨伪的大量语录进行了整理,列成表格,使人一目了然。其中,《朱子之根本精神——即物穷理》是回应当时针对中国没有科学的论断所发。文章主要讨论了三个方面的内容,一为中国自古以来科学精神的萌生与中断,一为朱子格物致知所包含的科学方法和态度,一为考究朱子生平学行之内容是否履行了其所倡的科学精神。并最终指出朱子为学有实验的精神,"其所据以证验之方式",是"中国稚弱的原始的科学思想之种子",不幸,"南宋所谓'理学家'者,无一人具有晦翁之头脑,相率而误入歧路,复归于清淡……故'格物'之说,痛斥于明人,'辟伪'之论,深恶于清儒,使此曙光曦微之道路,及朱子身殁而复塞……使当时能循此道路,改进之,发挥光大之,则此八百年中,当有无数十倍、百倍、千倍朱子其人者诞生,则中国科学之发达,又安知必不如欧洲哉!"①可见,对于中国没有科学精神、没有求真思想的观点,吴其昌的看法是与之相反的。

作为"民国时期朱子学研究的一大特色"②,吴其昌的朱子学研究是以考据相关文献史料为主展开的,此方法亦运用于对整个宋明理学的研究。其中最重要的表现就是对宋儒佚书的搜集整理和相关史料的考证。

吴其昌青年时就开始搜集宋儒佚书,1926年在《国学年刊》发表了《裛香庼校辑宋儒佚书序目》,其中包括《横渠佚书》和《朱子外集》。在1924年吴其昌去桂林途中,因读《鹤林玉露》看到有朱熹的佚文,由是便开始搜集朱子佚文。1927年又发表了《朱子著述考(佚书考)》。在吴其昌看来,吾辈应当昌明圣贤之道,宋时"天下学者以不知二程、横渠为耻",而到吾辈手中,先贤遗书却散佚失次,吾辈岂能置之不理,"是岂非吾曹之过与?因为只辑其放佚,纂其卷目,私自检藏以待质正,后有君

---

① 吴其昌:《朱子之根本精神——即物穷理》,《大公报》,1930年,第146期。
② 乐爱国:《"理学而尚考据"——民国学人吴其昌的朱子学研究》,《江南大学学报(人文社会科学版)》,2013年,第12卷第2期。

子,得考览焉"①。在吴其昌这篇文章之后,1932年,有牛继昌在《师大月刊》上发表的《朱熹著作分类考略》,1934年,有金云铭在《福建文化》上发表《朱子著述考》,1936年,白寿彝关于朱子易学类著作有数篇先后发表,后来,六七十年代、尤其是九十年代关于朱子著述考的文章大量涌现,而吴其昌在这方面有开创之功。

为撰写宋元哲学史,吴其昌做了大量的史料准备,后集结为《宋代哲学史料丛考》,这也是理学考证的文章。《宋代哲学史料丛考》包括12篇短文(其中《明程资刻本朱程问答三卷跋尾》于战乱中丢失,仅存目录),也"是后人研究宋史学术的有力之作"②。

其中,《嘉兴沈氏日本长尾氏所藏朱子论语注稿三种跋尾》将尚存于今日的《论语集注》草稿与淳祐大字本《论语集注》相雠校,一方面划定此稿所作之时间范围,一方面可以看出朱子对《论语》几番校注,改缮之勤,最重要的是,从中发现了宋刊以后的谬误,如"而改三家之政",淳祐本已误作"三家之故"③,可见,对此稿的刊对,尚能订正流传之积误。在《利津李氏书画鉴影朱文公墓志钟山起居三帖跋尾》中,吴其昌考证了三帖流传过程中的分合之变,以及三帖写予何人。此三帖本是朱子致一家之书,一直是三帖相联属而共同流传的。但明宣德夏间,《起居》一帖散佚,至崇祯,《墓志》一帖又散佚,仅存《钟山》。其间曲折,均可以从跋语中得知。从吴钧跋到蹇义跋再到金幼孜跋均讲到朱子手书三帖,然而到杨荣跋则说"朱夫子晦庵先生手书二通:观其于撰述张魏公志铭……至其所修《通鉴纲目》……"④,可见已少一帖(即《起居》帖),而此时为"宣德四年己酉四月",据金幼孜跋仅隔三月,而崇祯时,汪砢玉《铁网珊瑚书录》中只存《钟山》一帖,因此《墓志》一帖又遭散佚。而后"不知何人所觅得,幸而复合。查梅壑所见,似已有三帖。经李竹朋刊入《书画鉴影》,而世始

---

① 吴其昌:《国学年刊》,1926年第1期。
② 黄阿邢:《吴其昌生平及其学术考》,《祖国杂志》下月刊(建设版)2012年11月第11期。
③ 吴其昌:《宋代哲学史料丛考》,《吴其昌文集》(四),三晋出版社,2009,第50页。
④ 吴其昌:《宋代哲学史料丛考》,《吴其昌文集》(四),三晋出版社,2009,第54—55页。

得窥全豹"①。并且,就《墓志帖》中所述,与《朱子语类》卷一中林夔孙录"问赵忠简公行状"一条,所记事情相同,而林夔孙所记此条并未注明时间,此可根据《墓志帖》所作时间推定出,可补王懋竑《朱子年谱》有关此条之史料。

《平湖葛氏爱日吟庐书画续录朱文公春雨帖跋尾》一文就平湖葛嗣浵《爱日吟庐书画续录》卷一中所录朱子一帖进行考定,此帖中有论及《大学》格物之说,这在《朱子文集》、《续集》、《别集》中均已失之。因此,此帖意义重大,而葛氏著录此帖,将其传世,功劳可谓甚巨。但葛氏对此帖所作的判断却是有误的。葛氏认为此帖是朱子写给张栻的,依据帖中上款结衔为"知府经略殿撰侍郎"而定,然而,吴其昌则考定此帖是朱子写给李椿的,并从正、反两方面举例,从帖中涉及时间、结衔、敬语、朱子自身的官衔称谓等展开详细论证,厘清了相关史实。

总之,吴其昌对理学的研究开辟了新的思路,从考据入手,厘清岐解和误解、避免以讹传讹之弊,进而更恰当地挖掘义理,阐释思想。这样的研究思路和方法在今天同样有借鉴意义。

2. 地理学研究

吴其昌对宋代学术用力最深,花费了大量的时间和精力搜集、考证宋代史料,"于两宋政治之隆汙,学术之嬗衍,文教之升降,尤为尽心。即其间之名物、制度、人士、典册,最之易忽略者,即叩之无不了辨如响"②。因此,其研究范围除理学外,还有地理学、天文学、田制史等。就地理学而言,他著有文章《宋三京图考》、《宋代之地理学》。近代随着西学的输入,西方地理学译注也随即传入,1896 年,梁启超所作《西学书目表》中便介绍了西方地志史方面的著述,还对当时出版的部分地理学译注进行了评价。另外,民国时期在很多大学都已设立了地理一科,更有一批地理学的研究者推动着地理研究的发展。如张相文在 1909 年组建了中国地

---

① 吴其昌:《宋代哲学史料丛考》,《吴其昌文集》(四),三晋出版社,2009,第 55 页。
② 刘盼遂所言。见侯堮、刘盼遂:《清华学校研究院同学录中之吴其昌小传》,《吴其昌文集》(五),三晋出版社,2009,第 348 页。

学会,这是中国第一个地理学术团体,1910年又出版了会刊《地学杂志》。当时中国也有了第一个地质学博士——翁文灏,于1912年在比利时获得。还有丁文江、竺可桢都是民国时期专研地理的学者,还有同是清华园同学的王庸。因此,当时地理学的研究很是盛行,吴其昌对地理学的关注不仅注重相关的地理学知识,还与传统文化紧密相联。

《宋三京图考》一文,考究了中国地理学之源起、中国舆图的发展,并且详考古今州县之沿革来参证地理书籍中抽象的记述,是研究古代地理学的有代表性的一篇文章。

本文的一大特点便是绘成了宋三京图两种。一种是根据《元丰九域志》、《太平寰宇记》二书所记述的四至八达,及州邻相距之里数绘成;一种是从事实上考证古今州县的沿革而绘成。立足点完全不同,而所绘出的两种图却大致相同,这也令吴其昌感到惊奇。另外,此文虽然是考宋代三京图,但吴其昌的用意并不只限于宋代,更不只限于宋之三京,他是想根据中国古代地理学书籍中的抽象的叙述来推测当时实际的形势,并补绘成图案,使得古代地势的概略、疆域的沿革清晰可见,对研究历史有着重要的意义。

相隔一年之后的《宋代之地理学史》对中国地理学的发展有了更为全面和深刻的把握。全文分别就宋代以前的地理学、宋代地理学和历代的比较、宋代地理学所以发展原因之推测、宋代之舆图学、宋代郡志纪盛、宋代地理学的分类史略、水利学的产生进行了详细地分析。

此文有几点可以注意,第一,虽然是写宋代的地理学史,但非常重视比较研究,不但分析了宋以前地理学的发展,而且总结出宋代地理学与宋之前历代相较,其特点和胜出之处。第二,在看到宋代地理学得到较高程度的发展时,吴其昌还捕捉到了一个相较前朝而退化的现象,那就是外国地理。并且透过宋代地理学兴盛及外国地理衰退的现象,挖掘出了个中原因。他指出,宋代地理学发展的原因有四点,其中有三点很值得注意:一是传播方式的转变给地理学发展带来了契机。五代以后,印刷刊版的发行,使书籍流传变得更为容易,到了宋代,地理书籍和舆图的传布非常广泛,因此学习地理、研究地理的学者日益增多。二是乡约。宋代诸儒乡约很盛行,北宋的吕大钧就制定过乡约的条目,到南宋更得到积极的提倡,朱熹、陆九渊都热衷于乡约,因此,宋代地理学最发达的就是"郡志"。三是注意到地理学虽作为学术的一部分,但其发展却不单单是一个学者的学术活动,它更有背后的政府力量。宋代地理学,每一书成,必受朝廷的褒奖,因此,它的兴盛也有朝廷的功劳。而就外国地理衰退的原因来看,吴其昌指出两点,一是北宋外交的失败。燕云十六州与契丹的割让,使得北方的土地逐渐外化,而讲地理的学者最远讲到边界。二是到南宋时,疆域更为狭小,当时中原地理都无人问津了。第三,他看到了宋代郡志学的发达有理学思想的背景。第四,他对地理学进行了详细的分类,分为自然地理、地文地理、人文地理、历史地理、经济地理、交通地理、军事地理、外国地理。其中,在人文地理中,提到了氏族与地理的关系,从中可以看到种族部类的源流,还特别提到了地理有改变文字的可能。在历史地理中,吴其昌区分了"地理之历史"和"历史之地理"。他注意到,宋之前对地理的研究,往往以历史为主,讲的只是地理的历史,但宋代开始讲历史上的地理,如专考历史上的地理学者,或专考一时代,如杨湜之撰《春秋地谱》。就此点而言,梁启超先生在《中国近三百年学术史》中讲到,中国的地理学本为历史附庸,清儒的地理学可称为"历史的地理学","以便于读史为最终目的,而研究地理不过其一种工具,地理学仅以历史学附庸之资格而存在耳"①。梁先生关注的主要是晚明到清代的学术思想,其关注的地理学研究也集中明末清初。吴其昌就宋代地理学之发展,亦从中看到历史、地理之关系。

此文吴其昌关注的视野很广大,对古今嬗变、时代背景、风俗移转的考虑随处可见,同时观察又精细入微,比如宋代图画中关于水的画法,他发现前代画水都是双钩,而在《禹迹图》和《华夷图》中画水已用单线,而且以前大河小流的画法不曾区分,此二图中以线条粗细加以区别,使人

---

① 梁启超:《中国近三百年学术史》,天津古籍出版社,2004年,第352页。

一目了然。

3. 天文历法

在国学院学习期间,吴其昌还发表了天文历法方面的文章。有《三统历简谱》、《两宋历朔天文学考》、《殷周之际年历推证》、《新城博士〈周初之年代〉商兑》、《汉以前恒星发现次第考》、《燉煌石室唐武德四年写本〈星占残卷〉跋尾》、《明程荣〈汉魏丛书〉本〈星经〉跋尾》(上、下)、《清王谟重辑汉唐地理遗书钞本〈星经〉跋尾》,其中后四篇集为《〈星经〉四种跋尾》,于1931年发表。

在天文历朔方面,吴其昌也有自己的认识。他指出,自古天文历朔是不分离的,但到两宋,这一现象发生了变化,历朔之学在两宋无甚发展,而天文学与历朔之学分离,取得了巨大进步,在中国天文学史上有空前绝后的发明。于是,在《两宋历朔天文学考》一文中,将两宋时期历朔、天文学的盛衰变迁得失之源流加以考察,探究两者分离的原因及天文学的发展,明晰了天文学是自宋代开始取得了一独立学科的地位。

《三统历简谱》追溯了历朔之学的发展,自三代开始对历事就非常重视,汉张苍始造颛顼历,此书不传。之后,便是刘歆的《三统历》,方可称为条理秩然的历算专书。自此,历朔之书相继出现。然《三统历》的地位非常关键,如果不明白《三统历》,那么,对此前之历法将不得其概要,对此后之历法将不得其源绪。在"三统历"方面已有研究的有钱大昕的《三统历术衍》、《三统术钤》,有李锐的《三统术解》,董祐诚的《三统术衍补》,有陈澧的《三统术详说》,有成蓉镜的《三统术补衍》。吴其昌继承了前人的相关观点,但此文与前人最大不同之处,即是采用了新算式。之前在《两宋历朔天文学考》一文中,吴其昌分析历朔之学衰退的一个原因就是宋代通高深算术的学者不多,而且通算术者不治历朔,治历朔者不通算术,其发展便愈走愈艰。在《三统历简谱》中,吴其昌用算式简洁明了地表达出相关历法知识和相关结论,避免了前人只用语言作解释,繁冗复杂又不易明白的弊端。

吴其昌关于历法的研究,尤其是对殷周历法的探究,成为其毕业后学术研究的一个重要方面,为叙述的整体性,相关内容会在下文详述。

总之,吴其昌在科学史领域有着重要的地位。中国科学院自然科学史研究所严敦杰先生担任主编的《中国古代科技史论文索引》便收录了他此方面的论文条目:《殷周之际年历推证》、《金文历朔疏证》、《金文历朔疏证续补》、《宋代之地理学史》。①

这一时期,还因"三一八"惨案而写就《宋代学生干政运动考》一文,这是一篇研究古代学生运动的最早之作。在作此文时,吴其昌显然已经对"三一八"学生运动进行了反思,由宋时学生运动不仅看到了学生自身的问题,也看到了宋时君主、长官之保护、援助的态度,以及奸邪尚知畏惧的心理。而这在当今当朝者身上却看不到。在文末,吴其昌不厌繁琐地列出了可考的参加政治运动的学生的名单。这既是对先贤懿德懿行的铭记,也是对后辈学生担当天下之责的激励。

(二) 任教时期的学术研究

1. 甲骨文金文研究

毕业后,吴其昌相继在南开大学、清华大学、武汉大学等处任教,此后半生的研究成果主要集中在甲骨金文方面,有着辉煌的研究成果。代表作主要有《丛碎甲骨金文中所涵殷历推证》、《驳郭鼎堂先生〈毛公鼎之年代〉》、《卜辞所见先公先王三续考》、《殷代人祭考》、《矢彝考释》、《殷虚书契解诂》、《金文历朔疏证》、《金文世族谱》、《金文名象疏证》、《金文名象疏证续》、《中国家族制度中子孙观念之起源》、《金文氏族疏证初稿》(因战乱遗失)等;还有拟撰而未成者有《金文方国疏证》、《金文职官疏证》、《金文礼制疏证》、《金文习语疏证》等若干种,其治卜辞金文向为世人所推重。

早在国学院时期,吴其昌就开始注意甲骨金文方面的研究,当时跟随王国维先生学习,在此方面自有不少认识。当时便作有《殷周之际年

---

① 参见严敦杰主编:《中国古代科技史论文索引》,江苏科学技术出版社,1986,第92、119页。

历推证》,后来任教期间又由于自己讲授古史,于是尽读殷契遗文,在这方面的研究成果逐渐丰富起来。前文已经讲到,吴其昌整理发表过王国维先生《古史新证》讲授记,这是 1925 年秋,王国维给清华国学院学生所讲的课程,并在其中正式提出了"二重证据法",吴其昌和国学院同学徐中舒是最先对其师"二重证据法"进行总结与继承的。① 这一方法也成为吴其昌研究甲骨文、金文的重要方法。在对甲骨、钟鼎彝器上的文字、铭文进行考定的过程中,吴其昌不仅注重考察文字发展之演变,还留意弥补古代典籍中所缺之史、证实古代典籍中的相关记载,以及相关制度之沿革。因此,吴其昌对甲骨文金文的研究,一方面注重对文字的考释,一方面注重对古史的研究。

(1) 文字考释

1936 年《金文名象疏证·兵器篇》,对"王"字的考释可谓有独到的认识。他发现"王"的本义是"斧"②,自古以来对"王"字的构成众说纷纭,吕大澂言"地中有大","象火奕奕有光"③。吴其昌认为这是倒因为果。他根据丰王斧等诸多青铜器的铭文和器形,结合甲骨文的写法,从八个方面加以论证,第一次提出"王字之本义,斧也",使这一问题有了定说。

李学勤就此也讲到,从《兵器篇》"足以看出他别辟蹊径,由古文字的象形会意,探索造字本源及器物原始,实能发前人所未发。这一论著发表在抗战前不久出版的武大《社会科学季刊》,也是很少人能读到的,其中有些见解与近年考古学界的看法相类同"④。

1934 年,《殷虚书契解诂》在国立武汉大学《文哲季刊》上连载,这部著作是甲骨研究史上一部颇有影响的重要著作,此书从罗振玉所辑《殷墟书契》中选取了 255 片甲骨所载文字,进行字斟句酌的考释与分析,有

---

① 参见陈荣军:《吴其昌古文字研究与二重证据法》,《常熟理工学院学报(哲学社会科学版)》,2011 年 11 月第 11 期。
② 吴其昌:《金文名象疏证·兵器篇》,第 41 页。
③ 吴其昌:《金文名象疏证·兵器篇》,第 41 页。
④ 李学勤:《吴其昌文集·序》,《吴其昌文集》(一),三晋出版社,2009。

很多创见,是吴其昌的代表作之一。

具体来看,关于"河亶甲":吴其昌发现了"河亶甲"一名,李学勤指出:"这是很关键的发现,今年在殷虚小屯南地出土了同文卜骨,经过拼复考释,证明吴先生的补充是合理的。"①在《殷虚书契解诂》第一片卜辞的解诂中,吴其昌附上了经先师王国维及董作宾先后缀合的载有殷商世系的甲骨图片,并就缺损部分进行补充,补出❉甲,即殷王河亶甲。在对第六十七片甲骨文进行解诂时,详细论证了河亶甲在殷商世系中的位置,以及"亶"、"河"之由来。吴其昌吸收了郭沫若、董作宾对❉甲即河亶甲的判断,进一步从对卜辞定例的观察、"亶"字读音、经典史料的记载等全面厘清了相关问题,这是其运用二重证据法的很好例证。通过对卜辞的考察,吴其昌发现其定例有二:一为,凡一片之中,分数节记,特祭一先王者,则祖在前,父次之,孙在后;一为凡一片中,分数节记,合祭二位先王以上者,则孙在前,父次之,祖在后。② 根据这一次序,可断定河亶甲是小甲的后一代,是阳甲的上代,再核之以《殷本纪》中《人表》、《世表》可知小甲与阳甲之间只有河亶甲与沃甲,而吴其昌考定了沃甲为卜辞"三大甲"的合文,所以,便只有河亶甲为是了。并且卜辞中所记戋甲即为亶甲。吴其昌追溯戋与亶的读音,可知古文从戋从善从亶者为一字一声。并从《礼记》、《方言》、《国语》等典籍中得到印证。并且探究了"河"字由来,吴其昌认为因亶甲曾迁于西河,"河亶甲"即为"西河""亶甲"也。古书中有很多直接称呼"亶甲"之处,如《尚书》、《五经正义》等,因此,吴其昌认为"河"字是后人所加,并不是本来就有的。

同时,关于河亶甲所居之"相"有两说,即河南内黄或者安阳。吴其昌在此书中讲到:"宋人《考古》、《博古》诸图,于殷墟出土诸器往往注云:'出洹水之滨,亶甲墓旁'。"③近来所编《〈殷本纪〉订补与商史人物徵·

---

① 李学勤:《吴其昌文集·序》,《吴其昌文集》,三晋出版社,2009。
② 吴其昌:《殷虚书契解诂》,三晋出版社,2009,第125—126页。
③ 吴其昌:《殷虚书契解诂》,三晋出版社,2009,第128页。

商代史·卷二》中就引用了吴其昌的看法,并认为"吴氏之解可备一说"①。

关于"雍己":吴其昌从甲骨中最早认出雍己,是很有创造性的发现。之前,卜辞中的◻字都是被当作◻字,吴其昌在细致地考定中,得出了新的认识,认为这是"口己"的合字,而详考"口"字即为雍。在具体的论证中,吴其昌从七片有◻名的卜辞中,发现凡是祭"◻",都是"己"日,再根据卜辞定例得出◻是"口己"的合文。又从"口"的原始象形开始,非常详尽地考定了"口"即为雍。文中还批判了叶玉森之说,叶玉森指出◻字不当为人名,而是古"祷"字,他所引的是明氏殷虚卜辞第四二四片,然而,吴其昌将此片中卜辞摹录出来,其中所载◻字并非◻字,可一目了然,而且,考万余片卜辞中,见◻者只有七片,并无一字作◻字样,可见叶玉森此说毫无根据,自欺欺人。对此,吴其昌疾呼"司马公有言:为人自不妄语始,为学盖亦如之矣",望"冀人我共勉之也"②。这也正是吴其昌为学为人的信条。

另外,陈梦家在五十年代所作的《商王庙号考——甲骨断代学乙篇》一文中还讲到了吴其昌此番考定的贡献:"1933 年郭沫若的《卜辞通纂》和董作宾的《断代例》,对于殷王世系名号更有了进一步的认识。自此以后,学者间重要的补充,并不太多,较著者为吴其昌对于雍己的认定……","吴其昌先生最先证明他是雍己"③。此说也得到郭沫若的赞同,在郭沫若的《殷契粹编》中考释"雍己"时说"吴其昌释为雍己,其说可从"④。此说也使一直有所困扰的董作宾"恍然如有所释"⑤,他在《论雍己在五期背甲上的位置》一文开篇就讲到:"吴其昌先生作《殷虚书契解

---

① 宋镇豪主编,韩江苏、江林昌著:《〈殷本纪〉订补与商史人物徵　商代史卷二》,中国社会科学出版社,2010,第 139 页。
② 吴其昌:《殷虚书契解诂》,三晋出版社,2009,第 121 页。
③ 此二处引文引自陈梦家:《商王庙号考——甲骨断代学乙篇》,《考古学报》1954 年第 8 期。
④ 郭沫若:《殷契粹编》,科学出版社,1965,第 410 页。
⑤ 董作宾:《论雍己在五期背甲上的位置》,国立中央研究院历史语言研究所集刊编辑委员会(民国)编辑:《历史语言研究所集刊》(第 8 册),中华书局,1987 年,第 458 页。

诂》,旁搜博证,洋洋洒洒,蔚为大观,工力之勤,为并世治契学者所不及。在《解诂》中发明的新义尤多,'雍己'之认识,即其一端。近来理第五期祀典,由先祖的系统,更可以很切实的考定'雍己'在五期背甲卜祀的位置,为吴氏一有力之证。"①一扫学界向来之迷雾,其贡献可见一斑。

关于"鬯":在《殷虚书契解诂》中所列第三十一片甲骨上载"㗊方大丁"。据吴其昌考证,㗊为像尊壶之类的有流的古礼器,并配以图片列举出殷周礼乐服御器中颇多有流者,与卜辞中多次出现的此字形及此字形的变形相应,于是得出论断,"此㗊字,亦早由礼器之名转而为用此礼器之祭名矣。"②进而,㗊字下之㗊字,考证得此字为"鬯"字。吴其昌指出,鬯字在《说文》、《白虎通·考黜篇》、《毛传》等经典训诂中被释为香草,也有像《春秋左传》中直接以"香酒"为训者。但他认为,此字在卜辞中的意义则为"盛香酒之器",它也是摹状酒器之形引申而来,并由礼器转而遂为用此礼器以祭之祭名。所以这片甲骨上所写"㗊方大丁"应当意为"以壶属有流之礼器,及盛香酒之礼器,祊祭于大丁矣"③。

"鬯"字之义一直受到学术界的关注,吴其昌的说法为这个问题的进一步探讨奠定了基础。近来,鬯为酒之义,似乎逐渐成为学术界的共识,于省吾总结说"鬯之为酒不为草,当成定论。"④但是,吴其昌当时指出鬯为盛酒之器,一方面依据礼器转为祭祀之祭名,另一方面,依据甲骨文中鬯出现时的对应之字,比如上问提到的㗊,还有"鬯二、卣二",卣为盛酒之器,那么鬯字亦如是。1991年秋,中国社会科学院考古研究所在殷墟花园庄东地进行考古发掘,发现了一个殷墟文化一期晚段的甲骨坑花东H3。这次发现的甲骨卜辞中有大量用鬯的记载,这些记载中,除了字迹辨别不清楚的之外,用"鬯"的地方都是用来祭祀的,这也和吴其昌在五

---

① 董作宾:《论雍己在五期背甲上的位置》,国立中央研究院历史语言研究所集刊编辑委员会(民国)编辑:《历史语言研究所集刊》(第8册),中华书局,1987年,第457页。
② 吴其昌:《殷虚书契解诂》,三晋出版社,2009,第79页。
③ 吴其昌:《殷虚书契解诂》,三晋出版社,2009,第83页。
④ 于省吾:《甲骨文字诂林》,中华书局,1996,第2832页。

十多年前就推定的"甴"为祭祀时之祭名相符。

还比如对"大"的考释,针对卜辞作"大"而《世本》、《史记》作"天"者,吴其昌指出,"天"与"大"在金文中字本相近,其均摹状人正立之形,"穷究其源实出于一象",所以不必"龂龂辨析焉"①。纠正了罗振玉认为的"天"是"大"之讹的看法。于省吾在《释从天从大从人的一些古文字》一文中进一步指出"古文字偏旁中从天从大从人有时是互相通用的"②。并且《殷虚书契解诂》中对第四十四片的解诂指出凡"大"字作 ⻊ 形的,均为贞人名,他群考卜辞中凡见"大贞"者,共五十三处,无一片不作 ⻊ 形的,并且进一步断定"大"是祖甲时的贞人。这一发现,"对我们释定甲骨文的'大'字起着决定性的作用"③。

(2) 历法推证

吴其昌很早就开始了对殷商历法的研究,执教期间更是在这方面花费了主要的精力。除前文所提篇目外,1929 年 12 月,还发表了《金文历朔疏证》。1931 年,郭沫若发表《毛公鼎之年代》,驳吴其昌《殷周之际年历推证》和《金文历朔疏证》二文,吴其昌于此年写就《驳郭鼎堂先生〈毛公鼎之年代〉》,1932 年又相继写作《金文疑年表》、《人器经纬表》、《王号表》、《诸侯王表》等,进而增补《金文历朔疏证》,发表《金文历朔疏证续补》。后于 1934 年将《金文历朔疏证》和《金文历朔疏证续补》两篇删复增益为《金文历朔疏证》,同时将此前所作诸表一并收入,并附有《驳郭鼎堂先生〈毛公鼎之年代〉》,于 1936 年在商务印书馆出版。

《金文历朔疏证》一文的影响着实不小,后将诸篇集结成书的《金文历朔疏证》是"研究三代青铜器铭文中的历法问题的第一部专著,亦为吴其昌治金名著之一。"④是吴其昌研究殷周历法的最有代表性的著作。

---

① 吴其昌:《殷虚书契解诂》,三晋出版社,2009,第 55—56 页。
② 参见于省吾:《释从天从大从人的一些古文字》,中国古文字研究会,陕西省考古研究所,中华书局编辑部编:《古文字研究》(第十五辑),中华书局,1986,第 185 页。
③ 王本兴编著:《甲骨文字辨异》,辽宁美术出版社,2012,第 95 页。
④ 刘正:《吴其昌及其〈金文历朔疏证〉》,《南方文物》2012 年第 3 期。

2004年,此书作为《国家图书馆藏金文研究资料丛刊》第一册,由国家图书馆出版社出版,给予了此书很高的评价,指出它"奠定了后代金文年代专题研究的基础",并且该著作"至今仍具有较高的文献价值和学术价值"。①

《金文历朔疏证》一文中,吴其昌指出:"考宗周史料,最古最真最可为要者,莫如彝器。""欲考宗周一代文献故实,彝器文字当局首位。"②而对彝器铭文的考定首先就是要考定时间,吴其昌将留传于今的大约二千七八百件古彝器按照记载年月的详略分为五种,其中年、月、朔望、干支四种全有记录者有四十四器,只记录其中三种者有九十九器,只记有两种者约四十器,只记有一种者约二十五器,而均未记录者约三十器。又将这五种之中每一种的不同情况分为若干类,可见其考定的工作量之巨,及吴其昌用心之细。在研究彝器铭文时,他的具体方法是:

> 如能于传世古彝数千器中,择其年,月,朔,望,干支,全记不缺者,用《四分》、《三统》、《殷历》推算五、六十器,确定其时代。然后更以年,月,朔,望,干支四者记载不全之器,比类会通,考定其时代,则可得七八十器矣。然后更以此七八十器为标准,求其形制刻缕文体书势相同者,类集而归纳之,则可得百器外矣。然后更就此百余器铭识上载记之史实,与经传相证合,则庶乎宗周文献略可取徵于一二矣。

此文及之后收入《金文历朔疏证》一书中的诸篇就是按照此法来做的。这里也涉及一个断代的标准问题,吴其昌根据铭文所能查得的历法进行断代研究,同时如上段所引,根据已经确定年代的彝器,按照形制文体书势等进行会通类比,再参之以史料典籍,从而考定此器所处时代;另外还根据观念出现的时间来断定。在《中国家族制度中子孙观念之起源》一文中,就对"子孙"观念最初出现做了考定,指出殷器中无子孙连用

---

① 见《金文历朔疏证》出版说明,吴其昌:《金文历朔疏证》,北京图书馆出版社,2004。
② 吴其昌:《金文历朔疏证》,《燕京学报》,1929年,第六期。

的铭文,周公时始出现,这也是他考定师旦鼎为武王元年之器的依据之一。可以说"吴其昌建立了完整的西周铜器断代的标准和具体操作方法"①,宋代学人如吕大临等人也已经利用"三统历"和"太初历"的知识开始寻求分期断代这一问题的解决,到了吴其昌所作《金文历朔疏证》②,"才算取得了一项可以称之为阶段性的成果",他"开启了这一研究领域的先河"③。

《金文历朔疏证》选取了师旦鼎、史伯硕父鼎、小盂鼎、趞曹鼎、师兑敦等六十多见彝器铭文进行疏证,广征刘师培、朱为弼、先师王国维等学者的论说,加之与自己在《殷周之际年历推证》中所作的西周历谱相推证,力求厘清历法的相关知识,还原商周历史事件的时间范围。比如对师旦鼎铭文的考释,从宗法制度、铸器定例等方面得出师旦为周公,并论定此器为武王元年器,对学术界讨论颇多的克殷之年和师旦鼎所出何年给出了自己的见解。随后回应郭沫若的《两周金文大系》而作的《金文疑年表》、《人器经纬表》、《王号表》等数表和在新发现的基础上弥补《金文历朔疏证》的疏漏而作的《金文历朔疏证续补》都深化了对殷周历法的认识和发现。可以说,这一系列研究"代表了20世纪30年代学术界对于商周历法和铜器断代的比较成熟的20世纪早期学术体系"④。

在这里,我们可以着重注意一下就历法问题吴其昌与郭沫若两人的往来商榷。1928年吴其昌所作的《殷周之际年历推证》肯定了《三统历》是汉人造历中最精密者,他认为经可伪造,而历难伪造,历朔之学本是循序渐进,逐步发展的,有一定的程序,绝非一人可以凭空杜撰出来。因此,《三统历》是集众长而加以改善之历。当然,此书中亦有不通者,如"生霸"、"死霸"之说,此处吴其昌继承了王国维关于"四分一月"之说,又根据《说文》对"朏"进行了进一步的补充。然后,根据《三统历》推勘殷周

---

① 刘正:《吴其昌及其〈金文历朔疏证〉》,《南方文物》2012年第3期。
② 这里指集结诸文的《金文历朔疏证》一书。
③ 刘正:《吴其昌及其〈金文历朔疏证〉》,《南方文物》2012年第3期。
④ 刘正:《吴其昌及其〈金文历朔疏证〉》,《南方文物》2012年第3期。

之际年历,从而制定出了文王十三年至幽王十一年的年历。并考之史料上若干记载,无不吻合。

然而针对此文和《金文历朔疏证》一文,1931年郭沫若发表了《毛公鼎之年代》对吴其昌提出疑义。主要有两点,一为否定吴其昌所制之历谱,一为毛公鼎所处时代的论定。郭沫若举趞曹鼎第二器上铭文指出龚王即共王,铭文中讲到"十又五年"①,可知共王当有十五年,至于历来所云二十年或二十五年之说尚不论对错,但十二年之说却是必错无疑的。而吴其昌在其所制历法中将共王年代定为十二年,可见是完全错误的,并针对此误判定吴其昌所制全谱均不成立。关于毛公鼎的年代,历来看法不一,吴大澂认为毛公为文王之子,孙诒让认为是昭王、穆王时器,日本新城博士认为是春秋中叶以后之器等等,但多持周初之器的观点。吴其昌在《金文历朔疏证》一文中,讲到此器"历朔无徵",然认同先儒之说为成王时器。郭沫若通过审核铭文,发现文中辞令"绝不类周初",反对周初说。并在对吴其昌所认为的周初说进行批驳。

吴其昌在读到郭沫若此文后,作《驳郭鼎堂先生〈毛公鼎之年代〉》②一文,感谢郭沫若之盛意,认为"学术正赖如是互相纠正乃得进步",并详尽地回应了郭沫若之说。首先,吴其昌采纳了郭沫若所指出的共王年代,认为"举趞曹第二鼎,以证龚王之有十五年,其昌实所心服"③,并据此纠正了自己的历谱。其次,就郭沫若否定其所制历谱,表示不赞同。他指出,之前采用共王十二年之说,确有疏忽之处,根据郭沫若的意见,采用二十年之说,其谱本是累分而成,只要将共王、懿王移转八年,再对照趞曹鼎之鼎铭,发现历谱与鼎铭所列时间仅差两日,采用郭氏之说恰好增加了其所制历谱的可信度,也正说明此历谱本身并无问题。又根据郭氏新近所考的臣辰盉和作册夨彝二器铭文与历谱相互印证,均密合。因此,此谱之可靠已可证明。最后,吴其昌重新详证了毛公鼎的时代,推定

---

① 见郭沫若:《毛公鼎之年代》,《东方杂志》1931年第28卷第13号。
② 此文作于1931年,发表于1933年《东方杂志》第30卷第23号。
③ 吴其昌:《驳郭鼎堂先生〈毛公鼎之年代〉》,《东方杂志》1933年第30卷第23号。

毛公鼎为成王时器,非宣王时。

当时对毛公鼎的商讨很多。早在1916年时,王国维先生就写了《毛公鼎考释序》,在文中,他传达出一种治学精神,即凡是为了无一字不通而穿凿附会或者因不通便置之不理这两种态度都是不可取的。应当考其史事与制度文物,从而了解其时代情况,再据诗书、古音探求其文之义例、假借,并参之以彝器来验证文字的变化,由此必有所收获,确实无法考得的,可待后人继续探得,吴其昌无疑是秉着这种严谨的态度做学问的。

关于毛公鼎年代的问题,现在学界所持观点基本为郭沫若的意见。但吴其昌的致思思路、研究方法仍有宝贵的价值和借鉴意义,与郭沫若的往来商榷,亦为这一问题的研究留下了丰富的史料。

之后,吴其昌又根据1929年由李济主持的殷墟第二次发掘所发掘的大龟第四版,作《从碎甲骨金文中所涵殷历推证》一文,在董作宾据大龟第四版而断定"殷历有小月,而小月又是二十九日"的基础上,进一步得出殷历中有闰月,有大小月,大月三十日,小月二十九日,大小月相间而生,并以大小月相间而生的历法来推大龟第四版所铭连绵九月的干支,发现吻合无间。同时根据大龟第一版可知殷历有"频大"变例,借《三统历》的"日月交点标准",依照殷历构成的方法,吴其昌推出了从帝乙元祀到殷亡的八十九年间的历谱,时间得以向上延展八十九年,对于考古史者"宁非幸欤!"可见,吴其昌在此方面所作的努力和贡献。

(3) 殷周历史

1932年在纪念王国维先生逝世五周年时,吴其昌完成了《卜辞所见殷先公先王三续考》,此文正是继续其师未尽之业,将王国维《殷卜辞中所见先公先王考》和《殷卜辞中所见先公先王续考》两文所关注的问题更加推进了。《殷卜辞中所见先公先王考》作于1917年,其作此文亦是受罗振玉和日本内藤博士的启发,因罗振玉《殷虚书契考释》中首度发现卜辞中王亥之名,王国维指出其与《世本》中"胲""核",与《楚辞》中"该",与《吕氏春秋》中"王冰",与《史记殷本纪》中"振",《汉书》之"垓"都是指同一人,而《竹书纪年》已明确王亥为殷之先公。王国维将此发现说与罗振玉和内藤博士,二人都继续考证关于王亥之事,并且内藤博士还讲到如果能发现自契以降诸先公之名,当对古史学者有莫大的裨益。于是,王国维有感此意,继续探究卜辞,于王亥之外,考得王恒、上甲、报乙、报甲、报丁、㚑、相土、季、主壬、主癸、大乙、唐、羊甲、祖某、父某、兄某。此文完稿后呈罗振玉,罗振玉欣喜若狂,尤其对王国维认为田即为甲的这一发现确定无疑。随后,王国维又得以看到英国哈同氏戬寿堂所藏殷虚文字拓本八百纸以及罗振玉新拓之书契文字约千纸,于是对前文又做了补正,即有《殷卜辞中所见先公先王续考》。在考证先公先王之名时都将卜辞与文献相发明,比如王国维先生证出诸先公次序当为报乙、报丙、报丁、主壬、主癸,那么《史记》中所记报丁、报乙、报丙的次序便与事实不符了;再比如所藏殷虚文字中有"中宗祖乙",《竹书纪年》中讲到"祖乙滕即位是为中宗",则《竹书纪年》所在是而古来尚书学家之说非。其中,关于相土、主壬、主癸之考证还缺乏相当的证据。①

吴其昌作这篇"三续考"时已距先师之文有15年之久了,此期间,因有陆续出土的卜辞②,发现了很多前人未发现的问题,一方面可以补先师之文未尽之处。另一方面,则"于先师,妄欲继志述业"。此文成稿前,吴其昌已作《殷卜辞所见先公先王索引表》、《先妣索引表》、《人名索引表》,已经下了很大功夫。文中对㚑、契、龙、王儿、羹、和、土、若、季、王亥、王恒、报甲、报乙、报丙、报丁、示壬、示癸这十七位先公先王进行了考证,其中有王国维已经考定但未详明或缺乏辅证的,比如㚑、土、季、王亥、王恒、报甲、报乙、报丙、报丁、示壬、示癸。王国维当时考证"土"时,资料欠缺,吴其昌在此文中,不单引用了王国维所依据的《铁云藏龟》、《殷墟书

---

① 此处王国维先生之文参见王国维:《观堂集林》,中华书局,2006,第409到437页。
② 王国维作《殷卜辞中所见先公先王考》时,依据的是刘鹗所辑"殷墟"甲骨文历史上的第一部著录书《铁云藏龟》及罗振玉所编《殷墟书契》前后编,之后又看到了英国哈同氏戬寿堂所藏殷虚文字拓本八百纸以及罗振玉新拓之书契文字约千纸,于是进一步作《殷卜辞中所见先公先王续考》。

契前编》,还依据了《簠室殷契类纂》、《五凤》,并且与《诗经》、《礼记》、《山海经》相对照,同时又将贵州土人或苗人的实际风俗引入,证得先师所说"土"即"相土",是先公先王名号,并且还证得土与夒是前后相续的关系。可谓将王国维的研究又向前推进了一步。同时,吴其昌也有自己的创见,比如龙、王儿。这两位先公先王之名是吴其昌考证出的。他将卜辞中所见"儿"字摘录出来,按照罗振玉的解释及与《说文》结合,从字形上加以确认"儿"这一字,并且与《汉书古今人表第二等》和《庄子》等典籍相对照,指出儿"与夋同时,疑即为夋之子"①。"儿"与"龙"这两个先王的名号在学术界虽尚存争议,但吴其昌考证有据,是尚存的合理说法之一,而且学界公认此说是由吴其昌首先提出的,具有重要意义。

总之,此文从五个方面推进了先师王国维的研究,一为有龟契与经典传说相密和,而先师所未及勘者;一为有龟契所著先公之名,经典固早已遗轶,而且为先师所未补出者;一为先师等以为经典中所见某殷先公先王名绝不见于龟契,今勘定,得其确,消除千年积误者;一为已经先师勘定为一,而未谂其故,今参稽金文、群籍,而得其确解者;一为已经先师考定其果,而未详其因,今可解惑而弥补遗憾者。② 这篇文章内容的考证,是直接运用二重证据法来进行的,可以说是对先师之法的直接继承。

《殷代人祭考》一文,吴其昌以甲骨所载,辅之以周代铜器上的史料,并反观古经典群籍上零碎难解的专有名词,阐明了殷代人祭制度的大概和沿革。这篇文章有两点结论值得关注,一为人祭制度在殷代的确存在并非常盛行,到了周代开始被革除,这一变化与农耕的出现有关系;二为吴其昌于《周易》爻辞和《皋陶谟》中的只言片语里发现了虽然周代已经不用人祭,但殷商之子孙却还保有前朝的旧制度,并未完全中断,得见此惨无人道的制度却延绵数百年。"故宗周及成周两代,商人'人祭'之风,

---

① 吴其昌:《卜辞所见先公先王三续考》,《燕京学报》,1933 第 14 期。
② 参见吴其昌:《卜辞所见先公先王三续考》,《燕京学报》,1933 第 14 期。

仍必继续不断,特史料尽亡,在今日未由考见耳。然亦有……偶印一鳞一爪于史料上者",可见吴其昌爬梳史料之细致,常能于大家最熟知的史料中发现新的问题,这一发现也牵动了吴其昌的悲悯之心,他讲到"无量数怨魂冤血,仅借此数片甲骨,得未泯拭……如闻啾啼,悲夫!"①文末,吴先生注明此文是写于"倭寇屠辽后七月",此当指"九一八"事变,而死于敌人屠刀下的无辜百姓和无辜死于人祭的人们应当都引发了他的悲愤之心吧。

还有《中国家族制度中子孙观念之起源》一文,考定"子孙"一词,既明确了古代宗法制度的根据,又对古文化史的研究做出了贡献,用吴其昌的话说就是"吾国古文化史上之一大枢键矣"②。

2. 田制史和边政史方面的研究

吴其昌在清华大学、武汉大学讲中国文化国民经济篇田制章时写过数篇田制史方面的文章。主要有《秦以前中国田制史》、《北魏均田以前中国田制史》、《宋以前中国田制史》、《宋元时代中国田制史》、《甲骨金文中所见的殷代农稼情况》。分析宋元时代田制时,他从经济立场上将北宋作为一个单位,将南宋和元作为一个单位;在分析宋以前中国田制时,认为当时中原与江南不同,江南正走在全盛之后,正是地主贵族剥夺农民的状况,而北方的连年混战使得土地荒芜、无人耕种,在这样的情况下魏孝文帝实现了"均田制",吴其昌认为这是中国有史以来"土地国有,平均授田"政策的第一次成功的实现。总之,田制学本不是吴其昌学术研究的主要方向,但"田制学是吴其昌学术不可忽视的重要内容之一,其对中国历代田制的研究不仅局限于古史的记载,更重于对遗留金石甲骨的剖析,较于前人甚至同时代的论述有其独特的一面"③。

而对于边政学的研究,也应该是时代的机缘。自"九一八"事变后,为唤醒民众的危机感,向民众介绍边疆情况成为学者们关注的一个方

---

① 吴其昌:《殷代人祭考》,《清华周刊》,1932 年第 37 卷第 9、10 期。
② 吴其昌:《中国家族制度中子孙观念之起源》,《女师大学术季刊》,1930 年第 1 卷第 3 期。
③ 黄阿娜:《吴其昌生平及其学术考》,《祖国杂志》下月刊(建设版)2012 年第 11 期。

向。因此,20世纪40年代,边政学的研究逐渐兴起,进而相关的学术团体、学术刊物成立、创办。比如,1941年,中国边政学会成立,当年8月10日,《边政公论》杂志创刊。吴其昌关于边政的文章,也无不流露出其在外患日亟下的担忧与思考。他在《两汉边政的借鉴》一文中就疾呼:"国人志之!安南、朝鲜,本与我浙、闽、两广,同为华族之本体,……如肢体之必有四。……至于今日,我中华民族卖弟弃兄,斩手刖足,实已惨然为一鲜血淋漓之'人彘'!酷痛至矣,羞耻极矣,罪孽深矣,生命危矣!"①

查阅现在有关边政学的研究文章,几乎都提到了吴文藻的《边政学发凡》一文在边政学方面的开创之功,但查阅《边政公论》,在此刊第1期第5—6卷上同时刊登了吴文藻的《边政学发凡》和吴其昌的《两汉边政的借鉴》,在此前,此刊的创刊号上就刊登了吴其昌的《秦以前华族与边裔民族关系的借鉴》一文,应该说吴其昌还是较早地对边政学展开了研究的。并且于1941年他开始为《边政公论》撰《历代边政借鉴》一书,期间写了数篇关于边政的文章。主要有《两汉边政的借鉴》、《魏晋六朝边政的借鉴》、《隋唐边政之借鉴》。也期望能够为当时中国的边疆政策提供借鉴。边疆学也可以说是吴其昌学术的一个重要分支。

当然,吴其昌学术的研究还涉及上古音韵学方面,比如《说椐樻声例》、《先秦入声的收声问题》、《来纽明纽古辅音通转考》等。

综观吴其昌学术研究之历程,可见其治学之勤、用力之笃。勤勉之中又始终坚守"求真"之旨。他所作著述,皆能不诬其言,每一论断决不臆断妄下,如无根据,则付阙存疑。在《矢彝考释》一文中,就洛阳新出土的矢彝二器和矢敦一器参之以此前诸器,对铭文进行考释,然其中有一处"铭下一'冊'字,器铭两旁两'冊'字,更不知其义所在,未敢妄说,仅能连缀比次,以待方雅君子云尔。"②在《〈浙西村舍丛书〉本〈卫藏通志〉跋尾》(上)文中,就《卫藏通志》作者进行考证,吴其昌虽举相关史料认为此

---

① 吴其昌:《两汉边政的借鉴》,《边政公论》,1941年,第1卷第5—6期。
② 吴其昌:《矢彝考释》,《燕京学报》1931年第9期。

书为《西藏赋》作者和宁所作,而且二书作于同时,因此当时只在《西藏赋》著名了作者,但之后被人分而二之,其中据李恢垣讲《西藏赋》为陈兰甫寄给他的,所以"因举寄李氏,遂致分散也",但"此说尚无佐证,不敢质言矣"①。还有在《驳郭鼎堂先生〈毛公鼎之年代〉》对于郭沫若所说毛公鼎的年代,吴其昌讲到:"其昌服从事实真理立论,决不谓然。"②

他在为高亨《诸子今笺》作序时,便总结到,中华民族自古以来,先师先哲于学风因革中,万变不易的宗义就是"求真"。③ 而高亨作《诸子今笺》,正值日军侵略东北,全家陷于战乱之际,报国无路,退而创此巨著,吴其昌亦感慨万分,更以秉承"求真"之风作为自己应有的责任,与高亨共勉:"于尚未上马杀贼之前,秉吾中华民族一千年来先师先哲求真之学风,不敢缅越,不敢偷懈,滴坠露于长流,增轻尘于崇越,此殆余与晋生今日之责也夫!"④于是,吾辈当于圣人之经法,推求圣人之真义,从而淑世觉民,以切近身心家国之大端矣。

我们亦可从其学术研究中窥得吴其昌的文化观。吴其昌认为挽救国家于危难,当从文化入手。而新的时代需要新的文化。面对中国的内乱,吴其昌就讲到:"中国是已经走到一个新的时代,而没有一种新的文化来适应他,安得不乱!"面对列强的入侵带来的危机,他讲到:"中国的危机,……不必是丢了东三省才感觉得到。……如果不是从根本上去谋培养,即使用飞机大炮把东三省夺了回来,将来还是要丢。"⑤那么从根本上培养的就是新的文化,而新文化的产生要自然成熟地产生,不是刻意为了创造而创造。因此,吴其昌认为新文化的倡导不是复古和西化的问题,也不是西化应该全盘还是局部的问题。1935年1月10日,著名的

---

① 吴其昌:《〈渐西村舍丛书〉本〈卫藏通志〉跋尾》(上),《清华周刊》1929年第30卷第10期。
② 吴其昌:《驳郭鼎堂先生〈毛公鼎之年代〉》,《东方杂志》1933年第30卷第23号。
③ 吴其昌:《〈诸子今笺〉序》,见《子馨文在》,沈云龙主编:《近代中国史料丛刊续编》(第八十一辑),文海出版社,1978年,第501页。
④ 吴其昌:《〈诸子今笺〉序》,《子馨文在》,沈云龙主编:《近代中国史料丛刊续编》(第八十一辑),文海出版社,1978年,第501页。
⑤ 吴其昌:《民族危机的认识和救国的治学的态度》,《国立武汉大学周刊》1933年第145期。

"一十宣言",表达了十教授关于建设中国本位文化的观点。吴其昌对这个宣言是"十分中心共鸣"①的,但他不太赞同"中国本位"的说法。他认为,文化不必有地方本位,而是应当以中国的复兴为本位。所以,为了中国的复兴,我们"既不是'读经救国',也不是'骂经救国'"②。无论中西古今,凡是好的,有益于文化发展、国家进步的就应当采用。于是,我们可以看到,吴其昌进行学术研究,是在家国天下的情怀下展开的,一方面致力于对中国文化的发掘阐释,一方面将西方的科学方法运用其中。为中国文化的复兴和中华民族的复兴鞠躬尽瘁。

总之,吴其昌生活的时代是新、旧;中、西;激进、保守;侵略、反侵略等社会思潮相互激荡的时代,在这样的思想潮流中,更需要学者们保持独立的思想,能够以冷静地态度审视文化的发展和祖国的前途命运。陈寅恪先生用其一生践履了他所提出的"独立之精神、自由之思想",吴其昌同样是这一宗旨的践行者,他在《殷周之际年历推证》一文文末特别注明:"举世以不攻刘歆为不入时,以不敬外儒为不科学,我此文成,惟陈寅恪师、刘子植兄二人为然耳。"③于纷繁的思想浪潮中,能坚守自己求真、求实的为学为人之宗旨,实属难能可贵。

此文存之编纂,希望能够让我们铭记吴其昌先生留下的思想财富,铭记先贤,亦铭记中华文化之接续传承。

(吴其昌先生之女吴令华女士为此文存的编纂给予了大力的支持,并提供了宝贵的意见和建议,在此表示由衷地谢意。)

---

① 吴其昌:《开国的建国的根本精神》,《国立武汉大学周刊》1935 年第 234 期。
② 吴其昌:《开国的建国的根本精神》,《国立武汉大学周刊》1935 年第 234 期。
③ 吴其昌:《殷周之际年历推证》,《国学论丛》1929 年第 2 卷第 1 期。

梁任公先生别录拾遗

吾友张晓峰先生邮示其近著《梁任公别录》,读竟,泫然流涕。其昌以海陬稚学,幸得侍我先师暮年讲席,以逮于易箦。往来清华园及天津马哥保罗路寓宅者颇久,尝夏夜侍坐庭中,先师缕述变法之役及护国之役身所经历者,往往至子丑交,一夕竟至东方之黎明。其大端,世人所已知;亦颇有世所未知,可为"野史亭"中真实之史料者。今濡笔追录,以应晓峰先生督令拾遗之命。惜乎,丁此贞元绝续之际,中兴开国之大业方艰,先师乃长赍"报国后时"之痛以殁,不获再振其南海之潮音,龙象之怒吼,以号复我国魂!此则为弟子者言微而声弱,文章报国,作战不力,既有负于国家,亦愧对我师训!固不独望"西洲"而兴哀,思桥公而腹痛也。

先师曰:"余在护国之役略前,脑海中绝无反日之种子,不但不反日而已,但觉日人之可爱可钦。护国一役以后,始惊讶发现日人之可畏可怖而可恨。'憎日''恶日'与'戒备日'之念,由微末种子培长滋大而布满全脑。戊戌亡命日本时,亲见一新邦之兴起,如呼吸凌晨之晓风,脑清神爽。亲见彼邦朝野卿士大夫以至百工,人人乐观活跃,勤奋励进之朝气,居然使千古无闻之小国,献身于新世纪文明之舞台。回视祖国满清政府之老大腐朽,疲癃残疾,肮脏邋遢,相形之下,愈觉日人之可爱可敬。狄平子诗'恰怜小妹深闺坐,短短眉弯自画成!'即咏此境况也!当时日人甚爱我助我,尝谓彼亦诚心希望中国之复兴,与日本并立为强国,为黄帝后裔两柱石,余亦深信彼等之语不虚也,故愈觉日人之可亲。但有贺长雄既怂恿袁氏盗国称帝,始觉日人之可恶,然而尚未十分深恶也。二十一条之提出,始深恶日人之幸灾乐祸,损人利己,卖友打劫。然而知日本之'凶',而尚未知日本之'毒'也;感觉日人之可恨可恶,而未知日人之可怖也。松坡既行,袁氏日夜派便警逻守吾门,余买通街头胶皮车夫,与之易服夜逃。甫离津,袁氏已觉,杀其便警,严命其沪上逻犬捕予,期在必得。'务获梁启超,就地正法'之'上谕'已布,上连像片,较清廷尤密。予惴惴不知死在何处,但暗中如有天神护卫,化险为夷,逢凶为吉,独自无俦,痴思妄想,岂真国运未绝,有天神呵护耶?则又哑然自笑。自是由津而沪而港,此疑谜终不能破。至港,日人始明目张胆助予,始恍然暗中护卫我者,非天神也,乃日本人也。由港至越,日本动员其官、军、商、居留民、间谍、浪人全力以助余,虽孝子慈孙之事其父祖,不能过也。夫日人果何爱于余,何求于余,而奉我如此乎?在越南道中思之,不觉毛骨俱悚,不寒而战。遂转觉每个日人,皆阴森可怖!吾乃知拟日人以猛虎贪狼,犹未尽也;乃神秘之魔鬼也。我此后遂生一恍惚暗影,他日欲亡我国,灭我种者,恐不为白色鬼,或竟为矮人也。然吾乃永远持'中国不亡论'著称于世者,特我人戒备之对象,当在彼不在此。……"先师之语尚繁,谈彻通夕不寐者,即此事也。时为十六年新秋,济南惨案尚未发生也。先师夏间家居,必脱袜、赤足、拖鞋。而日人官吏新闻记者拜访频数。阍者报东客来,必蹙顣连呼"讨厌讨厌,又来保卫我了;可怕可怕"。每次必然,乃冠带见客。东客去,急跣足如故。

戊戌之役,夜话时,亦不倦缕述,大体与世所闻者不殊。袁世凯卖主求官,鬻党媚后,人人所习知。然写近百年史者,以为袁氏之与闻康事,乃出于谭嗣同夜半之劫持,则不深悉曲折也。据先师所亲述:"袁氏变法维新之见解,实出于自动,拥德宗以武力行政之计划,实亦发动于袁氏,而决非壮飞(谭氏字)所强迫。事后细思,乃知戊戌之际,袁氏即已潜伏取清廷而代帝之心矣。其用心深长细远,吾辈纯白书生,尽为所欺,至十余年之久,真一世之奸雄也。袁氏初从吴忠壮公(长庆)于朝鲜,豪爽奔放,以一时人杰自命,时与马相伯(良)、眉叔(建忠)、张季直(謇)……等新进名流,上下其议论,故欲强中国,革腐政之心,袁氏实不在人后。又眼见朝鲜为日人从其手中夺去,经此刺激,其爱国之心,实亦强烈而真挚,并不由于壮飞一席之语所启发。惟自始至终,一'私'字横亘于胸,必须将中国移为其袁氏之私产以后,乃极力整顿使成为富强;此所以身败名裂,贻祸中国无穷也。南海先生(先师所称)未变政时,袁氏深恐中国即刻亡,乃协谋变政。及变政略有端绪,又恐中国之强由翁、康、梁、谭,而己则为褊裨,故卖主而告密。及变政既已失败,又恐大权在裕禄,而己则仍为褊裨,乃复推行新政于直鲁,培实力而博民心,俟良机以倒清廷。事后推寻其线索,其称帝之念,固已潜蓄于戊戌以前,一贯而未尝变也。"

先师于生平死友中,最钦重浏阳谭先生嗣同。述其赴义时忠烈之轶事,闻之眼湿。"大祸既迫,德宗央英使馆护南海先生出京,然未央日使馆也。时日人初行新政,一颦一笑,惟欧洲是效,以为欧洲之文明政治,有保护他国政治犯之举也,亦欲在中国有所树为,一以夸耀文明于欧人,一以树势力于中国政党。时日驻京公使为林权助,事先已奉有相机保护政治犯之密令,至是乃自献殷勤,戮力营救。先以绿呢大轿接壮飞至馆。继以绿呢骡车迎余。——时京中即在公使馆亦尚未具有新式马车也。——壮飞与余处日使馆二日,日夜计划营救皇上之策,及计算南海先生之行踪。壮飞忽如有所省,一人入房中,阖户甚久,出乃以一文件,命公使馆役往投某衙门。笑谓余曰,'还须告他一状!'余茫然不知所谓。壮飞终不肯言。事后都下忽甚传谭某告发其子嗣同忤逆不孝,断绝父子情谊,因得获免连累。度当日之所为,即此事也,血热而心细,身殉祖国,而老父获全,未有如壮飞之壮烈也。日使林权助,饰其夫人之车,强余与壮飞离京,壮飞坚辞谢曰:'闻之西史,革命则无不流血者。中国革命之流血,请自嗣同始!'居使馆三日,脱奔清廷自首,曰'嗣同请以颈血洗涤中国之腐政!'遂斩于菜市。六君子成仁之日,予尚居东交民巷日使馆,悲惊晕绝。又数日,林使强纳余于其所预饰之夫人车中,外坐婢媪,卫士呵殿,扬言日本钦差大臣家眷回国,遂出京至津,直坐其兵轮赴日。"

先师遂连类而涉及富顺刘先生光第,曰:"裴村,亦一至可歌泣之人也。裴村讲朱子学,做黄山谷诗,皆深造。其持身精严清苦,为京官十余年,寄居西直门外一小庙中,至死未尝赁屋于城内。余与裴村非故交,疏往还,不知其身世之详。因新政,始略与接触。然每见之,肃然敬其为人。裴村一子亦至孝,临斩,哭奔菜市,向监刑官稽首号恸,乞以身代父死,叩头流血。不许。抱父首大哭,呕血,不久亦以毁卒。孤臣孽子,哀动鬼神!"先师曰:"此事至今思之,犹酸我鼻。中国有如此志士仁人而不兴,非天理也。"

先师述:"袁项城拒谏饰非,作伪术之巧妙,登峰造极,古今无可伦比。时帝制论已尘嚣全国,冯华甫(国璋)自南京来津,邀余同往作最后之谏诤。华甫曰:'我之辩说远不如子,子之实力亦不如我。必我与子同往,子反复予以开道,而我隐示以力为子后盾,庶几千钧一发危机可挽。'余诺之。乃尽一日夜之力,密草谏说纲要,至数十条,竭尽脑汁,凡可成为理由者,无不备举,欲为垂绝之国运,亿万之生灵,打最后之一针。及二人联翩入新华宫,项城闻吾等至,喜动颜色。酒酣,余正欲起立陈述,项城先笑曰:'二公此来,吾知之甚稔,乃欲谏我不做皇帝也。我反问二公,袁某欲作皇帝者,究思作一代皇帝而绝种乎? 抑思作万代皇帝而无穷乎?'余与冯愕然未答。袁又笑曰:'除非痴人,自然欲作万代天子!'乃喟然叹曰:'我有豚犬二十余人,我将尽数呼出,立于二公之前。任公!君最善知人,我即托任公代我选择一子,可以继立为皇帝者,可以不败我帝业,不致连累掘我祖坟者。任公,待君选出以后,我再决定称帝。如是或可称帝二代!'余与冯四目相视,嗒然如伤,怀中万言书,竟一字不出。袁诸子环立侍宴,幼小者乳媪褓褓侍,袁忽变作悲痛之容曰:'我如许豚犬,无一克肖,无一非庸懦纨绔,然父之于子,孰不疼爱,我虽然怒此辈不肖,然仍不愿因我造孽,他日为别人作鱼肉烹杀也。我百年后,敬托二公善护之。'余与冯迄辞出,竟不能一提'帝制'字。"

因之而述及蔡将军锷,先师曰:"松坡,长沙时务学堂中齿最稚之学生也。时务学堂封,学生络绎东渡,静生(范源濂)与松坡家最贫,时我辈亡命客亦穷甚,无大力周济,所以援之者至菲薄。松坡与静生常衣囊中只剩日币三数有孔铜圆,忍受数周至数月。静生立志教育报国,余甚嘉之。松坡最瘦小,体极弱,必欲学陆军,余百方规劝不肯听,不得已任之。庚子汉口革命之役,佛尘(唐才常)已回鄂发动,余亦秘密返沪。时务学堂高材生林圭、李海寰……诸君,已随佛尘在汉实际工作,久之不得佳耗。松坡随余在沪,焦惶不安,请于余,亲至汉探助。至汉,佛尘命返湘,乞助于黄泽生将军。黄,老成练达材也,得松坡,即留之不放行。且大诟:'梁任公、唐佛尘无故牺牲有用青年。'松坡愤极,与之高声抗辩,黄充耳不闻,强留之。余又不得松坡行踪,愈惶急,决亲身赴汉。船票已办就。因亡命不敢逗街埠,准时而往。则此船以货少,早半小时启碇矣。余大怒,顿足而骂。无何,汉口事发,张之洞淫戮我民族之志士,唐佛尘率其弟子林圭、李海寰等五人继戊戌六君子之碧血,掷头颅以贡献其祖国,即世所称庚子六君子者也。松坡以黄将军之留,余以船期之误,皆幸得免死。"先师又言:"唐浏阳与谭浏阳,血性之热烈同,性格之卞急同,学问之幽隐僻奥同。觉颠冥斋内言与仁学,固有甚相似之点也。"

其昌于同门诸先进,尤钦服范静生先生,真可谓"温温恭人""温其如玉"者,每与范先生晤对,不觉鄙吝都消,有秋月冰壶,映澈照人之概。举以告先生,先生笑曰:"汝以范静生比黄叔度,良是,汝亦知静生少时之况乎?虽谓之'小乞丐'不过也。襁褓丧父,与其弟旭东(范锐)由太夫人抚养,家赤贫如洗,弟兄拾野柴为生。以聪慧故,得入时务学堂,乃反以膏火哺母弟。当时已感动吾辈。静生后矢志以教育救国。旭东矢志以实业救国。兄弟艰苦奋斗,数十年如一日,至今俱卓然有成。如旭东初创久大精盐公司,资本仅五千圆耳,数年努力,闻今日资本已逾五十万(按:此民国十七夏间先师所述)。……"先师语至是,东洋客又至,戛然断。

(原载《思想与时代月刊》,一九四二年第十三期)

梁任公先生晚年言行记

中华民国三十一年十月三日,国民政府颁布褒扬先师梁任公先生明令。读竟,泫然流涕。不见我先师音容,十五年矣。中原板荡,神州疮痍,我先师地下有知,必将纵横走其老泪!幸而元戎神武,朝野同奋,中兴大业,发轫方半,晨旭初升,炎灵在望,不待家祭之告,九原有知,又必且血涌神王,奋兴无已,抱望无穷,长歌浩咏以鼓舞此伟绩也。昔吾亡友张素痴(荫麟)先生,以中枢未褒扬梁先生为遗憾,此在先师无遗憾也。其昌侍先师之日久,亲见先师每饭未尝忘国,其爱群忠国之怀,出于天性,非有所责报也。今中枢不忘前修,诵德报功,并且出于委员长蒋公万机之余所亲提,海内忠贤之士,必更将闻风而兴起。昔光武尊节义,敦名实,而东汉一代民族道德水准之高,为各朝冠,其效亦可以睹矣。曩吾友张晓峰先生(其昀),曾令其昌撰《梁任公别录拾遗》,当时促促,未竟所记。先生晚年之嘉言懿行,颇为外间所未尽知,其昌见闻真切,惧其日久而遂湮,长夜寥寂,濡笔而存之,倘足以警顽而立懦乎?

晓峰先生曾述及国父与先师合作,南海乃不肯与国父合作事,其昌亦曾从容举此事以询:"世俗所传云云,究可信乎?"先生亲答曰:"不然。中山(先师如此称)与我甚厚,在横滨,有一短时间,每宵共榻,此世人颇有知之者。外传南海轻视中山不屑与之合作,皆奸人挑拨之词也。最初,南海不甚了解中山,确系事实,后经日人平山周、宫崎寅藏,头山满……辈之奔走疏通,尤其犬养木堂(毅)之解释为最有力。犬养翁汉学甚深,道德甚高,为南海与中山二人所共钦,经彼之解释介绍,二人俱已涣然互信。其后不断有奸人两面挑拨,破坏合作。吾颇疑此种宵小,来自清廷,特南海环游世界,而我蛰居日本,无由委曲详尽进言耳。康孙最后破裂,闻在马尼剌。孙屈已谒康,康亦欢然出迎,闻下至楼梯之半,有人阻康云:孙携有凶器,此来实行刺也。康惊骇上楼,孙大怒而出。此事我非目睹,亦得之传闻,大体或不谬也。犬养木堂闻此讯长叹,况在吾辈!然康实无轻视孙之意也。"

先师虽不及交蒋委员长,然对蒋委员长实中心爱护,此非其昌妄说,有一事可资确实证明也。十六年新秋,先师病体初健,甚喜。先师住宅右邻,为中原煤矿公司,其屋乃先生之婿国贤氏所有。先生兴发,散步至公司庭中,其昌与廷灿兄(先生之侄)从。三人在花架下共坐一长藤椅,忽王抟沙先生匆遽入门,(以下特用白话记)见先生脱帽,搔其光秃之头,大呼曰:"好戏!"先生笑曰:"什么好戏?""蒋介石下野了!""真的吗?"梁大惊,掷其半枝雪茄突然起立以足怒踏之。"这还能假?"王随答随摸烟盒,以一雪茄授梁,以一自抽。梁颓然坐,王亦对坐。"这还了得!这不得了!真不得了!"梁皱眉蹙额,连连咨嗟。"敢问先生,有何不得了处?"王故作滑稽,以戏中人声调相问。先生不答。少顷,叹一长气:"唉!中国真要乱到几时呢?我这一生,还能眼见中国太平吗?还能眼见中国再兴吗?我望了几十年,想中国再兴,现在看来,中国再兴的时候,我决然已死了!"王此时面貌亦肃然:"先生病刚好,怎么这样悲观。早知如此,不告诉你。"梁仍不答,一人自叹自说:"共产党笑我不彻底。我自己知道,诚然不彻底。我只望国家早日的'再兴',国家的元气,再不能斫丧了,人民的苦痛,再不能不解除了!内战决须要停止;统一决须要实现。先头,我甚至于痴痴的希望吴子玉;好,给你们赶跑了。现在你们又要闹翻姓蒋的!你们与中国究竟有什么样的深怨死仇,一定不让它统一再兴!"王窘极,以滑稽语调作答:"先生息怒,我姓王的不要闹翻别人。"梁不自然地微笑:"对不起,自然不是说你们——你和子馨、廷灿。我有点愤激,好像在骂你们。——其实,蒋某人我没见过一面,不过凡是少年英雄(当时华北盛传蒋总司令为'少年英雄',故先生云云。)我总觉得是可爱的。我爱少年。我为继起有人而喜。""抟沙!正经请你讲这经过的详细。到底哪里得来的消息?不要又上了东洋人造谣的当!"王于是略述蒋总司令那时下野赴日本的经过。先生闻蒋赴日本,突又起立厉声说:"老天!危险顶透!松坡不到日本决不送命!松坡有统一中国的资格,天知道,东洋医生给他打了什么药的针,就一命呜呼!蒋到日本干吗!胡涂!没有人提醒他一声。糟透!糟透!"先生面如土色。其昌乃起立曰:"先生的见解实在是对的。但我永远有一种迷信,天佑中国,一定会有贤者起而统一。蒋总司令应该就是。先生可休息了,我和灿哥出去打听确实消息报告。"因与灿兄扶先生归卧,先生回时足疲须扶。当夜便血复发。医生大惊,明明已痊愈,何以复发如此速而且猛,又卧床不起者近二月。据此事,先生心中爱护蒋公之真诚,于不知不觉间毕露矣。

国民革命军近京畿,其昌适返杭,为五妹缔婚,故济南惨案时,先师悲痛之状,不获亲见之。传闻先生有再度出国避难之说,即北上谒见,告以"先生如出国,其昌将再赴广西"。先生曰:"余对祖国,可告无罪。国人如谅余,余决不离祖国怀抱。如一时真不见谅,余无力赴美,将暂赴朝鲜隐居,汝能从我乎?"其昌答:"友人邀回广西任省视学。然朝鲜崔致远之文章,李退溪之理学,亦何异乎中华,慕之久矣。且先生有命,自当随侍。"先生曰:"然。余至朝鲜,拟作朝鲜理学史,或朝鲜学案,汝可助我。"无何,先生病笃,七百年来朝鲜理学之渊源,遂任其若存若亡,国人虽通学,亦无有肯注意之者矣。惜哉!使先师而老寿,其功绩决不在黄太冲(宗羲)之下也。

先师急公忘私之德行甚高,非弟子阿谀,有一事实,述之足为末俗所师效。十五年夏,教部聘先生任京师图书馆馆长,而经费涓滴全无。初时挪用昔年馆中储积寒微之小款,先生捐馆长薪不取以维持。至冬,此余沥亦干,馆中无煤升火,无纸糊窗,余入之,冷风飕飕,乃如殡舍。(时尚在方家胡同。)先生亦不裕,乃慨然将其本人五万元之人寿保险单,向银行押借,发薪、生火、糊纸,馆中人皆腾欢,暖如挟纩。此事徐森玉(鸿宝)先生亦常常对人称颂先生以私济公之美德。以私人生命之代价,济国家公共之文化,余至三十八岁,尚仅见先生一人而已。故特表而出之。污官墨吏闻此事,良心亦有所感动否乎?

先生建设国家文化事业之热心,乃出于天性。可为吾辈之模范。北平图书馆充实完备,庄严斋皇,得呈今日之伟观者,大半出于先生之苦心擘划,经营创始,并由于任用袁守和(同礼)先生之得人。此世人所周知也。将其生平积聚之图书金石十余万件,悉数交呈国家,今陈列于北平图书馆,此亦世人所周知也。有一事,关系民族文化甚巨,先生苦心努力作成之,私心者因私破坏之,而最后卒告失败,遗恨无穷。然世从未有知者,余特以董狐直笔揭破之。聊城杨氏海源阁之宋刊书,此国家之文化重宝也。使在日本,即价值较此低十倍者,亦早经政府指定为"国宝"矣。乃北洋军阀,昏聩不知,二次兵匪滋扰,使杨氏较次之善本,若元刊明钞,损失不少。其宋刊精华,由一年老之夫人,死力维护,得以救出,携之天津,邀索高价。厂肆书估有藻玉堂王某者,密得风声,渴思成此买卖以收大额佣金。此估素走先师门墙,乃报告先师。先师大喜,欲为国家永保此国宝。一面奖励王估,使其效力,一面邀集京津名流,共襄盛举。杨氏老夫人索价二十余万元,往返折冲,舌敝唇焦,又勉以"爱国"大义,最后始讲定七万元成交,包括宋刊四经四史,及宋刊《庄子》、《王右丞集》等——约数十种,全部在内。此价实不称贵。但北平图书馆部门弘大,每一部门购书之费遂不能不严受时间限制。"善本书"一部门,不能立时提出七万元之巨款。时叶誉虎(恭绰)先生亦极热心公众文化,乃与先生共同宴客于梁宅,当时商定分为十股,各人认借,由北平图书馆按期摊还。北平图书馆先认二股,先生认一股,誉虎先生认一股,傅沅叔(增湘)先生认一股,周叔弢(暹)先生认一股,时北府首相潘复,欲求欢士林,自告奋勇,愿认三股或四股,托叶公转告,事垂成矣。越二日,会中某钜公爱古成癖,不能忘情于宋刊《王右丞集》,唤王估来,密告以欲将王集除外另售，王估难之。某公遂倡言："梁任公、叶誉虎皆好好先生，不懂市价，易受人欺，如此批书价，何至值七万金之巨耶。即四万金可了，已微贵矣！"杨氏老夫人闻之，愤极，遂解约。王估乃哀诉钜公："为此事，往来京津舟车旅店费，已赔三百金矣。商小民非诸大人比，无钱补贴！"某公斥其痴，曰："若持《王右丞集》来，此区区三百金，吝不赏汝耶！"后闻《王右丞集》，竟归于某公，恐今又归日人矣。杨老夫人空抱遗书，善价难沽。越数年，闻以十八万金售于张汉卿（学良）将军，而九一八烽火踵至，又不果成。使此国族重宝，不得归于国家永保者，某钜公"私"之一念之所赐也。

先师好奖扬人善，而自处谦卑，于弟子辈如此，于同时友辈亦如此。教授清华研究院时，先生之齿，实长于观堂先师（王国维），褒然为全院祭酒，然事无巨细，悉自处于观堂先师之下。此外对于陈寅恪师、赵元任师、李济之师、梁漱溟师，亦皆自持撝约请教之态度。寅恪师称先生为"世丈"，而先师推重陈师，不在观堂先师下也。观堂先师从屈原游，先生为之请于当局者至再，终至见格。先师益咤嗟无聊，命其昌辈推举良师，其昌代达诸同学意，推章太炎（炳麟）先生、罗叔言（振玉）先生，先师欢然曰："二公，皆吾之好友也。"先生尤倦念章先生，尝一人负手，盘走室中，忽顾予曰："子馨，汝提起太炎，好极！使我回忆二十年前在日本时，吾二人友谊固极厚也。太炎而今亦老矣，如肯来，当大乐！因汝一提，使我此二三日来，恒念太炎。"其昌因奉校命，北走大连，谒罗先生于鲁诗堂；南走沪，谒章先生于同孚里第。章罗二先生固昔尝请业问学，特未展弟子之贽耳。初时罗、章二先生均有允意，章先生捻其稀疏之须而笑："任公尚念我乎！"且有亲笔函至浙，报"可"。然后皆不果。罗先生致余书，自比于"爱居入海"，章先生致余书，有"衰年怀土"之语。（二书忆尚保有于北平。）其后校中聘林宰平（志钧）先生、马叔平（衡）先生，则先师已殁矣。先是余每至沪，必谒章先生，至津，先生必问："在沪见菊生（张元济）、太炎乎？太炎与汝谈何学？"其昌答："菊生先生之德性，太炎先生之学问，皆使其昌终身不能忘，章先生偶与其昌谈及《易·说卦》'其于人也为宣发',其昌言'宣发即寡发,王伯申《经义述闻》曾言之。'章先生谓:'此说是。证据在《北齐书》。'即背诵《北齐书》某人传如流。前辈读书之博而且精如此,虽欲不衷心钦服不能也。某次,与章先生谈及明清思想源流,章先生曰:'戴东原思想,出于明之罗整庵。'其昌大惊,此非将《整庵存稿》、《困知记》、《原善》、《孟子字义疏证》等书酿熟胸中,而透视其背,决不能出此语也。故其昌对静安、太炎二先生之学问,乃衷心佩服,非震其名也。"先师为之首肯者久之。

先师养疴津门,故旧往来最密者,丁在君先生(文江)、范静生先生(源濂)、胡石青先生(汝麟)、江翊云先生(庸)、余樾园先生(绍宋)、熊秉三先生(希龄)、张伯苓先生(彭年)、林宰平先生(志钧),次则张君劢先生(嘉森)、蒋百里先生(方震)、胡适之先生(适)、徐君勉先生(勤),此四先生常在海外,返国始见。若叶誉虎先生(恭绰)、周季梅先生(贻春)、蓝志先先生(公武)等,则有事始至,不常来(人甚多,已不记忆。)曾慕韩先生(琦)亦曾来问疾。其昌于上述诸名公,除胡适之先生先已请谒外,其余皆因侍先师,始得捧手请益者也。百里先生,我同里,且吾先姑丈之远族弟兄行也。然未尝见一面,直至在先生家始识。志摩表兄本与先师最密,彼时在印度,故仅一至。弟子侍者,其昌及兴国姚显微(名达)、永嘉刘子植(节)。此诸名公,或在或逝,其风采言论,有足为世表率,传嘉话,培良风,因述先师而连类记之。今之文艺作者,扬恶而隐善,务讦人之丑而掩人之美,以毒骂痛诋挖苦揶揄为能事,建文艺之基础于粪秽上以自豪。病态乎,健康态乎,非余所知也。余则略记本人当时之印象:丁在君先生威仪修饰,卷须膏发,衣折整挺,俨然英格兰之卿大夫也。崇科学,尊理智,讲条理,重分析,是其长也。在君先生语余,其少时亦曾读宋明理学书,此为世人所绝不知也。且亲语余:"对于'无鬼论'之概念,不信'灵魂不灭'之说,最初自宋儒,后学科学,而此种信念乃得证实。"先师述:"在君为淞沪商埠督办时,荐函数百封,不任用,亦不拒绝。但将函中所述各人技能专长,分类分组保存,遇某事需人,依其技能,按类分组索阅。再行征求。其无处不玩'科学把戏',至于如此。"一夕,在君先生戏问予曰:"请问专家:郭沫若将《大学》'苟日新,又日新,日日新',改为'兄日辛,父日辛,且日辛。'此说,子以为然否?"余曰:"此至确不易之说也。郭此文投《燕京学报》,燕京托予审查,予赞叹绝伦,极力推荐。刊时即由予代校。"丁先生笑曰:"我于金文甲骨,全为外行,然此说亦知其然也。"张君劢先生,诚恳忠厚,热情磅礴,终身以斐希忒自命,鼓吹复兴不倦;又为德哲人奥伊铿弟子,而对于宋明先贤学说,热烈服膺提倡者。范静生先生德性澹泊宁远,恬静和易,态度极温,语言极寡。喜生物学,即在先生家中,亦最喜至院庭中细观花木草树姿态生意,把玩研味。熊秉三先生天真,虽长须垂胸,而开口大笑时,尚有孩子遗态。胡石青先生敏锐而透切。江翊云先生静穆。其尊公叔海先生(瀚),余屡尝请谒于方家胡同。豪爽阔达,老而弥壮,高谈放歌,声震梁尘,与吾辈少年情绪投合。翊云先生与父风固殊焉。张伯苓先生开广而又坚毅。蒋百里先生深刻而沉郁。徐君勉先生真挚而诚恳。余樾园先生与吾辈最稔,在先生家往往解衣磅礴,挥毫作画。写巨松图,长二三丈,元气充沛,以赠先师,先师题以长歌,以自厉晚节焉。又各赠吾辈以书帧书扇,遍及诸弟妹,人人欢舞叫笑,极人世至乐。自今观之,樾园先生之画,骨种神隽,与南宋浙派之马(远)、夏(圭)殊,与明代浙派之戴(进)、朱(端)殊,与清代浙派之鹿床(戴熙)、鹤斋(赵之谦)更殊,殆得力于黄大痴(公望),而又发挥其俊郎明爽之个性者欤?樾园先生,吾浙派画苑之别子亢宗也,亦时时以其所珍藏,请先师题跋,余尚记有黄石斋(道周)泼墨山水,蒋山佣(即顾炎武)手书诗卷等。又有粤人罗原觉,常携唐宋珍贵名迹来共赏。今日本影印流传之北宋武宗元笔朝元仙仗图长卷真迹,余早在梁宅罗氏携来时见之,真感觉有"五圣联龙衮,千官列雁行,冕旒俱秀发,旌旗尽飞扬"之气象。予对于中国宝绘欣赏之兴趣,最初即培基于此时。

先师《饮冰室全集》,除各种专著外,即单以文体言,包涵之广,体例之杂,真古今罕见。先师尝自言:"吾笑俞荫甫(樾)曲园全集体例之杂,乃下至楹联、灯谜、牙牌、酒令……都各不肯弃。吾他日之集,毋乃类此。"故今日宰平师所编之《饮冰室合集》楹联以下尽删不录。然先师挽静安先师联,及寿南海先生七十联,则其昌不敢忘也。记之以为文集拾遗。挽王静安先师联云:"其学以通方知类为宗,不仅奇字译鞮,创通龟契;一死明行已有耻之义,莫将凡情恩怨,猜意鹓雏。"上联能见王师学问之真价值所在,下联曲折表达王师纯洁之节操,真王师地下知己也。罗叔言先生误认为其昌代作,击节称叹不已。其实此联乃出先师自作也。寿南海先生七十联云:"述先圣之玄意,整百家之不齐,入此岁来,已七十矣;奉觞豆于国叟,介眉寿于春酒,亲受业者,盖三千焉。"全联均集《史记》《汉书》,及郑康成集原文而成,又切合于康先生之学问及地位。工稳妥帖适合如此,真难能可贵也。其后,康先生卒于青岛。北京学界开追悼会于松筠庵。(明杨椒山先生故宅,康氏第一次上书变法之集合地。)其昌集经典成语为挽联云:"大道之行,天下为公,有王者必来取法;群言淆乱,折衷诸圣,微斯人吾谁与归。"以篆文书之。先师遍奖于京中,誉为所有挽联第一。且谓余曰:"惟我之寿联,略堪与汝联抗衡!"先师自居拗约而奖饬后学之热情,至有如此者。先师易箦,其昌悲痛过分,几至不能为文联,后乃节取先师诗句,不敢更易,裁成为联云:"报国惟恐后时,献身作的,天下自任;着谕誓移旧俗,新知牖学,百世之师。"庶几先师以身殉国,不辞矢的之牺牲热情,以及开拓新知,文章革命之丰功伟烈,得万一之表见焉。

"献身甘作万矢的,著论求为百世师。誓起民权移旧俗,更将哲理牖新知。十年以后当思我,举国如狂欲语谁。世界无穷愿无尽,海天寥廓立多时。"

"平生恶作牢骚语,作态呻吟苦语谁。万事祸兮福所倚,百年力与命相持。立身岂患无余地,报国惟恐或后时。未学英雄先学道,肯将荣悴校群儿。"

此先师三十余岁,亡命日本时所作律诗二首,中华民国十五年夏,手书之以赐其昌者也。牺牲悲壮之热情,救世爱国之弘愿,高尚纯洁之怀抱,清醒鲜新之头脑,勇迈前进之精神,少年激昂之沸血,涌溢楮墨间。今日背忆诵之,犹不自禁热泪之夺眶也。弟子不敏,请事斯语矣。

"三年请业此淹留,二老雕零忽十秋。感激深于羊别驾,哀歌陨涕过西洲。"此其昌所作二十五年故都杂诗之一——清华园过梁、王二先师故宅诗也。附书之以殿此文。

(原载《中央周刊》,一九四二年十二月三十一日第五卷二十一期)

王观堂先生学述

先师静安王先生自沉后之数月,事遂为举世所震悼,稍有知识者,咸徨徨然如以不知先师为耻,可谓盛矣!而其昌独窃有悲焉:凡古今学派之成,其祢祧大师,皆孑然孤诣,研穷至数十年而其说始立;及其既立,而得为世之所喜,举世皆骛焉趋之;依声附影,引蔓牵丝,久而或反为通人所诟;此历鉴前辙而不爽者也。今世之诵先生学者:或谥以"汉学家""哲学家""文学家"……甚者或爵以"革命"等字,其扣象一尔!其昌三年以来,朝夕亲炙,虽不敢云于先师之学,有所窥窃于万一,而于先师治学之态度、之精神,之方法,及学问主干统系之所在,则知之较真。用敢述为此篇,分类绎证,不臆说,不诬实,不铺张,不隐抑,发蔀启键,惟近真是尚,标榜依附之诮,庶几免焉。

第一　论先师之学,于清儒之中以程易畴、刘端临、吴清卿、孙仲容四人为近。

第二　论先师非经学家;其治经学之主旨,乃在推证古史。

第三　论先师之推证古史,其主要之根基统系,乃在小学。

第四　论先师之治小学,从金石甲骨以证合《说文》,其目的亦在古史。

第五　论先师于吉金及甲骨文字,为宋以来之最精确者。

第六　论先师之治宋元戏曲,亦主旨重在整理其已往之史料。

第七　论先师晚年专治西北地理史事。

第八　结论。

第一

先生之学,综凡三变,辛亥国变以前(先生年三十五岁),专治宋元戏曲史料。壬子东渡以后一变,以迄甲子乙丑将入清华之际(先生四十七八岁),专治金石甲骨文字,以证古史。乙酉以后一变,以迄于卒(先生五十一岁),专治西北地理史事。此其大略也。其师友关键,乃在嘉兴沈子培,上虞罗叔言二先生。当先生二十五六岁时,曾肄业上海南洋公学;其后于乙卯之春(先生三十九),始正式见沈先生于沪上,而沈先生固专治西北地理者也。(沈氏在总理衙门,曾考绎和林群碑,又曾注元汪大渊《岛夷志略》。)先生晚年服膺沈先生愈深,(有《观堂集林》群诗可证。)故晚年治西北地理,不无在少时已受沈先生之影响。然与先生相处最久,过从最密,关系最深者,当为罗叔言先生。则知先生之学之最深者,当莫如罗先生矣。而罗先生之称先生亦曰:

"余谓征君之学,于国朝二百余年中,最近歙县程易畴先生,及吴县吴愙斋中丞。程君之书,以精识胜,而以目验辅之;其时古文字,古器物,尚未大出,故启途虽启,而运用未宏。吴君之书,全据近出之文字器物以立言,其源出于程君,而精博则逊之。征君具程君之学识,步吴君之轨躅,又当古文字古器物大出之世,故其规模大于程君,精博过于吴君。"(《观堂集林序》)

足征此说,非妄发自我。若更详言其例:如程易畴《通艺录》中之《磬折古义》,搜集三代古磬若干,一一较量其重心之所在,以考定空穴之位置;更从空穴引至两哆间勾股之角度,以推出古代算学上种种之方术。此其术,真近人所谓科学方法者。而先生如《生霸死霸考》等文,搜集三代古彝器铭识上千支,一一为之配合推审,以定其时代;更从其时代,以推测古代历朔上之方术。此其治学之识解及程式,完全相同者也。又如程易畴《通艺录》中之《考工创物小记》,其于古代器物:何者为钟? 何者为镈? 何者为干? 何者为戈? 何者为戟? 何者为戚? 何者为削? 何者为匕首? 其于钟也:何者为钲? 何者为鼓? 何者为甬? 何者为蠡? 其于戈也:何者为援? 何者为胡? 何者为内? 何者为柲? ——皆根据真物,以考定古代之制度;更以之权衡古今诸儒之经说。而先生如《观堂集林》中《说斝》、《说觥》、《说盉》、《说彝》、《说俎》、《说环玦》、《说珏朋》、释觯觛卮䚇𬀩等文,亦皆一一凭借真物,或根据三代刻辞上所绘之形象,以衡宋时《考古图》、《博古图》等之得失;更以之上定三代行礼作乐及日用之器物。此其为之学之识解方法,又完全密合者也。又如吴清卿治金石之学,于清代金石家中,最具通识;不如潘伯寅、张叔未之但视为装饰品者,能知金石之学,其影响可及于学问之任何方面,而不独限于金石之本身。其《古权度量衡实验考》,先搜集三代之玉器——圭、璧、璋律管等物——审定其名称;再从其名称,按以经籍所载记权度量衡之度数,以验其离合;更取古泉审定其铢两,测量其直径,以旁证古代之尺度;(此法非窓斋所发明,始见蔡西山《律吕新书》中,乃宋时蔡元定之大发明也。清时江慎修《律吕精义》,钱十兰《乐律考原》,阐之尤详。)如是律管、古泉、圭、璧,彼此互证,而古权度量始乃大明。而先生之《莽量考》,及记现存古今尺度一十七种,(见清华研究院讲义及《学衡》,又《观堂集林》中有《晋前尺跋》、《六唐尺跋》、《宋三木尺跋》、《宋三布帛尺跋》,可参看。)集自汉至清十余种尺,而互合考之,以证古今尺度之变化;更以互证度量相互之关系。此其为学性质,又全合也。故先生考释彝器,称引窓斋甚盛;而窓斋《集古录》收集之富,又恒为先生取资之薮;故窓斋于经史小学,及其他各种学问,根柢虽浅,而金石之学,所造之深,远非吴荷屋、徐籀庄辈可及,故虽先生,亦颇为其所影响也。至于刘端临解经,语不多而极确。如《论语骈枝》驳正朱子之语,虽朱子复生,亦当领首。先生之释经,虽尚无专著,而其为学生讲贯者,其语简而极确,亦颇类之。其他孙仲容之《名原》、《古籀拾遗》(籀庼自刊本)、《契文举例》(吉石庵丛书本)更与先生之学,有直接之关系。况如《名原》之释一二三四……九十,释业兴亞等八采,皆根据甲骨文字,以补《周礼正义》,考定周之制度者;实已开先生《殷周制度论》(广仓学窘丛书本)从甲骨文所刻帝王名氏,以考古代宗法;更从古代宗法,以考释古代制度者之先声;但先生更推广而扩大之耳。故综合言之:先生之学,与程易畴,则性质、方法、目的、态度全似,而所见实较让堂为广。与吴清卿,则性质、方法有部分之似,而其他学问,似非愙斋所可望。与刘端临,则说经甚近,而目的不同。与孙仲容,则古籀文字之部极近,而互有精专;籀顾不治西北地理,而先生亦不治诸子学也。

第二

先生非经学家也!此语或不为世人所喜。然先生之非经学家,自可用事实证明,而无庸以言语强辨者。先生于《易》、《诗》、《书》、《礼》、《乐》、《春秋》,皆并未尝有一部专著;其可纯粹目为经学著作者,仅《尔雅草木鸟兽虫鱼释例》一卷(见《广仓学窘丛书》,又节本见《观堂集林》卷五),及《古本尚书孔氏传汇校》一卷(未刊稿本)耳。然尔雅本又为经学之附庸,而先生释例一书,更为说经之别裁,而非说经之正体。从偶称共类之俗名,参互整理,以寻出一字独立之雅名。说经流别:或注、或笺、或解、或说、或释、或正义、或讲疏、或章句,若此者,殆属于通论也。故《尔雅释例》一书,以其目之为经学,为注释《尔雅》之书;毋宁目之为史学,为上古事物名称及方言语音之源流变迁史也。若《洛诰笺》,则单释《尚书》中《洛诰》一篇,其用意已不在诂经与解书,乃在考证殷周之际之史事及历朔。其余门人刘盼遂、吴其昌所记之《仪礼讲授记》,及吴其昌所记之《尚书讲授记》,虽皆语简而极确;而先生之意,皆不在经;前者在考证三代之制度,后者在考证殷周之大政,殆可目为"三代礼制小记"及"殷周之政制小记"也。此外若《顾命解》。先生自云:"古礼经既佚,后世得考周室一代之大典者,惟此篇而已。"则其意亦可概见。若《明堂寝庙通考》(雪堂丛刊本《观堂集林》三)则取吴彝、禺攸从鼎、伊敦、克钟、颂鼎、师寰盘(先生作寰盘)等古器,以折中郑玄、蔡邕、李冲、贾思伯、牛弘、聂崇义、李觏、唐仲友、戴震、孔广森、焦循、阮元、汪中、张惠言、陈澧等说。先生之断,是否即为定论,固另为问题,而其性质,则"古代之建筑史"也。若《释币》二卷(雪堂丛刊本),其上卷与朱子《深衣制度》、黄梨洲《深衣考》全同,不啻为"古代衣服小史";其下卷体例,乃如《玉海》、《文献通考》等,乃"历代绢帛市价小史"也。此种著作,自宋以来,已渐次发现;虽以《皇清经解》之例衡之,仍当入经;(《释币》以《释缯》《释谷》之例例之,仍得入经。)若按其实,则其性质久已离经,且以甚远矣。若《魏石经考》二卷(雪堂丛刊本)、《石经续考》未分卷(未刊稿本)则与严铁桥(可均)《唐石经校文》、冯柳东(登府)《石经考略》迥异,反与何子贞(绍基)《北宋汴学石经记》相近,特远较精博耳。总之,不重考文,乃重考史;正如朱竹垞《经义考》之《石经》一类,更不能入经。其他如《释乐次》、《说周颂》、《说商颂》、《说勺舞象舞》、《考大武乐章》、《论诗书成语》,皆小品零篇,非专著。盛清经师专著,盖不如此。且较先生略早之黄元同先生,居吴清卿、陈寿卿大倡金石学之后,而解经仍确守许、马、郑、服之说,毫发不肯苟假;其所作《礼书通故》,采通艺余说,本已甚多;而及至绘礼器图,仍不肯据古代彝器之真形影摹,宁仍依约郑氏注礼之语,而凭构成图。此从一方言之,固可目为固执;然经师最重家法,其态度正应如此。而先生之讲"仪礼",适反乎此;无他,经学家与古史学家,其根本先已不同也。与先生并世若曹叔彦(元弼)、张闻远(锡恭)两先生之古文经学,康南海(有为)、廖季平(平)两先生之今文经学,章菿汉(炳麟)、黄季刚(侃)两先生之小学,先生皆不与之通闻;而其所师友,沈、罗以外,反为柯蓼园(劭忞)、张孟劬(尔田)诸先生者;此亦无他,方以类聚,以先生本非经学而为史学;其治诸经,以经传为古史史料之渊薮故也。

第三

无论何种学说,其能成立为一家,风行为一派者,其立说必有所根据,其籀绎必成为统系。背此公例者,其学说必不能成立,即能风行于一时,亦不因之而生价值。先生之学,其目的在于考史;而于"史"之范围之中,又偏重于古史。而先生考证古史之学,皆建设于小学之上。换言之:即以小学为工具为基础也。戴东原述治经定律之言曰:

经之至者道也;所以明道者,其辞也。所以成辞者,其字也。必由字以通其辞,由辞以通其道,乃可得之。(段玉裁《戴东原年谱序》)

故有清一代二百余年以提倡经学,其结论即不过由"识字以通辞,通辞以通经"二语而已。而先生之考古史也,亦由识字通小学起。此其故:简单言之,即欲治欧洲古史者,必须通拉丁文;欲治希腊古史者,必须通希腊文;欲治埃及古史者,必须通埃及象形文也。若以中国言之:则由象形模绘半带画图性之文字,及殷代甲骨文字,变成六国缪乱之古文(东方金文之一部),及先秦之古籀文(即大篆),更由籀文变成篆文(即小篆),由篆文变成隶文。六国时,东方诸侯,国自为书,与大篆又各不同。今为便利思辨起见,列如下表:

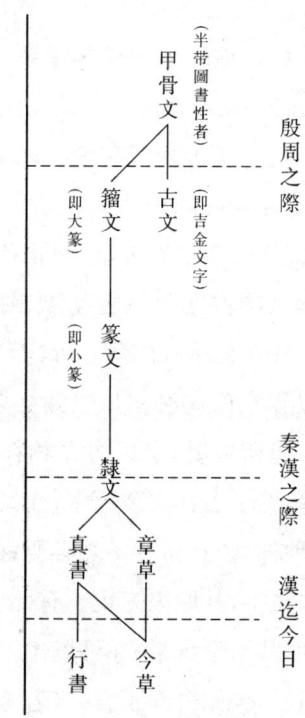

故欲考三代古史,其材料若仅取资经籍,则三代古籍,下至秦汉之书,其存者实属寥寥可数;且前人功力,大半用尽,复述申言,重嫌辞费。无已,则惟有取资于世上仅存,及地下发掘之物质材料。而物质材料,则苟非精通古文字者,乃有如村妪挟报,有等于无。故先生之治古史,而以小学古文字学着手者,此其原因一也。又中国文字,形义独立,其发达程序,全由象形绘画演化而来。(按许慎、班固序六书次序,皆首象形。而说文序亦云:"视鸟兽蹏远之迹,知分理之可以别也,乃造书契。"由今观之,则骨甲及钟鼎文字,全由象形绘画演化而来,不但取蹏远之迹而已也。此另有说。)即后有演声之字,而所借以为声之偏旁半字,仍由象形而来。(例如"江",从水,工声。而工壬同字,仍为斧形演出;已读为"工",义为执斧作工,江水适与"工"音相合,故谐"工"声。而工之本字,仍由象形而来。此另有说。)故见古代象形之字(假定为古器),不啻见古器物,即可取此绘画之形,与地下发掘之古物真器,及经传所记古器形制,三者证成一片;而古代器物之制大明。见古代谐声之字,即可由古代方言,以推测古代民族、风俗、地理上种种之沿革。见古代会意之事,即可参合经传,以推测古代之制度习惯等等。此先生之治古史而从小学古文字学着手者,其原因二也。又古经传在秦汉以前,其字体皆为六国古文及秦篆。鲁共王坏孔壁,而得古文《孝经》、《论语》、《礼记》、《尚书》等,其书是否传世?古今文家虽至今聚讼未定;而张苍、司马迁、孔安国……辈西汉中叶之士,尚得读六国古文所写之经传,则明白彰著。然则经传文字之展转译写,与用今日欧文译写荷马之诗,苏封克里之剧,阿里斯多德尔之伦理学书,又何以异?谬误必多!遗漏必多!不加校正,以考史事,根据动摇;欲加校正,何所取譬,必以古器物存留之古文字矣。又或经传奇字,屡说不得谛解,忽于古物出现原字,而义乃豁然;又于是字,创获古代无限知识。凡此种种,皆有通古文之必要;此先生之治古史,而先决问题,乃在通小学治古文字,其原因三也。有此三大原因,故先生建筑古史根据于小学之上。而其治学统系,亦可概述:

所谓小学者,隶书而下,今姑舍弃不言。(若考汉事,则以汉碑印证,隶书乃极重要。)隶书以上,皆可名之为"古文字学"。古文字学,今可约析四类:一者契文(即甲骨文字),二者古文(即钟鼎文字),三者籀文(即大篆),四者篆文(即小篆)。契文自洹上发现以后,迭绎刘铁云(鹗)、王文敏(懿荣)、盛伯希(昱)、孙仲容(诒让)等收藏整理考释,然其学终未成立;成立此学者,终推罗叔言先生;而光大发挥之者,则先生也。与先生同时为此学者,如天津王襄,丹徒叶玉森,日人林泰辅,英人明义士,而精通博大,则无论何人,皆知其不及。罗氏之成《殷虚书契考释》,得力于先生之助为多;而先生在上海戬寿堂之所编次考释者,为数亦颇不鲜(有《戬寿堂殷虚文字考释》),陆续刊印于仓圣明智大学之《艺术丛编》中。盖治商代史事,其史料除《尚书》中寥寥数篇《商书》及《史记·殷本记》一篇以外,将复何所取资?资之于彝器耶?则商代彝器,泰半羌无铭识;即有铭识,亦不过"父丁""且乙""☒""作尊彝"三四字或六七字耳。(《积古斋钟鼎款识》,《庚午父乙鼎》三十字,《庚申父乙角》三十二字,目为商器;今视之,疑皆周器也。)故龟甲文字之出,不啻为汲冢之再逢。故考证殷史,其惟一泉源,即在龟契。而治龟甲文者,其目的除殷史外,亦别无所施。故先生之言曰:

"由是太乙、卜丙,正传写之伪文;入商宅殷,辨国邑之殊号。至于'谏日''卜牲'之典,王宾、有奭之名,栖、燎、薶、沈之用,牛、羊、犬、豕之数;损益之事,羌难问于周京,文献之传,夙无征于商邑;凡诸放逸,尽在敷陈。"(《殷契书契考释后编》序)

是先生之治殷史,皆根据于契文。《观堂集林》中最伟著作,《卜辞所见先公先王考》,《卜辞所见先公先王续考》,所以能在司马迁二千年余年之后,反能正其讹,补其脱者,非龟甲文字不为功。推之如《鬼方昆夷猃狁考》、《不娶敦盖考释》、《生霸死霸考》……等,于古代数千载前国际之战,及华夷民族之消长,《诗》《书》经传所言,或只一二言七八字者,及古代数千百年积误之历朔,经传古籍,颠乱错覆,不可究诘者,何以能为之籀译至数千言,乃至声色毕现,如睹报章;或一一理董,犁然有条,乃至如历谱日记。此则因其根基,皆建设于吉金古文字学上之效也。(其他以契文古文以证合籀篆,则下节详之。)盖小学者,百学之津逮;故乾嘉诸儒,从小学起点,以建设经学之基础。及至今日,学问之重心,渐由经学移入于史学;而先生等复从小学起点,以建设史学之基础。此则最新有力之趋势,灼然而可见者也。

第四

先生之治古史,以小学为出发点之根据,已约述如前矣。然于小学之中,又有其根据点与出发点焉。当清盛时小学专家:若段若膺一派,则以《说文》为根据,以贯串群经。郝兰皋一派,则以《尔雅》为根据,从名物以逆推小学。王石臞一派,则先从群经着手,而归宿于《说文》。近世章太炎一派,则从音韵以上探小学之本原。而先生一派,则欲先从契、古、籀等文字着手,而归宿于《说文》。其程次适与段君相反,而与王君相合;故先生之学,虽极如程、吴、孙诸君,而先生之于小学,则矢口佩诵王君不置,今细读《观堂集林》可见也。但王君之治学目的在通经,故从群经以发轫;而先生之目的在考史,故从古文字学发轫;其以《说文》为证合之关键,则一也。故先生之学,其目的则在古史;其根据则在小学。其于小学也,其关键则在《说文》;其根据则在古文字学。此数言可蔽也。今试举一例言之:

如先生从龟甲文字,证合吉金,更以《说文》为枢楗,以考商代之帝喾是也。

殷契文字有:

"贞㚔于𤕦。"

"㚔于𤕦,□牢。"

"㚔于𤕦,六牛。"

"于𤕦㚔牛六。"

"贞㷋㚔于𤕦,九牛。"

"贞于高祖𤕦。"

"又于㚔。"

第四、五、六三片，在罗先生家，未印。此七片，皆记祭高祖之辞，因凡卜辞中祭高祖者，皆书高祖名。如云："高祖乙""高祖壬亥""高祖亥"……等，而此云"高祖㚔"，则以卜辞公例推之，则㚔亦商高祖之名也。此字最易误认为"夋"字。

而吉金文字中有：

"我弗作先生㚔。"（羞）（毛公鼎）

"㚔远能迩。"（柔）（克鼎）

"㚔远能迩。"（柔）（番生敦）

"用康㚔绥怀远庭。"（柔）（晋姜敦）

以下宋人书引

"㚔燮百邦。"（柔）（盠和钟）

此柔字与羞字，本为一字，象以手遮面。从形体变化之公律推之：上之则与契文之㚔为一字，下之则与《说文》之夒字为一字，《说文》云："夒，贪兽也。从页；止、巳、夊，其手足。"㚔字形体，与《说文》所云从手足者适合。更从声音变化之公律推之：则柔字与《说文》之夒，音"纳告反"者，实为一音。例如：诗云"无教猱升木"，猱字今读为"纳告反"，而实从柔以得声，可证也。由是又知㚔，必为商之高祖，必读为"告"韵，必其字形与夋相近而易误者。由此三点合推，必为帝喾。于是更于古书中得三旁证：

《史记》引《逸周书》云："自契至于成汤八迁，汤始居亳，从先王居，作《帝诰》。"《索隐》云："一本作俈。"帝诰，帝俈，与"喾"音全同。帝诰、帝俈，为汤之先王，则其人必为帝喾无疑。

皇甫谧《帝皇世纪》谓："帝喾名夋。"又《山海经》记帝俊事甚多。郭璞注："或以为舜，或以为喾。"足征"夋""喾"之易误。夫"夋""喾"二字，外观极不易误；然而往往致误者，正以㚔字音读为喾，而字形近夋故也。

《礼记·祭法》云："商人禘喾而郊冥，祖契而宗汤。"而《国语·鲁语》乃云："商人禘舜。"夫商人非舜之子孙，则"禘舜"必"禘喾"之误无疑也。

63

盖舜古读作信,与夋声近而误;夋字又夒字之误,而夒字又即嚳字也。(以上皆其昌所记先生《古史新证》讲授记)

此种蝉连互证之法,抽蕉剥茧,如解代数中繁分,如化均中比例之括弧,听之亹亹,令人忘疲。其他如《不娶敦盖本释》、《毛公鼎本释》,及《观堂集林》中之《鬼方昆夷玁狁考》、《商三勾兵跋》……等,盖无不尽用此法。要之以古文字为起点,以古史为终点,而以《说文》为关键,则同也。

第五

金石之学,肇于北宋。最初金石不分,而其注意之点,在石而不在金。材料之比较,亦石多于金,不啻十倍。例如欧阳公《集古录》,多至一千卷,赵德夫《金石录》,多至二千卷。今由其目观之,则吉金文字,殆不过占全量百分之一二耳。且当时不过第录文字,虽参与其事者,如刘原父之该博,而第录文字,亦往往谬误间出,进一步而欲加以考证者,如董彦远(逌)《广川书跋》、黄长睿(伯思)《东观余论》;然其所考跋,亦已碑版为多;所考铜器,又皆汉以下者。更进一步专考吉金而考证亦较为博洽精确者,则惟有欧后赵前之吕与叔《考古图》耳。故吉金文字,可称自与叔立其基,至先生而集其成也。吕书长处,先生已表章之云:

"窃谓考古、博古二图,摹写形制,考订名物,其用力颇巨,而所得亦多。乃至出土之地,藏器之家,苟有所知,无不毕记;后世著录家当奉为准则。至于考释文字,宋人亦有凿空之功,国朝阮吴诸家,不能出其范围。若其穿凿纰缪,诚若有可讥者,要亦国朝诸老之所不能免也。"(《宋代金文著录表序》)

盖吕与叔定吉金文字书籍之体例,亦犹太史公定断代为史之体例,后世不能外也。其功之显者:(一)著明藏家,可以防伪。(二)著名出土之地,可以从其文字,以推考古代地理。(三)绘摹形状,可以见古代器物制度;且附带从其刻文,可以考见古代之美术。(四)考辨名称,可与绘图互相印证。先生曾云:

"凡传世古礼器之名，皆宋人所定也。曰钟，曰鼎，曰鬲，曰甗，曰敦，曰簠，曰簋，曰尊，曰壶，曰盉，曰盘，曰匜，曰盦，皆古器自载其名，而宋人因而名之者也。曰爵，曰觚，曰觯，曰角，曰斝，古器铭辞中，均无明文；宋人但以大小之差定之，然至今仍无以易其说。知宋代古器之学，其说虽疏，其识则不可及也。若国朝人所命名，则颇有可议者。……"（《说觥》）

至其文字之考审，两宋中亦惟吕、薛为良。而吕氏之释 ![字] 为射榭之榭，释 ![字] 为不吊之吊，亦即不淑之淑，皆具有精诣通识。故两宋吉金文字之学，吕氏最为大师。继之者王黼《宣和博古图》，卷帙虽多于吕书，而文字考释，则不逮吕氏远甚。此外宋时专治此学者：如王俅之《啸堂集古录》、薛尚功之《钟鼎款识法帖》、王厚之《复斋钟鼎款识》为一类，不复图形，专模文字，虽能专考，而未见有会通之识。如翟耆年《籀史》、张抡《内府古器评》等，又为一类，则主尚通论，虽能融会，而不见有专精之功。如是历元迄明，竟无一人继者，（杨慎、胡应麟，皆不足以语此。）以至于清。清初金石学者，顾亭林（炎武）、吴山夫（玉搢）、王山史（宏撰）下至于杨大瓢（宾）、林同人（侗）、叶九来（奕苞）、吴侃叔（东发）更下而至黄小松（易）、翁覃溪（方纲）、武虚谷（亿）、钱竹汀（大昕）、王兰泉（昶）以下皆"石学"而非"金学"，欧、赵之一派也。讲"金学"者，又自钱十兰（坫）、阮伯元（元）始。阮氏书广布海内，又登高易呼，故"金学"复振。然稿成于朱椒堂（为弼）手，书实未精；其中周器，大半误称商器。高之不过略出王复斋（厚之）上（阮书即将《复斋钟鼎款识》充扩而成）。低乃骈啸堂（王俅）。阮氏之后，乃有吴荷屋（荣光）、吴子苾（式芬）、张叔未（廷济）、徐籀庄（同柏）、曹秋舫（载奎）、刘燕庭（喜海）、朱善旂、吴退楼（湆）、刘幼丹（心源）、潘伯寅（祖荫）、王濂生（懿荣）、鲍子年（康）、吴清卿（大澂）、陈寿卿（介祺）、孙仲容（诒让）、端陶斋（方）、罗叔言（振玉）及先生等继起，然其中亦可区为数类：嘉兴之张、吴县之潘、福山之王、浭阳之端，则不过因有力罗致，故陈模榻观，所谓鉴赏者尔。南海之吴（荣光）、钱塘之曹（载奎）、嘉鱼之刘（心源）、平湖之朱（善旂），则不过欲聘誉于艺林，故勤搜广播，所谓好事者尔。凡此皆不能有出于宋儒之上，或更远在其下（如平湖之朱)。燕庭、籀庄、退楼,视宋儒实伯仲王、张,似未能并肩吕、薛。观古鲍氏,则洪遵流亚,所重古泉而已。所可荦荦称道出乎宋人之上者:吴子苾、吴愙斋、陈寿卿、孙仲容、罗叔蕴,五家而已。程易畴不以金石家名,而多以金石证经,若更益之,六家而已。以此六家与先生并论:则吴子苾于金石之学,虽已精造,但尚限于金石本身,未能推及其他学问之任何方面,殆所谓食而未能化者。陈簠斋所见所藏彝器之富,虽或在先生之上;其鉴别真赝,亦称卓绝,其缕述关于彝器之洗、刷、剔、划、模拓、收藏之法,虽名之为精绝古今亦可;但亦限于收藏之富,鉴别之精,技术之工而止;其于学问,初无重大贡献。籀庼之学,因范围较广;金石方面,如仅以余力及之。而至先生,则综核自宋以来上列诸儒,而折中取弃,参互以观其会通。有让堂之通识悬解,而广博则远过之;有恒轩以广识宏览,而精确则远过之。于是自宋以来之悬疑,近一千年来而未决者,如㳄、㱃、㳄、夫、㝅、逸、耳、羍、㠯、畧之字义,罨、觥、盉、俎、环、玦、匜、爵……之形制,"祖□"、"父□"、"大父"、"大兄"、"□母"、"□父"、"□妣"、"□姬"……之名制,生霸、死霸、载生、既死、□祀、□年、初吉、既望……之历朔,至是皆涣然大明而无复疑问,厘然有当而确不可易矣。

不宁是也,由散氏盘之一𡔷字,而以之考证殷周之际西北之地理与民族;知西周之初,渭水两岸,有一"微种"之民族。由夜雨楚公钟之一芈字,而以之考证楚中世建都之所在;知芈即熊咢;芈以上六世皆居武昌,而史顾缺其文。从北伯鼎出土之地,以推证酆、邶之故疆。从邵𡔷钟出土之地,以推证吕氏之故邑。至于从不娶敦、兮甲盘以考证玁狁之兴衰盛亡;从甲骨文字,以考证殷一代之先公先王,尤为彰彰人所共知者。此所谓大而能化,殆自欧、吕以来,未有能及先生者也。

至于龟契文字,则先生之于罗氏,能补其未尽,而匡其已误。海内惟称罗、王为大师,先生殆又可谓青出于蓝者。此则尽人所共知,又不烦多言而始明也。

第六

先生之治古史，治经疏，治古文字学，皆在三十五六岁壬子东渡以后。前乎此者，专治宋元戏曲，乃至诗词。似乎专据先生壬子以后之学，以概括其一生，而目之为史学家者，迹近于武断。不知先生壬子以前，虽专治宋之戏曲，而所治者，仍为戏曲之史料，而非戏曲之本身。考先生在三十岁刊《静庵文集》以前，专谈文学哲学，叔本华、霍甫定之书籍，宋元诸儒之语录，不离其左右。（此有《静庵文集》所征引可证。）此时已有志于宋元之词曲，《人间词》、《人间词话》，亦即成于此时。惟在此十年间，先生所治者，确为文学哲学之本身，而非文学哲学之史料。自三十以后，由研玩宋元之词，转而入宋元之曲；而先生治学之态度，亦渐由文学之本身，而转入文学之史料矣。

今考先生自三十岁（光绪三二）入京任学部图书馆编辑以后，即转其方向而治宋元通俗文学、戏曲之史料，当时著作刊于《国粹学报》六十余期者（宣统元二间），如《优语录》、《宋大曲考》、《录曲余谈》，皆戏曲之史料也。刊于《国学丛刊》者，如《古剧脚色考》、《清真先生遗事》，大约皆草于是时。此数年间所著，最有名之《曲录》，即于宣统三年脱稿（自序作于元年）而刊于番禺沈氏《晨风阁丛书》。《曲录》为考述宋元以来戏曲著作比较为最完备之总迹，此又人所尽知者。同时刊入《晨风阁丛书》之《戏曲考原》，盖亦成于是时。直至民元二间，《东方杂志》第九、十两卷，分期登刊之《宋元戏曲史》止。综此七八年间，先生所治之学，皆可名之曰"宋元戏曲史"之集团也。

自三十五六东渡以后，此种学问，先生即弃去永不复为；而转其力于小学、经学。然先生治学之精神态度，本已久趋于史学，故其治宋元通俗文学也，其旨趣在史；及其转而入于经学小学也，其旨趣仍在于史；其方面变，而其立足点未尝变也。

先生之学：有承袭前人遗业，而发挥光大之者。有从旧学圃中，而另辟新园囿者。有虽为创通凿空,而仍有赖于他人之互助者。有绝无依傍,孤立血战成一军者。如西北地理之学,自徐、何、魏、李……以下,以至于今日沈、柯诸老,浚源既长,衍流亦广,先生不过继承而发挥,且其功绩视咸同大老,究竟何如?尚未敢质言,此属于第一类也。金石之学,则自宋代欧、吕以来,有清大师,已如上述,不谓不多;特先生大而化之,以金石互证经籍,由是以考测古代史料,如航海家之发现新陆,此属于第二类也。龟契之学,先生虽为创通凿空之元勋;而终尚赖前辈刘铁云、孙中颂之援助,及罗叔蕴先生之切磋,此属于第三类也。独专制宋元戏曲史料,则虽不敢云后无来者,而前人确从未有为此业者;所以能立为一家言者,真是绝无依旁,全由一人孤军力战而成。此亦为先生之专门绝学,未可以其中年自弃而轻视之也。

第七

自先生四十七岁入京以后,其学又一大变,转而专治西北地理。先生之学,至此又何以忽转入西北地理耶?此吾人所欲亟知者也。然吾人苟熟观其学问之性质,及其进学之次序,则固可以学理豫推,而绝不视为奇异者也。盖治金必兼及于石,石则全部资料为古碑;考证古碑,则与地理学遂生相互不能分离之关系。又治史学者,其一部之重要材料,即在古碑;中央大政,则古籍具在,不烦旁求;惟边圉荒蛮,及邻国窈远之史事与地理,书本材料,缺乏殊甚;则其取材,惟有乞灵于边圉之古碑耳。故先生自四十岁返沪以后,其学已渐渐向此微转。又因当时敦煌古籍,愈出愈多,流沙又出坠简;而边方古刻,亦层出不穷。此种学问,皆为先生所深嗜,遂渐渐起而为之考释。在日本时,已作《流沙坠简考释》(云腮丛刻本)。归国以后,居沪时所作如:《刘平国治□关城诵跋》、《魏母邱俭丸都山纪功刻石跋》,皆作于民六。如《高昌宁朔将军麴斌造寺碑跋》、作于民八。如《九姓回鹘可汗碑跋》、《书虞道园高昌王世勋碑后》、《于阗公主供养地藏菩萨画像跋》、《曹夫绘观音菩萨象跋》,亦大约皆成于是时。于当时之史事地理,多所补证。颇能明白显示吾人以由"吉金文字"之学转至"考古地理"之学,其间渐变之趋势与痕迹。同时罗氏亦著《高昌麴氏年表》、《沙州曹氏年表》、《补唐书张义潮传》……等,与先生走入同一之趋势。于是再进而作《西域井渠考》矣;更进而作《西胡考》、《续西胡考》矣。及至入京以后,始专究宋元时代之西北地理。至四十九岁(民十四),而《鞑靼考》、《宋元时代蒙古考》成。于是渐次及于《圣武亲征录》、《长春西游记》、《蒙鞑备录》、《黑鞑事略》、《元秘史》、刘祁《北使记》、刘郁《西使记》、杜环《经行记》、王廷德《使高昌纪》、耶律楚材《西游录》等书。于五十岁(民十六)之夏,而前四种校注告成(清华研究院丛书)。其他于《元秘史》则成索引,于耶律文正则成年谱,皆成而未修。于西史、北史、经行、高昌四记,则随笔校注,而尚未脱稿。至其临殁前三月,犹作《金界壕考》(《燕京学报》),临殁数日前,犹修《鞑靼考记》、《蒙古札记》。由是趋势以推之,则先生在此数年之间,如不至遽卒,其必注全力于此数书,可必也。此先生晚年由古文学转入西北地理之学之原因,之经过,之趋势也。

西北地理之学,自嘉道以还,徐星伯(松)、张石洲(穆)、何愿船(秋涛)、魏默深(源)、李恢垣(光庭)、张秋水(鉴)、施北研(国祁)、沈子敦(垚)、李芍农(文田)、洪文卿(钧)、袁重黎(昶)、江建霞(标)以来,至于今日之屠敬山(寄)、沈寐叟(曾植)、柯蓼园(劭忞)、丁訒庵(谦)及先生等辈,外人辅之者,则有俄人拉特洛夫,法人沙畹、伯希和,德人牟列尔,英人斯坦因,日人内藤、桑原、藤田……等,发扬蹈厉,光焰万丈;先生著作,不过占其中之一小部分。然先生治学标准,求精确不求广阔,求专门不求阔通;宁失之偏狭,不宁失之宏大;宁失之琐屑,不宁失之笼统。故其魄力,虽远不如何愿船、魏默深、李仲约、柯凤荪之功大而烈伟;而其专门精确之处,则颇各有短长,亦有非诸家所可及者在焉。

第八

以上举述先师学问之大概略竟,此可以结论之矣。兹再摘其重要关

键,分数点述之:

其一曰:先师著述,皆偏于史学。先生著作,除三十以前,所刊《静安文集》及所译《法学通论》、《辩学》、《心理学概论》、及《苕华词》等美文以外,全部著作,皆可就范于史学之园。上已述先生著作之关于经学者,关于小学者,关于金石甲骨文字者,关于宋元通俗文学者,关于西北地理者,全部之主旨目的,皆在于史。兹更就上所未言者言之:先生之学,除上所历举者外,又有附庸者三:一曰《水经注》,二曰板本之学,三曰音韵之学。《水经》之学,先生自归国以后,即屡校不倦;入京以来,致力尤勤。世人竞称戴东原为此书之绝学者,由先生精校所得,知戴氏之校此书,实于《永乐大典》,不甚注力;其据大典考证之是者,疑皆袭全谢山之旧校;(全氏所见大典,实较戴氏时为完。)其说之非者,则皆出于胸臆,而未尝有所凭借。先生曾取宋刻以来,至晚近王籙轩(梓材)校本六种,一一详跋(《清华学报》)。而《水经》一书之全部价值,皆在于史,又人所共知也。板本之学,先生虽不甚挂口,人亦知者甚鲜;然先生治之之勤,或尤在《水经》以上? 其所成著述:如《五代监本考》(北大《国学季刊》)、《两宋监本考》(未刊)、《两浙古刊本考》(未刊),皆可为证。板本之学,一转即为校勘之学,此必然之定例,如黄荛圃、顾千里、洪筠轩、孙季仇辈,皆由板本学以转入校勘学者也。先生自不能外此定例。于是先生又著《古本尚书孔氏传汇校》、《唐写本唐韵校勘记》、《乾隆浙江通志考异》(均未刊)等书。校勘之学,当附丽于板本,而板本之学之为史学,又人所共知也。音韵之学,于史学较远;先生所著,散见于《观堂集林》者外,又有《补高邮王氏说文谐声谱一卷》(未刊)。然先生之治音韵也,欲以证经;而其治经也,欲以证史,此又前所详述者也。再以《观堂集林》言之:除《缀林》二卷(占十分一)不属史,然尚有《补宋史王禀传》……等文;如《艺林》八卷(占十分四),皆从经学小学,以推证古史者;至于《史林》十卷(占十分五)则又全部为史学矣。故先生一生之学,除少年三十岁前,曾致力于文学哲学,及中年以后偶作小品诗词等零星美文不能计外,其全部精力皆注于史,可断言也。

二曰：先师发明，于古史学上最多。先生之全部精力，皆注于史，故先生发明之多，亦于史学为最；于史学上，尤于古史为最。此其故：史事之愈近者，材料愈多，疑问愈少，故不烦讨论推敲。先生之治宋元戏曲史料，已开前人所未闻；于宋元通俗文学之史，开一纪元。惟上古史事，则材料既形缺乏，而相传成说，为神话？抑为事实？为寓言？抑为实录？荒窈隐约，眩目摇神。故治上古史者必须有下列条件：一曰渊博之根据。为广罗材料起见，至少须将三代两汉之古籍，全部烂熟于胸。二曰宏富之经历。为辅助书本材料之不足起见，至少须见古器物数千件以上（或其他任何物质材料）及著余古器物之书籍（如《考古图》、《宣和博古图》、《西清古鉴》、《续鉴》、《宁寿鉴古》……等）全部烂熟。三曰辨伪之能力。为避免危险起见，至少于书本材料，能辨别其何者为神话？何者为传闻？何者为寓言？何者为饰辞？何者为实录？何者为信史？或数千字大文，而无一字可信者，如《左传》所述之浮词是也。或一二字断语，而可证一代之大事者，如王恒、王亥之类是也。或久奉为信史而全伪者，如《尧典》、《舜典》是也。或久视为诞说，而反可取证者，如《山海经》、《天问》是也。于物质材料，至少能辨别何者为真器？何为赝鼎？少翁饭牛之书，征仪烧饼之型，必须洞澈而远斥；凡此皆非易事也。四曰考证之功力。为整理物质材料、书本材料之完成起见，须于丛杂芜残之中，整理而成一有系统有组织之著作；此非于考证演绎之能力，有长时间深沉之修养不为功。五曰科学之通识。为考证之精确便利起见，至少须具有近世地质学之基本常识以上之知识；不然，如乾嘉诸儒，所以远异于宋明迂谈之士而仍不免一"陋"字者，即职此故也。此五种者，几于缺一不可，而先生实能兼之。故先生古史之学，非但宋时苏辙、胡寅、罗泌……辈所未能几及，即清代马骕之《绎史》，李锴之《尚史》（有张作霖新刊本）亦相距尚遥。再进而如徐文靖、郝懿行、林春溥、陈诗、陈逢衡之治《竹书》，王念孙、潘振、何秋涛、陈逢衡、朱右曾之治《周书》，钱坫、洪颐煊、孙冯翼、茆泮林、雷学淇之治《世本》，其发明犹未若先生之多也。（先生发明古史之最重要著作为：《殷卜辞中先公先王考》、《续考》、《鬼方昆夷玁狁考》、《殷周制度论》《说自契至成汤八迁》《毛公鼎考释》《不娶敦盖考释》《古史新证》《生霸死霸考》《洛诰解》《周书顾命考》《后考》《说商》《说亳》、《说耿》《说殷》《北伯鼎跋》《商三勾兵跋》、散盘、克鼎、邵钟、铸公簠、夜雨楚公钟……等跋，无论何人，殆皆须一读也。）

三曰先师于学问上最大之贡献，乃在将物质与经籍，证成一片。关于此点，上文言之已详，此无烦于复述。虽然，此点之重要，不但为先师一生命脉之所在，亦即现代学问之主要命脉之所在也。故不妨再引先生所自言者，以为吾文之殿焉。先生之言曰：

"古来新学问，起大都由于新发现。——有孔子壁中书出，而后有汉以来古文家之学，有赵宋古器出，而后有宋以来古器物古文字之学。晋时汲冢竹简出土后，同时杜元凯之注《左传》，稍后郭璞之注《山海经》，已用其说。然则中国纸上之学问，有赖于地下之学问者，固不自今日始矣。——自汉以来，中国学问上之最大发现者有三：一为孔子壁中书，二为汲冢书，三则今日之发见也。——故今日之时代，可谓之发现时代，自来未有能比者也！"（同下）

至于今日之发见，先生又别之为五，曰：

"（一）殷契甲骨文字。（二）敦煌塞上及西域各地之简牍。（三）敦煌千佛洞之六朝唐人所书卷轴。（四）内阁大库之书籍档案。（五）中国境内之古外族遗文。"（《学衡》先生讲稿《最近二三十年中中国新发见之学问》）

此五项者，简称之：一甲骨文字，二流沙坠简，三敦煌写书，四内阁档案，五东方文字。皆所谓物质材料（地下学问）也。除第四第五两项，先生未尝致力以外；前三项，皆先生毕生精力所注，欲将地下纸上，打成一片者也。

如是略述先师全部之学问竟。所得一句结论：则先师殆可谓为"新史学"家，亦可谓为"文化史的考证家"也。其他纷纷之论，吾知先师殁而有灵，所恶闻也。嗟呼！先师逝矣！百身莫赎！先师未竟之业，念之危惧。吾特举先生诏吾侪之语者，以志卷末，以自警警人，或亦为先师在天之灵,所不斥乎!

"然此等发见物,合全世界学者之全力,以研究之,其所阐发,尚未及其半。况后此之发见,亦正自无穷,此不能不有待于少年之努力也。"(《最近二三十年中中国新发见之学问》)

（原载清华大学《国学论丛》,一九二八年四月第一卷第三号）

宋代学生干政运动考

吾国自"五四"以后,学潮愈演愈大;其初也,不过学生与少数智识阶级之活动而已。及其后,遂与商界及市民相联络而合作。如"五四"之役,上海、北京、天津、汉口、广州……等之罢市是也。殆至"五卅"以后,则全国各界,上至于政府官吏,下至于贩夫走卒,以至于农民妇女……莫不一致愤慨,民气之伸张,至斯极矣。国民始从大梦中惊觉,知强邻之野心,国亡之无日,是则学生与有功焉。然学界干政,本为古代常见之事,如东汉之党锢、赵宋之党籍、明代之东林,皆公理、正气、民意之所寄。即学生干政,宋时亦可大盛,共行为之激烈,士气之伸张,且有过于近日。作者因感于"三一八"之事,固博考群书,撰成此篇:(一)以表先烈之懿行,为后人之楷式。(二)以示学生干政,主持正义,已有先觉倡导于前,后死者当如何努力,以期不负。(三)以见当日政府处置学生之宽厚,使今之官僚,扪心自责。(四)以明今日学生之行动,并不能目为嚣张与激烈,以杜社会敀缪之口。(五)以为编中国政党史者参考之一助。(六)以见中国古代民气,并非沉闷死态,以为研究中国社会思想使者之一助。

甲　征故

宋代学生干政,最初始于王安石变法,及改创《诸经新义》。是时太学生已有直斥宰相,坐是开除者。其可考者,如陈次升是也。《宋史·陈次升传》云:

次升入太学时,学官始得王安石《字说》,招诸生训之,次升作而为:"丞相岂秦学邪?美商鞅之能行仁政,而谓李斯解事,非秦学而何!"坐屏斥。①

其后朝廷运取花石纲,太学生邓肃作诗讽刺,亦因之开除。说详后,然此不过谤于私室而已,并未敢公然伏阙上书,要求请愿,直接干涉政治也。自宣和间太学生领袖——亦惟一民众领袖——陈东上书请斩蔡京之后,其端遂开,于是继续有靖康之役、建炎之役、绍兴之役、庆元之役、绍熙之役、淳祐之役、德祐之役、凡此八者,皆专体之重大者也。至于小者,多至不可胜数,太学生遂为惟一之民意代达机关,迄于南宋之亡,平均三四年必起学潮一次,兹将此八大役,分述如下:

(一)宣和请诛蔡京之役　此为宋代学生直接干涉政治之运动第一次,亦为中国学生直接干涉政治运动之第一次。当时蔡京等为大政阀,童贯等为大军阀,其祸国殃民,专横跋扈之态,直令人发指眦裂,而一时不畏死之谏臣,如邹浩、陈瓘之流,皆远贬瘴海。此时能以区区学生资格,作公论之后盾,请斩灼手可热之军政阀六人,其精神魄力,直足令人钦佩也。是时之学生领袖,即为陈东。《宋史·钦宗纪》,纪其事曰:

宣和七年,太学生陈东,上书数蔡京、童贯、王黼、梁师成、李彦、朱勔罪,谓之六贼,请诛之。②

语甚简略,《陈东传》纪其事稍详,云:

蔡京、王黼方用事,人莫敢指言,独东无所隐讳;所至宴集,坐客惧为

---

① 《宋史·陈次升传》卷三四六,第一页上,乾隆四年校刊廿四史本。
② 《宋史·钦宗本纪》卷二三,第二页上。

己累,稍引去,以贡入太学。钦宗即位,率其徒伏阙上书:论"今日之事,蔡京坏乱于前,梁师承阴谋于后,李彦结怨于西北,朱勔结怨于东南,王黼、童贯又结怨于辽金,创开边隙;宜诛六贼,传首四方,以谢天下"言极愤切。①

此役之先,已有太学生雍孝闻上书力诋时政,请逐二蔡。王得臣《挥麈前录》云:

雍孝闻,蜀士之秀也,元符末,有声太学,学者推重之。崇宁初省试奏名第一。前此屡上封事剀切,九重固已默识其名。至是二策中力诋二蔡及时政未便者,徽宗大怒,减死窜海外。宣和末,上思其忠,而孝闻死矣。②

东略承其风,而理益直,气益壮,遂有此光明之伟举,其后又一人上书,请斩童贯。《东本传》云:

明年春,贯等挟徽宗东行,东独上书,请追贯还,正典刊,别选忠信之人往侍左右。③

其后又一人上书,请斩六贼,而梁师承卒蹉其手。《东本传》云:

金人迫京师,又请诛六贼。时师成尚留禁中,东发其前后奸谋,乃谪死。④

今《少阳集》⑤具在,其《登闻检院上钦宗皇帝书》、《再上钦宗皇帝书》、《三上钦宗皇帝书》,皆存。其坚强不屈之精神,千载下读之,犹想见其为人焉。

(二) 靖康请留李纲之役 自宣和之役以后,太学生上书之端已开,然其所争,纯为内政,并无抵抗外力侵入之举动。靖康之役,则胡骑北来,中原垂危,故此役上书,"内除国贼""外抗强权"二义兼举。又宣和之

---

① 《宋史·陈东传》卷四五五,第一页上下。
② 王得臣《挥麈前录》卷二,第一二页下,学津讨原本。
③ 《宋史·陈东传》卷四五五,第一页下。
④ 《宋史·陈东传》卷四五五,第一页。
⑤ 陈东有《少阳集》四卷,《四库全书》著录,又刊《乾坤正气集》卷五八至六一。

役,惟少数太学生而已,而靖康之役,则军民集者,据当时所载至数十万人,使其记载果为确实,实为近古所未见之国民大会,故此役,实为中国民众运动最有光荣之历史。而其领袖不过陈东、高登、许翰等三数学生而已。此事《宋史》纪之最详,一见于《钦宗本纪》云:

靖康元年二月戊戌,李纲罢,以谢金人,废亲征行州营司。金人复来议和,许割三镇地。太学生陈东等及都民数万人,伏阙上书,请复用李纲及种师道,且言李邦彦等疾纲,恐其成功,罢纲正堕金人之计。会邦彦入朝,众数其罪而骂。吴敏传宣众不退,遂挝登闻鼓,山呼动地。殿帅王宗濋恐生变,奏上勉从之,遣耿南仲号于众曰:"已得旨宣纲矣。"内侍朱拱之宣纲后期,众脔而磔之,并杀内侍数十人。乃复纲右丞,充京城防御使。壬寅,追封范仲淹魏国公,赠司马光太师,张商英太保,除元祐党籍学术之禁。诏诛士民杀内侍为首者,禁伏阙上书。①

观此已可见当时情形之可畏矣。二见于《李邦彦传》云:

金人既薄都城,李纲、种师道罢,邦彦坚主割地之议。太学生陈东数百人,伏宣德门上书,言邦彦及白时中、张邦昌、赵野、王孝迪、蔡懋、李梲之徒,为社稷之贼,请斥之。邦彦退朝,群指而大诟,且欲殴之,邦彦疾驰得免。②

三见于《聂昌传》(见下),四见于《李纲传》(见下),五见于《许翰传》。可以见当时太学生领袖,陈东外,尚有许翰。其文云:

黄潜善奏诛陈东,翰为所亲曰:"吾与东皆争李纲者,东戮东市,吾在庙堂可乎?"求去益力,章八上落职。③

六见于《高登传》,知当时领袖,陈、许之外,尚有高登,亦倔强不畏死者。其文云:

高登,子彦先,漳浦人。宣和间为太学生,金人犯京师,登与陈东等上书乞斩六贼。群臣复建和议,夺种师道、李纲兵柄,登与东再抱书诣

---

① 《宋史·钦宗本纪》卷二三,第四页上—第五页上。
② 《宋史·李邦彦传》卷三五二,第四页下。
③ 《宋史·许翰传》卷三六二,第一〇页上。

77

阙,军民不期而会数万,王时雍纵兵欲尽歼之,登与十人,屹立不动。①

七见于《杨时传》(见下),八见于《种师道传》(从略)九见于《陈东传》云:

> 李邦彦议与金人和,李纲及种师道主战。邦彦因小失利罢纲,而割三镇。东复率诸生伏宣德门下,上书曰:(云云从略,全文见《少阳集》卷二)军民从者数万。书闻,传旨慰谕者旁午,众莫肯去,方弁登闻鼓槌坏之,喧呼震地,有中人出,众脔而磔之,于是亟诏纲人,复领行营,遣抚谕,乃稍引去。②

当时人君温旨慰谕,且不可肯少退,必达目的而后已。其坚持程度视今何如?至于乱杀中官,其激烈程度,又视今何如?而政府之俯从民意,号称君主专制政体尚如此,视今日之号称民主,而乃有残民以逞者,其间之相差又何如?其后政府知民众领袖,如陈东者,不能威屈,乃欲以利诱。而东力辞不受,坚持公议,其本传云:

> 金人既解去,学官观望。时宰议屏伏阙之士,先自东始。京尹王时雍欲尽致诸生于狱,人人惴恐。朝廷用杨时为祭酒,复东职,遣聂山诣学抚谕,然后定。吴敏欲弭谤,已奏补东官,赐第,除太学录。东又论诛蔡氏,且力辞官以归。前后书凡五上。③

其光明磊落之行,视今日之民众领袖又如何?

(三) 建炎请诛黄潜善、汪伯彦之役　自靖康之役以后,学生救国之大功,已大白于世。陈东之名,已震铄于天下,民意之所寄,舆论之所向,半在于谏官④,而半在于学生。于是政府畏学生愈甚,禁伏阙上书,而陈东不避禁令,与布衣欧阳澈第三次伏阙上书请诛权臣黄潜善、汪伯彦,于是东与澈,遂于是役为国舍身,斩于东市。此事《宋史》记之亦详,一见于

---

① 《宋史·高登传》卷三九九,第八页下。
② 《宋史·陈东传》卷四五五,第一页下—第三页上。
③ 《宋史·陈东传》卷四五五,第三页上。
④ 当时极言直谏气节之臣,如马伸,为黄潜善辈毒死;如刘安世、陈瓘、邹浩、皆贬岭外;如刘安节、吴给皆落职。非无人也,为小人挤尽。

《黄潜善传》云：

　　李纲罢，潜善拜右仆射。太学生陈东论李纲不可去，潜善不可任。潜善恚，会欧阳澈上书诋时事，语侵宫掖，帝谓其言不实，潜善乘间启杀澈并东诛之；识与不识，皆为之垂涕，帝悔焉。①

《朱子语类》亦记陈东之死，全由黄潜善害之。《语类》云：

　　汪、黄用事，二人事事无能，却会专杀，如置马伸于死地，陈东、欧阳澈之死，皆二人为之。②

又云：

　　陈少阳之死，黄潜善害之也。同时死者，有欧阳澈。澈，楚州人，其族叔祖使人往楚州买物，云彼处三四日大雪，叔祖甚怪之，云：八月二十日间，安得有雪？后有人自彼中来，问之果然，乃澈死时也。③

　　二见于《王居正传》（见下），三见于《东本传》，知东于被杀之前，已上书两次，至于杀，则数月之间，又已上书三次矣。其再接再厉，屡仆屡起，百折不回之精神，与夫视死如归之态度，岂非吾辈学生之所应奉为法式者邪？本传云：

　　高宗即位，五日相李纲，又五日召东至。会纲去，乃上书乞留纲而罢黄潜善、汪伯彦。不报。请亲征以还二圣，治诸将不进兵之罪，以作士气；车驾归京师，勿幸金陵。又不报。潜善辈方揭示纲幸金陵旧奏；东言纲在中途，不知事体，宜以后说为正；必速罢潜善辈。会布衣欧阳澈亦上书言事，潜善遽以语激怒高宗，言不亟诛，将复鼓众伏阙。府尹孟庾，召东议事。东请食而行，手书区处家事如平时；已乃授其从者曰："我死，尔归致此于吾亲。"食已，如厕。吏有难色，东笑曰："吾，陈东也。畏死即不敢言，已言肯逃死乎。"吏曰："吾亦知公，安敢相迫。"顷之，东具冠带，出别同邸，乃与澈同斩于市。四明李猷赎其尸瘗之。东，初未识纲，特以国

---
① 《宋史·黄潜善传》卷四七三，第一页下。
② 《朱子语类》卷一三一，第六页上。
③ 《朱子语类》卷一三一，第二页下。

79

故,至为之死。识与不识,皆为流涕。①

四见于《澈本传》云:

金人大人,澈闻,辄语人曰:"吾能口伐金人,强于百万之兵,愿杀身以安社稷。"乡人每笑其狂,止之不可,乃徒步走行在,高宗即位南京,伏阙上封事,极诋用事大臣,遂见杀。②

旁于见叶绍翁《四朝见闻录》,记陈东从容受义之状云:

陈东、欧阳澈当建炎初政论事指谪上躬,贬议大臣,盖宣政以来所未有也。大臣恶其讦己,阴用上手批,置二子于法。予尝得东将临刑家书手迹,墨行整整,区处家事,皆有条理。自知顷即受戮略无惨戚战栗之意,盖东汉人物也。③

卒能使高宗大悟,而上书之禁,亦遂得开矣。

(四)绍兴请斩汤思退之役　学生时代,类皆一切势力,一切高压,丝毫不畏,此古今所同然。宋时学生,公然敢为宰相之政敌:宣和、靖康与蔡京辈战,建炎与黄潜善辈战,庆元与韩侂胄辈战,淳祐与史嵩之战,德祐与丁大全战,而此役与秦桧战,皆宰相也。又宋代学潮,对内为多,对外则靖康后惟此役耳。

初,绍兴八年,秦桧主和议,杀岳飞。一时贤士大夫,如吕本中、胡寅、曾开兴、张寿晏、敦复、魏矼、李弥逊、尹焞、梁汝嘉、楼焰、苏符、薛徽言、方延实、胡珵、朱松、张扩、成景、夏常明、范如圭、冯时中、赵雍、许忻、胡铨等皆抗疏极论,为秦桧一网打尽。秦桧死,于是主战之说再起。绍兴三十年,命汤思退、尹穑进兵,而汤为秦桧余党,观望不进,太学生遂上书乞斩汤、尹,是役之领袖为张观。《宋史·汤思退传》纪其事云:

命思退督江淮军,辞不行。言者极论思退急和撤备之罪,遂罢相。寻责居永州。于是太学生张观等七十二人,上书论思退、王之望、尹穑

---

① 《宋史·陈东传》卷四五五,第三页上下。
② 《宋史·欧阳澈传》卷四五五,第四页下。
③ 叶绍翁《四朝见闻录》乙集,第三四页上,知不足斋丛书本。

等,奸邪误国,招致敌人,请斩之。思退忧悸死。①

又见于《王之望传》(见下)又见于《尹穑传》,云：

上书者,攻和议之失,且言:"穑专属大臣为鹰犬,如张浚忠诚为国,天下共知,穑不顾公议,妄肆诋诽。凡大臣不悦者,皆逐之,相与表里,以成奸谋,皆可斩。"上虽怒言者,而一时主议之臣与穑,皆想继废黜。②

合而观之,则此事大概,亦可以见矣。

宋时学生,不特动辄欲斩丞相,其胆量魄力,远过常人,而其端一开,处处与政府为难。如进退大臣等事事皆欲预闻。汤思退既逐,即乞召陈俊卿为相。《陈俊卿传》云：

汤思退既窜;太学诸生伏阙下,乞召俊卿。③

朝廷亦居然勉从其请。夫进一丞相何等事邪？而学生敢以参与,朝廷乃能容纳学生意见,士气伸张,至此亦云极矣。

(五)庆元请留赵汝愚之役　崇宁以后,至于宋亡,学潮无代无之。惟南宋孝宗则终其在位,无一次学潮。实因孝宗为人,为中古有数贤君,事事遵守理法,俯从民意,无拂逆人心之举动,故风潮得以平息三十余年。孝宗以后,风潮又飙举风拥而起,而以庆元之役为最大。各书记此事亦最详；兹分别述之：

其一,《宋史·宁宗纪》记其总纲云：

庆元元年四月庚申,太学生杨宏中等六人,以上书留赵汝愚、章颖、李祥、杨简,请黜李沐。诏宏中等各送五百里外编管,中书舍人邓驿上疏救之,不听。④

其二,李心传《道命录》记其始末云：

赵公既罢,国学上舍生杨宏中充父、周端朝子静、张道周叟、林仲麟景冲、蒋传大象、徐范彝叟,亦投匦上书论其事：且"乞鉴汉唐之祸,征靖

---

①《宋史·汤思退传》卷三七一,第一五页上。
②《宋史·尹穑传》卷三七二,第四页下一第五页上。
③《宋史·陈俊卿传》卷三八三,第三页下。
④《宋史·宁宗本纪》卷三七,第七页上。

康之变,念汝愚之忠勤,察祥、简之非党,灼李沐之回邪。"诏:"宏中等妄乱上书,扇摇国是,各送五百里军州编管。"邓千里(驿字)乞改为"听读",诏依。是时知名人士,罢斥者相继,人情汹汹;侂胄患之,刘德秀乃乞降诏定国是,又劾国子博士孙元卿东伯、太学博士袁燮和叔,国子正陈武番叟,皆罢去。司业汪达季路入札子辨之,季路亦罢!①

其三,《宋史·赵汝愚传》云:

将作监李沐,求节度使于汝愚,不得,奏:"汝愚以同姓居相位,将不利于社稷。"遂罢右相。国子祭酒李祥、博士、杨简,皆以为言。太学生杨宏中……等伏阙言:"去岁人情惊疑,变在朝夕。当时若非汝愚出死力,定大议,虽百李沐,罔知攸济。汝愚位枢府,本兵柄,指挥操纵,何向不可,不以此时为利,今上下安恬,乃独有异志乎?"书上,悉送五百里外羁管。②

其四,见于《李祥传》(从略);其五,见于《章颖传》,云:

颖奏:"愿降诏宣谕赵汝愚,无听其去。"御史劾颖附党罢。太学生周端朝等六人伏阙,辨汝愚诬,且言章颖言发于中,首遭斥逐。端朝等皆被罪,自是党论起矣。③

其六,见于周密《齐东野语》(见下);其七,见于沧州樵叟《庆元党禁》,云:

太学生杨宏中……等六人伏阙上书,诏五百里编管。中书舍人邓驿救之。未几,驿罢。知临安府钱象祖,遣人逮捕诸生,押送编所。④

其八,见于《四朝见闻录》(从略);其九,见于俞文豹《吹剑录》(从略)其十,见于《宋元学案·岳麓学案》(见下);其十一,见于《宋史·徐范传》(见下);其十二,见于《杨宏中传》(从略)。若必欲究尽源委,恐屡卷不能毕其语,亦可见波澜阔大,而影响于后世者深矣。

---

① 李心传《道命录》卷七,第一五页上下,知不足斋丛书本。
②《宋史·赵汝愚传》卷三九二,第八页下—第九页下。
③《宋史·章颖传》卷四〇四,第一一页下。
④ 沧州樵叟《庆元党禁》第一三页下,知不足斋丛书本。

前此干政之学潮，皆止限于太学，而其他各学中，则阒焉未闻，至是则武学中，亦有学生起而伏阙上书者矣。武学生之干涉政治运动者，其最初之首领为华岳，其后亦至杀身成仁。盖武学中之有华岳，犹太学中之有陈东也。东一再上书，触忤时宰，而卒以身殉。岳亦一再上书，触忤时宰，而卒以身殉。岳之死状，《四朝见闻录》曾特记之，而其事之本末，则见于《宋史·华岳传》为详，云：

华岳，字子西。为武学生，轻财好侠。韩侂胄当国，岳上书曰：（原文甚长，今节录）"事或未然，臣愿以身属之廷尉，待其军行凯旋，则枭臣之首，风递四方，以为天下欺君罔上者之戒。傥或干戈相寻，败亡想继，与臣所言，尽相符契。然后令陈归老田里，永为不齿之民。"书奏，侂胄大怒，下大理，贬建宁圜土中。侂胄诛，放还。复入学，后谋去史弥远，杖死东市。①

自华岳以后，于是武举、宗学、州学、府学，皆相继而起与太学生作联合运动矣。

更有一点可注意者：韩侂胄当国之时，最为横蛮无理，专用高压，而何澹行为，尤令人发指，《庆元党禁》云：

时太学生于斋生题名中削去何澹名字，以其尝排道学也。澹时已显，谋于京尹，因其出，使不逞者与之哄，遂捕治之。太学生敖陶孙者，为诗以吊汝愚，而压侂胄未得其名，俾其人并承之。辞不伏，乃移送大理，命狱丞劾其事，掠治无完肤。狱竟不就，犹坐不应削澹名，送岭南编管。②

削一名字，而至于"掠治无完肤"，"送岭南编管"，可谓暗无天日矣。当时之高压如此，而学生则丝毫不惧，如《徐范传》明知侂胄将置上书者于重辟，而犹奋笔署名，以视今日学生之胆弱者，一闻警厅禁止开会，即将各事付之烟消雾灭者，其相去又何如邪？

（六）绍熙请过重华宫之役 宋代学生，不特直接干涉政治而已，且

---

① 《宋史·华岳传》卷四五五，第一七页上—第二〇页上。
② 沧州樵叟《庆元党禁》第二五页下。

欲直接干涉皇帝之自由行动。吾述此段，不禁百感生焉。吾国昔日，号称君主专制者也，然当时人君除一、二暴君外——如纣、桀、朱温、苻生——其余之君，非若欧洲中古之君主也。故如光宗者，虽名为独裁之君，而其个人之自由行动，乃为区区太学学生所能干涉顾问。今日号称民主立宪，在原则上人民为执政主人，执政为人民公仆。试问今日执政者之行动，个人自由，姑置不论，关于全国大政者，人民可得而干涉顾问之否？遑言学生！在昔日，则学生可以干涉皇帝。在今日，则主人不能顾问公仆。想无论何人，皆当有无限今昔之感也。

光宗为人，极不孝。孝宗疾笃，极念光宗，亟欲一见，而光宗竟不往。于是一时大臣，如赵汝愚、留正、周必大、朱子、彭龟年、罗点、尤袤、黄裳、黄度、叶适，皆同时力请朝重华宫，以全父子之恩，而光宗初不听。于是太学生等，起而与当时贤士大夫，作一致行动，力请光宗朝重华宫。光宗不得已，勉从众请，是役领袖，为汪安仁，号召二百余人，龚日章，号召一百余人。其风潮不可谓不大。惜其事本纪无考。惟见于《杨大全传》云：

绍熙三年，召除监登闻鼓院。五年，光宗以疾，久不克省重华宫。廷臣多论谏者。太学生汪安仁等二百余人上书，而龚日章等百余人，以投匦上书为缓，必欲伏阙。①

此外已概无可考矣。

（七）淳祐请斥史嵩之之役　自绍熙、庆元以后，学潮屡起屡灭，多不胜举（详下），而以两请斥罢宰相史嵩之之役为大。当时史嵩之夺情起用，与李鸣复狼狈为奸，太学生汪一龙至以生死争之。《黟县志》云：

汪一龙，理宗时国学上舍，性刚方，持大节。时国家大计，及用人得失，许太学上疏切谏。淳祐四年，朝廷起复史嵩之为相，一龙曰："人伦天下之大命，夺情起用，是以不孝令也。"于是同黄恺伯百四十人上疏，疏再上，不听，乃与恺伯等作捲堂文蹈海而去，以生死争之。朝廷罢嵩之，下诏召回。后嵩之纠工部徐元杰、刘汉弼，一龙复同蔡德润百七十人，叩阍

---

① 《宋史·杨大全传》卷四〇〇，第一八页上。

讼冤,其忠君爱国类如此。①

是役太学领袖为黄恺伯,武学领袖为翁日善,京学领袖为刘时举。其详见于《宋史·史嵩之传》(见下),是为第一次斥史嵩之。

其后书上不报,而史嵩之复引李鸣复朋比成奸,于是太学学生,再起而斥嵩之,并斥鸣复。《宋史·杜范传》云:

范言:李鸣复兴史寅午、彭大雅,以贿交结,不恤父母之邦。又极言其寡廉鲜耻。既而合台劾之。太学诸生,亦上书交攻之。②

是为第二次斥史嵩之。因斥史、李,而史、李之对方为杜范。杜范持正义为史、李所排,故一面斥史、李,一面并留杜范。《范传》又云:

淳祐四年,迁同知枢密院,以李鸣复参知政事。范不屑与鸣复共政,去之。帝遣中使召回,且敕诸城门不得出范。太学诸生,亦上书留范而斥鸣复,并斥嵩之。③

由上言之,似杜范与太学生已结为死党,互相声援者?则又非也。太学生一面留范,而一面持议,仍与范异,不作趋炎附势之态。杜范虽留,而仍不从太学生之误议,不作感恩图报之色。《范本传》云:

时亲王近戚,多求恩泽,引前朝杜衍例。范皆封还,乞拨堂阙妇之吏部,以清中书之务,惟留书库、架阁、京教,及要地干官。人皆以为不便,太学诸生,亦上书言之。帝以示范,范曰:三四十年,权臣柄国,以公朝爵禄,而市私恩,取吏部之阙,以归堂除。太学生亦习以见闻,乃以近年之弊政,为祖宗之成法。如以臣言为是,上下坚守,则谤者息矣。④

如此大公无我之态度,亦难能而可贵也。

此后史嵩之嫉杜范、徐元杰、刘汉弼得学生及群众之助,故三人皆为史嵩之毒死,于是学生又群起而为三人鸣冤。语详《徐元杰传》、《程公许传》及《刘汉弼传》,均详见下文。

---

① 《图书集成·学行典》引。
② 《宋史·杜范传》卷四〇七,第五页上。
③ 《宋史·杜范传》卷四〇七,第九页上。
④ 《宋史·杜范传》卷四〇七,第九页下—第一〇页上。

（八）德祐请逐丁大全之役　宋自理宗以后,国事日非,外有强邻,内有国贼,与今日之社会正同。故学生干政之潮,亦日起而日繁。权臣史嵩之倾后,又有国贼丁大全起,更非史嵩之可比。故当时学生,更不忍功亏一篑,遂持彻底之精神,起而更逐大全。是役之首领为陈宜中,《齐东野语》记其大略云：

庆元间,赵忠定去国,太学生周端朝……杨宏中以上书屏斥,遂得六君子之名。开禧间,丁大全用事,以法绳多士。陈宜中兴权、刘黼声伯、黄镛器之、林则祖兴周、曾唯师孔、陈宗正学,亦以上书得谪,号六君子。①

又见于《宋史·丁大全传》云：

太学生陈宗、刘黼、曾唯、陈宜中、黄镛、林则祖等六人,伏阙上书攻大全。台臣翁应弼、吴衍,为大全鹰犬,铃制学校,贬逐宗等。②

此皆其略也,其详见于《宋史·陈宜中传》云：

陈宜中,字兴权,永嘉人。入太学,宝祐中,丁大全以戚里婢婿,事权幸卢允升,董宋臣,因得宠于理宗,擢为殿中侍御史。在台横甚。宜中与黄镛……六人上书攻之。大全怒,使监察御史吴衍劾宜中,削其籍,拘管他州。司业率十二斋生,冠带送之桥门之外。大全益怒,立碑学中,灭诸生亡妄议国政（此恐有误字）,且令自后有上书者,令前廊生看详,以牒报检院。由是时论翕然称之,号为六君子。③

当时触怒宰相,至于立碑学中,则政府权威,亦可以概见矣。宋自有学潮以来,摧残士气,从未有若斯之甚者。自此以后,学潮渐微,而宋亦随之而亡矣! 吾恐正可为今日中国前车之鉴也!

是时政府之高压固厚,而学生之抗力,亦殊不薄。据《徐宗仁疏》,当时竟有学生欲借尚方剑以斩奸佞者。《宋史·徐宗仁传》云：

宗仁为国子监主簿,开庆元年,伏阙上书曰:"(上略)今通国之所恶者,不过丁大全、袁玠、吴衍、翁应弼之徒,而首恶则董宋臣也。是以廷绅

---

① 周密《齐东野语》卷一九,第五页下—第六页上,学津讨原本。
②《宋史·丁大全传》卷四七四,第一一页上。
③《宋史·陈宜中传》卷四一八,第一五页下。

抗疏,学校叩阍,至有欲借尚方剑,为陛下除恶。"①

则视上书请斩者,更操急矣。

宋时学潮,更有可以注意之点,则破坏与建设,同时并举,故逐一奸臣,同时必更留一君子。如逐蔡京、童贯,即留李纲、种师道;逐黄潜善、汪伯彦,即留李纲、赵鼎;逐汤思退,即留陈俊卿;逐韩侂胄,即留赵汝愚;逐史嵩之,即留杜范;而逐丁大全,即留董槐。《董槐传》云:

槐策免丞相,丁大全论劾槐,书未下,自发省兵迫遣之。于是太学诸生陈宜中等,上书争之。②

其视今日之少数败类,专唱高调,不问实际,顾前而不顾后,知一而不知二,粗心浮气,卤莽灭裂,以致事事失败,一事无成者又如何也?

乙　明原

上述有宋一代学生干政风潮前后本末之历史略竟,返而观之今日,学生政治运动所用手段,如罢课、通电、宣传、游行、请愿、联合团体,召集国民大会……等等,进而至于组织学生军,以谋实力对付,极矣。于是誉之者为"爱国",毁之者为"捣乱"。平心论之,今日学生种种运动,有否"捣乱分子"杂乎其间,固不敢保,而此种手段,则在宋时皆已一一演过,今日已为"复现",则固事实,不可诬也。虽其运动之程度,如目标纯正,志向坚定,态度诚恳,精神勇壮等等,视宋时学生,为进化抑为退化,固未敢断定,而以"整顿学风"相号召者,则不得以"于古无稽"之语为借口。要之,今日学生种种之运动,正是"有成例可援",而并非"凿空创举"也。

今日学生所用之手段与工具,除游行一项,在宋时未见外(或亦有而为作者所未知),其余如请愿,即伏阙上书也;如宣传,不过办"特刊""专号"等刊物,作文字上之攻击,即宋时之讽刺诗文也;如通电,不过将主要文字,散布于外而已,然如《宋史·欧阳澈传》云:

---

① 《宋史·徐宗仁传》卷四二五,第一二页上下。
② 《宋史·董槐传》卷四一四,第一八页下。

> 澈所著《飘然集》,会稽胡衍刊之。①

又如《四朝见闻录》,记金人募胡铨之疏云:

> 公封事未达,金人募以千金。②

宋时刊印不及今之便利,则此亦当时散布主要文字之方法也。至若罢课,联合团体,国民大会,而至于学生军,则在宋时确已有之,此非空言诬会,皆有确实之证据也。兹分别述之如下:

(一)罢课　宋时学生,因干涉政治运动,曾几度以罢课为武器。虽不能每次详考,然罢课不止一次,则吾侪今日可由《四朝见闻录》考知。《四朝见闻录》有一句云:

> 先是时相恶其动以扫学要朝廷。③

此语极可注意,"动以扫学"四字,即"屡次罢课"之译语也。其他各次虽不能一一考证,而有庆元一次,则《四朝见闻录》记之备极详书。其文云:

> 郑昭先为台臣,俟当言事月,谓之月课。昭先,纯谨人也,不敢妄有指议,奏疏请:"京辇下勿用青盖,惟大臣用以行车。"旨从之。太学诸生以为既不许用青盖,则用皂绢,为短檐伞,如都下卖冰水担上所用,人已共嗤笑,逻者犹以为首犯禁条,用绳系持盖仆,并盖赴京兆。时程覃实尹京,遂杖持盖仆。翌日,诸生群起伏光范,诉京兆,时相戒阍者勿受谒。诸生至,诣阙诉覃,覃亦白堂及台自辨。诸生攻之愈急。时相以为前京兆尹赵师𥌓既因槚楚斋生罢去,亦诸生所诉也,既罢一京兆矣,其可再乎?且挞仆与挞生徒孰重?诸生得毋太横恣,坚持其议,不以诸生章白上。诸生计既屈,遂治任尽出太学,置绫卷于崇化堂,皆望阙遥拜而去。云散雾裂,学为之空,观者惊恻,以为百年所未尝有。会永阳郡王杨次山,本右庠经武经诸生,偶遣馈旧同舍,介者寂无所睹,复持以归,白王以

---

① 《宋史·欧阳澈传》卷四五五,第五页上。
② 叶绍翁《四朝见闻录》甲集,第三〇页下。
③ 叶绍翁《四朝见闻录》甲集,第四三页下。

两学俱空。王遣二子往廉其事,具得实;因慈明启于上,上即御批令学官宣论诸生,亟就斋事,免覃所居官。诸生奉诏唯唯。①

此事虽官厅专横,固足令人愤怒,但究非国家大事,而当时学生,乃以全力对之,未免牛刀割鸡,小题大做。但宋时学生罢课之激烈,与夫中国学生在宋时已有激烈之罢课行动,则固可借此文以见也。

(二)国民大会　全民公意,由国民大会以表现;国民大会,由智识阶级之学生为领袖。在宋时已有此种事实,而当时人数之众多,意见之一致,声势之悲壮,气概之激昂,或反较今日为上?此事在讲靖康留李纲之役时,已附带述及而语未详备。今补述之。

此事在《宋史》记之甚详,在《宁宗本纪》及《高登传》只云有数万人,见于《聂昌传》者云有十余万人,见于《李纲传》及《杨时传》者云有数十万人,亦可以想象当时人数之多矣。凡此各传,均可以补述上文之未备。《聂昌传》云:

李纲之罢,太学生陈东及士庶十余万人,挝鼓伏阙下,经日不退,过内侍辄杀之。②

《李纲传》云:

朝廷罢纲,以蔡懋代之。太学生陈东等,诣阙上书,明纲无罪,军民不期而集者数十万,呼声动地,患不得报,至杀伤内侍。帝亟召纲,纲入见,泣拜请死,帝亦泣,命纲复为尚书右丞。③

《杨时传》云:

李纲之罢,太学生伏阙上书,乞留纲与种师道,军民集者数十万。朝廷欲防禁之,吴敏乞召用时,以靖太学。时得召对,言:"诸生伏阙纷纷,忠于朝廷,非有他意,但择老成有行谊者为之长,则将自定。"钦宗曰:"无逾于卿。"遂以时兼国子祭酒。④

---

① 叶绍翁《四朝见闻录》甲集,第四二页下—第四三页下。
②《宋史·聂昌传》卷三五三,第八页下。
③《宋史·李纲传》卷五八,第五页上。
④《宋史·杨时传》卷四二八,第一〇页下。

吾人观于此段及上文所述,则在今日犹可由想象而得"如见其状""如闻其声"之大概。

最难得者则为"军民集者"四字,当时军人与学生、市民,自动的取一致之行动,殊觉不易多见。此外如"呼声震地""经日不退"之语,亦可供我人想象之资也。

(三)讽刺文字　今日报章,如遇有政府不当之行政,则必有批评及讽刺之文字,宋时太学生,早已然矣。但不登载于当时之"邸报"耳。其切实批评之文字,即所上之"谏章"是也。谏章外,又有作为诗词以讽刺者。此虽导源甚古,《诗》三百篇已然,而于宋太学生为烈。《徽宗本纪》云:

宣和元年,时朱勔以花石纲媚上,东南骚动。太学生邓肃,进诗讽谏,诏放归田里。①

《邓肃传》云:

肃入太学,所与游皆天下名士。时东南供花石纲,肃作诗②十一章言守令搜求扰民,用事者见之,屏出学。③

此最初诗之可考者也。其后因伏阙上书日繁,遂将一切意见,皆发之于所上书中,故讽刺文字稍减。至庆元时,小人猖獗益甚,故当时学生,亦愤懑益甚。于是遂于上书之外,又有作为嬉笑怒骂之文字,以吐其气。此时陈贾为宰相王维鹰犬,专攻朱子。太学生因孟子有陈贾毁周公事,偶与之同名,遂作诗笑之云

周公大圣犹遭谤,伊洛名贤亦被讥,堪叹古今两陈贾,如何专把圣贤非!④

此事见于李心传《道命录》用岳珂《桯史》者甚详。其后小人益觉无

---

① 《宋史·徽宗本纪》卷二一,第二页上。
② 邓肃所著有《栟榈集》二五卷,有明刊本,四库全书著录一六卷,原书俱存,不复引。
③ 《宋史·邓肃传》卷三七五,第一页上。
④ 伊洛名贤指二程子,当时朝廷目二程为专门之学,一禁于蔡京当国,再禁于秦桧当国,至是已三禁矣。

耻,如赵师𥲅身为侍郎,而乃学"狗叫"以媚韩侂胄,于是太学诸生,又作诗以刺之。《庆元党禁》云:

> 侂胄尝与众客饮南园,过山庄,指其竹篱茅舍曰:"此真田野间气象,所惜者,欠鸡鸣犬吠耳!"少焉,有犬噪于丛薄之间,亟遣视之,京尹赵侍郎也,侂胄大笑。其后师𥲅坐他事罢官,诸生为诗诮之,有"也曾学犬吠村庄"之句,指此也。①

他如李心传《建炎以来朝野杂记》亦曾详说此事(不复出),而以《四朝见闻录》考之,则知作诗之人为郑斗祥。原文云:

> 韩侂胄尝会从官于南园,京尹赵师𥲅预焉。师𥲅因挞右庠士,二学诸生,群起伏阙,诣光范诉师𥲅。时史相当国,不欲轻易京尹,施行稍缓。诸生郑斗祥辈遂撰师𥲅尝学犬吠于南园,又舞斋郎以悦侂胄之四夫人之诗,以挤师𥲅。②

虽然,今之报章,但见人之恶则痛骂之,而见人之善,则未尝加以援助或策勉,专作"拆台""浇冷水"之举动,而更不下"鼓励""奋兴"之剂。换言之,即有罚而无赏,使善人无保障与后援,而至于失败,此则今与论界之弊通也。宋时则不然,其于佞幸,固加以攻击挤排,而于一时贤人君子,则常加以一种奖励与安慰,使成功者,益勉其力,失败者,减其痛苦。如《胡宪传》云:

> 力宪之以馆职召也,适当秦桧讳言之后,宪与王十朋、冯方、查龠、李浩相继论事。太学为五贤诗以歌之。③

及赵汝愚之死,太学生敖陶孙吊之以诗云:

> 左手旋乾右转坤,诸公相扇尚流言。狼胡无地归姬旦,鱼腹终天痛屈原,一死固知公所欠,孤忠赖有史长存。九原若遇韩忠献,休说渠家末代孙。④

---

① 沧州樵叟《庆元党禁》第三二页上下。
② 叶绍翁《四朝见闻录》第三九页下—第四〇页上。
③ 《宋史·胡宪传》卷四五九,第八页下。
④ 沧州樵叟《庆元党禁》第二五页下—第二六页上。

其诗一见于《庆元党禁》，再见于《桯史》，三见于《四朝见闻录》，四见于陈思所编《江湖后集》，五见于赵与虤《娱堂诗话》，六见于陈庆之《诗人玉屑》，七见于元刘一清《钱唐遗事》，八见于周世昌《昆山县志》。陶孙，字器之，福州人也。

此一点，吾谓可矫今日舆论界有罚无赏之弊。深愿今人效法之也。

（四）联合团体　吾文在上节述华岳事中，已述及自华岳以后，干涉政治运动者，不止太学一学，而宗学、州学、武学，亦同时起作爱国运动。且数学每事相约合作，极似今日之"学生联合会"也。且团结力极强，意见绝对一致，从未闻有自闹意气者。不若今日学生会之每每左右分党，自相攻击，致使政府或野心家，得从而挑发利用之也。

自庆元攻韩侂胄以后，三学学生，几于每事合作，其见于《宋史》可考者，如《程元凤传》云：

三学诸生。伏阙白余晦罪状。①

如《徐元杰传》云：

元杰暴卒，三学诸生往吊。②

如《陈宓传》云：

三学诸生，以起宓为请。③

三学者，京学、武学、太学也。虽三学有时亦各自单独行动，不过其所趋目标与群众一致，如华岳是也。其后所以促成其联合者，亦由官僚之横蛮，有使人不得不互相声援也。此事《赵师𩆗传》言之最详，云：

师𩆗为兵部尚书，知临安府。会武学生柯子冲、卢宣德，以事至府，师𩆗擅挞遣之，众尽欢，文武二学之士交投牒，师𩆗乃罢免。④

其后官僚愈用高压，而学生团结力愈坚，最后胜利，终操之于学生，至于宰相如史嵩之、丁大全，皆跌于其手。《史嵩之传》云：

---

① 《宋史·程元凤传》卷四一八，第七页上下。
② 《宋史·徐元杰传》卷四二四，第一七页上。
③ 《宋史·陈宓传》卷四〇八，第一二页下。
④ 《宋史·赵师𩆗传》卷二四七，第六页上下。

嵩之遭父丧,起复后,为右丞相,手诏遣中使趣行。于是太学诸生黄恺伯、金元万、孙翼凤等百四十四人,武学生翁日善等六十七人,京学生刘时举、王元野、黄道等九十四人,宗学生赵与寰等三十四人,建昌军学教授虞钺,皆上书论嵩之不当起复。①

丁大全则更极力与学生宣战,至援皇帝之力以为助。《宋史·冯去非传》云：

丁大全为左谏议大夫,三学诸生叩阍言不可,帝为下诏禁戒,诏立石三学。②

而其力卒不敌学生,终至战败而去。周密《癸辛杂识》云：

三学之横,盛于景定、淳祐之际。凡其所欲出者,虽宰相台谏亦直攻之必使去,权乃与人主抗衡！……丁大全极力与之为敌,重修丙辰监,榜之三学,时则方大猷实有力焉。其后诸生协力合党,以攻大全,大全终以得罪而去。③

观于此,可知意见一致者,无往而不胜利。其在宋时,则虽宰相帝王,犹避其锋,返观今日,则正予我人以好教训也

联合团体之工作,不独攻恶,亦以留善,此亦与今日小有不同,《陈宓传》云：

宓闻宁宗崩,呜咽累日。亡何,请致仕。进职一等致仕。三学诸生以起宓为请,而没已阅月矣！④

此一点亦今日之所不可复见也。

（五）学生军　今日学生,谋彻底的实力救国,于是各地稍稍有学生军之组织。骤闻之,如愈演愈烈,古未尝有。而宋时实已有之,且实行与元兵交战而死。其人类是张南轩先生再传弟子,所谓"岳麓书院"学生是也,但其组织不可考,要不及今日之完善耳。余昔读全祖望《宋元学案叙

---
① 《宋史·史嵩之传》卷四一四,第一二页上。
② 《宋史·冯去非传》卷四二五,第九页下。
③ 周密《癸辛杂识》后集,第一〇页—第一一页上。
④ 《宋史·陈宓传》卷四一八,第一二页上下。

录》,已极注意此事。《宋元学案·丽泽学案叙录》云:

长沙之陷,岳麓诸生,荷戈登陴,死者什九,惜者姓名多不可考。①

全氏宏博淹雅,于宋元二代掌故,尤为精熟。其言必有所详本,惟作者自愧空疏,不能探其出处。但于《宋史·尹穀传》,觅得近似之记载云:

初,潭士(宋之潭州,即今长沙)以居学肄业为重。州学生月试积分高等,升湘西岳麓书院生;又积分高等,升岳麓精舍生。潭人号为三学生。兵兴时,三学生聚居州学,犹不废业。穀死,诸生数百人往哭之;城破,多感激死义者。②

此但云:"感激死义"而不言其死状,或为巷战而死,亦未可知。全氏云:"荷戈登陴",是当助尹穀守城,非学生军而何,惜一时不能考证其言。为国战死,吾既见宋时之学生军已实行之,吾尤望今人之胜于古人也。

丙　捃杂

宋时学生所作之政治运动,其所活动之经过及其成绩,则既述之如前矣,其所活动之性质,归纳之,约得以下诸端:(一)殉国;(二)讼冤;(三)责难;(四)游说;(五)抗强权;(六)诛汉奸;(七)逐邪佞;(八)助忠良;(九)持风纪;(十)陈意见;(十一)监督官僚之行动;(十二)干涉君主之行动。各端之事,有已述者,有未述者,有略述而未竟者,今请一一分别而补述之:

(一)殉国　今之学生,固有为国殉难者,如"五卅"及"三一八"诸惨案也。然皆为强暴者横杀而死,亦有一二忧愤自杀者。此其人殆皆孔子所谓"不忘沟壑"之志士也。其在宋时之学生亦然,如陈东、欧阳澈,则遭强暴者横噬而死者也。其若因国家亡后,义不臣虏,从容自杀其全家,以殉社稷者,则有咸淳时太学生徐应镳。《镳本传》云:

徐应镳,字巨翁,江山人。咸淳末,试补太学生。德祐二年,宋亡。

---

① 黄宗羲《宋元学案》卷七三《丽泽学案·叙录》,第一页上。
②《宋史·尹穀传》卷四五〇,第一一页上。

瀛国公人燕,三学诸生百余人,皆从行,应镛不欲从,乃与其子琦崧、女元娘共焚,子女皆喜从之。太学故岳飞第,有飞祠。应镛具酒肉祀飞曰:"天不祐宋,社稷为墟,应镛死以报国!"……后十年,同舍生刘汝钧收而葬之。①

应镛自焚固可敬,即三学学生数百人,牺牲一切,随瀛国公数千里北行者,亦非贤者不能也。又有岳麓学生,与元兵交战而死。又宋亡后,元杨琏入浙,尽掘南宋诸帝陵寝,以取珠玉,而宋之太学生林景曦、唐珏辈至破家毁身,以拾遗骨。其行亦可泣可歌。元郑元祐《遂昌杂录》记其事云:

宋太学生东嘉林景曦,字霁山。当杨总统发掘诸陵寝时,林故为杭匄者,背竹箩,手持竹夹,遇物即以夹投箩中。林铸银作两许小牌百十,系腰间,取赂西番僧,番僧左右之,果得高孝两庙骨,为两函贮之;归葬于东嘉。葬后,又于宋常朝殿前掘冬青树一,植于两函土堆上。②

宋无名氏《东园友闻》亦有近似之记载。惟以其人为太学生会稽唐珏,字玉潜,毁家所有以拾诸庙之骨。此一事也,清蒋士铨为作《冬青树传奇》以歌之。其忠义奋发,于国亡后尚如此,③宋之亡国,有学生若是,虽亡,有余荣矣。

(二)讼冤 专制政体,大臣易以冤死,以是公理无所伸诉,故当时学生有讼冤之举。讼冤之义,略含有世俗所谓"打抱不平"意味,盖其举动,带有"侠"性。讼冤之最初者,为太学生程宏图讼岳飞冤。《岳飞传》云:

绍兴末,金益猖獗,太学生程宏图上书讼飞冤,诏飞家自便。④

其后如庆元间杨宏中、周端朝等六人讼赵汝愚冤,已具如上述。其后杜范、徐元杰、刘汉弼,为史嵩之毒死,于是太学生蔡德润为领袖,联合三学,合辞讼冤,《徐元杰传》云:

---

① 《宋史·徐应镛传》卷四五一,第一二页下—第一三页上。
② 郑元祐《遂昌杂录》第九页下—第十页上,读书斋丛书本。
③ 《东园友闻》见《学海类编》,《冬青树》见《藏园九种曲》。
④ 《宋史·岳飞传》卷三六五,第二一页下。

元杰暴卒,指爪忽裂。朝绅及三学诸生往吊,相顾骇泣。讣闻,帝震悼曰:"徐元杰前日方侍立,不闻有疾,何死之遽邪?"已而太学诸生伏阙,愬其为中毒。且曰:"昔小人有倾君子者,不过使之自死于瘴烟蛮雨之乡。今瘴烟蛮雨之乡不在于岭海,而在陛下之朝廷,望奋发睿断,大明典型。"于是三学诸生,相继叩阍讼冤。台谏交疏论奏。①

《刘汉弼传》云:

汉弼以奸邪未尽屏汰,论议未尽坚定为虑,遂感末疾,居亡何,遂卒。汉弼之殁也,太学生蔡德润等百七十有三人,伏阙上书,以为暴卒。②

又《程公许传》云:

公许奏曰:"正月侍御史刘汉弼死,四月右丞相杜范死,六月右史徐元杰死。汉弼之死,固可疑;范之死,人言已藉藉;元杰气体魁硕,神采英发,甫闻谒告,奄至败亡。口鼻四体变异之状,使人雪涕不已。"六馆诸生,叩阍吁告。③

亦有忠骨长埋,世人未知,为之表章阐扬,以慰忠魂于地下者,如太学生表章侯畐是也。《宋史·侯畐传》云:

李松寿据山东,突出泗涟。畐旌战城下,死之,阖室遇害。太学生三十一人言于朝,即海州赐庙旌忠,谥曰节毅。④

此种事实,固为今日之所无。然"五卅""三一八"与他一切含冤而死者,固有人为之伸雪之乎?又使人不能不有恸于中也!

(三)责难 宋时学生,有遗书责难大臣之举,此一点,为昔日之美德,今日之缺憾,而为我辈学生之所应取法者也。今日一部分激烈之学生,对于政府官僚,动辄谩骂,不知谩骂须行于责难无效之后,手续方为完备。且谩骂不能使彼"返省",而必引起"恶感",所谓"激羞成怒"也。于是各用意气,各走极端,而愈不可收拾。若夫责难则持纯正之理由,庄

---

① 《宋史·徐元杰传》卷四二四,第一七页上。
② 《宋史·刘汉弼传》卷四〇六,第二一页下。
③ 《宋史·程公许传》卷四一五,第一七页下。
④ 《宋史·侯畐传》四五四,第五页上下。

严之言辞,诚恳之态度。所谓有"责以大义",则凡稍有程度,稍有人格,稍有良心者,自不能不扪心自问,易以作"开诚布公"之商榷。实高出于"动事谩骂"远甚也。

靖康间,太学生吴兴、刘珏移书责难当时直臣邹浩。浩因困顿过甚,刚直略敛,经珏责难,于是精神为之重振,又复极论国事。王得臣《挥麈三录》记其事云:

邹志完(浩字)既以元符末抗疏徙新州,继又遭温益、钟正甫之困辱,祸患忧畏,濒于死所。建中靖国之初,召还自流人,不及一年,遂代言西掖。伤弓之后,遂噤不出一语。吴兴刘希范,时为太学生,以书责之,陈义甚高(文长从略),志完由是复进说谕。希范名珏。①

《宋史·刘珏传》则节载其书云:

刘珏,字希范,长兴人。初游太学,以书遗中书舍人邹浩曰:"公始为博士,论取士之失,免所居官。在谏省,斥宫掖之非,远迁岭表,岂逆计祸福,邀后日报哉?固欲蹈古人之行也。今庶政岂尽修明?百官岂尽忠实?从臣继去,岂尽非才?言官屡逐,岂尽有罪?信任踰曩昔,而拱默不言,天下之士,窃有疑焉。愿有以慰塞群望。"浩得书,愧谢之。②

南宋时,有太学生乔嘉,移书切责何澹,盖尚有此种遗风。而何澹小人,非可与讲理,于是此风遂衰矣。

(四)游说　游说,虽似纵横家一时之手段,非正当理由所宜然;然权变用之,亦不无有补于国家,而尤于目前急切难解决之问题为最。宋时如太学生冯辐,张浚命游说苗傅、刘正彦,二人篡逆之不即行,正未始非冯辐之功。此亦政治运动之一种也。《宋史·冯康国传》云:

冯康国,字元通,本名辐,遂宁人,为太学生,负气节。建炎中,高宗次杭州,礼部侍郎张浚,以御营参赞军事留平江(今之苏州)。苗、刘作乱,浚外倡率诸将,合兵致讨。会传等居中,欲得辩士往说之,时辐客浚

---

① 王得臣《挥麈三录》第一〇页下,学津讨原本。
②《宋史·刘珏传》卷三七八,第五页上。

所,慷慨请行,浚遣之。至杭,说傅、正彦,曰:"自古宦官乱政,根株相连,若诛锄必受祸。今二公一旦为国家去数十年之患,天下蒙福甚大。然主上春秋鼎盛,天下不闻其过,岂可遽传位于襁褓之子?且前日名为传位,其实废立,二公本心为国,奈何以此负谤天下?"傅按剑大怒,辅辞气不屈。①

惟此种运动,在今日,则不再有矣。

(五)抗强权　宋尚文轻武,故文化极高,而国势则极弱。略与今日相同,外有强国压迫,辱国丧师,屡见习闻,故忧国之士,寝食不甘,而学生有胆力者,倔强刚直者,常昂然与强邻相抗。上所述之攻和议,留李纲,请斩李邦彦、汤思退,此间接之抗强权也。其直接抗强权者,如高登不畏金人解散太学,一也。《高登传》云:

金人至,六馆诸生将遁去,登曰:"君在,可乎!"与林迈等请随驾聂山帐中,而帝不果出。金人退师,吴敏遂讽学官起罗织,屏斥还乡。②

如金人以兵围百官,使立张邦昌,而太学生某,独不畏而与之抗议,二也。《张邦昌传》云:

金人欲立邦昌。王时雍集百官诣秘书省,至即闭省门,以兵环之,俾范琼谕众以立邦昌,众唯唯。有太学生难之,琼恐其阻众,厉声折之,遣归学舍。③

与今日学生之高呼"收回租界","取消一切不平等条约"、"打倒侵略的帝国主义"等口号,其意义正相同,其不畏强权之精神,亦复相类。

(六)诛汉奸　此条上述请诛蔡京、童贯、黄潜善、汪伯彦等条已详言之。

(七)逐邪佞　重要之案,如逐史嵩之、丁大全等,上已言之。然宋时学生,爱国心热。故遇事辄发,事甚频数,不必待其人为大奸大慝,然后逐之。凡其人行一不法之事,即日起而驱之。几于朝廷小事必预。此种

---

① 《宋史·冯康国传》卷三七五,第一七页上下。
② 《宋史·高登传》卷三九九,第九页下。
③ 《宋史·张邦昌传》卷四七五,第二页下。

学风,为是为非,姑不具论;然今人动以"学风嚣张"相诟厉者,毋亦未考于中国昔时之学风邪?

庆元之际,太学生竞起留赵汝愚。及汝愚死后,请逐韩侂胄;继续又请逐余晦。见于《宋史·程元凤传》云:

余晦以从父天锡,恃恩妄作,三学诸生,伏阙白其罪状。①

又请逐贾似道(见下),又请逐史嵩之(已见上)又请逐卢允升、董宋臣,见于《宋史·谢方叔传》云:

监察御史洪天锡,论宦者卢允升、董宋臣,疏留中不下。已而天锡去国,于是太学生池元坚,太常寺丞赵崇谦,左史李昂英,皆论击允升、宋臣。②

又请逐丁大全(已见上),又请逐陈垓,见于《宋史·程公许传》云:

殿中侍御史陈垓以劾公许,同知枢密院徐清叟上疏论垓。太学生刘黼等百余人,布衣方和卿,伏阙上书论垓。朝廷寻授宝章阁学士知隆兴府,而公许已死矣。③

又请逐陈宜中(见下),如陈宜中者,是亦当时贤者,太学生不过一时误会,而即弹劾不少贷,亦可见每事必预矣。

更有一点,深可令我人注意者,即不党是也。如贾似道畏学生逐已,常用小利收买学生。《似道传》云:

似道既专恣日甚,畏人议己,务以权术驾驭;不爱官爵,牢宠一时名士。又加太学餐钱,宽科场恩例;以小利啖之。④

而当时学生不为所买,弹劾如故。弹劾贾似道案,不见似道本传,故后人鲜知,余考《叶梦鼎传》得之。传云:

梦鼎忤贾似道,求去。会太学诸生亦上书言似道专权固位,乃悔悟。⑤

---

① 《宋史·程元凤传》卷四一八,第七页上下。
② 《宋史·谢方叔传》卷四一七,第二四页上下。
③ 《宋史·程公许传》卷四一五,第一九页下。
④ 《宋史·贾似道传》卷四七四,第一七页下。
⑤ 《宋史·叶梦鼎传》卷四一四,第二一页下。

又如陈宜中，固亦学生出身。即上书劾丁大全之领袖者。其后执政，本无过失，而京学生因误会劾之。《王爚传》云：

> 爚辞平章，欲请出宜中（陈宜中），或梦炎（留梦炎）出督吴门，京学生上书诋宜中，宜中亦上疏乞骸骨。①

其所劾之为是为非是又一问题，而其不以同为学生而党，则可概见。以视今日争意气之学生，不顾是非，但知非吾之党，则百面攻之；掩人之长，讦人之短，无短可讦，则造为谣言蜚语以诬蔑人。而为吾之党，则本无一长，大言炫鬻；本有大恶，百计掩护者，其相去又何远邪？

（八）留忠良　逐邪佞与留忠良常相附连。留忠良事上述之已详，如留李纲、种师道，留赵鼎，留陈俊卿，留赵汝愚，留杜范，留董槐，留陈宓，留李祥、杨简，均见上述。而宋时学生所留忠良固不止此也。其见于《宋史》可考者，尚有二次：一为留王居安，一为救谢方叔。兹分别述之：

留王居安事，《宋史·王居安传》云：

> 居安极论时事，帝为改容。御史中丞雷孝友论其越职，夺一官，罢。太学诸生有举幡乞留者。②

至于留谢方叔事，虽似间接，然若非太学生鸣鼓攻林自养，则既有宦者卢允升、董宋臣阴主于内，而林自养攻之于外，恐方叔与洪天锡之生命，尚成问题也。《谢方叔传》云：

> 允升、宋臣厚赂大学生林自養，上书力诋天锡、方叔，且曰："乞诛方叔，使天下明知相台谏之去，出自独断，于内侍初无预焉。"书既上，学舍恶自养党奸，相与鸣鼓攻之，上书以声其罪，乃授方叔观文殿大学士。③

在今日"有罚无赏"之时代，则此点亦不易见矣。

（九）持风纪　此外尚有一更不易见之点，亦可绝对无有之点。即宋代学生，尚有持风纪之责任也。且在宋时"风纪礼教"亦为政治之一种，所谓"文教"或"政教"是也。故维持风化，在宋时亦为政治运动之一种。

---

① 《宋史·王爚传》卷四一八，第一四页上。
② 《宋史·王居安传》卷四〇五，第二一页下。
③ 《宋史·谢方叔传》卷四一七，第二五页上。

如何澹不服母丧,太学乔嘉,移书切责。澹为御史中丞,卒不敌而去。《澹本传》云:

> 澹进御史中丞,有本生继母丧,乞有司定所服。礼寺言当解官。澹引"不逮事"之文,乞下给谏议之。太学生乔嘉、朱有成等,移书于澹,谓:"足下自长台谏,此纲常之所系也。四十余年,以所生继母事之,及其终也,反以为生不逮而不持心丧可乎?奉常礼所由出,顾于台谏精舍议之,识者有以窥之矣。"澹乃去终制。①

若在今日青年学生,则一闻"风纪"之名,即不知不觉中生一恶感。然吾谓学生日日痛诋"贿选议员""无耻政客"非维持风纪之一邪?

（十）陈意见　今日学生,多数但有片面之攻击,而无具体之计划。而宋时学生,则此较偏重计划,其计划之为善为劣?为完善,抑为粗略?则又一问题,今亦无可考知,亦无直接材料可据,但能稍见当日影像之一二而已。《胡闳休传》云:

> 胡闳休,字良弼,开封人。宣和初,入太学。时方讳兵,闳休著《兵书》二卷。②

又《汪若海传》云:

> 汪若海,字东叟,歙人。未弱冠,游太学。靖康元年,金人侵扰,朝廷下诏求知兵者,若海应诏,文成,擢高第。③

其余似进士亦有上书陈国事者,说详下。

（十一）监督官僚之行动　已散见上述。

（十二）干涉君主之行动　已见上文"征故"第六节。

丁　志感

作者此文,原为有感而发。作者之感千条万绪,一时不可言喻,上文

---

① 《宋史·何澹传》卷三九四,第三页上下。
② 《宋史·胡闳休传》卷三六八,第二〇页下。
③ 《宋史·汪若海传》卷四〇四,第一页上。

101

随述随发,已见一二,但零杂散出,不成条理耳。故复将其重要之点,再提出数条述之。

(一)教授之提倡　一种学风之养成,全由于在上者之倡导。而尤以教授亲近学生者之力为大,盖天下之事,未有无因而成者。宋代学生,所以能气节之盛如此者,一因国势屡弱,受环境之刺激;二因诸儒提倡义理之学,激发忠义之气,抬高个人人格;其三则因教授之提倡也。当北宋学潮未起之时(将起),当时教授虽未尝直接提倡政事运动,而已将"气节"及"清高"之行以身作则,躬为先倡,如西京国子教授李朴是也。《宋史·李朴传》云:

> 李朴,字先之,兴国人,为西京国子监教授,程颐独器许之,蔡京将强制之,许以禁从,朴力拒不见。京怒形于色。中书侍郎冯熙载,欲邂逅见朴,朴笑曰:"不能见蔡京,焉能邂逅冯熙载邪?"①

学生习见此种"倔强"之行,耳濡目染既久,焉得不胥化而为"倔强"哉。

至于南宋,则教授躬以直接参与政治提倡,故南宋学风亦愈盛。惟教授之所参与政治者,全凭公理良心之主张,类皆荐贤、诤谏等事,如当时国子博士(即今大学教授)詹体仁荐贤于宰相周必大,其后沈有开博士又荐贤于宰相留正是也。李心传《道命录》详记其事云:

> 王丞相(淮)秉政日久,士多失职。周益公(必大)既相,拱默无所预。詹体仁元善,为太学博士,率同志者,请于益公,反复极论,责以变通之理。因疏纳知名士废不用者陈传良君举而下三十三人。益公虽不能用,然其后多所取擢。……王丞相罢,留丞相(正)为次辅。太学博士沈有开应先,为留丞相所厚,力劝以拔用知名之士,留丞相从之。自是一时善类,多聚于朝,而不得志者侧目矣。②

然此宰相与教授皆为君子一流,故所谓参与政治运动者,犹不过"献

---

① 《宋史·李朴传》卷三七七,第一七页下—第一八页下。
② 李心传《道命录》卷六,第一二页下——三页上。

议"与"容纳"而已。至若教授为君子,而执政为小人,教授与执政,至于决裂宣战者,则自李祥、杨简始。李祥、杨简,因留赵汝愚之故,不恤躬冒矢石,与权臣奋斗,为诸先生倡,其后诸生因其鼓励,故周端朝等伏阙上书,不可谓非教授为之先锋也。《赵汝愚传》记本末云:

> 汝愚既罢,国子祭酒李祥言:"去岁国遭大戚,中外汹汹,留正弃相位而去,官僚几欲解散,军民比将为乱。两宫悬隔,国丧无主。汝愚以枢臣独不避殒身灭族之祸,奉太皇太后命,翊陛下以登九五。勋劳著于社稷,精忠贯于天地。乃卒受黯黜而去,天下后世其谓何?"博士杨简,亦以为言。①

又《杨宏中传》云:

> 窜汝愚永州,国子祭酒李祥,博士杨简,连疏救争,俱被斥。宏中曰:"师儒能辨大臣之冤,而诸生不能留师儒之去,于义安乎?"众未应,独林仲麟、徐范、张衢、蒋传、周端朝五人愿预其议,遂上书。②

合而观之,可知此次大潮,全由教授之鼓动矣。

由是以后,学生之气既张,则教授反有为学生所鼓动者,于是教授遂为学生之后盾,盖君子与小人对峙,理由本甚简单,一为是,一为非,故教授、学生、人民,意见极为一致,故常相通力合作。如蔡抗是也。蔡抗为太学司业(犹今学监),太学生劾权臣,蔡抗救学生,宰相又救蔡抗,此等风气,今不可复得矣。其事见于《程元凤传》云:

> 太学诸生,伏阙上书,白余晦罪状。司业蔡抗,又力言之,元凤数其罪劾之。奏上,以晦为太理少卿,抗为宗正少卿。元凤又上疏留抗而黜晦,以安士心,乃命抗仍兼司业,晦予郡。③

以视今累见有官吏压迫教授、教授压迫学生之举动者,能不令人有今昔无穷之感耶?

(二)政府之曲从 宋时朝廷,名为君主专制,然遇有学生请愿等举

---

① 《宋史·赵汝愚传》卷三九二,第九页上。
② 《宋史·杨宏中传》卷四五五,第一四页下—第一五页上。
③ 《宋史·程元凤传》卷四一八,第七页上下。

动,则无不委曲求全,以容纳学生之意见。如靖康罢李纲、种师道之役,朝廷亦深知李纲、种师道之忠勇,所以不得不罢之者,实因金人已迫城下,国亡在即,势已不支,而李纲,种师道,犹日与金人死战,故罢之以谢金人,欲以延一日之国命,此盖其必不得已苦衷。而一旦因学生市民之苦请,遂挣扎于万难之中,委曲而从之。尤可以见其尊重民意也。其余若逐汤思退,留陈俊卿;逐史嵩之,留杜范;逐丁大全,逐韩侂胄,留谢方叔,每事皆俯从学生及民众之公意。且其所逐者,皆一时宰相,根深蒂固之大臣也。而能以学生之力动摇之,其曲从民意也如此。

返而视之今日,所谓"民主"政体者,假若外人兵围北京要求惩办罪魁,而学生、市民,上书留之,试问政府,将从外人之请乎?抑从学生、市民之请乎?又如当筹备洪宪之时而上书请斩杨度,当复辟之时,而上书请斩张勋,试问政府能俯允学生之请乎?又返而观之学生,曾有人署名上书者乎?有"纵兵欲歼"而"屹立不动"者乎?尚何言哉!

(三)君主之保护　当时不独政府能委曲以从民意,且号称"独夫"之君主,而其爱惜学生之心,则较人为尤切。如陈东、欧阳澈、华岳之斩,皆出于奸人之蒙蔽,而绝对非人君之本心。《四朝见闻录》记华岳之死云:

岳放还,复籍于学。谋去史弥远,史命拽之赴京兆狱,狱具,坐议大臣当死。史持牒宁皇,上知岳名,欲活之。丞相进而告上曰:"是欲杀臣者!"上曰:"教他去海关走一遭便了。"初以斩罪定刑。史对上曰:"如此则与减一等。"上不悟,以为减死一等,故可其奏。岳竟杖死于东市。①

宋宁宗亦号称刻薄寡恩者,而其爱护学生之心尚如此,至于高宗因黄潜善、汪伯彦一时之愚弄,误斩陈东、欧阳澈,后悔恨无及,至于下诏自责。《四朝见闻录》云:

陈东、欧阳澈既死,上大悔悟,赠东谏议,澈延阁,赐田以旌其后,且下诏自责。②

---

① 叶绍翁《四朝见闻录》甲集,第六页下—第二九页上。
② 叶绍翁《四朝见闻录》乙集,第三四页上。

《东本传》又记高宗悔悟后,褒锡之重,眷念之深,足使人怆然兴感。《东传》云:

高宗感悟,追赠东、澈承事郎。东无子,官有服亲一人;澈一子,令州县抚其家。及驾过镇江,遣守臣祭东墓,赐钱五百缗。绍兴四年,并加朝奉郎、秘阁修撰,官其后二人,赐田十顷。①

《四朝见闻录》乙集,又引高宗自责之辞,真为良心发现之语,大有声泪俱下之慨。其略云:

古之人,愿为良臣,不愿为忠臣。惟尔东尔澈其殆有意于为忠臣乎!虽然,尔不失为忠臣,而天下后世,顾谓朕何如主也!八年于兹,一食三叹。通阶美职,岂足为恩,以塞予哀!以彰予过!②

以视今日军警驱死学生,如长官不许令葬(如姜高琦之役)。其相差岂可以道里计乎?

(四)长官之授助　不特君主之屈意爱护学生而已也。当时官僚程度之高,以视今日,又不可同年而语也。以援助学也,无不以一己之"名位""利禄"为牺牲,为孤注,而为学生出死力。结果,因之而"落职""降官""远贬"亦所不恤。此类事情,并非仅见,乃知多不胜举。如上述蔡抗事,即其一也。此外如《聂昌传》云:

太学生陈东及士庶十余万人伏阙下,府尹王时雍麾之不去。帝顾昌,俾出谕旨,即相率听命。王时雍欲置东等狱,昌力言不可,乃止。③

又如王之望者,为太学生所攻击者也。而之望尚能自问良心,不怨学生,返从而救解之。《王之望传》云:

上命汤思退督江淮军,未行。复令之望督视,改同都督,力辞不行。会太学诸生上书,上怒,欲加罪之,之望救解之。④

夫学生欲上书斩之,而返为之救解。宋之奸佞,在今日为大贤人矣。

---

① 《宋史·陈东传》卷四五五,第四页上。
② 叶绍翁《四朝见闻录》乙集,第三四页下。
③ 《宋史·聂昌传》卷三五三,第八页下。
④ 《宋史·王之望传》卷三七三,第六页下。

又如余端礼、邓驿之救太学生杨宏中、周端朝等,《杨宏中传》记其事云:

> 杨宏中……等六人上书。侂胄大怒,坐以不合上书之罪,六人皆编置。以宏中为首,将窜之岭南。中书舍人邓驿上书救之,不听。右丞相余端礼,拜于榻前,至数十,丐免远从,上恻然许之,乃送太平州编管。天下号为六君子。①

又如《冯去非传》云:

> 去非为宗学谕。帝下诏禁戒诸生,立石三学。去非独不肯书名碑之下方。监察御史吴衍、翁应弼,劾诸生下狱,去非复调护宗学生之就逮者。②

此皆甘触犯权贵以救学生者也。其有受学生之感化,甘触犯君主以救学生,则有杨大全。《大全传》云:

> 大全监登闻鼓院。太学生以投匦上书为缓,必欲伏阙。大全谓:"院以登闻名,实明目达聪之地也。今乃使人视为具文,吾何颜以尸此职。"乃为书以谏,力请过宫,书上不报。③

其有因救学生,而致触祸者,则有杨文仲、李韶,《文仲传》云:

> 文仲为国子司业,以救太学教谕彭成天,忤似道,出知衡州。④

《李韶传》云:

> 韶为太学博士,救太学生宁式。忤学官。⑤

又如陈东、欧阳澈既死。王居正于数年之后,犹为之报仇鸣冤。卒之黄潜善、汪泊彦遂遭重贬,为东与澈地下吐气。《宋史·王居正传》云:

> 上书陈东、欧阳澈已赠官,居正乞重贬黄潜善、汪伯彦,以彰二子杀身成仁之美。⑥

《四朝见闻录》更详言之云:

---

① 《宋史·杨宏中传》卷四五五,第一五页上—第一六页上。
② 《宋史·冯去非传》卷四二五,第九页下。
③ 《宋史·杨大全传》卷四〇〇,第一八页上。
④ 《宋史·杨文仲传》卷四二五,第一八页下。
⑤ 《宋史·李韶传》卷四二三,第四页下。
⑥ 《宋史·王居正传》卷三八一,第七页下。

时潜善先死,伯彦犹在。竹西王公(即王居正)代言西掖,会上追赠东、澈,遂因极论二人不学无术,耻过遂非。遂使人主蒙拒谏之谤,朝廷污杀士之名,此而不诛,何以为政。若潜善魂魄有知,犹思延颈受戮,而伯彦躯干固在,不识何施面目?伯彦遂落职,潜善永不追复。①

宋时官长之出死力以授助学生也如此。

(五)奸邪之畏慑　宋时公正贤良之长官,固出死力为学生援助矣。而宋时之奸邪,为学生所攻者;亦自知理屈。故畏慑学生特甚。非若后日之军阀、官僚,非惟不自省其罪过,且视学生为牢中猪羊,俎上鱼肉,任意可以乱斩也。当时汤思退,以宰相而兼大将,身握重兵。闻学生上书请斩,遂至忧悸而死(已见上)。试问今日尚有如此之军阀乎?又如潜善、伯彦为南宋有数大凶。而既斩东、澈,心中终觉自馁,故《陈东传》云:

潜善既杀二人,明日府尹白事,独诘其何以不先关白,微示愠色以明非己意。②

至于其后,则奸佞畏慑益甚。《癸辛杂识》云:

或少见施行,则必借秦为喻,动以坑儒恶声加之。时君时相,略不敢过而问焉。③

则权奸之畏慑,可以想见。故其后贾似道不敢复撄学生之锋,欲转而笼络。《癸辛杂识》又云:

至贾似道作相,度其不可以力胜,遂以术笼络。④

而当时学生亦声讨不少宽。宋之权奸,竟至乞怜于学生,则其权奸,亦尚有天良发现之时也。

(六)领袖之勇敢　宋时学生领袖之勇敢,已如上述。领袖之最勇敢者,当推陈东,以一学生,而领袖军民数十万人,伏阙上书,迭至三次,而卒以身殉。其次当推高登,"纵兵欲歼"而"屹立不动"。再其次当推徐

---

① 叶绍翁《四朝见闻录》乙集,第三四页上下。
② 《宋史·陈东传》卷四五五,第三页下—第四页上。
③ 周密《癸辛杂识》后集,第一〇页上。
④ 周密《癸辛杂识》后集,第一〇页下。

范,范事上所未述。《宋史·范本传》云:

> 同舍生议叩阍上书,书已具。有闽士署名,忽夜传朝侂胄将置言者重辟。闽士怖,请削名。范之友,亦劝止之,范慨然曰:"业已书名矣,尚何变。"书奏,侂胄果大怒。谓其扇摇国是,各送五百里编管。范谪临海,与兄归同住,禁锢十余年。①

夫此事,范知蹈死地,而毅然不变。与今日戴"假面"之领袖,既知大难将临,则半路先逃,送人处死地,而自处于至安者,其居心果何如耶?

(七)士气之伸张　士气之伸张,亦已详上述。然宋学生之士气,实有伸张过分者。如上所述,皆所以对付奸佞,固宜用此种手段。而南宋之学生,则对于忠良之臣,稍一误会,亦动辄欲斩之,诚未免激烈过度。如乔行简,南宋有数贤臣,其所主张,亦较学生为是,而学生不过一时爱国心之冲动,更不加以理性之节制,而贸然请斩行简。《四朝见闻录》云:

> 文忠真公(德秀),奉使金廷。道梗不得进,止于盱眙。奉币反命,力陈奏疏谓:"敌既据吾汴,则币可以绝。"朝绅三学,主真议甚多。史相未知所决。乔公行简,为淮西漕。上书庙堂云:"孙鞑②渐兴,其势已足亡金,金,昔我之雠也,今我之蔽也。古人唇亡齿寒之辙可覆,宜姑与币,使得拒鞑。"史相以谓行简之为虑甚深,欲予币,犹未遣。太学诸生黄自然、黄洪、周大同、家桢、徐士龙等同伏丽正门请斩行简,以谢天下。③

太学生之心,固出于爱国热诚,深可钦敬,然行事失之疏略,使从其请,则自戕长城檀道济。此等举动,真可谓"嚣张"与"激烈"者矣。今人动以"嚣张""激烈"诟学生。观此,则吾恐今日之学生,其"嚣张""激烈"之程度,尚不逮于昔也。

(八)人心之一致　宋时学生作政治运动者,不独限于太学生,且不独限于在京各大学之学生。当时是种运动,遍于天下。与今日之情形略

---

① 《宋史·徐范传》卷四二三,第三页上下。
② 鞑即鞑靼,即黑鞑,宋人名元之称也。元本为蒙古一部落,宋人目蒙古人为"鞑子",吾师王国维先生有"黑鞑考",详言之。
③ 叶绍翁《四朝见闻录》甲集,第二六页上。

同,但当时在京者,则史籍记载较详,而在外省者,则史籍较略。又在京者,为在学肄业之学生,而在外者,则为应试之进士。当进士未登第时,则亦一学生也。① 宋时外省学生干涉政治运动之可考者。如《续资治通鉴长编拾补》云:

徽宗崇宁三年八月辛酉,醴州本醴零县学生李邦彦特送五百里外编管。元考校长,屏论出学。荆湖南路转运使判官兼提举学事元书言:"邦彦试卷,言涉讪谤"也。②

又《宋史·高宗本纪》云:

绍兴二十六年三月乙丑,以东平府进士梁勋伏阙上书上北事,送千里外州军编管。③

又《秦桧传》云:

进士黄友龙,坐讪谤,黥配岭南。④

此直接可考者也。又如《高宗本纪》云:

诏进士因事送诸州军听读,特放还便,仍许取应。⑤

则可知当时进士上书言国事者,正不知几何。但今已不可考耳。可以见在京学生与天下之学生意见一致矣。

不独学生与学生,同时作爱国运动之意见一致而已也。当时学生与布衣常相合作,而意见亦给予绝对一致。上已述布衣欧阳澈与学生陈东,合力逐黄潜善;布衣方和卿与太学刘黼等,合力逐丁大全。而其最著者,则为布衣吕祖泰与学生杨宏中等合力驱韩侂胄之役是也。此事记载甚广,如《宋史·宁宗本纪》、《忠义传·祖泰本传》、《续资治通鉴》、《朱子语类》、《庆元党禁》、《道命录》、《四朝见闻录》、《齐东野语》等……皆有记载。《宋史·宁宗纪》举其纲云:

---

① 按宋时"登进士第"与"进士"异。"登进士第"者方能授官,详见《宋史·选举志》。若夫"进士"则无以异于学生也。
② 《续资治通鉴补长编拾补》卷二四,第一一页下。
③ 《宋史·高宗本纪》卷三〇,第八页上。
④ 《宋史·秦桧传》卷四七三,第二一页上。
⑤ 《宋史·高宗本纪》卷三〇,第九页上。

庆元六年九月甲子,婺州布衣吕祖泰上书请诛韩侂胄、苏师旦,逐陈自强等,以周必大代之。诏杖祖泰,配钦州牢城。①

《庆元党禁》详其目云:

九月十一日甲子,进士吕祖泰投匦上书(中略)。丙子,内批旨云:"昌祖泰挟私上书,语言狂妄,送连州拘管。"右谏议大夫程松、陈谠②皆言:"祖泰有当诛之罪,今纵不杀,犹宜杖脊黥面,窜之远方。"是日得旨:令"送临安府从杖一百,真决,免刺面,配钦州牢城"。祖泰,字泰然:元祐户部尚书公孺之五世孙也。性疏达,尚义气。既得罪,士大夫劳之者无悔色。侂胄犹怜之。祖泰始自分必死,独冀以身悟朝廷,就逮无惧色。京尹赵善熙,受侂胄计,为好语诱之曰:"谁教汝?亦有共为章者乎?汝第言之,吾且宽汝。"祖泰笑曰:"何问之愚也!吾固自知必死而可受教于人且与人议乎?"善坚曰:"汝病风丧心邪。"祖泰笑曰:"以我观之,若今之附韩氏,得美官者,乃病风丧心耳。"廷中闻之悚然,有叹息者。③

其慷慨激昂之态,至今可以想见!故朱子称祖泰为真男儿。其兄祖俭、祖谦。祖俭,已显达,亦于是役上书请斩韩侂胄贬岭南。祖谦,即东莱先生。盖是时布衣、官长、学生之意之见一致如此。

此外尚有社会之同情:如绍兴请斩汤思退之役,后芮国器被召为国子司业,诗人陆放翁(游)作诗送之,对于学生之干政运动,极端赞美。许学生以"士气峥嵘",勉政府以"莫违众论"。其诗云:

往岁淮边虏米归,诸生合疏论危机;人材衰靡方当虑,士气峥嵘未可非;万事不如公论久,诸贤莫与众心违;还朝此段宜先反,岂独遗经赖发挥。④

由是观之,学生与社会气脉相通。故学生之行事,社会对之表无限

---

① 《宋史·宁宗本纪》卷三七,第一四页下。
② 按程松小人之尤者,其无赖之行,见松本传。松本为祖泰之友,惧为所累,故特害友以媚侂胄,见《宋史·忠义传·吕祖泰传》。
③ 沧州樵叟《庆元党禁》第二四页上—第二五页下。
④ 《剑南诗钞》七言律上,第八页上下,味青斋印本,光绪二十一年(一八九五)出版。

同情与欢迎；故常鼓励之。而在今日则社会对于学生之行事，欢迎常少于憎恶。其甚者，不表同情而反觉"头痛"。此盖由于不通血脉而互相隔膜之故也，在今日已为各地多数之通病而无可讳言者，深愿二方之各自反省也。

戊　捩类

宋时学生，因人数过多，故亦不无有一、二败类入其间。周密《癸辛杂识》，极口谤诬。然周密无赖，专以"扬恶隐善"为宗旨，其言皆不可信。吾考之往籍，确有为太学生之败类者，得四人焉：（一）孙仲鳌，（二）林东，（三）林自养，（四）方大猷。惟林自养谄媚宦官卢允升、董宋臣事，已见上文。其他孙仲鳌谄媚秦桧于生前，林东谄媚秦桧于死后，方大猷不恤压迫同学，以献媚于丁大全。是皆太学生之罪人也。今亦分别述之如下。

孙仲鳌字道山，永嘉人。以太学生阿媚秦桧，后官至中书舍人。其阿媚秦桧事，因秦桧禁程氏之学，仲鳌上书请毁二程遗著，李心传《道命录》云：

先是秦桧既指伊川为专门之学，士大夫争附之。太学生孙仲鳌首论书坊刊行诡辟之书，望明示条例。更或违戾，必置之法。①

即此一端，已可概见其余矣。

更有丧心病狂之人，如林东者，于秦桧已死之后，追加谄媚，至使身受重贬，为天下笑。"人格""利禄"两俱牺牲，天下古今冥顽不灵，至愚奇拙之人，恐无有过于林东者矣。《宋史·高宗纪》云：

绍兴二十六年二月乙酉，进士林东追谄秦桧，上书狂妄，英州编管。②

然林东为省进士，而非太学学生。太学学生虽亦有一二人党奸，而其愚恐不至此也。

方大猷借权奸之手，以辱侮同学。其罪恶，不在林自养下。丁大全

---

① 李心传《道命录》卷四，第九页上下。
②《宋史·高宗本纪》卷三〇，第七页下。

立碑三学之计,实出自大猷。《癸辛杂识》云:

大全勒榜三学,大猷实有力。至于大猷,实有题名之石,磨去以为败群之罚。①

太学生之败类,实可考者,此四人而已。然林东为进士,非太学生。则太学生之败类,实不过三人而已。其他周密有含糊影响无根之谈相诬,皆所谓"嚼血喷人"者也。言无证据,皆不敢信。

宋代在京学生,仅就太学而论,已有一千余人。《高宗本纪》云:

增太学外舍生,至一千余人。②

则合武学、京学、宗学等而合计之,当亦有三四千人。二百余年间,新旧互易,当亦不下数十万人矣。于数十万人中,而其败类确实可考者,仅二、三人。即其不可考者,亦必在少数。以相比例,则其结论,可以不言而喻矣。

更有一事,须特别注意。其事可称在宋代政治风潮中最为重大,其事含有内乱嫌疑,为阴谋倾覆现政府之大政变,而终归于失败。然因其事不能详考,至今不知其为是为非,但据宋无名氏《三朝野史》云:

潘丙、潘壬,太学生也。就湖州册立济王为帝。事败,济王既鸩而殂,丙、壬,各枭首,弥远欲屠湖州一城人民……③

夫君主专制时代,此等事为最大罪案,所谓"大逆不道"也,而乃出于二太学生,不可谓非大胆者矣。政治犯本无所谓是非,而潘丙、潘壬之政敌为史弥远,则其人必非小人类也。今以此事调查未明,未敢遽下判断,故附之于此。

已 表贤

上已述有宋一代之学潮竟,中国古代学界干政,东汉及明,二代皆

---

① 周密《癸辛杂识》后集,第一〇页下。
②《宋史·高宗本纪》卷三〇,第九页下。
③ 宋无名氏《三朝野史》第一页下,学海类编本。

有。而学生干政,惟见于宋。然则宋之学生,其有关于中国昔日之政治史上,教育史上非甚少,其位置之重要可知。上文依类而述,故未将重要人物之履历表明。使我学生界之先烈,先觉,名不传于今世,岂非缺憾?今故简略述之。

综计宋时学生,在学生时代,已作政治运动,名字可考于今日者,京内外共五十八人,布衣三人。《宋史》有专传者二十一人。今依时代先后,用简单之语述之。至于其详,可观原文。

(一)陈次升,字当时,仙游人。《宋史》三四六有传。所著《谠论集》不传。

(二)邓肃,字志宏,沙县人。《宋史》三七五有传。所著《栟榈集》二十六卷,传。

(三)雍孝闻,里字无考。惟见《挥麈前录》。

(四)陈东,字少阳,丹阳人。《宋史》四五五有传。所著《少阳集》十卷,存。

(五)高登,字彦先,漳浦人。《宋史》三九九有传。所著有《东溪集》二卷存。有《四库全书》本、《正谊堂业书》本、《乾坤正气集》本。

(六)许翰,字崧老,襄邑人。《宋史》三六三有传。所著有《论语解》、《春秋解》,佚。《襄陵集》十二卷,存。《四库全书》本,康熙中刊本。

(七)刘珏

(八)冯康国

(九)胡闳休

(十)汪若海

此四人《宋史》皆有专传。刘在三七八,冯在三七五,胡在三六八,汪在四〇四,里字已见上。

(十一)张观,里氏无考,附见《宋史》三七一《汤思退传》。

(十二)乔嚞

(十三)朱成有

此二人,里氏无考。见《宋史》三九四《何澹传》。

（十四）杨宏中，字充甫，福州人。《宋史》四五五有传。

（十五）周端朝，字子静，永嘉人。《宋元学案·岳麓学案》有传云：

赵忠定去国，天为雨雪，京师人以盆盎贮之殷然。先生为太学生率其侪叩丽正门。侂胄欲斩其为首者，宁宗不可，但使听读而已。是时为首者六人，而先生受祸尤酷。初大理令听读于衢州，已次半道，侂胄矫旨，再入大理。先生自分必死，果百辈拷掠，欲毙之；然卒不死，复听读于永州。①

又《四朝见闻录》记其嫁女之夕，人言婿是史弥远党，即诿云女疾，卒不嫁，其清介如此。

（十六）张衢，字用叟，侯官人。

（十七）林仲麟，字景仲，宁德人。

此二人附见《宋史》四五五《杨宏中传》。

（十八）徐范，字彝父，侯官人。《宋史》四二三有传。

（十九）蒋传，字象夫，信州人，明薛应旂《宋元通鉴》云："久居太学，忠鲠有闻。叩阍之事，皆其属稿云。"

（二〇）华岳，字子西，里无考，《宋史》四五五有传。又见《四朝见闻录》。

（二一）敖陶孙，字器之，侯官人。见《崑山县志》。

（二二）郑斗祥，里字无考。见《四朝见闻录》。

（二三）程宏图，里字无考，见《宋史》三六五《岳飞传》。

（二四）汪安仁

（二五）龚日章

以上二人里字无考，见《宋史》四〇〇《杨大全传》。

（二六）汪一龙，当是黟县人。见《黟县志》。

（二七）蔡德润，里字无考，见《宋史》四〇六《刘汉弼传》。

（二八）陈宜中，字兴权，永嘉人，《宋史》四一八有传。

---

① 黄宗羲《宋元学案·岳麓诸儒学案》卷七一，第三四页上下。

(二九)刘黻,字声伯,乐清人,《宋史》四〇五有传。着有《蒙川遗稿》十卷,今存抄本。又《四库全书》本,《永嘉业书》本四卷。《乾坤正气集》本一卷。

(三〇)黄镛,字器之,后为武夷书院山长,见《晦庵先生集》,有镛序。

(三一)林则祖,字兴周。

(三二)曾唯,字师孔。

(三三)陈宗,字正学。

以上三人,里贯无考,见《齐东野语》。

(三四)黄恺伯

(三五)金九万

(三六)孙翼凤

(三七)翁日善

(三八)刘时举

(三九)王元野

(四〇)黄道

(四一)赵与寰

以上八人,里字无考,见《宋史》四一四《史嵩之传》。

(四二)池元坚,里字无考,见《宋史》四一七《谢方叔传》。

(四三)柯子冲

(四四)卢宣德

以上二人里字无考,见《宋史》二四七《宗室赵师睪传》

(四五)徐应镳,字巨翁,江山人,《宋史》四五一《忠义传》有传。

(四六)黄自然

(四七)黄洪

(四八)周大同

(四九)家槓

(五〇)徐士龙

以上五人,里字无考,见《四朝见闻录》。

（五一）宁式，里字无考，见《宋史》四二三《李韶传》。

（五二）林曦，字霁山，永嘉人，见《遂昌杂录》。

（五三）唐珏，字玉潜，会稽人，见《东园友闻》。

（五四）潘丙

（五五）潘壬

以上二人，里字无考，见《三朝野史》。

两宋时名臣名儒，大半皆从太学中出身。至于南宋则更多。卿相从太学出身者，占十之七、八。《宋史》各传，皆明言其曾入太学。若一一胪举，恐不下三四百人。此仅就在学生时，而作政治运动者计之，已多至如此矣。今更附述布衣：

（一）欧阳澈，字德明，崇仁人。《宋史》四五五《忠义传》有传。所著有《飘然集》六卷，今名《欧阳修撰集》七卷，有《四库全书》本、《乾坤正气集》本三卷。

（二）吕祖泰，字泰然，婺源人，后居无锡。《宋史》四五五《忠义传》有传。

（三）方和卿，里字无考，见《宋史》四一五《程公许传》。

宋时布衣，干涉政治动运者亦甚多。《宋史》记载亦详。如《岳飞传》云：

飞死，徙家岭南，建州布衣刘允升上书讼飞冤，下棘寺以死。①

此种记载，若一一胪举，亦势所不能。今仅就布衣干政之兴学生合作者数人言之，余不在本文范围以内也。

至于外省学生之可考者，则有下列诸人：

（一）李邦彦，里字无考，见《续资治通鉴长编拾补》。

（二）梁勋，里字无考，见《宋史·高宗纪》。

（三）黄友龙，里字无考，见《宋史·秦桧传》。

（原载《清华学报》，一九二六年第三卷第二期。）

---

① 《宋史·岳飞传》卷三六五，第二〇页上。

历史上国难的教训
——在武汉大学讲演

我们虽然不承认一般的说法,中国已有五千年以上的历史,但我们从建筑在甲骨、金文、新古史系统上确实计算起来,中华民族,也已经有近四千年的历史了。中华民族,这支巨大的老树,从有文字记载他的年龄以来,又匆匆过了近四千个春秋。这其间,这座巨伟的老树,风、霜、雨、露、雷、霆,乃至狂飚、恶浪,不知经过多多少少!到现在,这巨伟的老树,虽然遍体创痕,总算还屹立的站着!要从他的瘢痕上,追溯他当年所受创伤,那真是"一部十七史,从何处说起"。

我们虽然不承认历史会同样的重演,但原理总是不变的,清清楚楚地摆在眼前:"种瓜得瓜,种豆得豆。"现在我们打算得什么样的果呢?历史就是我们的镜子,我们应该照照。"前车覆,后车鉴。""往事之不忘,后事之师。"多受一个教训,多得一个经验,多长一份智识。我们祖宗吃尽了千辛万苦,几次的死去活来,留下这点应付国难的经验,智识,正是我们子孙"患难临头"时的宝训啊!

正因为"教训"太多的缘故,不是一个短时间所能讲完,所以只能拣一些故事式的、脍炙人口的、一般流行的、性质重要的几段来讲讲。不是说除此以外,就没有教训,只要我们平心静气,不浮嚣,不消沉,肯反省,肯检讨自己,那末一部二十五史,也可以说,没有一处不是我们切实的教训。

综合历史的国难,来一个粗枝大叶的鸟瞰,那末所有国难的程度,以及国难状态下的局面,可以分别为三类:

第一类,是竟然能够突破国难,解除国难,并且还能进一步而至于中兴的。例如:

周宣王伐猃狁而中兴。

汉武帝破匈奴而中兴。

唐肃宗平安史而中兴。

第二类,是勉强挡住国难,保持一半国力的。例如:

晋元帝东晋的局面。

宋高宗南宋的局面。

第三类,挡不住国难,急转直下而遂沦陷至于亡国的。例如:

南宋德佑、景炎、祥兴的亡国。

南明弘光、隆武、永历的亡国。

这三类中间,何以能兴?何以取亡?事实,因果,可法,可戒,应从,应避……等种种,我们归纳一下,取其荦荦大者,可以昭示我们的有六种教训:

第一种教训:从四千年的历史上看来,无论何种外族力量,多不能征服中华民族。亡中国者,只有甘心出卖祖国的汉奸。

例证:

(一)第一个投降匈奴,把土地献给异族,反引匈奴兵来攻太原,略晋阳,围汉高祖于白登城,几乎把汉民族新建的国家覆灭的,是韩王信。他是韩襄王的子孙。

(二)投降南匈奴刘渊和石勒、刘曜,努力击破本国,攻陷洛阳,杀百官三万余人,掳晋怀帝,灭亡西晋的乃是东莱人,仕宦旧家博涉群书的王弥。

(三)蹂躏江南,大屠杀江南,掀覆南朝的,不是拥兵百万的"氐"族苻坚;倒是汉族雁门人的侯景。

（四）卖中国于契丹，叫契丹皇帝做"爸爸"，廉耻丧绝，借契丹的力量，鼠窃狗偷中国土地者，这是石敬瑭、桑维翰。桑维翰便是石敬瑭的灵魂，他还是洛阳的老手举子呢。

（五）甘心为女真人代做中原的傀儡，割裂了祖国的土地，而反噬祖国的，这是东光人张邦昌和阜城人刘豫。他两个都还是进士，很高的文官呢。

（六）甘心做蒙古族走狗，来灭汉族的，有下列的一批：平定长江上下游的，是安丰人吕文焕。平定临安江西的，是槀城人董文炳。平定两湖福建广东的，是定兴人张弘范。平定广西贵州的，是永清人史格。宋亡以后平定坚守的四川的，是潞县人李德辉。而张弘范居然还有脸在崖上勒碑："灭宋于此！"

（七）自至元十二年至大德六年，闽浙赣皖鄂湘粤桂川黔滇，起抗元义勇军八十余次，最大一次，是福建的黄华。然而也有甘心做蒙古族的走狗，来彻底扑灭这许多汉族义勇军的，也正是汉族的赵贲亨（冠氏人）、贾居正（获鹿人）、董士选（槀城人）等。

（八）甘心做满洲族走狗，澈底劫掠祖国的土地来献给异族，武力强制自己同胞做异族的奴隶，追杀故主直到缅甸的，也正是汉族的吴三桂（山海卫人）、孔有德（辽宁人）、耿精忠（辽宁人）、尚可喜（辽宁人）、洪承畴（福建人）……等。

这是很当然的，中国拥有这么大的土地，常常保持五六千万的人口（明以前其实远不止此数），而我们的敌人，都是出身单微，陋小得不堪，就算兵强，蛇总不能一口吞象，哪里有许多兵力来统制这样伟大的"地"和"人"。

只有利用汉奸的一法，教你自己把自己咬碎来，让他好慢慢儿吃。而他的汉族功狗呢，真是肯卖死力，踊跃地杀同胞，乃至杀爷娘来献给它的主人，张宏范辈居然灭了全宋，吴三桂等居然灭了全明，这反出乎忽必烈、多尔衮意料之外而教他吃一惊。

第二种教训，凡是民族内在的隐患，没有消灭以前，那么决不能打开国难,甚至于功成垂败,收复失地,也会再失的。

例证:

(一)南朝的刘裕,总算是六朝时代第一个英雄,二次北伐,都告胜利。第一次剪灭南燕,生擒国王慕容超,"竿首槀街"。这是收复整个中原的最好机会。然而就在这个时候,教匪卢循,也兵到金陵城下了,只得狼狈而归。第二次再北伐,勇气更高,收洛阳破潼关,克复长安,讨灭后秦,生擒国王姚泓,送建康正法。真是光武以后第一次为汉族吐气。然而后方的刘穆之死了,反对党蠢蠢欲动,又不能不悄然而回。赫连勃勃乘势把乳臭儿刘义真一赶,一切完了,收复的失地,一古脑儿丢的干净。

(二)孟珙联合元兵灭金以后,宋人就抓住了恢复中原的机会,于是赵葵、全子才领兵收复汴、洛二京,这就是有名的所谓"端平入洛之师"。入洛以后,军粮告尽,溃败而退。不但收复的故土,再度失完,而且又丧了二十万大兵,对于南宋的元气,给一个致命的打击。

以上两个教训,告诉我们:如果国内的隐患没有解决,军阀权利之争没有消弭,内部不能团结(如东晋)、或者国内一般的人,都在后方征歌选舞,过着荒唐、奢侈、淫乱、昏醉的生活(如南宋),那么就算侥幸得暂时的胜利,不但无补于国难,而反要加重国难的。

第三种教训,凡是想借外力来挽救国难者,最后的结果没有不亡国的。

例证:

(一)石敬瑭借契丹的兵力来篡灭后唐,然而不到两代,他自己国家——晋——也刚刚灭亡于契丹。

(二)吴三桂借清的兵力来打败李自成,然而明朝也就为清所灭。明亡以后,吴三桂乃自己想创立一个汉族国家——周——也彻底给清朝涤荡净尽。

以上还是卖国贼的勾当,不必深论。正统中央政府的国策,例如:

(三)宋徽宗采用赵良嗣的政策,联金灭辽;借了金人的兵力来瓜分辽国,洗一洗高梁河之役的国仇国耻,收复燕云十六州久失的故土。然而，最后结果，落到自己的国家，也亡给金人。

（四）宋宁宗引用荀梦玉一班人，联元灭金，借了元人的兵力来瓜分金国，洗一洗靖康的滔天大恨。郑清之、赵方都想因此而收复中原。然而，最后结果，落到自己国家，也亡给元人。

第四种教训，凡是智识阶级——"士大夫"——的舆论不一致，淆乱国事，动摇军心，迷惑民众意志者，一定不能抵挡国难，甚至使前方斗士，功成垂败的。

例证：

（一）当岳飞郾城大捷，颖昌大捷，前锋直抵朱仙镇之时，同时右翼的刘锜，有顺昌之捷，韩世忠有泇口镇……等处之捷，左翼的吴璘，有石壁砦……等处之捷，河北义军，一时蜂起，这真是南宋恢复的最好机会。然而后方的"谬丑"秦桧，也正在加紧做"投降"工作，把反对和议的士大夫赵鼎、李光、胡诠……等四十余人，一律驱逐，致使岳飞有"十年之功，废于一旦"之痛，这"小朝廷"就永远自绝出路。

（二）金主亮采石败后，全军溃没。北方又有魏胜、李宝两支大义勇军反正。张浚乘这时机督师北伐，本是最好的形势。然而史浩就在后方做有力的阻止。秦桧余党汤思退一流，努力活跃，鼓动谣言，扰乱秩序，影响到军心不睦，李显忠孤军深入，邵宏渊坐视不救，弄到"符离之战"的大败，伤了国家大部分的元气。

（三）熊廷弼、袁崇焕明代二位辽东最后的保障，在冰天雪地中为国家支持着东北已破的门户。然而后方，嚣张的党论，多意气没脑筋的御史，横弹劾，竖弹劾，又派饭桶王化贞去掣熊的肘，因王的溃败而全军尽没，又中了清人的反间，结果呢，熊是一刀，袁是凌迟，辽是断送，明是幻灭！

回头来再看看反面的例证：

（四）当金主亮南侵的时候，南宋人愤亲善的被骗，一致下决心抵抗。顶危急的一时，高宗下诏解散百官，张浚的党徒陈俊卿气极了，当着高宗的面烧毁了诏书。一个白面书生虞允文去犒劳无主的散军，悲愤达到顶点,抓起无主散军,不管死活拼一场命再说,哪知大出意外,对方的黩武主义被他击为纷碎!

第五种教训,当国难临头的时候,只要有三四个志士仁人,真肯热烈团结,悲壮牺牲,挺身出来担负起全民族千斤重任,这个国难决计可以渡过的。

(一)在东晋时,实在可以说只靠五个人把住了天下的崩塌。在北方支撑危局,牵制群胡有所顾忌的,只靠一个刘琨。主持中央神经系统,始终一贯的,只靠一个王导。平定西南,坐镇上流的,只靠一个陶侃。经略中原,以攻为守的,只靠一个祖逖。调和群伦,削平内乱的,只靠一个温峤。

(二)唐肃、代二朝的中兴,武将固然有郭、李,但主持中枢,肆应八方,整理军队,抚治万民,献身殉国者,只靠李泌、段秀实、颜真卿诸人。德宗的平藩镇,也只靠陆贽、裴度二人的毅力罢了。

(三)契丹澶渊之役,苛求无厌,怎么样也接受不了。但是那些爱利忘国的官僚:王钦若主张南逃,陈尧叟主张西逃。只靠一个寇准,挺身起来挡住了这个大难。要不然那时就是靖康。

(四)另外,南宋一朝,实在可以说只靠李纲、宗泽、赵鼎、张浚、岳飞几人。

(五)明代土木之变,英宗被掳,也先兵围困北京,千钧一发之际,安内、攘寇、调军、理政,只靠于谦一人,把定了整个国家的基础。

(六)最近六十年前,中国东南半壁的奠定,肃清,改造,也只靠曾、胡、彭、左、罗几个人的力量。

我们闭目想想,如果抽去了刘、王、陶、祖、温五人,还会有东晋一朝吗?如果没有东晋的局面,中华民族,还有立锥之地吗?如果抽去李、段、颜、陆、裴五人,唐朝一代还不早就瓜分了吗?如果抽去寇、宗、李、赵、张、岳诸人,中华民族之被征服还等蒙古人吗?如果抽去了于谦,明朝还有什么人扛得住也先,不早就给西北民族征服了吗?但是,靠一二位伟大领袖的殉国忘身,全民族的危机,总给他克复了。

第六种教训，打开国难，抵挡国难，乃至不幸而亡国，以后复兴国族，又要有机会发挥全民族的力量，这力量是无御的、无敌的、无等伦的。

例证：

（一）由汉末至于隋唐，北方汉族的同化五胡，把西北东三面向中华民族环合攻击的数十支强悍的异族，从文化上反把他们彻底征服，根本解决，一网打尽，这力量伟大得怎样！什么庾亮啊，殷浩啊，桓温啊，刘裕啊，他们有志恢复的军事力量，泰山和微尘还不够比例呢。

（二）蒙古可汗征服南宋以后，汉族义勇军如潮水般涌起，于是一面在至元二十一年下令，凡是汉人藏铁一尺以上者一律没收，一面又把汉人的现银、现钱扫数搜尽，代替一些又破又烂的桑皮纸的银钞、钱钞。蒙古可汗想想："汉人没有一文一厘的现银现钱，一尺一寸的铁器，大概一万年也造反不成了！"然而不到九十年，这样的恶劣环境之下，整个汉民族也把这大蒙古帝国，稀里哗啦的打一个精光。

（三）元末的革命成功，弥补了文天祥、张世杰、李庭芝、姜才、李芾、张珏、黄华诸公的遗憾。从戊戌到辛亥整个汉民族革命的成功，弥补了史可法、张四维、张煌言、黄道周、郑成功、瞿式耜、李定国等诸公的遗憾，民族伟力的证据，已经充塞在天地间了！

够了，例证不必多说，教训记载心头。

受第一个教训，

我们要肃清汉奸。

受第二个教训，

我们要团结内部。

受第三个教训，

我们要自力更生。

受第四个教训，

我们要统一意志。

受第五个教训，

我们要决心牺牲。

受第六个教训,
我们要彻底认识全民族无御的伟力,
我们要坚决自信全民族复兴的成功。

(原连载《大公报》,一九三五年十一月十三日至十五日)

开国的士风与亡国的士风
——一九三四年五月二十一日在武汉大学讲演

中国现在是临到一个"危急存亡之秋",这是任何人所知道的,不用我来多说。用人来比,凡是一个人病到危急存亡之秋,那末他的结果,无论如何,不出两种。一种是死!一种是病愈。病愈以后,照例的,不但健康恢复,而且反加胖了。

在过去历史上,我们的祖宗,这样"危急存亡"的病也是生过好几场。病的结果:也曾死过,也曾病愈而且加胖过。我们现在要死呢?要恢复健康而加壮呢?那我们先得看看:"死"的病象是怎么样的?恢复健康而加壮的病象是怎么样的?

假定"中国"是一个人。那么组成这个人的机构,是怎么样的呢?我们以为:他的手、足、骨、肉、血、心、肺、肝、胃、肠……等等,一切最主要、最基本的肢体、机官,都是"耕农"分子,和附属于农村的"手工业"分子,小买卖分子。只有耳、目、口、鼻、舌、脑,少数感觉机官、领袖机官,是"士"的分子。大型的商贾呢,在外国也许不同,而在中国呢,永远是居于人体的"赘疣""骈指""盲肠"……等地位,有也罢,没有也罢——有时还要作祟。而华胄贵族,以至于达官、显宦、军阀之流,他们在"中国"这人体的地位上,是属于"疽""痈""疮""疔""烂肉""脓液""鼻涕""耳墨"之类,凡是一切败血、吸血、腐血的东西属之。不但是不必要,而且于卫生绝对有害,可说是损伤元气的惟一罪魁。以上的观察,虽然说得不大恭敬,但是,事实是这样。从上古三代以来,一直到现在,构成中国整个社会的有机细胞组织,都是如此。

所以,现在可以这样的说:构成中华民族的基本元素,只有"耕农""手工业者"和"士"。

走死路呢?走健康的路呢?今天以后,要全看做民族耳、目、心脑、神经的"士",如何领导这个全体?

诸位是"士"。我自己,惭愧得很,不能躬耕,也祇得勉强算是个下等的"士"。我们既然做了民族的耳、目,如何不看看从前我们祖宗"死的病征"是怎样?"加壮的病征"是怎样呢?

先讲两个非常普遍、脍炙人口、我们祖宗病中的故事。

有一回,我们祖宗,病到"危急存亡"之秋,而终于"昊天冈极"的。暂举魏晋六朝为代表,那时候的青年信仰中心的王衍,被胡儿石勒掳到了,就拼命磕头劝石勒做皇帝,要求不死,但是到底杀了。(《资治通鉴》卷八十七)像这类的"士",可以拉上几车。《颜氏家训》篇上所记的故事,尤其著名。

"齐朝一士夫,尝谓我曰:'我有一儿,年已十七,颇晓书疏。教其鲜卑语及弹琵琶,稍欲通解;以此伏事公卿,无不宠爱,亦要事也。'吾时俛而不答。异哉此人之教子也!若由此业,自致卿相,亦不愿汝曹为之。"

够了,这样的"士",不必多,只要有一个——一粒种子,培养长大起来,国家不亡,是无天理的。

另外一个故事,也是国家病到垂危,而在农村中间,挺出几个种田的书呆子来——曾、胡、罗、左、彭……等,裁平了国家的大难,使国家恢复健康而反加壮。我们就讲彭玉麟罢,在他求解兵柄的奏折上说:

"臣少孤苦零丁,佣书养母。咸丰二年,丁母忧未终,适遭粤逆之乱,义愤所激,遂应曾国藩之招,墨絰从军。……非敢云移孝作忠……当国家多难之日,义不得顾私情也。臣素无声色之好,室家之乐。性尤不耽安逸,治军十余年,未尝营一瓦之覆,一亩之殖,以庇妻子。身受重伤,积劳多疾,未尝请一日之假,回籍调治。终年风涛矢石之中,虽甚病,未尝一日移居岸上。诚以亲服未终而从戎,既难解免于不孝之罪,岂敢复为惜身家之图。……臣尝闻士大夫出处进退,关系风俗之盛衰。臣母丧未终,出而从戎,专以灭贼为志。今贼已灭而不归,近于贪位。……夫天下之乱,不徒在盗贼之未平,而在士大夫之进无礼而退无义。伏惟皇上中兴大业,正宜扶树道教,整肃纲纪以振起人心。……"——《彭刚直公奏稿》卷二

他另外一个奏折上说:

"臣与曾国藩,初起义旅……其时自将弁以至士卒,大抵非书生即农夫也。不知有衣服玩好之娱,不知有功名势位之乐,不知有趋跄应对之文。当时湘军所以胜人,不过两端:曰朴曰勤。"——同卷《详酌水师事宜折》

这样的人格,千载之下,还是叫人肃然起敬!这样的国士,不必多,也只要一、二个,领导民族,埋头猛干下去,无论如何,这个民族,会复兴的。

从表面上看来:凡是"亡国"士大夫,没有一个不是生长于都市的,生长于富贵门阀,锦绣丛中,绮罗队里,生长于一个追逐个人的、肉体的、享乐的环境之内的。历史上有名的南朝金粉文明,贵游子弟,文茵、锦囊、熏衣、剃面、焚香、傅粉、绿蜡屐、白玉麈的人们,都是代表。

凡是"开国"的士大夫,大概都来自田间,或来自清贫孤寒之家。要不然,即使生于都市,也深切地知道稼穑之艰难,农民之苦痛的。或许亲自胼手胝足,躬耕过来,像东汉的马(援)、祭(遵),三国的诸葛(亮),晋之刘(琨)、祖(逖)、温(峤)、陶(侃),唐之魏(征)、褚(遂良)、宋之欧阳(修)、范(仲庵)、明之刘(基)、方(孝孺),以及清初的顾(炎武)、王(夫之)、张(履祥)、陆(世仪)、颜(玄)、李(塨),最近之曾、左、彭、罗……等,都是代表。

以上的条件有许多是属于先天的环境(譬如生下来就在富贵之家),不属于我们的自由意志,人力所无可如何的,那有什么法子想呢?但是,

属于我们自由意志范围以内,是我们"士"的分内之事,也尽管多着呢,这是我们不能不返身求之自己的。

关于这一方面——"士"的分内事——也可分成两节来讲:

(一) 属于积极的;

第一,凡是开国之士,都有一个向上向高的灵魂主宰,都有一种崇高的理想,远大的鹄的,做他终身行为的动力。所以孔子称"志士、仁人",孟子说"士尚志"。没有这点灵魂,这点动力,任何事业,根本不会发生。好像没有火种,决不会起火一样的明白。而亡国的士呢,彻头彻尾,肉体支配了理性,支配了运命,支配了灵魂!彻头彻尾,是一个一切一切以个人的、肉体的享乐为本位的活尸!

第二,有了崇高的理想,远大的鹄的,第二步的培养工夫,就应该发出三种的心和力。一种是"自尊心",一种是"自信力",一种是"责任心"。"自尊心",是种子的抽芽,"自信力"是发叶。"责任心"是生干。譬如孟子说"以齐王,犹反手也","当今天下,舍我其谁也",他坚决地相信,他人能够把天下弄糟,我也一定能把天下弄好。《资治通鉴》卷一百九十三,记魏征和封德彝二人在唐太宗面前辩论,封德彝以为大乱以后,天下不容易上轨道。魏征以为大乱以后,天下更容易上轨道。最后唐太宗同情魏征。这显而易见的唐太宗和魏征的自信力坚强,所以猛干下去,产生了一个"贞观之治"。宋朝的范仲淹、二程子、张载、王安石,学问和事业完全不同,而他们四五人的行状、碑志、本传、年谱上,都不约而同的说"先生慨然以天下为己任……"后来,因他们所生的影响,居然改观了整个天下。顾炎武在他的《日知录》卷十三"论亡国亡天下"的一条上说:"观哀平可变为东京,五代可变为宋,则知天下无不可变之风俗也。"他是这样的自信。又说"……至于天下之兴亡,则匹夫之贱,与有责焉耳",他又是这样的自尊和自责。不错,从明末那样的士风,居然会变成清代中叶以前那样的士风,清圣祖固然有力,我想顾亭林的力,决不比清圣祖小。再说,曾国藩,在做秀才或孝廉的时候,就做了一篇文章:《原才》,劈头就说。"风俗之厚薄奚自乎,自乎一二人之所向而已"。他竟是这样相信他可以领导天下走入亡国之路,或走入复兴之路。

这三种心和力,培养滋长了你这点理想和主志,扩充大来,自然是一种"开国""创业",牺牲个人,而为群众谋福利的宏愿。

范文正公说:"先天下之忧而忧,后天下之乐而乐。"

曾文正公说:"终身有乐处,终身有忧处。"

他们到底忧的是什么?国家弄糟,与他们什么相干?别人都毫不忧,他一个人为什么要忧?忧了以后又怎么样?这值得我们嚼一下滋味了。

第三,但是事业成功的条件,单发宏愿是没有用的,必须具有"正确""远大""敏锐"的知识。这一点是事业成功失败的基本胚胎。我常常这样的想:中国的"同治中兴"和日本的"明治中兴",时间是相同的(明治元年——同治七年),空间的形势是相同的。同治中兴的主角,是湖南一隅的湘军,明治中兴的主角,也是鹿儿岛一隅的岛士。同治中兴的领袖,不过曾、胡、左、罗、彭……几个人;明治中兴的领袖,也不过岩仓具视、后藤元烨、大久保利通、木户孝允……等几个人。然而结果,前者早已烟消雾灭,后者到现在还赫赫炎炎,这究竟不同在什么地方呢?我想,最大的不同,就在知识方面了罢。当彼邦派心腹重臣,大隈重信、伊藤博文之流,出洋吸收新文化、新知识、新制度的时候,中国的中兴主角,固拒现代文化、曾文正、李文忠只知道船坚炮利而已,左文襄深恶洋人,彭刚直反对铁路,那时拆卸上海至吴淞轨道,沉之于台湾海峡,就是鼎鼎大名的沈葆桢干的。那末我们后学对于这班中兴前辈的人格道德和精神,表示五体投地的拜服以外,至少是觉得他们那时的知识"正确""远大""敏锐"的程度,远不及彼邦的主角。这一点就决定了八十年来中日两国的命运,至今想着还有余痛。

但是曾、左、胡、罗……诸位,在九泉之下,是羡慕着我们呢!我们有这样一个个完备的大学,供给我们以丰富的现代知识,如果我们还不能利用,而轻易放过,如何对得起前辈的鬼!

(二) 属于消极的；

凡是开国之士,都有一个高洁的人格,严峻的气节。而亡国之士呢,是以人格卖钱,以气节换饭的。这一点,在今日中国汉奸及贪污横行的世界中,是应该砥砺的、提倡的。

记得：中国今日是在危急存亡之秋；可以死,可以复兴而加壮。

记得："士"是民族的目、耳。

记得：我们是"士"。

记得了以后怎么样呢？请大家回去各自抚心返省一下。

(原载《国立武汉大学周刊》,一九三四年第二百〇二期)

宋三京图考

一

地理之学中国源起极古,《山海经》,即记录上古地志图经之文。至《汉书·地理志》出,而职方地理至是规模已粗称完备。其后各书各史,皆有地理志、郡国志、职方考等。故中国地理沿革,叙述最为明了详备,至今皆有明文所考。自唐李吉甫撰《元和郡县志》后,始更于正史地理志外,另拓一新境界。一方面为郡志之起源,开后世通志、县志、图经之权舆。同时使地理学者脱离正史束缚之范围。又《晋书·裴秀传》云:

"制图之体有六:一曰分率,以辩广轮之度。二曰准望,以正彼此之体。三曰道里,以定所由之数;四曰高下,五曰方邪,六曰迂直;此三者,各因地制宜,以校夷险之异,以六者参而考之。"

《元和郡县志》最大之贡献,不在叙述唐时之地理,以贻后人,而在创造撰述地志之方法,以教后人。盖前此各史之《地理志》,但言某县隶某州,某州隶某道、某郡、某国而已,而未尝记其纵横八达道路之里数,及方向,故著者笼统,而读者茫然。全无准望,东西南北,长短广狭,无施而不可。若裴秀即欲弥此缺憾,故创六法以正之。惜其所著之《禹贡地域图》

既不存，而其说后人又鲜注意及之。能最早实行裴秀之遗法者，《元和郡县志》也。《元和郡县志》于每道之东西南北所起止之里数，记之皆极详备，所谓"四至八到"是也。（"八到"云者，四至之外，又益之以东南、东北、西南、西北。）由是按其里数，定其准望，即可绘成粗略之图。而古代地势之概略，疆域之沿革，可见矣。我常欲据其书以绘唐十道图，略如今日之分省详图，以其事过大，未能也。然恨其所记犹未精详，且只此一书，更无他书可以参校，以定其讹误漏夺，于是不得不更下而求诸宋代。宋代距今较近，书籍之存者亦较多。又其时在汉唐后，以进化之眼光窥之，自较唐代进步，其最重要之材料，为《元丰九域志》、《太平寰宇记》。此二书，不特将每州之广轮宽狭，及四至八到之里数，详细记载，明晰无遗。且更将其八方之界首，至邻近州治之里数，及其州治离国都之里数，亦一一不惮烦琐而详言之。按其里数，正其准望，即可绘之成图，与当时实际地形，可以相差无几，实地理书籍之最好范本也。《四库提要》亦当极口称之，云：

"其书于距京，距府，旁郡交错，四至八到之数，缕析最详。深得古人辨方经野之意。叙次亦简洁有法，自序所称'文直事核'，询无愧其言矣。"

故今即参稽此二书，作《宋三京图考》。

此文用意所在，其主要之点，并不限于宋，并不限于宋之三京，在指出从中国古代地理学书籍中抽象之叙述，可以根据之以推测当时实际之形势，而以之补绘成图案，此文即为此项研究之试验。所以考宋代之地理者，不过以宋代地理学书籍较多，而言之亦较详。所以考三京者，不能一一详考。故但举首都以为例。此文之用意如此。

二

图考者，所重在图，中国舆图，虽未见精密，而其成绩，则颇发达。此不能详述。（余另有《宋代学术史》中述地理学一部分，言之较详。此外王应麟《玉海》地理类,及"地学丛书"中陶懋立《中国地图学考源》,皆可参看。)今就其存者言之:魏源、胡林翼等,受"欧化"之舆图无论矣(魏著《海国图志》,胡著《大清一统舆地图》)。以未受欧化者言之,清初顾炎武《天下郡国利病书》所绘之书,顾祖禹《读史方舆纪要》所绘之图,皆拙恶不堪。胡渭《禹贡锥指》所绘之图,虽优善远过二顾,而亦粗略不堪。海岸及黄河、长江等随意曲折,全不可凭。然此在元代阿剌伯"苦来亦阿儿子"(华言地球仪)输入以后,有无欧化嫌疑,尚不可知。元以前地图之存者,如南宋税安礼《地理指掌图》(俗本托名东坡先生)、傅寅《禹贡集解》所绘之图(《通志》光堂本)、程大昌之《禹贡山川地理图》(《永乐大典》、《四库全书》本、《菊坡精舍翻刻通志堂经解》已补入)皆拙恶,而傅寅之图尤可笑,惟伪齐(金人主刘预国号齐)阜昌七年(即宋绍兴七年)所刻之《禹迹图》及《华夷图》,为中国地图学上最精密、最准确、最优美之成绩。(按此二图拓片,近童世亨摄影在《历代疆域形势图》卷端,欲知其源委,可参观毕沅《关中金石记》(卷五)及叶昌炽《语石》(卷一、卷五)二书,考之极详。孙星衍《寰宇访碑录》亦著录,但不著释文,云华夷国,阜昌六年刊。)

然虽有每方百里之经纬线(横七十一方,纵八十一方),而州、郡、县之界线,仍不划明,又无书籍可稽,故亦难以案考。中国舆图自上古至清中叶,可云未有一图能将州道郡县之"瓯脱"界线画清者。故欲弥此缺憾,惟有求之详细载明道里之书籍,而为之补绘。

《元丰九域志》一书,不特记录测量之结果,且实为按图写照之书籍。盖其初已有王曾撰《九域图》三卷、王洙撰《皇祐方域图》三十卷、赵珂撰《分野图》一卷、《十八路图》一卷(尚有图副二十卷,不知何书)、李德刍撰《元丰郡县志图》三卷(此书及沈括图,皆在王存以前)、沈括撰《天下郡县图》一部(不分卷)。《元丰九域志》参考以上诸图而成,故其言已是折衷众说,择长而从。故吾人信仰之程度,似较在《元和郡县志》上,又《元丰九域志》所言里数,虽非用仪器测量,其中必多苟且草略,舛差失实之处,然吾以二百万分里之尺(以一尺为百里),其式如下:

按照《元丰九域志》所言之里数而度之,与今测之地理,颇有吻合

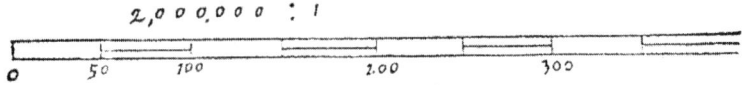

处。即不合,而相差已不甚远。可知其大概已是近真,固不可责以毫厘尽合也。

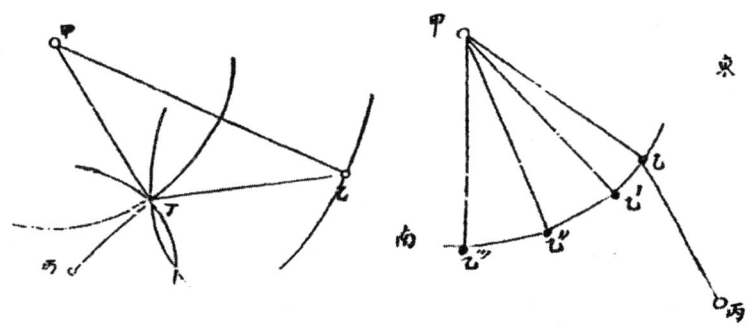

《元丰九域志》更有特长,有非其他地理学书籍所能及。且为人所素不注意者,则为注明自界首至邻州州治若干里是也,须知但言四至八达界首之里数,而不明言界首距旁州之里数,则界首在直角九十度之内,可以多至无限。如云:"自甲州至东南界乙地,为一一〇里",而不明言"乙地距丙地若干";则乙地在东南一直角内,可多至无限,乙、乙、乙去甲地,亦皆一一〇里也。必更云"乙距丙州九〇里",然后乙、乙、乙不得乱矣,此点《元和郡县志》及《太平寰宇记》,皆未注意及之。

吾人得《元丰九域志》此书记载之赐,以之考绘宋时地图,省力多矣,如云:

"自甲州至界首,一一〇里;自界首至乙州,一一〇里;至丙州,六五里",则无论如何,其界首必在于丁。不特可以定界首一定之点;且如更云:"乙州去甲州一八〇里",则乙州之地位,亦可以因此而定矣。如是交互求之,则其错杂崎斜,皆可以不至大谬,此《元丰九域志》之特点,今故据其书为主要材料也。

吾所以不惮烦重而述此者,此其先决问题,不明乎此,则此文之主旨,所用之方法,及所以参考《九域志》之理由,皆完全失其根据。故不得不叙为例言。

三

宋之三京,《元丰九域志》、《太平寰宇记》叙其四至八达,及州邻相距之里数如下:

东京

东至本界二四五　　　　界首至南京六〇(?《太平寰宇记》云:"东至宋州(即南京)三〇〇。")

西至本界一一五　　　　界首至郑州二五

南至本界二一五　　　　界首至陈州一〇五

北至本界一〇〇　　　　界首至滑州一〇〇

东南至本界二五五　　　界首至亳州一〇五(?)

西南至本界一〇五(?)　界首至颍昌七〇(《太平寰宇记》云:"西南至许州(即颍昌)二一五。")

东北至本界一四五　　　界首至曹州一三〇

西北至本界一一五　　　界首至卫州七五(以上《元丰九域志》)

东西三〇〇　　　　　　南北二五〇(以上《太平寰宇记》)

西京

离东京三八二(?《太平寰宇记》云四二〇,是。)

东至本界二〇〇　　　　界首至郑州六〇

西至本界一八六　　　　界首至陕州一〇〇

南至本界八二　　　　　界首至汝州七八

北至本界六五　　　　　界首至孟州五五

东南至本界一九〇　　　界首至颍昌一二〇

西南至本界三二五　　　界首至虢州一二五

东北至本界六〇　　　　界首至孟州二五

135

西北至本界二三六　　　界首至绛州二〇〇（以上《元丰九域志》）

东西三四〇（？非）　　南北三四〇（？非）（皆有误字）

南京

离东京二八五（《太平寰宇记》云"三〇〇"较确。）

东至本界一三〇　　　界首至单州一一〇

西至本界九五　　　　界首至东京二〇〇

南至本界一三五　　　界首至亳州三五

北至本界一三〇　　　界首至单州三〇？

东南至本界一一五　　界首至亳州三〇

西南至本界一五〇　　界首至东京二二五

东北至本界一三五　　界首至单州四五

西北至本界九五　　　界首至东京一八〇（以上《元丰九域志》。）

东西二二五　　　　　南北二六五（以上《太平寰宇记》。）

其他有关系之各州，距东京之里数，二书记述之如下：

济州距东京四五〇？（《元志》、《太记》无考。）单州距东京三八〇。（《元志》。别本云三一〇，误。《太记》作三五〇。）曹州距东京二四〇。（《元志》。《太记》作二二二，未确。）滑州距东京二一〇。（《元志》、《太记》作二二〇。）卫州距东京一三五？（《元志》、《太记》同。）怀州距东京三二五。（《元志》、《太记》作三三〇。）泽州距东京四六二，（《元志》。《太记》同。）孟州距东京三五〇。（《元志》、《太记》同。）汝州距东京四五〇？（《元志》、《太记》作四〇〇，极是。）许州距东京二一五。（《元志》、《太记》同。）郑州距东京一四〇。（《元志》、《太记》同。）陈州距东京二四五。（《元志》。《太记》同。）亳州距东京四〇五。（《元志》、《太记》作四八六，非。）

今据以上所述。参互考求。绘成当时三京及其邻州之分界图如下。（比例二百万分之一里。即用前项尺度。）（图甲见文末）此图"——"线，虽未敢谓必合当时之界线，然略已考定。"……"线，则为姑设之假定线。当注意下列三点：（一）界线曲折之状态。（二）各州面积之大小。

（三）各州相距之位置。与下列图（乙）（见文末）可详细比较。

四

《太平寰宇记》及《元丰九域志》二书所言之里数，大旨相同而无可疑，然亦有小小处，或此是彼非，或此近彼远，或俱有可商者。今略辨证之：

东京东界至南京，《元志》云六〇。六〇，或八〇之误。六与八字极近。因南京在东京之东而略偏南，非正东也。（若正东，则六〇益二四五，却合《太记》三〇〇之数。）

东京东南界至亳州，一〇五。按《元志》原文云："一百五"。当作一百五十，盖五字下脱一"十"字。亳州去东京，《元志》及《太记》皆云："四〇五"。（东京东南界二五五。）以一五〇益二五五，却合四五〇之数也。（据余校测所得亦吻合。）此脱一"十"字，已无可疑。

东京西南界一〇五，当作二〇五。盖一与二字极易误，作二〇五，方与下"去许州七〇"之文合，且又与"许距东京二一五"之文合。（可参看图甲）

西京离东京三八二。此《元志》文也，未确。今以《元志》所言考之，已自相矛盾。（郑州距东京一四〇，距西京东界六〇，西京至东界二〇〇，合之已成四〇〇矣。）《太记》云"四二〇"，近是。

西京东西三四〇，南北三四〇。此说全非。依《元丰九域志》所言而计之，当云："东西三八六，南北一四七"近是。（又参看图甲）

南京离东京二八五。此《元志》文也。《太记》云："三〇〇"，较近确。从各方面互相参校即知。

南京北界至单州三〇。此说未是。单在南京东北二八〇，去南京东北界四五，而南京至北界为一三〇。则北界距单州断不止三〇，（可参看图甲）或当作六〇？

济州距东京四五〇。此可疑。惜《太记》于济州不言距东京若干，已无可参考。

五

　　以上图及考,皆不过凭依当时抽象之记述而成者。其是其非,尚未证之于事实。今更从事实上证之。欲从事实上证之,则不得不考古今州县之沿革。

　　按古今州县虽有分合,而大致皆以县为单位。所谓分合云者,不过在甲时代以丙县属于丁州,在乙时代以丙县属于戊州之谓耳。

　　按此言其大致如此。或有一二不尽然者,如宋时西京之长水,今已并入卢氏县。南京之楚邱,今已并入单州,故其一部分之界线已不可确考,然此终属少数。

　　故今时之省界、道界……等,与古时全异;而今时之县界,与古时未必异也。故但能详考今时之某县,在某时代属于某州某府……能不致有误,则集合今时之县界,即可还复某时代某州某府……之形势。纵不能全是,当可得其近似率十分之九以上。此无他,中国职方地理,以县为原分子耳。

　　今按宋时之东京,原领县六:开封、浚仪(祥符二年,改为祥符)、封邱、陈留、尉氏、雍邱,其后陆续增置东明(建隆四年,升东明镇为县)、咸平(咸平五年,并通许镇为县),又割襄邑(本隶南京)、考城(本隶曹州)、阳武、中牟(以上本隶郑州)、太康(本隶陈州)、长垣、酸枣(后改延津;以上本隶滑州)、扶沟、鄢陵(以上本隶许州),最后存十七县。

　　今考其沿革如下:(根据《河南通志》,参看杨守敬《历代地理志图》)

　　开封　　即今之开封。祥符　　开封之附郭,今废。

　　尉氏　　今尉氏、洧川两县地。(《太》:京南一〇〇;《元》:京南九〇。)

　　陈留　　今县同(《太》:京东三五;《元》:京东五二。)

　　雍邱　　今杞县。(《太》:京东八七;《元》:京东八七。)

　　封邱　　今县同(《太》:京北六〇;《元》:京北六〇。)

中牟　今县同。(《太》:京西五〇;《元》:京西七〇。)

阳武　今县同(《太》:京西北七五;《元》:京西北九〇。)

延津　今县同。(《太》:京西北一〇〇;《元》:京西北九〇。)

长垣　今县同(《太》:京东北一〇〇;《元》:京北一〇五。)

东明　今兰仪县。(《太》:京东九〇;《元》:京东九〇。)

襄邑　今睢县(《太》:京东一四五;《元》:京东一七〇。)

扶沟　今县同。(《太》:京南一八〇;《元》:京南一八〇。)

鄢陵　今县同(《太》:京南一五〇;《元》:京南一六〇。)

考城　今县同。(《太》:京东一五〇;《元》:京东一八〇。)

太康　今县同(《太》:京东南二一〇;《元》:京东南二三〇。)

咸平　今通许县。(《元》:京东南九〇。)

西京,旧领二十六县。后升永安镇为县。以阳翟割入许州。河阴、河阳、温县、济源、池水、王屋六县割入孟州。熙宁三年,降颍阳、告成为镇,入登封。降伊阙、陆浑为镇,入伊阳。降福昌为镇,入寿安。八年,降缑氏为镇,入偃师。又省入洛阳河南。最后存十三县。

今考其沿革如下:

河南　即今之洛阳。

永安　废县在今巩县地。(《太》:阙;《元》:京东八五。)

偃师　今县同。(《太》:京东南六〇;《元》:京东六〇。)

巩　今县同。(《太》:京东南三〇?《元》:京东一一〇。)

登封　今县同。(《太》:阙;《元》:京东南一三〇。)

密　今县同。(《太》:京东南二〇〇;《元》:京东南二〇〇。)

新安　今县同。(《太》:阙;《元》:京西七〇。)

渑池　今县同。(《太》:京西一五〇;《元》:京西一五六。)

永宁　今洛宁县地,故城在今县东北。(《太》:阙;《元》:京西二一〇。)

长水　在今卢氏县之南部,故城约当今卢氏县之滦川。(《太》:阙;《元》:京西二四〇。)

寿安　今宜阳县地。(《太》:阙;《元》:京西南七六。)

伊阳　今嵩县地。(《太》:京南二六〇;《元》:京南二六〇。)

河清　今孟津县地。(《太》:京北六〇;《元》:京北四五。)

南京旧领十县,后割襄邑,入东京。割砀山、单父,入单州。最后存七县。宋城、楚邱、柘城、谷熟、下邑、虞城、宁陵,今考其沿革如下:

宋城　今商邱县地。

陵宁　今县同。(《太》:京西五五;《太》:京西五五。)

柘城　今县同。(《太》:京西南八〇;《元》:京西南八〇。)　谷熟　县废,故城在今夏邑,巴沟河地。(《太》:京东南四〇;《元》:京东南四〇。)

下邑　今夏邑县地。(《太》:京东一二〇;《元》:京东一二〇。)

虞城今县同。(《太》:京东北五〇;《元》:京东北五五。)

楚邱　县废,今山东单县地。(《太》:京北七〇;《元》:京北七〇。)

沿革概明,则今之某县,属宋之某京,反言之,宋之某京,即今之某某等几县,皆可明白。即可依今日之县界,集合之以成宋时某京之形势。今绘成图(乙)二幅如下。

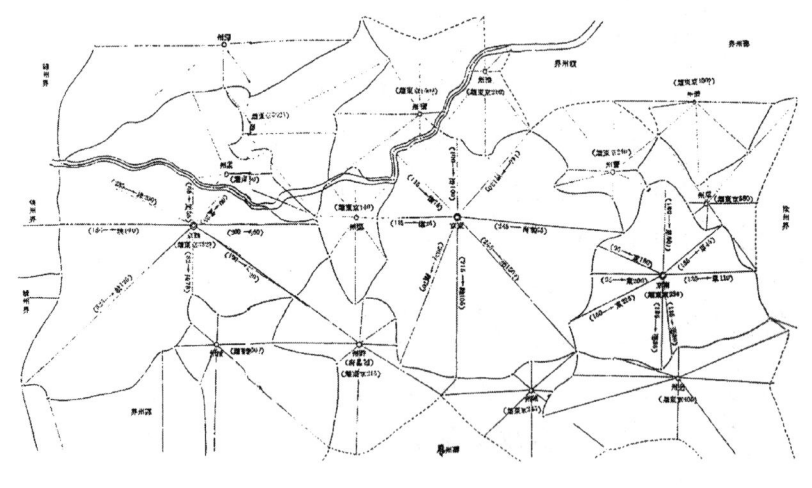

图甲

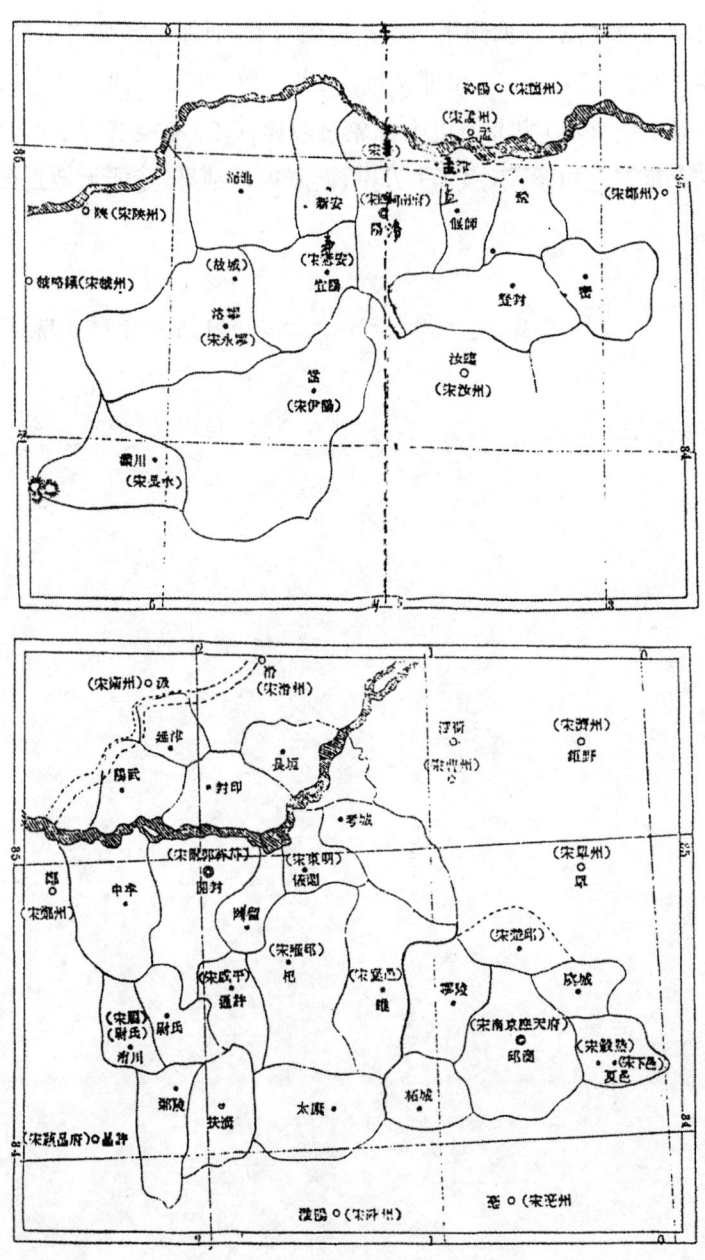

图乙

最须注意之点,即取图甲与图乙二图对看,而加以详细之审戡,则可见其界线曲折,疆域大小,州郡位置,三者大致相同。夫此二图,其根据可云绝对不同:(甲)按考历史上抽象之叙述,(乙)考验事实上形势之沿革。其立足点之相差,不知几千万里,而所得之结果,竟能大致近似。亦异事也!

(原载《清华周刊》,一九二六年十五周年纪念增刊)

《星经》四种跋尾

敦煌石室唐武德四年写本《星占残卷》跋尾

敦煌石室丛卷中,有《星占残卷》。上虞罗叔蕴丈影印入《鸣沙石室佚书》(原卷恐为法国伯希和教授移去)。首尾断缺,不详撰人姓氏?罗丈据其中有"自天皇以来至武德四年"语,定为武德四年写本。今按:此书虽写于唐初武德四年,而其实则类缀隋以前人之星占书而成,即《唐书·天文志》所云之"旧经"是也。此明有两显据:其一,武德四年,为高祖初即位之四年。高祖讳"渊",故"天渊"十星,因避高祖讳改为"天泉",此犹"世本"之改称"系本","石虎"之改称"石季龙"也。此卷《外官占》云:"天泉十星,一名天海",足征已避高祖讳而改;但其引巫咸《中外官》云:"天渊十星,在鳖东南九坎间,一名三渊",二见"渊"字,皆直书不讳,则此书皆杂引隋以前原书,而类缀之之证也。其二,此书所记二十八宿去极度数,多与《唐志》所谓"旧经"者所测之数相合。如亢去极八十九度,氐九十四,房百八,尾百二十,箕百一十八,南斗百一十六,牵牛百六,虚百四,营室八十五,东壁八十六,娄八十,昴七十四,毕七十八,觜觿八十四,参九十四,东井七十,舆鬼六十八,柳七十七,张九十七,翼九十七,轸九十八,凡二十一星皆全同。惟角去极,此云"九十一度半",《唐志》只"九十一度"。心去极,此云"百八度半",《唐志》只"百八度"。然《唐志》只记粗略,此可据此以详史志所未详。又武英殿本《唐志》于胃宿下脱去去极度数,此记云:"胃,去极七十二度"。非据此,亦不能凭臆以擅补也(大氐各史天文历志后人无不厌读,故校勘最为潦草,但求塞责)。惟须女,此云"百六度",《唐志》云"百度"。危,此云"九十度",《唐志》云"九十七度"。奎,此云"七十度",《唐志》云"七十六度"。七星,此云"九十七度",《唐志》云"九十一度"。此四星为稍异耳。然宁信此唐初写本之原书,不宁信辗转抄胥传刊之《唐志》也。是则二十八宿,几于全同《唐志》所谓《旧经》,亦可为此书为唐初人类缀唐以前天文《旧经》而成之证也。至于此书之条理清楚,编次有序,则远在今本窜乱之《星经》之上。此书除首二十五行前,已断烂不辨为何名外(亦全讲占卜者),第二十六行后为《外官占》(凡二十四行)。第五十行后为《占五星色变动》(凡十一行),第六十一行后为《占列宿变》及《五星逆顺》(凡三十二行)。第九十三行后为《五星守二十八舍》(凡六行)。以上皆记星占(以上比较价值最次)。第九十九行后为《分野》(凡十八行)。第一百一十七行后为《十二次》(凡三行,又附七行,释古今地名同异为分野附注,以上皆记星次。以上价值比较亦少逊。以下则引据古经实测之星度宝书也)。第一百二十五行后为《二十八宿位次经》(凡三十八行)。其所据,即《唐志》所谓"旧经"也(此卷于"二十八宿位次"六字下注云:"石氏、甘氏、巫咸三家星经。"疑所谓《旧志》,即三家《星经》也)。第一百六十三行后为石氏《中官》(凡十五行)。第一百七十八行后为石氏《外官》(凡九行)。第一百八十七行后为甘氏《中官》(凡二十一行)。第二百八行后为甘氏《外官》(凡十二行)。第二百二十行后为巫咸《中外官》(凡十三行。又二行,总记三家星经星数)。其所据皆隋以前所传之三家之原书也(已详彼跋,此又有天渊可证)。第二百三十五行后为《玄像诗》(凡五十行)。以上皆纪星位,自《玄像诗》以下,至断烂处,又为《杂占》,不详何目。其书秩序井然,丝毫不紊,与今窜乱本《星经》之星纪,星次,星度,星位,星占,颠倒乱讲,顾此失彼，此复彼漏者，不啻有霄渊之别焉。至于《玄像诗》为隋以前人玄像所作，与《步天歌》之俚俗正同，非出于敦煌写本，则后人又必疑为宋人伪造矣。以此益造证夹漈能见隋唐遗书，故以其博雅如此，而确信《步天歌》为隋丹玄子所作者，必有所真知灼见而云然，后世如钱竹汀辈之自矜淹贯，竟以俚俗而疑《步天歌》为宋人仿造者，适足以见其疏漏而已。呜呼，学问正未易言也！

丁卯七月下弦，海宁吴其昌时居天津饮冰室，寒雨打窗，挑灯记。

又按：罗丈所印《古籍丛残唐写本古类书》三种，其第一种（第十七页）《闺情类织女》项下，引《石室星经》云："织女星，为牵牛星妻也。"此语今本《星经》及《敦煌本星占》俱未之见，不知《石室星经》云者，为石氏《星经》之讹文邪？抑亦《古星经》之出于石室，正与今世发现敦煌石室者同邪？皆所未详，不敢妄言矣。

越二日病起，其昌又记。

明程荣《汉魏丛书》本《星经》跋尾上

右《汉魏丛书》本《星经》二卷，明程荣校刊。《星经》传本之最古者，首推此本；别有《津逮秘书》本，则刊行视此略后。按《隋书·经籍志》云"《星经》二卷"，与此本似合而实不同；且此书究为何人所撰？何时所成？何人所传？聚讼颇不能定。今折衷群说而详考之，始知是书原本，确在先汉之时；且甘、石二家，分别并行，而为隋唐间人纂合窜乱者；至于今日，则纂合窜乱之本，亦已重佚其半矣。何以知其然也？考《史记·天官书》曰："昔之传天数者，殷商，巫咸……在齐，甘公……魏，石申"。张守节《正义》引《七录》云："甘公，楚人；战国时作《天文星占》八卷。石申，魏人；战国时作《天文》八卷。"又《天官书》"岁星在寅"节，司马贞《索隐》云："以下出石氏《星经》。"是此书原本，确在《天官书》以前之证也。或者以《汉书·艺文志》不著录为疑？按郑康成注《周礼》，曾引甘氏《星经》，《后汉书·郎𫖮传》，曾引石氏《星经》，班书《天文志》曾兼引甘氏、石氏《星经》。是此书原本,在汉时曾盛行于世之证也。又班书《艺文志》,本于刘歆《七录》,《七录》明有《天文》及《天文星占》二书,是又可为《汉·艺文志》失载之证也。或者又疑此书自汉以后,不传于世?按北齐庾季才《灵台秘苑》(今《湖北先正遗书》本)、唐瞿昙悉达《开元占经》(单行本),皆引有《甘石星经》,今取此二书,及孙星衍《史记·天官书补目》(《广雅丛书》本)所引《星经》,与今本《星经》相较,则文字同者,十之八九,是此书在汉唐间曾盛行之证也。又《四库存目提要》疑此书为隋唐间人伪造?其言曰:"是书多举隋唐州名,必是隋唐间书也",尤为皮相肤察,不考轻言之尤者。按是书云:"执法,四星。"《天官书》云:"匡卫,十二星,藩臣;西将,东相。南四星,执法。"《汉志》同。《史》《汉》盖皆本《星经》,故合东上将,东次将,东上相,东次相,西上将,西次将,西上相,西次相八星,而为匡卫十二星也。《晋书·天文志》以下,则但云:"左右垣十星,执法",已不另立专名,盖在汉晋间,已隐去二星,故合东西将相,已只十星,是今本《星经》,决非汉以下人伪造之坚证一也(如书赝者,不应有四星)。又今本《星经》:"颛顼,二星。"此二星,《史》《汉》失载,而《晋书·天文志》以下,以至于今,皆误作"顿顽"。然古时以"颛顼"为天象学上习用之专门名词,故或以名星次(见《尔雅·释天》),或以名星座,若作"顿顽",复成何意义耶?此明系形似而误,无疑也。又今本《星经》:"巫官,二星,主医巫之事。"此二星,《史》《汉》亦失载,而"巫"字与古文"從"字之"从"形近,故《晋书·天文志》以下皆误作"從官",盖误省"巫"为"从",又转写"从"为"從"也。按主医巫之事,故名"巫官";若作"從官",复成何意义邪?此又明系简脱而误,无疑也。此二误,当在吴太史令陈卓总集三家《星经》之时,而千载传谬,迄不能改,然亦可为今本《星经》,决非汉以后人之所伪造之坚证二也。又今本《星经》云:"天浮,四星,主刻漏。"盖天浮在河鼓旁;河鼓为漏鼓,天浮为浮箭。《晋书·天文志》始误作"天桴",求其说而不得,乃猥云:"天桴,鼓桴也。"今尽误作"桴"。(惟程荣刊本《汉魏丛书》不误,王谟刊本《汉魏丛书》亦已反从俗书,改作"天桴"矣。浅人乱学,至此极乎。)是今本《星经》,决非汉以下伪造之坚证三也。又今本《星经》

云:"天棒,五星,在女床东北。天维三星,在尾北。天海十星,在壁西南。"今此三座,自《史》《汉》《晋志》以下,迄于今日,无一书著录者;而实测女床东北,尾北,壁西南,亦无此三座恒星。盖此三座星,已在汉后隐去,故汉以后人,皆不得而见,是今本《星经》,决非汉以后人伪造之坚证四也。然则何以知其为隋唐间人所纂合窜乱也?曰:是有二证。间载有隋唐州名,一也。隋唐以前人所引《星经》,如《灵台秘苑》《开元占经》等,皆分别此为甘氏,此为石氏;而今本《星经》,则但题"甘公石申撰",不复分别某语为某氏所说,是两本纂合之证也。又今本《星经》,大体已分三垣四部,其记述由东而渐北,自左逆行。而其间个星之次序,则往往前后倒置,于南斗牵牛婺女之间为尤甚;是两本纂合,而且有窜乱之证也。然则何以知隋唐间所纂合窜乱之本今又重佚其半也?按今本《星经》著录之总数为八百九十星;其部位全为紫微垣、天市垣、东方七宿、北方七宿,四部之星;而属于太微垣、及西方七宿、南方七宿,三部之星,则全无,是今乱后本《星经》,又一半已亡之证也。南方七宿中,王良一座,独见于今本《星经》内,盖因当时个星次序之错倒而窜入者,是今本《星经》,确尚有其他一半在,而今已亡矣。此又一证也。又如柳昴之名,已见于《书》。参之名,已见于《诗》。奎娄之名,已见于《春秋左氏传》。轸、张之名,已见于《国语》。南门之名,已见于《夏小正》。胃、觜、井、弧矢、星、翼之名,已见于《月令》。天狼之名,已见于《九歌》。伐之名,已见于《周官·考工记》。凡此皆为在《星经》以前已发见者,不容《星经》反不记载,而今本《星经》皆无。可以断定原本《星经》必有,而今已亡其半,此其证三也。归纳上列各点,得确可知者三事。第一,则今本《星经》,原本确在司马迁前后已有,而决非汉以后人所伪造。第二,则《星经》原本,甘、石两家分行,而为隋唐间浅人纂合窜乱,且有撺入之语。第三,则隋唐间人纂合窜乱之本,今亦已亡其半,即此明程荣万历间所刊《汉魏丛书》本《星经》是也。又恒星之为物,并非亘古不动,实乃隐现无常。有古时所有,而今已隐去;有古时所无,而今乃增现。《星经》所记载者,乃秦汉间所实测天象之星数,使无此书,则当时之天象迥异今日,年代邈远,更何从而考。此今本《星经》之所以虽为残本，虽为为窜乱之本，而仍珍如球璧；初不以其语涉卜占，荒诞不经，而致少贬其价也。（自矜博雅者流，必欲摧抑此书，鹜荣去实，令人齿冷。然不考妄言，自今观之，适形其陋，噫。）此书原本，成于先汉；先汉至今，几二千年，此近二千年中，随时增隐，取今本《星经》所载之星名星数，与今日实测之星名星数相较，计已隐去天维、天棒、天海三座，全座计十有八星外；尚有星座在，而星数减者，计文昌减一星，执法减二星，柱减六星，亢池减二星，阵车减一星，骑官减十七星，积卒减十星，天龟减一星，天籥减四星，天渊减七星，九坎减五星，天田减五星，离珠减一星，十二国减三星，人减一星，天钱减五星，八魁减二星，天厩减七星，总凡隐去九十八星。至于《星经》时所无，而为今日实测所得，在《星经》后随时增现者（用精密仪器测得者，彼时本不可能，不计），计天籥增一星，罗堰增一星（此就《星经》已有之星座而言》，共二星，此其大略也。又今本《星经》除已佚去半帙外，又卷首残缺一页，故今所记之八百九十星者，乃据今本残丛不堪之本所计之数。此本于天象之七部中，仅得其四，而已有缺页，若今太微垣、西方七宿、南方七宿而合计之，则其所增之数，当倍此而弱。吾尝综计《易》、《诗》、《书》、《春秋左氏传》、《国语》、《夏小正》、《小戴记·月令》、《尔雅》、《楚辞》、《越绝书》、《考工记》，及此书止，考吾国在汉以前所识星数，已得九百一星，而此书之半不与，且其时尚在西元前二百余年间也，呜乎，亦足以自豪矣。

丁卯春正月，晓日浸案，海宁吴其昌志于北京清华园一院。

明程荣《汉魏丛书》本《星经》跋尾下

明程荣所刊之《汉魏丛书》本《星经》，其昌前曾跋之，考定此书原书，确在史迁前后，且甘、石二家，分别各行，而为后人所纂合；且纂合之本，亦已重亡其半。近取此书再考，益知前所假定之坚确，续得证据，及发见此书窜乱原委甚详，因再跋之。盖此书原书，本不止甘、石二家，乃为甘、石、巫咸三家，其书确为先汉遗著，当时并行散出。其并行散出之书，至隋时尚各有传本。后在晋时(或三国末之陈卓)为不知何人所合；而北方魏国学者，亦曾加以增窜。由唐之中叶以后，则为传抄者颠误益甚。又于不知何时重亡其半，即明中叶何镗所收，程荣所刊者是也。且今本所谓二卷，虽与《隋志》正合，实乃止得《隋志》一卷也。此种假定，今请得而一一以实据证明之。何以知此书原本甘、石二家外，尚杂有巫咸之书也？按敦煌石室发现唐武德四年(高祖初即位时)写本，隋以前人(大约为隋时人)所著之《星占书》残卷(《鸣沙石佚书》珂罗版影印本，罗雪堂丈跋，谓唐初人撰，余考为隋以前人撰，说详彼跋)中引石氏《中官》六十四座(实只五十五座)，二百七十星；见于今本《星经》者，凡三十五座(不见者凡二十座)。引石氏《外官》三十座(实有三十二座)，凡二百五十七星；见于今本《星经》者凡十一座(不见者凡二十一座)。引甘氏《中官》七十六座(正合实数)，二百八十一星；见于今本《星经》者凡四十二座(杵臼二座，今为一座，以别于箕南之杵，今本是也。实凡四十三座，不见者凡三十三座)。引石氏《外官》四十二座(正合实数)，二百三十星；见于今本《星经》者凡十七座(不见者凡二十五座)。引巫咸《中外官》四十四座(正合实数)，一百四十四星；见于今本《星经》者三十五座(不见者凡九座)。是今本《星经》纂合甘公、石申、巫咸三家书之证也。按唐写本《星占》，为隋时人所撰(此另有考)；是甘、石、巫咸三家之书，至隋时尚各有传本散出并行之证也。三家书既至隋尚散出并行，何以知今本《星经》在晋时为不知何人所纂合也？按今本《星经》已亡其半，使其半不亡，则其综合甘、石、巫咸三家，与唐写本《星占书》全同；故即可根据唐写本《星占书》以辑《星经》。然考《晋书·天文志》云："武帝时太史令陈卓，总甘、石、巫咸三家所著星图，大凡二百八十三座，一千六百六十四星"，而唐写本《星占书》，综合甘、石、巫咸三家星数，正合二百八十三座，一千六百六十四星之数。是今本《星经》，在晋时为不知何人所合，或疑即陈卓？亦未可知也。(窃疑甘、石、巫咸三家，当晋以前各自为书之时，必互有多寡，互有复出；而《晋志》之数，乃为陈卓删芟重出而得之数。隋人所见三家之书，虽尚有散出传本，但经陈卓删合以后，三家书虽传于世，亦已非原本矣。)

149

何以知今所传之三家书,尚为先汉时三家之原书也?按此则所得左证甚多:其一,如今本《星经》作"颛顼",而石室本隋人《星占》已误作"顿顽"。今本《星经》作"巫官",而石室本隋人《星占》已误作"從官"。今本《星经》反不误,而唐初写隋人《星占》及《晋志》反已误,足征今本《星经》之原本无论如何传自魏晋以前也。其二,"天浮"四星,今本《星经》不误作"天桴"(王谟重刻《汉魏丛书》已反据俗本改作"天桴",可叹),而初唐写本隋人《星占》及《晋志》皆已误作"天桴"。其三,"天渊"十星,今各本天文书皆改作"天泉",考其原由,盖在唐时避高祖讳而然,惟武德四年写本隋人《星占书》所引巫咸书不误,作"天渊",与今本正合;足征今本《星经》与原本《巫咸书》合。(然王谟重刻《汉魏丛书》已反据俗书改作"天泉"矣!于此知明程荣刊本,弥觉可贵,而好书一经浅人之手,则立化神奇为腐朽,真可为之痛哭流涕者也。)其四,十二国星中齐、魏、楚本皆二星,《隋志》以下,但只一星,盖一星已在六朝时隐去。石室本隋人《星占》亦只一星,而今本《星经》于齐、魏、楚尚皆二星,此尤可见渊源。其五,石室本隋人《星占》,甘、石、巫咸三家书中外官之星,盖真为三家旧本,而今本《星经》与之同者,十之八九。其甚者,语句冗长,而仍无一字不同。如引石氏《中官》云:"天一星,在紫微宫门外右星南",今本《星经》不易一字。又引甘氏《中官》云:"四辅四星;抱北极枢",今本《星经》作:"四辅四星,抱北极枢星"(文亦全同,惟多一星字,非此衍即彼脱耳)。"天柱五星,在紫微宫中,近东垣",今本《星经》但易一"中"字为"内"字。"天厨六星,紫微宫东北维外",今本《星经》但易一"外"字为"近"字。"渐台四星,在(当为'属'字之误)织女东足;辇道(原写本笔误作'通',今改正)五星,属织女西足",今本《星经》全同,而字皆未当误?又引巫咸《中外官》云:"天垒城十三星,如贯索状;哭泣南",今本《星经》云:"天垒十三星,如贯索之状;在哭泣之南。"文亦正同,但略有衍字耳。夫隋时所传三家《星经》,其文字曲折,与今本《星经》全同;则今本《星经》之即为揉合《隋书》所传之原书祖本,可知矣。其六,则或者又可疑安知非今本《星经》即抄袭隋时所传之三家之书而成?则又可以证其反是。石室本《星占》引石氏《中官》

云:"梗河三星,大角北",而今本《星经》云:"梗河三星,在大角帝座北"。又引石氏《外官》云:"库楼十星五柱,十五星,衡四星,在角南",而今本《星经》云:"库楼十星五柱,十五星;衡四星,在角南,轸东南";"龟五星(龟,本名天龟,此只作龟。原为六星,此只五星。与古异;與《晋志》以下同。益证今本《星经》祖本在晋隋以前也),在尾南",而今本《星经》云:"天龟六星;在尾南,汉中"。又引巫咸《中外官》云:"车肆二星,天市门左星内",而今本《星经》云:"东肆(按东肆之名是也。因肆象而在天市垣左,故云东肆。若云车肆,则旁无车象,复成何意义邪?则今本《星经》之古,此又一证。)二星,在宫门门垣左星之西。"凡此皆此详而彼略,足征此先而彼后,可以证明非今本《星经》之抄袭隋人《星占书》,正乃隋人《星占书》之节引今本《星经》之祖本也。何以知今本《星经》,在魏时亦已经人增窜也?按此则可以残余之《永乐大典》证之:今本《星经》云:"传舍九星,主宾客之馆,今四方馆也。"考"四方馆"创于后魏(即四夷馆),《永乐大典》本元人《河南志》(徐星伯辑本,缪小山刊入《藕香零拾》)前,有《后魏东京图》(阮芸台在《大典》中影画而出,曾为单刊之。今亦转刊入《藕香零拾》,即附元人《河南志》前),于南城宣阳门外灵台之南,有四夷馆:一燕然,二崦嵫,三金陵,四扶桑,是可证今本《星经》,中间有魏人增益语矣。何以知此书在隋唐时颠乱益甚也?按今本《星经》次序甚为纷乱(语具前跋),其尤甚者,如云:"帝座一星,在市中。"按"市"即指"天市",此省云:"在市中",必紧接天市垣下可知。且帝座正为天市垣中首星,理应居首,故唐写本隋人《星占》于天市垣下,正接帝座。乃今本《星经》则远在隔卷女床后,其错简为尤甚。他例尚多,此其最著者也。然此正可取隋人《星占》所引甘、石、巫咸三家原书之次序,以改正之也。又此书虽一半已亡,其全不可得见,然星座星数及位置,全见于石室本《星占书》所引,正可据补。其昌曾细加校勘,成校证一卷。他日拟即据石室本《星占书》所引为匡廓,而采集群书,重辑一通。人事多午,未知能卒成否也。(此书脱误亦多,据石室本改正,详考证中。)又《晋志》云:"总甘、石、巫咸三家所著星图",则晋时所见原书,有图可知。今本《星经》,亦正有图,此亦可以见渊源之有自也。

丁卯秋半出京后一月，海宁吴其昌志于天津河东双涛阁。

清王谟重辑汉唐地理遗书钞本《星经》跋尾

《星经》之传于世者，魏汉丛书程刊本，及敦煌石室唐初武德写本，余既皆已跋之，且思据敦煌写本为干，而校集古今籍之凡引及《星经》者，捃摭部勒，以存一上古佚籍。藉以考见秦汉之际，星象之已为吾人所识者，究有若干？阴阳五行虚诬怪诞之说，后世以之比附于星象之学者，究滥觞于何时？蓄志未逮，嗣得王君谟所辑《汉唐地理遗书钞》（书极难得，梁任师家藏有嘉庆原刊）中有《星经》，以王君雅习汉故（谟曾辑刊汉魏遗书百种，其《汉唐地理遗书钞》原目亦数百种，刊者亦数十种），所辑书必可观，就而读之，其失望令人怅惘竟日，三叹息焉。王君所据，仅刘昭《续汉天文志上》自注一节，析为二十一条。及王本《史记正义》卷首论分野者十三条而已。夫《史记正义》卷首论分野者，自为张守节之书，张氏既未标明引自《星经》，而统观全卷语气，亦无一及《星经》之迹，是张氏分野之说，与《星经》风马牛不相涉者，乃亦附而比之，可谓妄极。刘昭《续汉天文志》注于此一节仅标"《星经》曰"三字，昭所引者，尚有《荆州星经》《黄帝星经》《巫咸星经》《石氏星经》等，此但云：《星经》，知为谁家？安知非黄帝经？非荆州经？或至与甘、石、巫咸三经了不相涉乎？（若云：谟书专集分野之说，则《费直分野》及《元命苞》等书，何不及乎？）至昭注之明云《巫咸占》者，如曰："水见翼，多火灾"，曰："辰守奎，多水火灾，亦为旱"，曰："太白守井，五谷不成"，曰："五星入轸者，司其出日而数之期，二十日皆为兵发；司始人处之率一日期十日军罢"，曰："辰星守氐，多水灾。"及明云引《石氏占》者，如曰："水见翼，为旱"，曰："岁星守房，良马出厩"，曰："镇守参，有土功事"，曰："镇星在东井，天下水其大出，流杀人"，曰："五星及客星守井，为旱；太白人东井，留一日以上，乃占，大臣当之，期三月若一年；远，五年"，曰："金在南斗魁中，为旱"，曰："辰星守轸岁，水",曰:"太白守毕,国多淫刑也",曰:"岁星入留舆鬼,五十日不下,民有大丧;百日不下,民半死",曰:"太白入鬼,一曰病在女主?一曰将戮死",曰:"镇入鬼中,大臣忧",曰:"太白守昴,兵从门阙入,主人走",等等。为唐写本《星占》及今窜本《星经》所无者,反熟视无睹,不录一字。顾云:"已载入何氏丛书"(见自跋。王氏所见者为何镗本汉魏丛书,似未见程荣本),其瞢瞢有如此也。今按唐写本《星占书》卷首已烂蚀腐断甚多,至第二十六行,始有"外官占"之目。"外官占"者,占东方、南方、西方、北方,四部二十八宿内之列星;而二十八宿本宿,尚未与焉者也。故"外官占"前为"中官占"(其所占之星皆见三市垣内可证),以占三市垣内之星,而三市垣本宿亦未与焉。以此推之,则"中官占"前,当为"三垣二十八宿占"矣。"三垣列宿占"当即为唐写本《星占书》之首矣。古星占法:恒星则占其本星之动定明暗,行星则占其在某恒星度内之侵经入留,此今本《星经》与唐写本《星占书》已言之綦详。惟不幸唐写本《星占书》断烂已多,故其"中官占"今仅存其半,而"三垣列宿占"今竟无一字存矣。又今本《星经》已佚其半,其于二十八宿,仅存东北二部,而西南二部,亦竟无一字之存。不意刘昭《续志》所引巫咸、石氏二家之书,所占者:适为翼,为奎,为井,为轸,为氐,为房,为参,为斗,为毕,为鬼,为昴,既皆为二十宿本宿,又多为西南二部之宿(惟氏房为东方宿);不特适足以补苴唐写《星占》之阙,且又足以弥缝今本《星经》之漏也。虽都不过寥寥短语,而为《星经》计,则皆瑰玮奇宝,所谓一字千金者也。持校今本《星经》,房与南斗语皆不合;惟氏云:"水守有大水",与昭所引《巫咸经》"辰星守氏多大水"语合,知今本《星经》不但窜乱颠倒,错杂复沓,而以此纫彼,语气之间,为后人逞臆溢削者众矣。若昭注所引分野之说,但云《星经》而更不言谁家经者,则其说甚多可疑。如唐写本《星占》于"分野"内,但云:"岁星主吴齐,荧惑主楚越,镇星主周梁,太白主秦郑,辰主燕赵",而昭注所引《星经》乃云:"岁星主泰山、徐州、青州、兖州,荧惑主霍山、扬州、荆州、交州、(此以五星配五岳,则此当云衡山。然有霍山而无衡山,知此《星经》,至早不能在汉武帝前。因汉武帝前之五岳,为华山、首山、太室、泰山、东莱。汉武帝后,始渐改为泰山、恒山、华山、嵩山(即太室)、及天柱山也。霍山,即天柱山。最后又易霍山为衡山,则其详待考。五岳之说,亦已数易矣。)镇星主嵩高山、豫州。太白主华阴山、凉州、雍州、益州。辰星主恒山、冀州、幽州、并州。"分析之详如此,其别为一本昭然也。又州郡与二十八宿分配法,此刘昭注所引《星经》与唐写本《星占书》又全各不同。(唐写本《星占书》,以十二州配二十八宿。兖州之东郡、陈留、太白、济北、山阳、济阴、东平,配角、亢、氐。豫州之颍川、汝阴、沛郡、梁国、鲁国,配房、心。燕州之上谷、温阳、右北平、辽东、涿邵、渤海、乐浪、玄菟、广阳,配尾、箕。扬州之九江、庐江、豫章、丹阳、广陵、会稽、临淮、海西,配斗、牛、女。青州之齐郡、东莱、五原,配虚、危。并州之安定、陇西、酒泉、天水、张掖、武都、金城、武成,配室、壁。徐州之东海、琅琊、高蜜、城汤、胶东,配奎、娄、胃。冀州之魏郡、钜鹿、常山、广平、清河、中山、安平、赵郡、河间,配毕、昴。益州之广汉、越嶲、蜀郡、犍为、样柯、巴郡、汉中、益州国,配觜、参。雍州之云中、定襄、太原、雁门、上党,配井、鬼。同州之三河、弘农、河南、河东、河内,配柳、星、张。荆州之南阳、南郡、江夏、零陵、桂阳、武陵、长沙,配翼、轸。若夫刘昭注所引之《星经》,则以九州岛配北斗之九星。以徐州之东海、琅琊、彭城、下邳、广陵,配第一星。以益州之汉中、永昌、巴郡、蜀郡、牂牁、广汉、犍为,配第二星。以冀州之魏郡、渤海、安平、钜鹿、河间、清河、赵国、恒山,配第三星。以荆州之南阳、零陵、桂阳、长沙、武陵,配第四星。以兖州之东郡、陈留、济北、山阳、泰山、济阴、东平、任城,配第五星。以扬州之豫章、丹阳、庐江、吴郡、会稽、九江,配第六星。以豫州之颍川、梁国、汝南、沛国、鲁国,配第七星。以幽州之元菟、辽东、辽西、鱼阳、上谷、代郡、广阳、涿郡,配第八星。以并州之五原、雁门、朔方、云中、河西、太原、定襄、上党,配第九星。)且二书俱有季汉以来之郡县,足以证此二本,俱与甘、石、巫咸三家《星经》不相涉也。至于刘昭《续汉书天文志》注所引,除伏侯《古今注》、张衡《灵宪》以外,其于星占专书,有《河图》、《雒书》、《黄帝星经》、《黄帝星占》、《荆州星经》、《荆州星占》、《星紫宫占》、《韩扬占》、《郗萌占》、《海中占》

等,又有《无名星占》一书,及巫咸、石氏二家,独无《甘氏经占》,尤是证我前跋甘、石、巫咸三家书分别各行之说不谬;故刘君但见二家书,而独未见甘氏书也。因读王君书而寻醳刘君之书,故附为之说如此。

丁卯岁阑,腊不尽一日,深宵寂坐,归思惘惘,海宁吴其昌记于京师清华园第一院之南斋。

(原载《清华周刊》,一九三一年五月十二日三五卷十期)

说椐樻声例

《尔雅·释木》:“椐樻”《诗·大雅·皇矣》:“其柽其椐”,《毛传》:“椐,樻也。”《说文》:“椐,樻也;樻,椐也。”知“椐樻”双声矣。椐樻双声,世知者众,然经传群疑,有与“椐樻”同类,而至今未得谛解,反纵为臆说者:如刘熙之释“季癸”,卢辩之注“畸鬼”,毛苌之解“间关”,徐铉之音“黿鼉”,咸逞其悠谬甚怪之论,若此类者极多。今据此“椐樻”为例,比类观之,则皆迎刃而通矣,试毕其说:

瞿戣

《书·顾命》:“一人冕执戣,立于东垂;一人冕执瞿,立于西垂”,《正义》引郑氏注云:“戣瞿,盖今三锋矛。”(江声亦以谓戣瞿二者,名虽异而实无别。)“瞿戣”,又通下“距睽”(说详下)。《说文》:“距,鸡距也。”《淮南·原道》:“虽有钩箴芒距”,高诱注:“距,爪也。”距之本义为鸡爪,三锋矛形酷肖鸡爪,故三锋矛亦名“瞿”,而与“距”音同。“距”可通“睽”,故“瞿”亦可通“戣”也。“瞿”又通“戵”,《广韵》:“戵,戟属。”(声与瞿同)至“戣”亦可独立为“癸”,金文“癸”有作者,亦象三锋矛。“瞿”又通“鑺”,《说文》:“鑺,兵器也。”观郑君注语,确以“瞿”“戣”为一物。“瞿戣”之为一，犹"据槅"之为一矣。（所异者，一在见母，一在群母耳。）

奸宄

《书·尧典》："寇贼奸宄"，《史记·五帝本纪》引作"寇贼奸轨"。《牧誓》："以奸宄于商邑"，《史记·周本纪》引作"以奸轨于商国"。又《诗·民劳》郑笺："轻为奸宄"，《释文》："宄本作轨。"是"奸宄"，即"奸轨"也。"奸宄"为商周间一通称成语，如《书·盘庚》又云："暂遇奸宄"。"宄""轨"皆从九声"而并读如"鬼"。"九"转"鬼"音，与"椐槅"见母都同。王伯申亦但知"脂""幽"之对转，而未知为"椐槅"之一例也。

九鬼

"九"读若"鬼"，其证不独"奸宄"与"奸轨"。同类者尚有"九""鬼"。《史记·殷本纪》："九侯有好女，入之纣，九侯女不喜淫，纣怒杀之而醢九侯。"而《礼记·明堂位》云："昔殷纣乱天下，脯鬼侯以飨诸侯。"自汉以后人，但知鬼侯而不知九侯。"九""鬼"声转，犹上"椐槅"下"氿厬"矣。

氿厬

《诗·小雅·大东》："有洌氿泉"，《释文》："氿，音轨，泉侧出也。字又作厬。"《释名·释水》："水侧出曰氿泉。"《说文》："厬，仄出泉也。从厂，晷声。读若轨。"是"氿""厬"一字，从"九"声，或从"晷"声，而读若"轨"。竟渻作"晷"者固误，然字从"九"而音同"轨"，与上"宄"字从"九"而音同"轨"者一例矣。

跂睆

《诗·小雅·大东》："跂彼织女，终日七襄，睆彼牵牛，不以服箱。"此

"跂彼"与"睆彼"对文,知"跂"即"睆"也。"跂睆"双声对辞,犹《凯风》"睍睆黄鸟"之"睍睆"双声连辞也。陆氏《释文》虽于睆字两音,"华板反",然此自是唐读。至于古音,"完"皆读"官"。故从"完"声之"莞""筦""睆"等字,皆读"官"声。即以陆氏《诗释文》证之:《国风·斯干》"下莞上簟",《释文》"莞音官"。《大雅·执竞》"磬莞锵锵",《释文》"莞音官",其明证矣。或又以《广韵》音"睆"为"户板切",音"睍"为"胡典切"为疑,不知《广韵》之"户板""胡典",与《释文》之"华板",皆在"匣"母,此自是守温时"影""晓""匣"分母之故。但在古音,则"影""匣"两母,皆包在"见"母之内。即以《广韵》证之:"匣"从"甲"声,《广韵》"甲,古狎切",即在"见"母。"影"从"景"声,《广韵》"景,居影切",即在"见"母。再如"胡典切",胡从"古"声,即在"见"母。故"睍"字当读如《广韵》"古典切"之繾綣笕揽,而"睆"字当读如《广韵》"古满切"之莞睆也。以是知"跂睆""睍睆"又无异于"棍櫎"矣。(又《小雅·威朴》"纲纪四方"。"纲纪"联绵字。古联绵字非双声即叠韵,乃必然定例。"纲纪"之"纪"若如今读"居里反",与纲字既非双声,又非叠韵。不合。必读"古韦反",斯纲纪为双声矣。又《大雅·烝民》"四牡骙骙,八鸾喈喈",若今读如"几","几癸"同音,亦如下"季癸""悸揆"矣。)

睍睆

说见上条。

菺葵

《尔雅·释草》:"菺,戎葵。"("戎"本作"茙",非是。今据石经及单疏本校正。)《释文》:"菺,古田反。"《广韵》:"古贤切。"是菺属于切韵上母第六类之"见"母者。(切韵上母分四十类之说,今定从陈兰甫先生《切音考》。)葵,《广韵》:"渠追切。"是葵属于切韵上母第二十八类之"群"母者。

"见"母从梵母 क K 音而来。"群"母从梵母 ग G 音而来,本甚相近。又《释草》:"蒉,赤苋。"《释文》:"蒉,巨愧反。又苦怪反。苋,闲办反。《广韵》苋,侯襇切。"然"苋"字从"见"得声,自为"见"母字。且《广韵》在"匣"母,今正当转入"见"母(说已见上),读如"古电切"之"见"。蒉,"苦怪切",则属于切韵上母第七类之"溪"母。"溪"母从梵母 ख Kh 音而来,与"见"母 K 尤近。以义言之;俗名为"葵",而大者则雅名"菺"。俗名为"苋",而赤者则雅名"蒉"。(雅名俗名耦名奇名之说,今定从王静安先师《尔雅草木鸟兽虫鱼释例》)知"菺葵""苋蒉"实即一物。一物而互其名,犹"梬楻""裾襏"之一物而互其名矣。

苋蒉

说见上条。

梬楻

说见前第一条。

圮塊

又《释诂》:"亏、坏、圮、塊,毁也。"圮,《释文》引孙炎音"房美反"。按古人制字取声,必有所本,(且本乎一定之例,绝不相淆。)"圮"字从"己"即当读"己"声,字在"见"母,如"记""纪"等字是。"房美反"必"居美反"之讹文也。("居""房"字近易娱。若读"房美反",非"肥"音即"毗"音,太远,亦无意义。而徐铉音《说文》已云"符鄙切",则其字误已久矣。故博雅如卢抱经亦未校出。)"坏",《释文》"音怪",在"见"母,是也。《诗》:"譬彼坏木",《说文》引作"譬彼瘣木";从"鬼"声,亦"见"母,此其证矣。"塊",《释文》"古委反",亦"见"母。三字同母,是"圮瘣(坏)","圮塊","梬楻",例又同矣。

圮瘣

说见上条。

衢逵

又《释宫》:"四达谓之衢,九达谓之逵。"似"衢""逵"分别甚明者。然其实"逵"亦名"衢",《楚辞·天问》:"靡萍九衢",王逸注:"九交道曰衢。"而《广韵》又以"逵"入"六脂",(此实古声仅存者,而博雅如严铁桥已讥为误,尚复何说。)足证"衢""逵"之无别。"衢逵"互用,亦《书》"瞿戮"互用之例矣。

季癸

刘熙《释名·释亲属》:"叔父之弟曰季父。季,癸也。"知汉人读"季"为"癸"。今粤西人正读"季"为"桂"(其昌在粤西所亲闻),与汉读同。但"桂"去声,"癸"上声耳。然《广韵》去声六至有"傒""揆"等字,皆从"癸"声,是"癸"古亦有作去声读者,虽谓之密合可也。是知"季,癸也"双声相训,实汉读之仅存者。乃刘君求其说而不得,狠云:"甲乙之次,癸最在下,季亦然也。"则杜撰甚矣。不知"季癸"一音。汉时甚普,必有干方隅,呼"季父"之音若"癸父"者,正犹下"裾袿"之一音耳,不相比观,谊终懞昧矣。

裾袿

又《释名·释衣服》:"妇人上服曰袿,其下垂者,上广下狭,如刀圭也。"按此所言,与今日之所谓"裾头"者正合。故《方言》四云:"袿,谓之裾。"《玉篇》云:"袿,裾也"。是"裾袿"互名也。

跽跪

又《释名》"跪""跽"两训，蝉连为一。今江浙正呼"跪"为"跽"。故《说文》亦云："跽，长跪也"，是"跽跪"同义也。"裾裿""跽跪"转声之故，可推"椐樻""衢途"而知之矣。

悸愇

《方言》十二："愇，悸也。"《玉篇》、《广韵》同。《楚辞》王逸《九思·悼乱》云："惶悸兮失气"，注云："悸，惧也。"《一切经音义》十二引《方言》有"愇音葵"三字。悸，《楚辞补注》"其季切"，(《广韵》"其遇切"。)盖音同惧。"愇悸"从其声原"癸""季"，则犹《释名》之"癸季"。从其读音"癸惧"，则犹《尚书》之"戮瞿"矣。(《水经注·河水篇》："窥深悸魄。""窥""悸"对称，犹"愇悸"互文矣。)

黠鬼

《方言》一："虔、儇，慧也。自关而东，赵魏之间谓之黠，或谓之鬼。"《广雅》："黠、鬼，慧也"。黠，今《广韵》音"胡八切"；"匣"母，即当转入"见"母。且字从"吉"声，古读盖亦在"见"母。今吴越音读"鬼"若"虮"，正作"吉"声(说详下)。是"黠鬼"与下"蹶猞""畸鬼""倚魁"皆与"椐樻"同其例矣。

觇窥

《方言》十："凡相窃视，南楚谓之窥，或谓之贴，或谓之占。"《说文》："觇、窥，视也。"《广雅》："睨，视也。""贴""觇""占"同字，"䦧""窥""睨"同字。《说文》："占，视兆问也。"占之本义为视兆，而其本音则读如稽。从"卜"从"口"，甲骨乂字作 Ｙ。《广韵》尚有卟字，云"工兮切"。最后始将

"卜"字上移作"占",世俗又造作"乩"字,正读若稽。"乩"行而"占"废(音义俱乖);"占"行而"卟""叿"废矣。(此字罗雪堂丈曾详考之,见所著《殷虚书契考释》,其说甚确。)"窥"字等从"规"声,皆在"见"母。是"觊窥"声例,从其声原"稽规",则同上例"椐檟"。(凡从"占"者以谐声之例推之,皆当读"稽"。《尔雅·释宫》"垝谓之坫",《释文》"坫,丁念反",今读如"店"。垝,《释文》"居毁反",在见母。然疑坫,古亦读稽。垝坫,犹前释诘之言,"垝圮矣"。)又"窥"字《广韵》"去随切",在"溪"母。但"觊"字《广韵》又见于上十二荠启下,音"康里切",则亦在"溪"母。是从其读音"去随""康里",则同下例"欺亏"矣。

䁘阚

《孟子·离娄》:"王使人䁘夫子",又同章:"吾将䁘良人之所之也。"又《滕文公》:"阳货䁘孔子之亡也,孔子亦䁘其亡也。"(按余所见宋本五六种,皆作"䁘"。阮氏《校勘记》所见宋本五种皆作"䁘"。山井鼎《七经孟子考文》引日本古写本亦作"䁘"。惟明监及汲古本,始妄改作"瞷",此正明人不学之恶习。乃焦理堂《正义》亦必改"䁘"为"瞷",所谓矜博而反形陋矣。然即改作"瞷",亦"见"母字也。)此四"䁘"字,皆含有窃视之意甚明。《方言》二:"䁘、睇,眄也。吴扬江淮之间或曰䁘"。按"睇眄"亦不敢正视也。《庄子·山木篇》:"虽羿、逢蒙不能眄睨也。"《礼记·内则》:"不敢睇视",郑注:"睇,倾视也。"可证。由是知吴扬江淮之间之所谓"䁘"(孟子齐人,知齐鲁同于江淮矣),即南楚之所谓"阚"矣。"䁘"又通"覸",《仪礼·士昏礼》注引《孟子》作"吾将覸良人之所之",宋本《礼部韵略》引《孟子》作"王使人覸夫子"。"覸"又通"䁓",《说文》:"䁓,齐景公之勇臣有成䁓",《孟子·滕文公上》引作"成覸"。故知"䁘""覸""䁓"互通,皆在"见"母。(《广韵》"䁘,户间切","匣"母当转入"见"母。又"覸,古开切",见母。又"䁓,苦闲切",溪母。知此字"见""溪"二母得通读矣。)是"覸阚"之语,即《方言》之"䀪窥",《说文》之"觊窥"。其声亦《凯风》之"睍睆",《释名》之"裾裿"矣。

鍊䈐

《方言》九:"䈐、軝、鍊,鑈也。关之东西曰䈐,赵魏之间曰鍊。"《广雅》:"鍊、鑈、軝,䈐也。"钱绎《方言笺疏》云:"鍊与䈐,鑈与軝,古声并同",是也。《一切经音义》十九轴鐧云:"《方言》作鍊,固歌贤反。"卢抱经亦以谓"鍊,当即《说文》之铜。"此二字,平上读皆可。"䈐"从"官",平声。"鍊铜",歌贤反,皆平声。《广韵》"䈐"在上声二十四缓;但"鍊"从"柬",在上声二十产。"铜"从"间"声,凡从"间"者,在上声者尤多,如"僴""憪""㺊""梘""简""澗""襇"等是。"鍊䈐"平上读皆可,平读则同"裾袿"例,上读则同"九鬼"例矣。

蹶狯

《方言》二:"剽、蹶,狯也。秦晋之间狯,楚或曰蹶"。钱疏:"蹶、狯,亦声之转也。"按钱说是也。《广韵》:"蹶,居月切。"(入,十月)"狯,古外切。"(去,十四泰。)《说文》云:"狯,狡狯也。"《广韵》又云:"狡狯,小儿戏。""狡狯"即"蹶狯"也。(今吴越人呼小儿有顽智曰狡猾。"狡猾"又即"狡狯"也。)二字同属"见"母,此又与"黠鬼"例全同矣。

挈絓

《方言》六:"絓、挈,特也。晋曰絓。秦曰挈。"《广雅》:"絓、挈、特,独也。"絓,《曹宪》音"古乖反。"(按《方言》原文云,"絓、挈、儇、介,特也。楚曰儇,晋曰絓,秦曰挈。物无耦曰特,兽无耦曰介。"按"儇"音亦同,"絓"盖即"鳏"音也。《唐风·杕杜》"独行睘睘",而《孟子》《洪范》则作"儇独","惸独"。《周颂·闵予小子》"嬛嬛在疚",《汉书·匡衡传》引作"煢煢在疚。"哀十六年《左氏傳》"煢煢余在疚",《说文》及《周官·太祝》注并引作"惸惸余在疚。"是"煢""儇""惸""睘""嬛""嬛"皆一字,其音皆同于"絓""鳏"也。盖本一音,而方音微异,故遂各异其字矣。)"絓"义,为物无耦(即晋人之呼特)。至于挈,《广韵》虽音"苦结切","古"在"见"母为 K,"苦"在"溪"母为 kh,其差已极微(且同在十六屑)。且从"㓞"之"挈"、"洁"、"鎙"、"楔"、"锲"、"鹈",皆"古屑切",亦在"见"母;知古"挈""絜"必无分。是"挈絓"同在第六类"见"母矣。以例推之:"挈絓"亦通"挈鰥",物无耦曰"絓",斯人无耦曰"鰥"矣。"挈絓"又通"涷絓",《说文》:"絓,茧滓絓头也。一曰:以囊絮练也。"段懋堂以谓"练"当作"涷",是也。涷,从"柬"声;"柬",《广韵》"古限切",与"絓"古乖反,同为"见"母。是"挈絓""涷絓""挈鰥"与"蹶狯""蹶鲑"(说见下)又正同例矣。

刉刲

《说文》:"刉,划,伤也。从刀气声。又读若殪。"段懋堂于气声者注云:"当九祁切。"于殪声者注云:"与樊、杚、刲音义略同,今音当古爱切。"《山海经·中山经》:"刉一牝羊",郭注:"刉,犹刲也",是知"刉刲"在晋时互用,犹汉时之互用"挈絓"矣。虽《广韵》"刲,苦圭切"在"溪"母,然《广韵》于从"圭"之"珪""邽""闺""桂""峷""鲑""崖""洼""鞙""胿""鞋""欿""茥"皆作"古携切";又"古携切"之"鲑""茥"又音"苦圭切",知此字"见"母"溪"母,实无异也。此以经传言之也。今更以小学言之:

匦匭

《说文解字》五:"簋,黍稷方器也。匦,古文'簋',从匚从食几。(轨、飢,正同声之转。且从九从几,皆在文类见母。虽云脂幽古韵并转。然段懋堂必欲以一己之见尽改各本之匦作匭,亦甚武断矣。)匭,古文簋,从匚轨。"今按之吉金文字,"簋"字作▨,则"簋簋"连文,"簋"字亦必作从▨一类,乃合形例。而自宋刘吕以来,乃以▨字当"簋",不知此自是"盨"字,非"簋"字也。是《说文》所引两古文从匚之"簋"字;必本之郡国出土彝器者,或微有小误耳。(《说文》簠古文作▨。正与"簋"字古文同,但今日视之,似小误耳。)甌甌之转,尤与上"椐橗""裾袿"之转,下"机归""虮龟"之转密合矣。

氿簋

《说文》:"朹,亦古文簋",其字从木"九"声,而读音若"簋",此即同"有洌氿泉"之"氿",从水"九"声而读音若"屠"矣。又如"艽"字从艸"九"声,而《广韵》音同"逵";引《埤苍》云"远荒"。又"究"字从宀"九"声,而《说文》云:"奸也,读若轨。"又《广韵》上平六脂与"逵"同音者:有"頄"字,云"面颧也。"(《说文》无此字。)上声五旨与"轨"同音者,有"䖆"字云"氿迹",此"朹""氿""艽""究""頄""䖆"字皆从"九"声,而音"轨"音"逵"。其韵固"脂""幽"对转,其声则"椐""橗"对转也。(又"晷"字从"咎"声,而"咎"字又从"占"声,"占"古读若"稽",是"晷"字从"稽"得声,故与上例胑合为一。与"覡窥"从"占规"得声者,尤为密合。特前人未有联用耳。)又《广韵》下平十八尤鸠下有"鬮"字,云:"居求切"。但"鬮"从"龟"声,俗传"拈鬮"所以代卜,其义即出于契龟,而读如"鸠。"(今江浙名曰"鬮子",读若"球子"。盖已从"见"母转入"群"母矣。)从"九"得声而读如"轨"者,则有"究""朹"等字。从"龟"得声而读如"鸠"者则有此字;及下"鷎鸠"从"癸"得声而读如"鸠"焉。

九艽

九頄

九䖆

鬮龟

说均见上条。此以小学言之也。今更以双声推之;

规矩

既言双声。则但求其声母之同；而声序上下颠倒皆可。经传联绵词成语之属此例者，可析为二：人所共知者如"规矩"，《管子·法法》："规矩者，方圆之正也。"《孟子·离娄上》："不以规矩，不能成方圆。"又："规矩方圆之至也。"《荀子·礼论》："规矩者，方圆之至也。"（《史记·礼书》同。）《楚辞·离骚》："偭规矩而改错"，《吕览·自知》："欲知方圆，即必规矩"，《世本》："倕作规矩"（《一切经音义》卷二十五引）。"规矩"又通作"规拒"，《汉修尧庙碑》："图像规拒。"又通作"雉槷"，《张表碑》："雉槷未合。"其转则可为"规谏"，襄十四年《左氏传》杜注："规正谏诲其君"，《正义》："规，亦谏也"。"规矩"犹"樌梐"，"规谏"犹"輨锏""袿涷"矣。"矩"又通"瞿"。《庄子·达生》："工倕旋而盖矩"，《释文》："矩，司马本作瞿"，则又犹"戣瞿"矣。"矩"又通"距"。《考工记·轮人》注云："《故书》矩为距。郑司农云当作矩；谓规矩也。"则又犹"睽距"矣。

鶏鳩

《方言》八："鳩，自关以西秦汉之间或谓之鶏鳩。"《广韵》六脂与"葵"同音者有"鳩"，云"鶏鳩鸟"。《广雅·释鸟》"鶏鳩，鶏鳩也。"《玉篇》："鶏，小鳩也。""鳩"从"九"声，而声转于"葵"；亦犹上"芃""頯"从"九"声，而声转于"逵"矣。以上联绵词，"规矩""鶏鳩"为"樌梐之声例"。此第一类也。

畸鬼

《大戴礼记·官人篇》："畸鬼者不仁"，卢辩注："恃祷祀而不自修也。"曲说甚矣。失与刘成国释季父呼癸父，谓为地支癸最在下之故正同。"畸"即《庄子·天下篇》"南方有畸人焉"之"畸"。《释文》引李注："畸"，异也。）"畸鬼"即方言之"黠鬼"也。（黠鬼，故不仁矣。）

倚魁

《荀子·修身篇》:"倚魁之行,非不难也。"杨倞注云:"倚,奇也。魁,大也。"郝兰皋以为"倚魁"当作"倚傀"(见补注)其实"魁"当训"鬼"。"倚魁""畸鬼""黠猲",皆一声之转。且于"椐樻"皆同例相通矣。又《诗·凯风》:"睍睆黄鸟","睍睆"亦双声,又犹"倚魁"也。

间关

诗《小雅·车舝》:"间关车之舝兮。"此"间关"本与上"锏鞁"声同,乃象车舝之声也。"锏""鞁"本一字,《说文》云:"锏,车轴铁也。"而《释文》亦云:"舝,车轴头铁也。"是"锏鞁"即"间关";间关即车舝之声,已丝豪无疑。乃《毛传》云:"间关,设舝也。"语已不了。《正义》益纠缭之云:"记欲间关然以设车之舝兮。"陈奂《传疏》益更眩幻云:"关读为䤴,以丝毋杼曰䤴,以舝设车轴间曰间关。"妄乃似呓。考亭英特,始正之云:"间关,设车舝声也。"然云"设舝",犹困毛缚,未敢直诂"舝声"。今实验舝声,正作"间关"。比类观之,群霡尽祛矣。以上联绵字,"畸鬼""倚魁""睍睆""间关"为"椐樻"之声例。此第二类也。此以双声言之也。今更以方言推之:

鹃鸋

大凡方言,又可析为二类;如"鹃"即"鸋"也。《广韵》去十二霁桂下有"鸋",云"鶗鸋",即杜鹃也。按"鶗鸋",即《离骚》"恐鹈鸋之先鸣兮"之"鹈鸋"(或又作鶗鸋)。"鹈鸋""鶗鸋""杜鹃",皆一声之转。"鶗"即"鹈""杜","鸋"即"鸋""鹃"也。虽《广韵》"鹃"在"渊"音,云"乌玄切",为"影"母字,然"影"母正当转入"见"母(说已见上)。此"鹃"字,盖即"见"母古贤切之"鹃"。今并读"鹃",无作"杜渊"读者,是其证矣。"鹃鸋"互通,犹《说文》《方言》之"覵窥"互通矣。

167

㚟䫈

"㚟",即"䫈"也。《说文》:"㚟,头倾也。古屑切。"又"䫈,头衺骫䫈态也。胡结切。"章太炎丈《新方言》四:"今浙江谓头戾为㚟,音转如健。直隶山东谓头衺为䫈,音如拐。""健拐"之声,不异说文"踞跪"矣。

桏规

"桏",即"规"也。《说文》:"圆规也。""圆"通作"桏"。《通俗文》:"规模曰桏",《新方言》二:"今人谓圆规形曰'圆桏',规模亦曰'桏子',音去玄切"。"规"虽在"见"母,然亦有读为"溪"母者,(如"窥","规"声而"去隋切",在"溪"母。因"见"K"溪"Kh 两母相差本甚微也。)是与"桏"同母。与"椐樻"虽异母而转变之例相同。犹"瞿毲""衢迡"在"群"母,亦与"椐樻"异母同例矣。

柩棺

"柩",即"棺"也。《说文·木部》:"棺,关也。所以掩尸。从木,官声。"又匚部:"匛,棺也。从匚,久声。"《新方言》二曰:"久,古音读如'己',《说文》'玖'读如'芑'。凡《诗》'久''玖'等字,皆与'之''哈'部字为韵。"是也。"柩"读为"己";"己""官"声转,犹《尔雅》"圮"读为"己","圮""垝"声转矣。

匩匱

"匩",即"匱"也。《说文》:"匱,匣也"。今江浙读"匱"音若"具",而俗造"匩"字以代之。(俗又作"柜"作"椇",不一。)凡阛阓列肆,其贸易之案,通名"匩台",间亦名"匱台"。其检物之匱,通名"匱子";间亦名"匩子"。(大约北方多呼"匱",南方多呼"匩"。)"匩""匱"之声,正同"衢迡"

"瞿戣"矣。

距睽

"距",即"睽"也。僖十五年《左氏传》:"归妹之睽",杜注:"睽,离隔之象。"《法言·重黎》:"天下孤睽",李轨注:"睽,犹乖离。"《后汉书·马融传》李贤注:"睽,离也。"古言"睽离",今皆言"距离"矣。《国语·周语》:"距今九日",又《列子·汤问》:"不知距齐州几千万里。"距,皆有相隔意。古语"距隔",今皆言"睽隔"矣。"距睽"无别,犹"瞿戣"一物也。

鱖鲑

"鱖"即"鲑"也。今中原所呼为"鲑鱼"(又名黄花鱼)者,江浙通呼曰"鱖鱼"。南曰"鱖",北曰"鲑",犹方言楚曰"蹶",秦晋曰"狯"矣。以上一义而两字,正犹"椐檖"之一义而两字也。此第一类也。

居嫛

又如"嫛"读若"居"。《说文》:"嫛,媞也。居随切。"《新方言》二曰:"今荆州谓女子言动审谛为媞嫛。'嫛'读如'居',双声相转。""嫛居"相转,正犹"规矩"相属矣。

鸡龟

"龟"读若"鸡"。今吴越正呼"龟"为"鸡"("乌龟"则呼"乌鸡")。今考汉时读"龟"若邱若屈。《汉书·西域传》龟兹国,至于《唐书》则改作"丘兹",作"屈兹"矣。《大唐西域记》则改作"屈支"矣。故知汉之读"龟"犹唐之读"丘""屈"矣。今吴越之读若"鸡",又由"丘""屈"声所转变矣。而"鸡"之与"龟",又犹"椐"之与"桂"矣。

黽鼃

"黽"(音乖),读若"鼃"(音鸡)。《说文》:"黽,虾蟆属。从它,圭声。"旧音"乌娲切",缪。段懋堂云:"当音乖,字亦作䵷,作蛙",极是。又《说文》:"鼃,水虫也。薉貉之民食之。"段懋堂云:"盖犹中国之食黽,谓之水鸡也。"按"黽""鼃"《说文》虽别为二,而其实一物也。(此物皆可食。非中国但食黽,不食鼃,薉貉但食鼃,不食黽也。)《新方言》十云:"虾蟆在水者,北方称黽,南方称田鼃。是也。"鼃,《说文》旧音"胡鸡切",亦误。今大江以南读"黽"为"鸡","田鼃"若"田鸡",正段言所谓"水鸡",章丈所谓"田鼃"也。"鼃黽"同音异字。(后遂反因异字而异音矣。)近与"鸡龟",远与"甌瓯"无异矣。

居归

"归",读若"居"(音机)。今浙西读"归"为"居","归来"为"居来"。姓"归"者,呼之与姓"姬"者尤无别。此类异读,区域亦颇广,而尤以吾海宁为甚。"鬼"读若"蟣"(居稀切)。今常锡以东,浙杭以北,并呼"鬼"为"蟣"。(此尤划一,无例外者。)"贵"读如"既"。今江浙呼物价昂贵曰"既"。(此有例外,如言富"贵",不读若"既",但言价"贵",则皆曰"既"。)今检陈兰甫《切韵考外编表》"机居归""蟣鬼""既贵",同母同韵同等,但一开口呼,一合口呼耳。自"椐檵"以来,皆同此也。

囗(蟣)鬼

囗(既)贵

说均见上条。

欺亏

此外若江浙读"亏"若"欺"。"吃亏"若"吃欺"。读"馗"（音逵）若"衢","钟馗"若"钟衢"。（《广韵》："钟馗，俗能避恶。"）又如《译名》"季""癸"之互称，今粤西人正呼"季"曰"桂"（说已见上）。"桂"即"癸"之去声读也。更推而远之，如《说文》云："吴人谓祭曰馈。"《尔雅·释宫》云："观，谓之阙。"若此者，虽声类较远，然犹属于此例也。以上一字而两音，正犹"瓯瓿"之一字而两音也。此第二类也。此以方言言之也。

衢馗

祭馈

阙观

说均见上条。

综上类述"梧槚"双声一列之变化略竟。更统而观之（所举例，明知俭腹极其莩陋，聊当喤引耳。）为作二表如下：

表甲(悉依《广韵》)

	等	韵	声	母	切		等	韵	声	母	切	
见母	三	脂六	平	见	追居	龟	四	齐二十	平	见	奚古	鸡
	二	皆二十	平	见	怀古	鼍	四	齐二十	平	见	奚古	鶏
	三	微八	平	见	韦举	归	三	微八	平	见	依居	机
	一	(山通)删七十二	平	见	还古	关	二	山八十二	平	见	开古	间
	四	齐二十	平	见	携古	桂	三	鱼九	平	见	鱼九	裾
	四	支五	平	见	随居	媐	三	鱼九	平	见	鱼九	居
	四	齐二十	平	见	携古	刲	三	微八	平	见	依居	旂
	三	脂六	平	见	追居	龟	三	尤八十	平	见	求居	躆
	一	桓六十二	平	见	丸古	官輨	四	先一	平	见	贤歌	柬錬
	三	旨五	上	见	洧居	瓯	三	旨五	上	见	履居	匦
	三	旨五	上	见	洧居	簋	三	旨五	上	见	履居	朹
	三	旨五	上	见	洧居	屖	三	旨五	下	见	履居	沈
	三	尾七	上	见	伟居	鬼	二	尾七	上	见	狶居	肌口
	三	纸四	上	见	委过	垝	三	止六	上	见	里居	巳圮
	一	缓四十二	上	见	满古	莞皖	四	铣七十二	上	见	典古	睍
	三	尾七	上	见	伟居	鬼	三	有四十四	上	见	有举	九
	三	旨五	上	见	洧居	衏	三	有四十四	上	见	有举	九
	三	至六	去	见	愧口	樻	三	御九	去	见	御居	椐
	三	未八	去	见	胃居	贵	三	未八	去	见	豙居	既口
	三	旨五	上	见	洧居	宄	二	删七十二	平	见	颜古	奸
	三	尾七	上	见	伟居	鬼	三	支五	平	见	宜居	畸
	四	霁二十	去	见	惠古	鳺	四	先一	平	见	坚古	鵑鶌
	四	支五	平	见	随居	规	三	麌九	上	见	雨俱	矩
	一	桓六十二	平	见	丸古	棺	三	止六	上	见	里居	巳柩
	二	怪六十	去	见	怀古	怪瘣	三	止六	上	见	里居	巳圮

续表

	呼　口　合					呼　口　开				
	等	韵	声	母	切	等	韵	声	母	切
见母	四	旨五	上	见	诔居	癸	四	至六	去	见	悸居	季
	二	皆四十	平	见	乖古	絓	四	屑六十	入	见	屑古	絜挈
	四	齐二十	平	见	携古	鲑	三	月十	入	见	月居	鱖
	三	尾七	上	见	伟居	鬼	四	质五	入	见	质居	黠
	一	泰四十	去	见	外古	狯	三	月十	入	见	月居	蹶
溪母	四	支五	平	溪	随去	闚	二	山八十二	平	溪	闲苦	觀
	三	支五	平	见	为去	亏	三	之七	平	溪	其去	欺
群母	三	脂六	平	群	追渠	戣	三	虞十	平	群	俱其	瞿
	三	脂六	平	群	追渠	逵	三	虞十	平	群	俱其	衢
	三	脂六	平	群	追渠	馗	三	虞十	平	群	俱其	衢口
	三	（旨通）纸四	上	群	委渠	跪	三	旨五	上	群	几暨	跽
	三	至六	去	群	位求	匮	三	遇十	去	群	遇其	惧
	四	脂六	平	群	追渠	悸	三	遇十	去	群	遇其	俱悸
	三	至六	去	溪	位苦	匱	四	霰二十三	去	见	电古	见苋
	四	支五	平	溪	随去	窺	四	齐二十	平	见	溪古	卟䀡
	四	脂六	平	群	追渠	葵	四	先一	平	见	贤古	菺
	四	脂六	平	群	追渠	芁	三	有四十四	上	见	有举	九
	四	脂六	平	群	追渠	頄	三	有四十四	上	见	有举	九
	一	灰五十	平	溪	回苦	魁	三	支五	平	见	宜居	奇倚
	一	缓四十二	上	见	满古	筦晥	四	纸四	上	溪	弭丘	胑
		蟹二十	上	见	瓦工	拐叏	三	愿五十二	去	群	建渠	健㥯
	四	支五	平	见	随居	规	四	先一	平	溪	玄去	梋
	四	脂六	平	群	追渠	鵍	三	尤八十	平	见	求居	鸠
	四	齐二十	平	见	圭苦	聧	三	语八	上	群	吕其	距

编者注：读表顺序自右往左。

观于甲表，而类比“椐樻”一项声例转变原因症结之所在，亦可以思过半矣。盖此类声例，几于全为“见”“溪”“群”三母（占全量五十一分之四十九）。而于此三母之中，“见”母又居其泰半（占全量四十九分之三十）。“群”“溪”二母，得零数而已（溪母占全量四十九分之二。群母占全量四十九分之六）。凡此皆上下声同一母者也，其不同者，亦甚少数（占全量四十九分之十一）。而此少数不同母中，“见”母又居其泰半（占全量二十二分之十一，即二分之一）。此以声母言之也。又此类声例，于平声最多（占全量四十九分之十九）。上声次之（占全量四十九分之十二）。去声殊少（占全量四十九分之四）。凡此皆上下声相同者也。其不相同者，亦未见多（占全量四十九分之十四）。此不相同中，又以平声为多（占全量二十八分之九，即三分之一弱。入声占全量二十八分之四，即七分之一）。此以四声言之也。若析其上下声，而每字考其所隶之韵部，则以“支脂之微”（“支脂之微”，连括上声“纸旨止尾”，去声“置至志未”，为一

同										義									函
				同		聲			四	睽	距	同			母				聲
				同	母		聲	筦晥	跋	餽	祭	宂	姦	同			等		韻
				同等韻		筦晥	睍	蕢	莧	觀	闕	怪瘣	巳圯	鴂	鶰	同	部		韻
同等韻		同聲四		樻	椐	袿	裾	拐叏	健㚟			鬼	吉黠			癸	季	同聲四	
頍	九	葵	萷	垝	巳圯	輨	柬鍊					獊	蹶					甂	匭
艽	九	規	梋	鬼	九	魁	奇倚	鳩	鷄			絓	挈					簋	杌
				窺	叶覞	規嫢	居					鮭	鱖					厬	氿
				衏	九	龜	鷄					棺	柩					闚	間
				軀	闠	乘黿	鷄羅											歸	機居
				鬼	崎	闚	覤					矩	規					鬼	蟣□
						刲	刉											貴	既□
				戣	瞿							[illegible]	悸					虧	欺
				逵	衢													跪	跽
				匱	匭														
				馗	衢□														

编者注：图表顺序自右往左。

类。下俱仿此。所分之类，悉依陈兰甫《切韵考外编》）一类为最多，又占全数之半（占全量九十八分之四十九即二分之一）。"齐佳皆灰咍"一类次之（占全量九十八分之十五）。"元寒桓删山先仙"一类又次之（占全量九十八分之十四），"鱼虞模"一类又次之（占全量九十八分之十）。"尤侯幽"一类又次之（占全量九十八分之六）。"真谆臻文殷魂痕"一类为最少（占全量九十八分之四）。此以韵部言之也。此从其分者言之也。

观于乙表，而此项声转远近同异之程度可见已。盖此项声转，其函义则无勿同者（尽占全量）。其余则上下字声母同者次之（占全量五十一分之四十）。上下字四声同者又次之（占全量五十一分之三十五）。上下字韵等同者又次之（估全量五十一分之二十四）。惟上下字韵部，则同者甚少（占全量五十一分之十）。此从其同者言之也。

更综二表而合观之：此类声例，上下异字，而含义尽同，一也。上下异字，而"声母"同者约五分四弱。二也。于同"声母"中，"见"母约居五分三强。三也。上下异字，而"四声"同者约十分七弱，四也。于同"四声"中，"平"声约居五分二弱。五也。上下异字，而"韵部"同者殊少。六也。于不同各"韵部"中，"支脂之微"一类居二分一。七也。上下异字，而开合口呼尽异。八也。大抵上字皆"开口呼"，下字皆"合口呼"。因开口合口之异，故遂一义两字，一字两音，一音两转，皆开合口呼之故也。此其原因症结之所在也。此理不明，而经传多苦费解，不集合经传而观之不能尽其类；不尽其类，不能会其通；不会其通，不能知其故也。

戊辰新秋，海宁吴其昌作于天津双涛阁。

此文乃十二年前侍我先师新会梁先生讲席时之旧稿也。执烛余暑，弄笔缀草。草成，即呈正于我先师。时先师病已沉笃，犹于呻吟褥几之暇，为之勉读一过；读竟，且强起亲书其端云："所说精绝。用粤音读之，多有不费词而解者，可为陈东塾之《广州音说》张目也。戊辰季夏，启超"。（文中亦有义宁陈寅恪师教正处。）越五月余，而先师易箦，此识语亦几成绝笔。永怀手泽，不敢付梓。今先师墓木已拱，而神州寇祸孔炽；回念夙昔弦诵击考之乐，非分踰望之许；寤寐匪遥，憬憧逾邈。丁板荡而滋哀,遭颠沛而殖落;重违彝训,孤负殷期;又安得不校坠简而涕霣,望通门而腹痛乎。

中华民国二十九年二月,弟子海宁吴其昌自记于西蜀嘉定县街寓宅轰炸剩余之小楼。

(原载《金陵学报》,一九四〇年五月十卷一、二合期《文史专号》)

读　词

昨天晚上，无意中翻阅六弟北平寄来的《滂喜斋丛书》，翻到一册杨湖周济的《宋四家词选》，不禁又勾起七年以前的旧绪。想起这册书，和榆园丛刊中的纳兰《饮水词》，是我当日寂寞惆怅中密随的友侣，而今呢，渐渐地走近"壮年"，襟抱全非，这二位故友，疏之已久了。垂灯重对，檐雨浪浪，如逢痦寐，增我悲欷。

七年以前，那时是二十四岁——二十四岁，好像还不能算顶老；至少，自己觉得。那时候迥非今比，还是满腔子充着"少年情绪"。人，谁都是经过少年来的。"少年情绪"，那味儿怎样的，你试向你的内心深处，去细嚼一下，就会知道，只要你不是超人。那时候住在恶俗不堪的天津的唯一清凉境界八里台百树村中，烟水环绕，蒹葭弥望。最好的时令是二月里，春水新生，丁香初绿；常常一个人倚在溪边小森林中一枝弯腰照水的老柳树上，看那柳绵飞扬到绿波上面而蹙起来的皱纹；坐在繁花茂丛中的石块上，静静地，让全身浸在晚霞明灭，淡紫浅黄交织着的光缕中；支着下腮，从缭乱扶疏的花蔓影里，望那羞涩俜停，初生的华月。或者站在低低曲曲的碧色栏干旁边，闲数那缀围于花枝梢头，晶洁明媚的露珠。读词——在这一时期中，觉得人生之对于"读词"，或者自己"填词"，其功用，不见得一定在"吃饭"之下，至少，是等于吃酒。人生总有青春，青春总须发酵！回味起来，自此以前，自此以后，无论何时，要我像那时候读词一样的可以撩拨、沉浸、陶醉你心弦的事情，怕不容易！一脚踏到"壮年"以后，便要埋头猛干你的事业去了。所以古人说：少年的韶华，应该努力像黄金一般的珍惜，真是名言。

随便打开那本薄薄儿的词卷，触眼看见卷首有一节小跋：

"……'词为小道'，古今人尽同此说。至张皋文先生而词始尊严化，芳洁化。至周止庵先生而词始真挚化，诚恳化。以诚恳真挚之心声，抒芳洁尊严之情绪，而词始神，词始圣。如更能以热烈喷薄之血性出之，身心性命之代价易之；则词殆为人生无上至高至美之冠冕矣。回视中魔堕障之词匠文丐，以堆砌古典之酸风，运轻佻儇滑之浮调，写挟妓宿倡之罪行，做旦贴净丑之脸态者，而亦俨然自居于'词'而不疑，真堪令人切齿痛心者也。"

几乎使我不相信了，这难道竟是我的话吗？可不是，清清楚楚，自己亲笔写的，还署着年月姓名，抵赖不了。然则，只有谢罪：通人君子，博学鸿硕，求你们不加苛责，请你们曲赐原谅，原谅我那时还是个初涉人间的"少年"，所以说话全不通世故人情，不识轻重忌讳，死罪死罪！不过，假使你们考我，现在你对于词的见解怎么样呢？惭愧得很，我不说一句谎话，七年以来，一丝一毫没有进步，依旧和上面小跋上的前半段，一孔之见相同。

我所以爱读纳兰容若的词，和别人爱读纳兰的词，意见不必一样。有一种人，很赏识他诗句"自把红窗开一扇，放他明月枕边看"。以为名贵得过韩冬郎。这类见解所代表的人似乎不是少数。不错，容若小令的名贵矜持，庄严端丽，我并不否认。但我之爱容若，全不在此。我爱他这人有"真肝胆"，有"真性情"，"真"得叫人千载下读了，还能感动下泪。一个从不曾见面的吴槎客，他救了以后还说：

"……绝塞生还吴季子，算眼前此外皆闲事！……"

一位江南的流浪诗人顾梁汾，他认为唯一的知己，"知我者，梁汾耳"。他会对他说这样的话：

"……一日心期千劫在，后生缘恐结他生里！……"

他用一生一死的赌咒,来表示他的真情,他恨不得用刀挖出心来,给梁汾一看。一位满脸胡须,满身寒酸,穷途落魄,阍人见他扭转脖子的严荪友,他送他南归,说:

"……浮生如此,别多会少,不如莫遇。……"

他对严荪友的感情,竟如别人之对其爱妻。姜西溟说声:我要走了,他难受得语带悲愤:

"谁复留君住!叹人生几番离合,便成迟暮!……"

这好似春闺少妇,送她的征夫上沙场,生离死别的语调。他的爱朋友,或者胜过普通一般人之爱他的爱妻——他们似乎只知道用绫罗来裹他的爱妻——然则他爱他的爱妻的真情,真可以说是天地间最纯洁神圣的情感了。所以容若有关他亡妻的词,无论低念、默诉、哀歌、恸哭、长号,有情无情,咸被感动。占据在人人口头心上的词,我都不举。单举一首人人以为不好,只有我这个痴人不以为不好,而反常常讽诵的《眼儿媚》。题目的意思是中元节,手写佛经来招荐他的亡妻,而向她默诉的:

"手写香台金字经,惟愿结来生。莲花漏转,杨枝露滴,想鉴微诚。欲知奉倩神伤极,凭诉与秋檠。西风不管,一池萍水,几点荷灯。"

这词朴质无华到了极点,思想愚笨得和老太太们一样。这正告诉我们他实在哀得人间无告了,只有请求观音菩萨,鉴他真挚的微诚。他凄凉得人间无伴,只有一盏孤檠,做了他的知己,向它低诉。正是因为"真"情到了十二分以上,所以辞藻风格,一切都牺牲了,融蜕了,出落得这样拙朴质陋。容若,可以说是世间的"节夫"。

"……若似月轮长皎洁,不辞冰雪为卿热。……"

"……叶干丝未尽,未死只颦眉。……"

"未死只颦眉",他用"死",来殉他的情。他用"死",来换他的词。杜甫也曾说:"语不惊人死不休!"他们都是用他们的生命去换他们的作品,他们都是捐躯的壮士;当然和其他以诗词为"小玩意儿"的人们,隔成两个世界了。

我前说:"真挚,诚恳,而以热烈喷薄之血性出之,身心性命之代价易之。"纳兰容若,便是我理想的模范了。

我在四年以前,曾和我的朋友张惠衣先生,在西直门万寿寺附近,整整花了一天功夫,饿着肚子,找容若的坟墓,始终不得,一路叹息进城。"容若若是活着,为之执鞭,所欣慕焉。"我对张惠衣说。

有真血性的胸膈,然后有真感人的吐属。所谓"词",在我个人所下的界说,就不过是这类吐属之施以习用而能娴熟的格律,和谐而能悦耳的音节去稍稍调剂之而已。我无以名之,名之曰"词的情操"。

既然叫它为"情操",那它就不能不尊严神圣,不能不芬芳浩洁,不能不诚恳真挚,不能不热烈壮伟。这"情操"本应该就是人生一切的种子。因有种子,便能开一切花,结一切果。"词",就应该是这个人间一切花蔓中的一朵花蔓。这里所要研讨者,不过欲明瞭这种子究将如何衍化而透生花蔓,这"情操"究将如何表现而或其为"词"而已。

人,想谁都曾经欣赏过花?一样的蕴着美妙的种子,而具着各个不同的性格,孕育在各个不同的环境的怀里,因而陶冶同异,而汰孵出一种最合适的表现方式来表现各种不同而同一美妙的花蔓。当我们欣赏那花的时候,又由我们感官所接触的任何一种的美妙,引起我们内心本来蕴着的一种相同的情绪:那么这一棵花的表现,可以说是成功了。"行人系缆月初堕,门外野风开白莲。"当你一叶扁舟,系在那"湖云祠树碧于烟"的湖边,正在残月未堕,晓寒袭抱的时候,瞥见一朵白莲花,轻盈初放,斜昳在如镜如练的湖波上,你的胸襟在这一刹那,将起何种的感觉?岂不是一种"恬静"、"安闲"、"坦白"、"逸适"的情绪?对了,这"恬静"、"安闲"、"坦白"、"逸适",正就是白莲花所具现的美德。一切有情,都视此类。

这类表现的外形,王静安先生名之曰"境界"。先师的意见,以为这"词的境界",是词的第一义谛。但私意颇不敢妄同,我以为"词的情操",才是词之第一义谛;而"词的境界",应该退为第二义谛。理由是很浅显的:因为"情操"才是种子,才是生机,才是活力的泉源;而"境界"呢,乃是这种子这生机这活力所表现出来的一种庄严。先后因果,原极分明,不烦多言的。

张皋文、周止庵诸君,隐隐约约,似乎也明瞭词应该具有"情操",所谓词至张、周而托体始尊。但他们对于选择表现方式的微旨,完全错误,他们以谓香草美人,必隐托以忠君爱国,而始可尊。不知香草美人,本身就是"美""善"的泉源。爱香草爱美人者,此其人必不肯恝然置君国于怀外。而香草在掬,美人静对的时候,此其心必不致奔放于杀人放火,谋财害命之勾当也。是故,香草美人,她的香,她的美,就足以涤荡你灵魂的污玷而有余,而"不爱江山爱美人"的福王呢,正乃是一名作践香草,唐突美人的罪犯囚徒罢了。所以我对于选择词的表现方式的意见,恰与张、周相反,但求走到香草美人而止,不必更超一步而牵涉到君国。不过,你真能有香草美人的情绪,而能表达出一种境界来,这也已经是很不容易的事。

要把我的"情操",凭着短短的几行有格律音节的吐属,去打动别人的情绪,洗涤人我两忘的灵魂,这种表现法——所谓"词的境界",经过梦窗吴文英、草窗周密以后,很难再遇到了。然而在北宋,则旦暮遇之。

我来考你:假如你有一位占据你全部内心的恋人,一别经年,你坐卧不宁地苦念他,你将用什么话来表达你心头难说难言的滋味?

"……无奈绕堤芳草,还向旧痕生。……"——晏几道《相思儿令》

从表面上粗看,这二句和相思、恋爱,全无一毫关系。可是,你仔细一遍一遍去细嚼,那一千年以前恋人蕴藏在心头的滋味,甜酸苦辣,还可以在一千年以后,你的心头作怪。

同例的:

"……年年陌上生秋草,日日楼中到夕阳。……"——晏几道《鹧鸪天》

反一面,如果你旧地重经,再到你印象深刻至死不忘的一个地点,然而人去楼空,使你温梦一般的低徊惆怅,你预备说那几句话来记述适时的情况?

"……兔葵燕麦,向斜阳影与人齐。……"——周邦彦《夜飞鹊》

够了,难吐之情,难状之景,都表现得具足无遗了。

再换一面,你一个人正在那儿端端地出神,出的什么神?只有你自己知道。你要写这个出神,并且要带写那时候的背景,你怎样写法?

"……落花人独立,微雨燕双飞。……"——晏几道《临江仙》

这里并不说明你在出神,可是清清楚楚你在出神。并且不但那时的背景如画,一并连你在那儿出的是什么神,这深藏的秘密,也不言而喻了。

再换一面,你不能不夙夜从公,你不能因沉耽热恋,而忘了你的事业。当你匹马天涯,责任心战胜了你的热恋以后,因这情绪仍然起来反抗的缘故而引起你无名的悲哀,你将怎样诉哀呢?

"……今宵酒醒何处?杨柳岸晓风残月。……"——柳永《雨霖铃》

情欲给理性征服以后,那虚空、孤伶、凄寂、委曲,所织成的那个境界,就涌现在目前了。

再说:

"……一棹碧涛春水路,过尽晓莺啼处。……"——晏几道《清平乐》

我劝你闭目一想,这竟是何等境界?沐浴在这境界的人们,他的人格,该如何美善高尚?使你而处在这个境界,你如何能不被陶醉。

不过,话得两面都说。这上面到底都是北宋的人们的词。"北宋",到底还算是一个统一而小康的局面。那时的文人,上帝还允许他们偷度一些熙熙攘攘的生活。在小资产阶级的经济基础上面,还允许你从容地歌诵"惟美"。霹雳一吼,而有靖康,东北方面的一只暴兽,把我们汉家的一位艺术皇帝衔嚼去了!到了南宋,"美神"已被践踏而成为粪土。剩下来的,只有凄惨,愤怒和悲凉。所以南宋的词,和北宋截然是两个局面。

南宋的词,我只推许一位牢骚英雄辛弃疾将军。因为只有他,有真肝胆,有真血性,是一个男儿,是一个丈夫。他的词,永远脍炙在人口的,如《念奴娇》"野棠花落"一阕、《贺新郎》"绿树听啼鴂"一阕、《金缕曲》"凤尾龙香拨"一阕、《摸鱼儿》"更能消几番风雨"一阕、《水龙吟》"楚天千里清秋"一阕、《永遇乐》"千古江山"一阕,我都当作后《离骚》、后《天问》读。这都是喷薄而出的长鸣,悲号。然而他,仍然有他的境界。不但是

"……目断秋霄落雁,醉来时响空弦。……"——《木兰花慢》

有李将军断肠呕血的沉痛,而同时一位被迫下野的爱国军人,从热

血的红缕满布着眼膜的眼中望出来的山川天地一齐都变了颜色。这颜色我们也可以领略一二分了。

他在莺湖病起作的一首小令里说：

"……不知筋力衰多少，但觉新来懒上楼。"——《鹧鸪天》

这就是一个意味无穷的境界了，我们只要推想这"上楼"的情味，凭高望远，看见秋满天地，一派萧条的景况，你就不能不钩想起：山河破碎的祖国，万里沦亡的中原，无家可归的故乡。你就不能不回忆起：一统全盛的故业，祖宗缔造的艰难、上下偷安的危机。你就不能不联想到：……你就不能不感觉到：……你就不能不抚膺大恸，你就不能不放声痛哭。近来竟觉得没有勇气上楼，这一生的埋没牺牲，可以断定：这老英雄迟暮的心境，还不够我们体会吗。

在这里，再歌咏他一首完全的词，来做我文的结束：

"人已归来，杜鹃欲劝谁归。绿树如云，等闲付与莺飞，兔葵燕麦，问刘郎几度沾衣。翠屏幽梦，觉来水绕山围。有酒重携，小园随意芳菲。往日繁华，而今物是人非。春风半面，记当年初识崔徽。南云雁少，锦书无个因依。"——《新荷叶》

大好的山河，锦绣一般的祖宗的基业，无端拱拱手都奉送给胡儿了。他，他还有何话可说。他只说"绿树如云，等闲付与莺飞！"回想起他当年冒着九死一生，带了几支义勇军从贼中南奔的时候，抱着何等的热望。不消半刻，冰冷乌有！还有何话可说，他只说"春风半面，记当年初识崔徽！"

嗟呼！古今一例耳，有国有土者，再不要"绿树如云，等闲付与莺飞！"负国家之责者，再不要叫吾们老百姓说："春风半面，记当年初识崔徽！"

二四，六，五，珞珈山。

（原连载于《武汉日报·现代文艺》，
一九三五年五月十日、六月十四日）

《王会篇》国名补疏(中篇)

其昌撰《佚周书·王会篇国名补疏》，应用近世出土之殷虚文字，及三代吉金，旁亦兼及近世海内外学者之专门论著，均为昔日解《王会》者，如晋孔晁、宋王应麟、清王念孙、朱右曾、何秋涛诸氏所未见。因之，古典籍中所记古民族，古邦域之史迹，亦不能通达而连贯，故遗逸之阙陷不细；皆一一重考订而弥补之，私期其无遗憾。上篇甫就，为冯芝生先生友兰索去，今刊登于《清华学报三十周年纪念集》下册者是也。讲授养疴之余，仍不辍续撰；思急于求正通人，故以此中篇问世，庶几达者，匡而教之，学术之幸也。

义渠

孔晁注："义渠，西戎国。"王补注："《西羌传》：泾北有义渠之戎。《地理志》：北地郡，义渠道，秦县也。《括地志》：宁、原、庆三州，秦北地郡。战国为义渠戎国之地。"朱右曾《集训校释》："愚谓泾北义渠，乃戎之内徙者，其始所在未闻。"

补疏曰：獯狁以后，匈奴以前，义渠楼烦，最为显戎。中华古籍，最录綦详，广为聚缉，犹足以备此古民族之遗献也。《史记·匈奴列传》："岐、梁、泾、漆之北,有义渠之戎。"《后汉书·西羌传》承之,云"泾北有义渠之戎"。此诚如朱右曾所按乃戎之内徙者,然《汉志》北地郡之义渠道,《清一统志》云:"故城,宁州西北。"(今甘肃省宁县)则去华较远矣。又《秦本纪》张守节《正义》引《括地志》云:"宁、原、庆三州,秦北地郡。战国及春秋时,为义渠戎国之地。周先公刘,不窋居之,古西戎也。"又据《后汉书·西羌传》,则义渠之地,有郁郅、徒泾。郁郅在秦汉时之北地郡。《清一统志》云:"故城今安化县治。"(安化,今庆阳县)而徒泾乃在秦汉时西河郡。可见义渠盛时疆域甚广。此其地域之可推见者也。《史记·六国年表》云:"秦厉公六年(公元前四七三),义渠来赂。"又《秦本纪》云:"厉公三十年(公元前四四四),伐义渠,虏其王。"(《六国表》同)又同卷云:"躁公十三年(公元前四三〇),义渠来伐,至渭南。"(按:"南"字误:卢文绍校曰:"《六国表》作渭阳。水北曰阳。"卢校是也。义渠未能渡渭。)又《六国年表》云:"惠文君七年(公元前三三一),义渠内乱,庶长操将兵定之。"此役之详,即见于《佚周书·史记篇》,云:"嬖子两重者亡。昔者义渠氏有两子,异母皆重。君疾,大臣分党而争。义渠以亡。"又《秦本纪》云:"惠文君十一年(公元前三二七),县义渠。义渠君为臣。"按义渠此后并未消灭,故"县义渠",乃"伐义渠"之误文。(杭世骏、沈家本之说并同。)又《战国策·秦策》曰:"义渠君至魏,公孙衍谓义渠君曰……中国无事于秦,则秦且烧爇获君之国。中国为有事于秦,则秦且轻使重币而事君之国也。义渠君曰:谨闻命。居无几何,五国伐秦(按事在秦惠王后七年,公元前三一八)。陈轸谓秦王曰:义渠君,蛮夷之贤君,王不如赂之以抚其心。秦王曰:善。因以文绣千纯,好女百人,遗义渠君。义渠君致群臣而谋曰:此乃公孙衍(即犀首)之所谓也。因起兵袭秦,大败秦人于李帛之下(《犀首传》作李伯)。"(《史记·张仪列传》附《犀首传》文略同。)又《秦本纪》云:"惠王后十年(公元前三一五)伐取义渠二十五城。武王元年(公元前三一〇),伐义渠、丹、犁。"又《匈奴列传》云:"……其后义渠之戎,筑城郭以自守,而秦稍蚕食。至于惠王,遂拔义渠二十五城……秦昭王时,义渠戎王与宣太后乱,有二子。宣太后诈而杀义渠戎王于甘泉,遂起兵伐残义渠。于是秦有陇西、北地、上郡，筑长城以拒胡。"此外，《后汉书·西羌传》，乃本之于《竹书纪年》，故史材颇有增益。其文云："周贞王八年(后)，中国无戎寇，唯余义渠种焉。至贞王二十五年，秦伐义渠，虏其王(按即厉公三十三年之役)。后十四年，义渠侵秦，至渭阴(按即躁公十三年之役)。后百许年，义渠败秦师于洛(按此事各书未记)后四年，义渠国乱，秦惠王遣庶长操将兵定之(按即惠文君十一年之役)。后八年(公元前三二三)，秦伐义渠，取郁郅(按此事各书未记)。后二年，义渠败秦师于李伯(按即惠王后七年之役)。明年(《史记》作后十年)，秦伐义渠，取徒泾二十五城。(《史记》无'徒泾'字。李贤注：'徒泾县，属西河郡。'王先谦曰：'当作徒经。')及昭王立，义渠王朝秦，遂与昭王母宣太后通，生二子。至赧王四十三年(公元前二七二，各书皆不记秦灭义渠年数)，宣太后诱杀义渠王于甘泉宫，因起兵灭之。始置陇西、北地、上郡焉。"此其史献之可考见者也。至于至其种族之系属，血胤之源流，亦颇有可推测者：《汉书·卫霍列传》(卷五十五)附传云："公孙敖，义渠人……为骑将军。"又《公孙贺传》(卷六十六)云："公孙贺，北地义渠人也。贺祖父昆邪(师古曰：'昆，音户门反。'是音'浑'也。)景帝时，为陇西守，以将军击吴楚有功……著书十余篇。贺少为骑士。"师古曰："《艺文志》阴阳家有公孙浑邪十五篇是也。"是义渠之骑士世家有公孙氏，乃故义渠之公族，故以"公孙"为氏也。而义渠之公族，又实为"浑邪氏"，亦可由此确知。"浑邪氏"者，乃匈奴之别支浑邪王族也。《汉书·霍去病传》云："元狩三年……上曰：票骑将军……全甲获丑，执浑邪王子……"又云："其后单于怒浑邪王居西方，数为汉所破，欲召诛浑邪王。浑邪王谋欲降汉，上恐其诈，乃令去病将兵往迎之。去病既渡河，驰入与浑邪王相见，斩其欲亡者八千人，降者数万人。天子封浑邪王万户。减陇西、北地、上郡戍卒之半。"是浑邪王当匈奴西翼，南值汉之陇西、北地、上郡，正战国时义渠之地也。其后秦灭义渠，戎族之北退者，仍为匈奴之浑邪王。其留居三郡故土者，虽已汉化，而其公族仍以浑邪为称也。是可证义渠亦"匈奴种"。而匈奴之浑邪王，乃战国义渠之后裔也。此其种族之可推测者也。至于融化于汉族以后，则颇人才辈出，除上述公孙浑邪、公孙敖以外，班固《赵充国传》赞云："山西出将，义渠公孙贺、傅介子……以勇武显闻。"又《赵充国传》尚有"光禄大夫义渠安国"其人，佐充国平羌。自此以后，义渠族与汉族，遂无可分别矣。

央林

孔晁注："央林，戎之在西南者。"王补注："《山海经》：林氏国有珍兽，大若虎，五彩毕具，尾长于身，名为驺吾。乘之日行千里。注：《六韬》云：纣囚文王，闳夭之徒，诣林氏国，求得此兽，献之，纣大悦，乃释之。（其昌按：郭璞注《海内北经》原文此下尚有'《周书》曰夹林酋耳……'郝懿行《义疏》云：'央，一作英，郭引作夹，字形之讹。'郝校是也。）吾宜作虞。（此亦郭注。深宁并引例以证之云：'刘芳诗义疏：驺虞或驺吾。'）《书大传》：散宜生之于陵氏取怪兽，大不避虎狼。间尾倍其长，名曰虞。注（其昌按郑玄注）：间，大也。虞，盖驺虞也。《周书》曰：英林酋耳。于陵、英林，音相通，其是乎？"

补疏曰：《王会篇》本文既云："……酋耳者，身若虎豹，尾长参其身。食虎豹"，与驺虞之形性相同，故郑玄、郭璞、王应麟、郝懿行诸氏并以为"央林"、"英林"、"于陵"、"林氏"，实为一地之名。其说殆无可复易。然此地，方位何在，则迄无可知。惟既为闳夭散宜生之徒所勘查，则其国似应毗近于西伯之封域，当亦在泾渭流区也。今进一步推之，既知央林、英林、于陵、林氏为一地，央林虽无可推，幸林氏国，《佚周书·史记解》曾两记之。其一云："召远不亲者危。昔有林氏召离戎之君而朝之，至而不礼，留而不亲。离戎逃而去之，林氏诛之，天下叛林氏。"又云："犯难争权疑者死。昔有林氏、上衡氏争权，林氏再战而胜，上衡氏伪义弗克，俱身死国亡。"由此二事观之，似林氏当国运鼎盛之时，亦曾主宰其邻近之诸侯，故一诛朝请之藩，而有"天下叛林氏"之文。至其朝请之藩，则有若离戎。离戎者，朱右曾曰："离戎疑即骊戎。"是也。《春秋》庄公二十八年

《左氏传》记晋献公伐骊戎。《国语·晋语》一韦昭注则云："骊戎，西戎之别，在骊山者也。秦曰骊邑。汉高帝徙丰民于骊邑，更曰新丰。在京兆。"顾栋高云："今陕西临潼县东二十四里有骊戎城。"（其昌按骊山及新丰故城皆曾亲至。骊戎城，未见。）然则林氏之国，距今之骊山临潼必不甚远，不难想见也。

北唐

孔晁注："北唐，戎之在西北者。"王补注："北唐，即晋阳也。《诗》：晋谓之唐。《传》曰：晋居深山，戎狄之与邻。"（其昌按："晋谓之唐"，《唐风·蟋蟀》之诗小序"晋居深山……"云云，春秋昭公十五年《左传》记籍谈语）

补疏曰："北唐"之名，古籍中见者至鲜。惟《王会篇》与《竹书纪年》耳。《穆天子传》卷一郭璞注，《史记·秦本纪》裴骃集解，并引《竹书纪年》记穆王时事云："北唐之君来见，以一骊马（《集解》引作骊马），是生騄耳"可考见者，如此而已。追惟此"北唐"之名，果何因而产生？考昭公元年《左氏传》记郑子产之语云："昔高辛氏有二子，伯曰阏伯、季曰实沈……迁实沈于大夏，主参；唐人是因。以服事夏商。其季世曰唐叔虞。当武王邑姜方震（娠）太叔，梦帝谓己：'余命而子曰虞，将与之唐，属诸参而蕃育其子孙。'及生，有文在其手曰虞，遂以命之。及成王灭唐，而封太叔焉，故参为晋星。"《史记·晋世家》亦云："……武王崩，成王立，唐有乱；周公诛灭唐。成王……于是遂封叔虞于唐。唐在河汾之东，方百里，故曰唐叔虞。……唐叔子燮，是为晋侯。"郑玄《毛诗谱》又云："唐叔虞子燮父以尧虚南有晋水，改曰晋侯。"据此，故知周以前本有古民族之唐国，而在成王时有内乱，遂为周公所诛灭，于其故墟封成王之弟叔虞，改建为姬姓民族之唐国，一传而又改为晋国，然古民族之唐国，非能种姓灭绝也，特相率离其故墟而北徙耳。此在当时之例，正如殷受既灭，武庚微子南徙商邑而遂为宋。在后世之例，正犹妥欢帖木尔汗（即元顺帝）弃大都走漠北以后,史家遂称为"北元"矣。"北唐"得名之由,与"北元"大略相当欤?故至成王曾孙穆王时北唐之君重来,是其种姓未灭之证矣。今更换转方向,再进而研究北唐未为成王所灭以前,即尚未北迁以前,其种姓属于何系乎?则《春秋》经传亦尝明白告我矣。襄公二十四年《左氏传》:"范宣子曰:昔匄之祖,自虞以上为陶唐氏,在夏为御龙氏,在商为豕韦氏,在周为唐杜氏,晋主夏盟,为范氏。"杜预《集解》云:"唐、杜二国名。殷末,豕韦国于唐。周成王灭唐,迁之于杜,为杜伯。杜伯之子(其昌按:此'杜伯',为通称之杜伯,非始祖之杜伯。不然,始祖之杜伯,当周成王时,其七世孙范匄,不得当鲁襄公时也。)隰叔奔晋,四世及士会(士匄祖)食邑于范,复为范氏。杜,今京兆杜县。"按杜氏此注,当本之《世本》,及《春秋诸大夫世谱》,宜可征信。豕韦故墟,原在殷虚东圉附近,《续汉书·郡国志》东郡:"白马县有韦乡,古豕韦氏国。"杜预《春秋注》亦云:"豕韦国,在东郡白马县东南有韦城。"是也。殷末,豕韦西北徙,止于汾水之滨而合族于唐。及成王灭唐时,已无所谓豕韦矣。唐灭,而唐之民族又分两支各徙:其一支北徙者,则为北唐,成王(?)时来会于王庭(《王会篇》所记),穆王时来献骊马(《竹书》所记),是其族固未尝亡也。其又一支为成王勒令渡河西徙者,则止于杜县而为"唐杜氏"、"唐杜",即"汤社",亦即"荡社",其始亦在渭北,后为秦宁公所灭者(此另有考)。汤社之君,自称为"亳王",前人知其非华裔而不知其为何族。以此考之,则北唐与汤社同为古豕韦族之遗民矣。

渠叟

孔晁注:"渠叟,西戎之别名也。"王补注:"《禹贡》:渠搜。《地理志》:朔方有渠搜县。《水经》:河自朔方东转,经渠搜县故城北。《西域图记》:鏺汗国在葱岭之西五百余里,古之渠搜国。"

补疏曰:渠叟地望,本甚确定。后人妄执谬见,自兴聚讼,画蛇增足,治丝益棼。《汉书·地理志》朔方郡:"渠搜,中部都治。"按汉之朔方郡,今为绥远省黄河套内之伊克昭盟鄂尔多斯旗（明代俺答部之袄儿都司）。则渠搜县自在今之鄂旗界内。《水经·河水注》，更详定其准望云："河水自朔方来，东转，径渠搜县故城北。"则汉之渠搜故城，乃在今临河县及黄杨木头一隅，黄河对值之南岸，确定不移。而古代渠叟部落散牧之面积，即今之鄂尔多斯旗也。今即以《王会篇》证之：《王会篇》以北唐、渠叟、楼烦，三名相连，知古代此三族必相邻毗。北唐在太原晋阳之北，楼烦在赵北代西之西河（详下），皆在今山西北部之长城外，渠搜在绥远南部之鄂旗内，斯其地得相邻接矣。此其证一。更以《穆天子传》证之：《穆传》卷四云："……丙寅，天子东征，南还。己巳（越三日）至于文山。天子三日游于文山。壬申（越三日。按原文误作"壬寅"，依赖校改正。）……文山之人献……牦牛二百以行流沙。癸酉（越日），天子命驾八骏之乘……乃遂东南翔行，驰千里，至于巨蒐氏。甲戌（越日），巨蒐之人觳天子于焚留之山。乙亥（越日），天子南征阳纡之东尾……"此文可注意者，为自流沙束行骏马二日程，而至于巨蒐氏。自巨蒐氏南行，骏马二日程，而至阳纡龙门也。（其余各地，则尽不可考。）阳纡者，《山海经·海内北经》注："阳纡之山，河出其中；凌门之山，河出其中。"《艺文类聚》卷八引作"阳纡……陵门……"《水经·河水注》亦云"河水又出于阳纡陵门之山。"郝氏《笺疏》曰："陵门，即龙门。陵龙亦声相转也。"据此，则巨蒐氏之西，骏驹二日程有流沙，今宁夏省内额济纳之沙漠是也。巨蒐氏之南，骏马二日程有阳纡龙门，今龙门壶口附近是也。骏马二日程，《穆传》以为"千里"。巨蒐之即为渠叟、渠搜，已得学者之公认，以此揆之，巨蒐之地位在绥南鄂尔多斯旗境内，更无可移动矣。此其证二。《禹贡》之书，其出最后。（真信《禹贡》为商以前夏禹之作品者，此在今日，惟患脑筋病者斯然耳。）然即以《禹贡》论，其文云："浮于积石，至于龙门西河。"是其道由西而向东。于是历举由西向东之四族曰："织皮、昆仑、析支、渠搜、西戎即叙。"马融注："昆仑，在临羌西。析支，在河关西。"按临羌、河关，均为汉时金城郡之二县，金城郡之东，即为朔方郡矣。由昆仑东及析支，更东以及渠搜，正由金城郡东及朔方郡之谓也。此其证三。（清胡渭《禹贡锥指》,解此最为纰缪。其语云:"《礼三朝记》渠搜与交阯对举,则不在朔方可知。"按《礼三朝记》,乃无识方士之妖书,何得为据?如以为据,则渠搜与交阯对举,一南一北,正相遥对,其必在朔方可知。然此种妖书,吾不屑举之以厚我之证也。至于举《隋志》云云,而遽下空断云:"渠搜之在西域明矣。"胡氏于西域情形,似尚在常识线下,殆不烦辩。)至于深宁补注,引《西域图记》,以为魏隋之镞汗国即古渠搜之说,则绝非。按《西域图记》乃为隋炀帝大业间裴矩所撰进(见《隋书》卷八十三史臣后论),其成书在武威、张掖间,根本未临西域,故仅凭朝贡者传说。今《隋书·西域传》(卷八十三),即以裴矩《西域图记》为底本,其《镞汗国传》云:"镞汗国,都葱岭(Parmir)之西五百余里,古渠搜国也。王姓昭武(Cub,据阙特勤碑),字阿利柒……"按镞汗故地,即汉之大宛;元魏时名之为破洛那(见《北史》及《魏书·西域传》),隋时称镞汗,初唐时称怖悍(见玄奘《大唐西域记》),后称拔汗那(见《新唐书·西域传》)。开元二十九年,赐名宁远国(见《册府元龟》卷九七一)。其地今为俄属费尔干那(Ferghana),此众所周知之事也。如其王实姓昭武者,则亦为西迁之月氏族。去中国万里外,张骞凿空通使西域以前,中夏并其名而不知。如《王会篇》作成之年代,不致降在张骞、李广利以后者,固无从得知甘、凉以西之地也。但如若强解云:"镞汗国,古渠叟族也。"则民族西移,或颇可能。然月氏族与渠叟族是否一族?又苦无法可判断耳。

楼烦

孔晁注:"楼烦,北狄。"王补注:"《匈奴传》:晋北有楼烦之戎。《伊尹朝献商书》:正北楼烦。《地理志》:雁门楼烦县,故楼烦胡也。(其昌按:此应劭注语。本《汉志》本文。)"

补疏曰:楼烦一名,最早见于典籍者,本篇以外,当为周显王三十五年,苏秦说燕文侯语云:"燕东有朝鲜辽东,北有林胡楼烦(《史记·匈奴列传》则云:'晋北有林胡楼烦之戎'),西有云中九原,南有呼沱易水。"此四"有"字,皆应作"界"字解。(下文又云:"秦之攻燕也,踰云中九原,过代上谷,弥地踵道数千里"可证。)据此,则在公元前三三四年以前,楼烦民族,已俨然与燕赵鼎足而邻立矣。初时其族占地甚广,蔓延北边,绵亘燕赵之北界,其更北则为匈奴。楼烦既夹处于中国燕赵及匈奴之中间,受两强之威迫,自然日见削弱。初则其邻燕之部份,已为燕所侵吞而郡县(大约在烦易王时。证见下)。及燕王哙与子之乱,齐宣王伐燕灭之(事在周赧王元年公元前三一四)。匈奴遂乘机南下,蹂躏燕所置之楼烦等县。《国策·齐策》:"苏子说齐闵王曰:昔者燕齐战于桓之曲,燕不胜,十万之众尽,胡人袭燕楼烦数县(此可证燕人已早置楼烦县),取其牛马……"《说苑·君道篇》记燕昭王初立时情况,可与《齐策》此说相互证。其文云:"燕(昭)王即位,往见郭隗曰:寡人地狭民寡,齐人取蓟八城,匈奴驰驱楼烦之下。"记载甚明。然西部楼烦位于赵国之北边者,此时固尚无恙也。及至赵武灵王崛起,楼烦再被迫逐,位于赵北之西部故土,又遭逐放而合并于赵。《史记·匈奴列传》云:"赵武灵王变俗,胡服,习骑射。北破林胡、楼烦。筑长城,自代并阴山下,至高阙为塞,而置云中、雁门、代郡……"此周赧王十五年(公元前二九九)事也。于是楼烦不得不更向西移,而游牧于西河;然越四年不幸又遭武灵王而被缴械。《史记·赵世家》曰:"惠文王二年(周赧王十九年公元前二九六),主父(即武灵王)行新地,遂出代西;遇楼烦王于西河,而致其兵。"胡三省于《资治通鉴》此节注曰:"西河,即汉西河郡之地。"是其证也。此后,楼烦残部,似举族北走胡中,然又不幸,匈奴头曼单于被杀,冒顿单于崛兴。楼烦残部至此时,遂不得不尽为冒顿单于所吞合矣。《史记·匈奴列传》云:"……冒顿东袭东胡……灭东胡王……既归,西击走月氏。南并楼烦,白羊河南王。"是其证也。所成为问题者,《史记》所云"楼烦白羊河南王,为一人之称?抑为二人之称?"今以《汉书·匈奴列传》考之,云:"……卫青复出云中以西至陇西,击胡之楼烦白羊王于河南,得胡首虏数千。"则其为一人之称明白甚矣。楼烦本在河南,故"楼烦王"即"河南王"也。白羊 Bayan 者,蒙古系方语,Bayan 之义为富。故在匈奴语之"Bayan 王"殆亦犹中华之

"康王"矣。(直至元时蒙古族尚有伯颜Bayan氏,殆即白羊族之后裔欤?)自汉以后,北徙之楼烦种,遂并入于匈奴种内,而为一别支之"白羊族"矣。其不北徙而仍留居于故地之楼烦种,则逐渐同化而并入于汉族。然在西汉初时,此种人犹以骑射特长见称,恒居于汉族备兵之列而有以自异。顾炎武《日知录》曰:"赵世家:武灵王……遇楼烦王于西河而致其兵。''致'云者,致其人而用之也。(其昌按:亭林先生此说甚确,《汉书·高祖本纪》可证。)是以楚汉之际,多用楼烦人别为一军。《高祖功臣侯年表》:'阳都侯丁复,以赵将从起邺,至霸上为楼烦将。'而《项羽本纪》:'汉有善射骑者楼烦。'则汉有楼烦之兵矣。《灌婴传》:'击破柘公、王武,斩楼烦将五人。''攻龙且,生得楼烦将十人。''击项籍军陈下,斩楼烦将二人。''攻黥布别将于相,斩楼烦将三人。'《功臣表》:'平定侯齐受,以骁骑都尉击项籍,得楼烦将。'则项王及黥布,亦各有楼烦之兵矣。"皆其证也。至于留居于汉土雁门郡内之楼烦故地,其准望,据《清一统志》云:"汉县故地,今宁武府界雁门关北。晋县,今崞县东。唐县,今清乐县南。"直至今日,静乐县南数十里,尚有名"楼烦镇"者存在。度古时此隅广袤地域,均属楼烦之故土也。

卜卢

孔晁注:"卜卢,卢人;西北戎也。今卢水是。"王补注:"《牧誓》:微卢彭濮人。注:卢在西北。《立政》:夷微卢烝。《括地志》:房州竹山县及均州,古卢国。《左氏传》有卢戎。"

补疏曰:孔注与王注,相距辽远。孔注所指者,以"卢"为匈奴别种之"卢水胡",故曰:"今卢水是",乃在酒泉张掖境,故曰:"西北戎也"。王补注所指者,乃为汉上群蛮,后灭于楚之卢国,在今湖北省境内,故引《括地志》以为竹山县及均州为古卢国。相距之远如此。卢水胡者,《晋书》(卷一百二十九)《沮渠蒙逊传》云:"沮渠蒙逊,临松卢水胡人也。其先世为匈奴左沮渠,遂以官为氏焉。"《北史·僭伪附庸传》(卷九十三)云:"大沮渠蒙逊，本张掖临松卢水人也。匈奴有左沮渠官，蒙逊之先为此职，羌之酋豪曰大，故以官为氏，以大冠之。世居卢水，为酋豪。"又《魏书·世祖纪》(卷四下)云："太平真君六年九月，卢水胡盖吴聚众反于杏城……"（按沮渠无讳于太平真君五年病死高昌，沮渠安周遂为柔然所并，卢水胡之北凉，至此灭尽，而盖吴反，乃为卢水胡恢复计也。）以《北史·大沮渠蒙逊传》推之，"大"为羌氏，"沮渠"为匈奴氏；蒙逊乃兼以"大沮渠"为氏，似所谓"卢水胡者"，乃匈奴与羌之混血种。就其所居之地域考之则极有可能。《晋书·载记》及《北史·僭伪传》所记卢水，皆明白在临松郡内，故洪亮吉补《十六国疆域志》北凉临松郡云"有卢水"，是也。然则临松郡又在何地邪？考《晋书·地理志上》，凉州云："张天锡又别置临松郡。"（毕沅新校注云："《沮渠蒙逊载记》，斩吕光临松令井祥，则临松又有县。"）《太平寰宇记》引《前凉录》云："晋永嘉元年，张掖临松山有石如张掖字。"《魏书·地形志》凉州临松郡（其昌按：原作"临社郡"，此据胡三省《资治通鉴注》所引校正），户才三百余耳。其小可知。洪亮吉云："盖分觻得县置"，殆是也。（杨守敬云："临松县今甘州（张掖）东南。"）觻得为汉张掖郡治，临松卢水，皆在觻得境内，则逼近湟中羌矣。张掖郡本匈奴昆邪王地也（据《汉志》）。觻得县，本匈奴觻得王所居也（据《元和郡县志》引《西河旧事》）。今其地，却狭如蜂腰，正匈奴与羌族交换之境也。故土著于其地之胡人，自应多为"匈""羌"混血之产儿矣。此"卢水胡"之源流本末也。然《佚周书·王会》之卜卢，是否宜从孔晁注而解释为"卢水胡"？则又一问题也。介于北唐、渠叟、楼烦……之旁而为类，则宜其是也。然而"卢水"一名，晋代始闻。两汉迄魏，绝未尝见。先秦战国，更无庸论。何得《周书·王会》，反列其名？此不可通一也。张掖四郡，太初始开，《王会》所陈，远不踰陇。或以渠叟为Ferghana（鏺汗），或以康为Sogdiana（康居），皆妄说也（辨见上文及下文）。《王会》之地理知识，不能远至觻得。此不可通二也。意者，深宁补注，或较近是。今按《牧誓》及《立政》皆以"微卢"连文，知卢族与微族，亦犹邹鲁、滕薛、吴越、陈蔡，之相毗接而不离矣。以金文❀伯毁考之，云"征眉敖"，又云："眉敖至，献贲……"是微与眉,又相毗接而不离。眉,即郿也。《大雅·崧高》之诗云:"申伯信迈,王饯于郿。申伯还南,谢于诚归。"申伯由渭南王畿以南归于申(河南南阳),而王饯别之于郿。是郿实为周南通申之路矣。《汉书·地理志》右扶风郿县,实正当周南以通江汉之路线。直至今时,犹为郿县如故。微既与郿相傅近,而卢又与微相傅近,则最早卢戎之故墟,度其去郿不致甚远也。其后此"卢人"逐渐向东南移徙,故后世豫陕之边圉,尚存有卢氏县之名,此必卢戎一度所滞留,或曾分苗一支所止居也。及至春秋之时,而卢戎大体已循汉水东下,止于桐柏、大别之间,而与汉上群蛮杂处矣。《春秋》桓公十三年《左氏传》:"楚屈瑕伐罗……罗与卢戎两军之,大败之。"是此时尚未为楚所灭也。顾栋高曰:"卢戎不知何年灭于楚?今襄阳府南漳县东五十里有中庐镇,为卢戎国。一作卢,与'庐'通。桓公后入楚为邑。"(《楚疆域表》)又文公十六年《左氏传》云:"楚大饥……自庐以往,振廪同食……使庐戢黎侵庸……"杜注:"戢黎,卢大夫。是楚之灭卢,乃在桓公十三年以后,文公十三年以前也(公元前六九九——公元前六一一)。此卢戎之源流本末也。(杜预《春秋经传集解》云:"卢戎南蛮。"则又误矣。)"

区阳

规规

西申

孔注,王补注,均无说。

补疏曰:西申,即西方之申戎也。申戎又即串夷也。申戎串夷,又皆《殷虚书契》中名帀之族之讹文也。今请宛曲敷陈其源委:今按《殷虚书契》中帀字或作帀,本义乃象一盾形帀,与一戈形千,两形相重之状。然历

195

考卜辞文意，凡举此字，谊皆指一方国种族而言。今略举数例以概其余：如云："……贞，㽞弗弋囷。十二月。"（《铁云》·二六·一）"弋"之言伐，言㽞方勿伐周也。则在殷代㽞人乃与周人为邻，其方位自当在岐豳之左近矣。又云："丁巳贞，㽞弗弋兇。……"（《铁云》·一）则㽞又尝伐兇，是西方之强族矣。兇者卜辞有"兇不获羌"（前·三·三三·六）之文，知其与羌族为邻居，是兇亦在岐豳以西矣。又云："三日丙㽖，命□弗其□正帀，蔑㐭。癸卯卜，王囝，十二月。"（前·五·三九·二）"正"，即征。"蔑"，即灭。不征㽞与不灭㐭连文，知帀又与㐭地相近。㐭者卜辞两见"藁㐭于罗"（后·一·九·七，续·一·五二·一），似为蜀人中之一支，初似亦散居于川陕边围也。由是可以推见帀族居地与岐豳之周民族，及其西南之羌民族、蜀民族相接，在今陕省之西陲矣。初时甚强，至于侵周，既于卜辞有征，而《大雅·皇矣》之诗亦云："串夷载路"，此其文以卜辞书之，则为"帀兇弋路"也。《郑笺》云："串夷，即混夷；西戎国名也。"康成以串夷即为猃狁之一种，当无大误。近人如叶玉森以"串"字即为"㽞"字之隶写，是亦恰当不易也。"㽞"字及"串"字，皆易讹变为"申"字，此又事理之必然者，故除《大雅》一见"串夷"外，经典绝不复再见，而别见有"申戎"。《后汉书·西羌传》云："宣王立后（三十八年），戎人灭姜侯之邑。明年，王征申戎，破之。"章怀注："并见《竹书纪年》"。按"申"即"㽞"之隶写，故"申侯"亦即"㽞侯"也。"申"为原始姜姓四氏之一，而姜姓实又出于羌族，则㽞方殆亦羌族之别支欤？未可知也。《竹书》所谓"姜侯之邑"者，实当解为"姜姓申侯之邑"。后为又一戎族据此申邑，故遂袭名为"申戎"矣。西周之"申"，正在陕西，宣王时申伯始南迁于今豫省之南阳。《大雅·崧高》之诗云："王遣申伯，路车乘马；我图尔居，莫如南土。"（诗末有"吉甫作诵"句，故确知为宣王时。）是否因戎人据申邑，申伯失国而南迁，虽无明文，未敢遽必；但宣王以前申邑之在陕省渭水上流，则诗与卜辞及《竹书》相应，可互证也。其后戎族既据申邑而称申戎，宣王为其子幽王娶于申，似当为此申戎之女，故幽王一婴其怒，申侯遂率犬戎以灭宗周。《后汉书·西羌传》又云:"幽王……废申后而立褒姒,申侯怒,与戎寇周,杀幽王于骊山。"《史记·秦本纪》亦云:"……西戎、犬戎,与申侯伐周,杀幽王骊山下。"《匈奴列传》亦云:"周幽王与申侯有却,申侯怒,而与犬戎共攻杀周幽王于骊山之下,遂取周之焦获,而居于泾渭之间。"当时犬戎实为申侯所召,则《国语》记之更明。《国语》七云:"晋史苏曰……申人缯人召西戎以伐周,周于是乎亡。"(《周本纪》略同)何以申侯一呼而犬戎、西戎俱为之奔走效死耶?则以此"申侯"实为"申戎之侯",同为戎族之故也。此戎族既据有"姜姓申侯之邑"而自称"申戎"矣,则其亦自戴以"姜姓",当非意外之事也。其后春秋时有所谓"姜戎"也者(见僖三十三年《经》《传》及襄十四年《传》)或即此族苗裔之东迁者欤?至于《王会篇》指此族为"西申",而不径名为"申"或"申人""申戎"者,因宣王以后,故国之申伯既已迁宅南邦,(顾栋高曰:"今河南南阳府北二十里申城是。")中华士夫,群目共睹。其在陕边故土者,既非同族,恐其无别也,故准以"西虢"之例,而特称之曰"西申"。此"西申"之名所由来也。(世有确信《王会篇》为成王时作品者,其失也胶。此又其证矣。)

氐羌

孔晁注:"氐地羌,〔与〕羌不同,故谓之氐羌,今谓之氐矣。"王补注:"《商颂》,自彼氐羌。《牧誓》:羌髳……。《说文》:西方羌,从羊。《地理志》:陇西有氐道,羌道。氐,夷穜名。羌,即西域婼羌之属。《括地志》:陇、石、岷、洮、丛等州,西羌也。黄氏曰:羌,古姜姓,三苗之后,居三危。《尔雅》疏:戎类曰耆羌。《山海经》:氐羌,乞姓。贾捐之曰:成王地,西不过氐羌。"

补疏曰:氐与羌,截然不同,羌族上自卜辞金文,渐众经典,皆屡载此族,记录该备;此氐族则不但卜辞金文,绝无可考,即经典中亦以"氐""氏""坻""阺"同字,解为地名,未尝为族名也。卜辞中记录羌族之文,多不胜举;或作"羌",或作"北羌",或作"羌方",或作"羔方"。羌族自有王,故又有"羌王"之文。作"羌"者,如云:"戊午卜,献贞;彡呼御(禦)羌于九☐,弗其获。"(前·六·四〇·一,又同文异片续·五·一六·八)如云:"贞,☐弗其戋羌,咢(蜀)。"(《铁云》·一〇五·三)"乙卯卜,☐贞;王口伐马,羌。"(《林氏》·二·一五·一八)又云:"……旬☐二日乙卯,允☐来自光,☐羌☐五十。"(《通纂》·五三〇)等是也。由上列各文观之,知"羌"与"蜀"相近,"羌方"又与"马方"相近,自殷商时已然矣。惜"九☐"之地已无可考耳。其作"羌王"者,如云:"辛丑卜贞,禽☐羌王,于门☐(谢)。"(后·二·九·四)是也。擒羌王而于门(地名)谢,度其后必且释放之矣。惜门地亦无考。作"北羌"者,如云:"己酉卜,献〔贞〕,王叀北羌,伐。"(前·四·三七·一)羌族所居,较殷人为西北,故亦得目之为"北羌"矣。作"羌方"者,如云:"……于父甲(祖甲)求,戋羌方。"(中研编号·三·二·一六四九)是也。作"㺇方"者,如云:"癸卯卜,宁贞:东甾呼命洗㲉㺇方,十月。"(前·六·六〇·六)"……王☐次,今五族伐㺇方"(后·二·四二·六)是也。"羌"或作"㺇"者,羌族以羊为图腾,如☐,所以系之也。殷代"洗族",本为御☐方与土方之强族,其裔后为春秋时代晋国之"先氏",今亦以御㺇族,是族㺇亦处殷西陲之证也。此殷商时代羌族之概况也。当殷代羌族尚分散在今陕省渭水两岸,与周民族相杂居,与东方之殷族接触频繁,不若汉代之羌族,远徙陇坻以西也。故武王伐殷之时,羌人、蜀人、微人(即郿人)掺入周军,诚以近邻之故也。《牧誓》列举"庸、蜀、羌、髳……"与卜辞中"……弗其戋咢,羌"之文,可谓若合符节矣。至于金文中则有羌伯𣪕(《愙斋》·一一·二三,《周金》·三·一二)其文曰:"唯王九年九月甲寅(按吴其昌《金文历朔疏证》康王九年九月三十日甲寅),王命☐公征眉寇。☐公至告。一月(后一月)眉寇至见,献貁。己未(十月五日己未)王命仲到归☐白衮裘,王若曰:☐白!朕丕显祖玫、珷,膺受大命,乃祖克夷(懋)先王,翼自它邦……☐白拜稽首天子休弗望!忘。小虞邦归荦敢对扬天子丕☐鲁休,用作朕皇考武☐几王尊𣪕。"先师王静安先生跋文曰:"吴县潘氏藏一𣪕,其文曰云云,余谓🕱即羌字。小篆羌字从羊从尺,乃从羊从八之变。又《说文》羌之古文作𦍌,尤与🕱字相似,其上𦍌乃个之讹,其下𦍌亦八之讹也。铭中又述其祖有功于文武,当指羌髳从武王伐商之事。'🕱白'当为'羌伯'无疑……"(《观堂别集补遗》页十三)按先师之说是也。此"武羌几王"乃武王伐商时羌王之子,而为羌伯归夆之父。又自称其国为"小虖邦",此犹周人之自谦称"小邦周",是其国实名为"虖"。惜此字今亦未能确识耳。金文中羌族之自建国家者,其文献如此。至若羌族之散居于渭上诸国境内,则如郑国(今陕西华县)境内,亦有羌伯,传世文献有奠羌白鼎(《贞松》·三·一),又有奠羌白作季姜鬲(《攈古》·二之一·七四,《梦郼》·一·一六,《周金》·二·七八),及匜(《西清》·三一·四)皆其证也。且据此知郑国境内之羌族,并自承为姜姓矣。至于典籍所记羌族源流,《后汉书·西羌传》云:"西羌之本,出自三苗,姜姓之别也……舜流四凶,徙之三危,河关之西南羌地是也。滨于赐支,至乎河首,绵地千里。赐支者,《禹贡》所谓析支者也。(惠栋补注曰:'《续汉书》云:西羌自赐支以西,至河首左右,居今河关西可千余里,有河曲羌。')南接蜀汉徼外蛮夷,西北鄯善、车师之国。所居无常……"又云:"羌无弋爰剑者,不知何戎之别也。秦厉公时,为秦奴隶……后得亡归……诸羌共畏事之,推以为豪……至曾孙忍时,秦献公初立……灭狄獂戎。忍季父邛畏秦之威,将其种人,附落而南出赐支河曲西数千里,与众羌绝远。其后子孙分别:或为牦牛种,越巂羌是也。或为白马种,广汉羌是也。或为参狼种,武都羌是也。忍及弟舞,独留湟中,忍生九子,为九种。舞生十七子,为十七种……忍子研时,秦孝公雄强,威服羌戎。研至豪健,故牦中号其后为:研种……始皇既兼天下,使蒙恬将兵略地,西逐诸戎(按《文献通考》引作"西逐诸羌")……筑长城以界之,众羌不复南度。"证以《史记·始皇本纪》亦云:"……分天下以为三十六郡地,东至海暨朝鲜,西至临洮羌中……"互相应照矣。至若东周时秦地以外之羌族,在宗彝铭刻上亦班班可考。最近出土之羸姒鼎(《贞松》·二·三五)、羸姒彝(《贞松》·四·三四)、羸氏编钟(《善斋》·一·二八)、羸羌编钟(《善斋》·一·二四)皆羌族之遗器也。故羌鱻钟铭云:"鱻羌作戎氏辟旂宗敲……"此戎氏之鱻羌族,乃居于黄河北岸,王屋山之前后两麓地域者。故沁水之支流有虤水之名。《水经注·沁水注》云:"沁水又南历猗氏关(此《汉书》上党郡之猗氏县,乃在今安泽县东南百里),又南与虤虤水合。水出东北巨骏山,西南流注于沁水。"虤虤水盖因流衍于鱻羌故地而得名,昭然无疑。此居于王屋山北麓之羌族也。《史记·秦始皇本纪》载始皇十七年攻赵,秦将杨端和麾下裨将,有"河内羌瘣"其人。此羌瘣为河内人,则乃羌族之居于王屋山南麓者也。总之,远自殷周,下众秦汉,羌族文献之见于契文、金文、经典三方面者,赡详丰富,源委至明,具如上述,且虞漏略。至于氏族,则绝不同。除《商颂·殷武》之诗,一见"自彼氐羌"之文,及《大戴礼记·五帝德》,一见"鲜支、渠庾、氐羌"之文以外,经典既未概见,龟契、宗彝更杳无踪影。《商颂》不出于商时,乃春秋时宋人摹拟《鲁颂》而放作,此已得并世学人所公认(见《观堂集林·说商讼》)。《大戴礼记》,则汉儒《曲台记》之余文也,故"氏"字最早,不过见于春秋时。虽然,最早之"氐"字,果作何解乎?此又一根本问题也。今考"氐"字原始之义,非若"羌"字之可解为部族之名也,乃形容山岩之状,从而引申焉,则为其此出岩之状之地名。故"氐羌"云者,乃谓居于氐地之羌族,而非平列两不同氏族之名也。"氐羌"之文例,等于"洛戎""淮夷",乃谐戎族之居于洛者,夷族之居于淮者,非谓"洛"与"戎","淮"与"夷",为平列之两民族也。"氐"字原始之义具在《说文解字》。据《说文》则"氐"乃"高低"字之专用字,而地方名之字,实当作"氏",或作"坻",或本作"阺"。《说文》云:"氏,巴蜀山名,岸胁之自旁箸欲落堕者曰氏。氏崩,声闻数百里。象形。扬雄赋:响若氏隤。"是本义乃形容川陕陇边围之山势也。段玉裁曰:"……其字亦作坻,亦作阺;自部曰:'秦谓陵阪曰阺'。'阺'与'氏'音义皆同。扬雄《解嘲》曰:'响若坻隤',应劭曰:'天水有大阪,名曰陇阺'……见《文选》注。今本《汉书》作'阺隤'……古'陇阺'亦作'陇坻',与巴蜀之'氏',形小异,而音义皆同。"按段说是也。此引申之义,因状山势岸胁欲堕者曰氏,而陇阪之山势亦正相似,故陇阪之地,亦得名曰"陇阺"矣。此由状词转用为名词也。既于邠汧西境,得称"陇坻"之名,自此陇坻以西,皆为戎羌群居之所,自此以东,稍为诸夏。故张衡《西京赋》曰:"陇坻之险,隔阂华戎",斯其证也。自此以往,则居于此陇坻之羌族,别名之曰"氐羌",以示异其余之众羌;故孔晁《王会》注曰:"氐地羌,〔与〕羌不同,故谓之氐羌。"斯其证也。然则古时但有氐地,实无氐族。所谓氐族,实乃羌族之一种籍贯耳。(宜甲骨文、金文、《尚书》、《春秋》,均绝不见氐族矣。)此"羌"与"氐"之分别定义也。至其字,皆当作"氐羌",不当作"氐羌"。是承纸切,非丁礼切。(丁礼切之"氐",乃"高低"字。)段若膺辨之甚明。《尔雅》疏作"者羌",明与"氐羌"为同音,斯其证也。(《山海经·海内经》云:"伯夷父生西岳,西岳生先龙,先龙是始生氐羌。氐羌乞姓。"按《山海经》乃秦汉间史料。乞姓,金文及经典并无考。今本伪《竹书纪年》云:"成汤十九年,氐羌来宾。武丁三十四年,氐羌来宾。"乃作伪者采《商颂》及贾捐之传妄增年时而缀之。详先师所作疏证,不再辩纠。)

巴人

孔晁注:"巴人,在南者。"王补注:"《左传》注:巴国在巴郡江州县(今渝州巴县)。《郡县志》:渝州,古巴国也。阆白二水东南流曲折如巴字,故谓之巴。武王伐殷,巴人助焉,其人勇锐,歌舞以凌殷效。后封为巴子。其地东至鱼复,西僰道接汉中,南极牂牁。(巴字城在合州石镜县南五里。)《山海经》:后照始为巴人。"

补疏曰:华夏之知有"巴人"也其为时盖甚晚,故卜辞、金文,均不见有"巴"字。卜辞、金文无"巴"字,则巴之初文何若,已无可考。因之后人对于"巴地"原始之义之解释,遂有两种不同之歧谊。其一,《说文》巴部云:"㠪,虫也。或曰:食象它(蛇),象形。"是依许说,则"巴"原义为大蛇之象形。故产此巴蛇之地,亦名为巴矣。其二,谯周《巴记》(《太平御览》六八、《通典》一七五、《寰宇记》一三五引)云:"阆白二水东南流,曲折三回如巴字,故谓三巴("三"字疑"之"字之误)……"依谯说则其地二水曲折如"巴"字,因以得名也。今原始古文不可见,故无以判此二说之是非矣。其最早见于经传者,《春秋》桓公九年《左氏传》云:"巴子使韩告于楚,请与邓为好。楚子使道朔将巴客以聘于邓。邓南鄙鄾人攻而夺之币,杀道朔及巴行人。……夏,楚使鬬廉帅师及巴师围鄾。邓养甥、聃甥,帅师救鄾,三逐巴师不克;鬬廉……背巴师而夹攻之,邓使大败。鄾人宵溃。"从此节可知三点:其一,知当时称巴君为"巴子",至启后人巴为子爵之说。其二,巴与楚连衡亲比。其三,巴师徒勇锐殊甚。又庄公十八年《左氏传》云:"初,楚武王克权……迁权于那处……及文王即位,与巴人伐申而惊其师,巴人叛楚而伐那处,取之,遂门于楚。"从此文更知巴与楚攻守连盟甚久,而巴师之锐,有时且过于楚也。又文公十六年《春秋经》云:"楚人、秦人、巴人,灭庸。"《左氏传》云:"秦人、巴人从楚师,遂灭庸。"是巴虽一度伐楚,不久仍与楚和好连衡也。又昭公十三年《左氏传》记楚共王与巴姬密埋璧于大室之庭以试康王事,知巴人乃自称为姬姓也。古经典中记巴史之最可任信者,惟此为最。据此说,则巴为姬姓之国。因此说而衍释为常璩《巴志》之说。《华阳国志·巴志》曰:"周武王伐纣,实得巴蜀之师,箸乎《尚书》。(按《尚书》无此说。惟伪《孔传》云"髳微在巴蜀"。常璩,东晋末人,自及见之。)巴师勇锐歌舞以凌殷人,前徒倒戈,故世称曰武王伐纣,前歌后舞也。……武王既克殷,以其宗姬封于巴,爵之以子。"今按常道将以谓巴国姬姓而子爵,实皆本之《左传》(称周王族为"宗姬",足证其绝对昧于古制)。谓武王伐纣得巴蜀之师,则本于晋人之伪撰孔传。谓巴师歌舞凌阵之状,则又汉高祖以巴师定三秦时之佳话,而误移之于武王也。扬雄《蜀都赋》曰:"东有巴賨……"章樵注引应劭《风俗通》曰:"巴有賨人,剽勇,高祖为汉王时,募取以定三秦。"又《后汉书·西南夷列传·板楯蛮传》云:"巴中……有渝水,其人天性劲勇,初为汉前锋,数陷阵。俗喜歌舞,高祖观之曰:此武王伐纣之歌也。乃命乐人习之,所谓巴渝舞也。"《巴志》误说之所由来,观此昭然若揭矣。其实,巴本南蛮,初非诸夏,根本不当戴有华夏之姓。春秋时,始与楚首次接触。江汉群蛮,悉为嬴姓。其后又与秦族接触,秦亦嬴姓。于斯时也,巴族如亦效法诸华,冠首以姓者,则亦当自冠以嬴姓,庶少近于情理。汉王符《潜夫论·志氏姓篇》云:"巴、郯、复、蒲,皆嬴姓也。"其亦必有所受矣。昭十三《左传》之"巴姬",则又君酋自尊,取周天子之同姓,若南匈奴之姓刘,沙陀党项之氏李尔。《后汉书·西南夷列传》引《世本》云:"巴郡南郡蛮,本有五姓:巴氏、樊氏、瞫氏、相氏、郑氏,皆出于武落钟离山。其山有赤黑二穴,巴氏之子,生于赤穴。四姓之子,俱生黑穴。共掷剑于石穴,巴氏子务相乃独中之……因共立之以为廪君……廪君死,魂魄世为白虎,巴氏遂以人祠焉。"此初民之神话及人祭之蛮俗,殆为巴民族春秋以前之真象也。至其地域,则《华阳国志·巴志》云:"……其地东至鱼复,西至僰道,北接汉中,南极黔涪……巴子时虽都江州,或治垫江,或治平都,后治阆中。"及至秦惠王时,而为张仪、司马错所灭。《战国策·秦策》:"甘茂曰:臣闻张仪西并巴蜀之地。"《史记·李斯传·谏逐客书》亦云:"惠王用张仪之计,西并巴蜀。"《华阳国志·巴志》记其详云:"周慎靓王五年,蜀王伐苴侯,苴侯奔巴,巴为求救于秦,秦惠文王使张仪、司马错救苴,巴遂伐蜀灭之。仪贪巴道之富,因取巴,执王以归。置巴蜀及汉中郡。"《后汉书·西南夷列传》云:"及秦惠王并巴中,以巴氏为蛮夷君长;世尚秦女,其爵比不更……"巴族至此而遂融合于一大冶中矣。然巴地亦有东陲之部份先见侵并于楚,《史记·秦本纪》:"孝公时,楚自汉中,南有巴、黔中。"桓九《左传》孔颖达疏亦云:"文十六年以后,巴遂不见,盖楚灭之。"此亦形势之自然也。(《山海经·海内经》云:"西南有巴国,大皞生咸鸟,咸鸟生乘厘,乘厘生后照,后照是始为巴人。"此为又一系统之初民神话,不知其何所据。《路史·国名纪》据此,遂以巴族有姬姓、嬴姓及风姓矣。又案唐樊绰《蛮书》卷十云:"按《秦纪》:始皇十八年,巴郡出大人,长二十五丈,一夫两妻"云云,今《始皇本纪》无此文,不知所据。)

方炀

孔晁注:"方炀,亦戎别名。"

补疏曰：方炀之名，古经籍绝未再见，故博雅如深宁叟，其补注亦无说。今按《王会》叙方炀地位于巴人与蜀人之间，以此地位推之，又以"炀"字之声类推之："方炀"，殆即汉时所谓"荡姐"者之祖先也。今试陈其说，以俟世之通人考正焉。考"巴"与"蜀"之间，其国为"苴"。巴居东，蜀居西，而苴居北，介于中。秦惠文王时巴、蜀、苴三国鼎立，而苴族之都为汉中。《华阳国志》云："昔蜀王封其弟于汉中，号曰苴侯。因命之邑曰葭萌。苴侯与巴王为好，巴与蜀为雠，故蜀王怒伐苴，苴侯奔巴。求救于秦，秦遣张仪从子午道伐蜀。王自葭萌御之，败绩……秦遂灭蜀，因取苴与巴焉。"蜀王弟封于汉中而有"苴侯"之名，是汉中之地，在秦惠王以前原名"苴"也。"苴"之土著，当为羌族。因古初羌族，原蕃衍于川陕甘三省之边境故也。及至汉时，陇西、武都、天水、广汉……诸郡之群羌中，有无数之小部落，皆以"姐"为名。此"姐"与"苴"，必有渊源历史之关系无疑，因其声音既同，地域方位又极相合也。《后汉书·西戎传》，记群羌小部落之以"姐"名者，如"封养牢姐"（武帝时）、"陇西牢姐"（和帝永元十二年）、"上郡牢姐"（延熹四年）、"乡姐"（元帝时）、"累姐"（永元十二年）、"勒姐"（元初元年，又元初六年）……等，而西汉武帝时则有"荡姐"。扬雄《谏不许单于入朝书》（《汉书·匈奴列传》下引）曰："往时尝……籍荡姐之场……不过旬月之役。……"颜注："刘德曰：羌属也。"名"姐"之羌，既与"苴"有渊源关系，而名"苴"之地，又鼎足处于"巴""蜀"之间；今"方炀"亦鼎足于"巴人""蜀人"之间，而"炀"之声又与"荡"同。以是故，疑《王会篇》之"方炀"，即汉武帝时之"荡姐"也。

蜀人

孔无注：王补注："蜀见于《牧誓》。《华阳国志》：蜀之先肇于人皇之际，黄帝为子冒意娶蜀山氏，后子孙因封焉。《寰宇记》：蚕丛始称王。次曰栢灌，次曰鱼凫，其后杜宇号望帝。以褒斜为前门，熊耳灵关为后户，玉垒峨眉为池泽。禅位于开明。自开明而上，至蚕丛，凡历千岁。秦以其地为蜀郡。"

补疏曰：扬雄《蜀王本纪》，常璩《华阳国志》，所述蜀之古史，在春秋以前者，尽为初民神话而非可信史实。"蜀人"——蜀民族之往史，于经典中最早唯见于《牧誓》。蜀人既参加周武王之革命，则其民族之活跃，必始于殷商中叶，至为明显。是故殷商龟甲卜辞，记载蜀民族之史迹，亦尚不止一二见。考"蜀"字卜辞作"🐛"。"🐛"，像一虫形。余杭章炳麟于《文始》中以谓"蜀"像蚕形，蜀人最先饲蚕，至今犹为蚕乡，故以蚕形之"蜀"，名其乡土民族。此说似是而实非也。考古人于"蜀"与"蚕"之二种虫类，分别至为严格：远自殷人，卜辞中"蜀"作"🐛"形，"蚕"作"🐍"形，各肖本状，形态至异，一也。降至先秦，则皆知"蚕"为益虫，而"蜀"为螫人之害虫，类别更远。《韩非子·说林》上云："鳣（按今作鳝）似蛇，蚕似蜀（今作蠋。段玉裁曰："今左旁又加虫，非也。"）人见蛇则惊骇，见'蜀'则毛起！渔者持鳣，妇人拾蚕，利之所在，皆为贲诸。"又《淮南子·说林训》云："今鳝之与蛇，蚕之与蜀，状相类而爱憎异。"高诱注："人爱鳝与蚕，畏蛇与蜀"是知纵陋夫愚妇，未有不能辨别蚕与蜀之为截然二物也，二也。下逮汉人，亦知蜀与蚕，形虽似而实不同。蚕食桑而蜀啮葵。《说文》虫部云："蜀，葵中蚕也。（段玉裁曰："许言蚕者，蜀似蚕也。"）从虫，上目，象蜀头形；中，象其身蜎蜎。"吾人固当见夏秋啮葵似蚕之虫，螫人至痛，见之毛起！即此物是也。汉人亦认识甚确，三也。由是观之，古蜀民族或以"蜀"为其图腾，如嬴姓民族以"龙"为其图腾，姚姓民族以"蛇"为其图腾，事颇可能。（龙、蛇、蜀，皆足以威人。）然蜀绝不同蚕，因此而误会为创蚕之民族，牵强更远矣。故章氏之说，似是而实非也。（为章氏辩者，可引《豳风·东山》"蜎蜎者蜀，烝在桑野"为证。不知此反证也。下章又云："有敦瓜苦，烝在栗薪。"烝，进也。瓜非裂薪所产，而进在栗（裂）薪上矣。蜀非食桑之蚕，而进在桑野中矣。此乃鹊巢鸠居之意，弃妇怨其良人别有所进也。故曰："其新孔嘉，其旧如之何？"此正可以反证蜀非桑蚕。）此以"蜀"为声，或以"蜀"为图腾，或既为图腾而兼以为声之民族，其在商时行动之史迹，留有记载于殷契卜辞中者，如云：

（一）"……罚……"前一·五一·六·

（二）"丁卯，卜，𡆥贞。至罚，我又（有）事。"前三·三·八·

（三）"丁卯，卜，𢍰贞。王𢀛于罚。二月。"后一·九·七·

（四）"丁卯，卜，𢍰贞。王𢀛于罚。九月。"续一·五二·一·

（五）"□寅，卜，𢍰贞。王奴人，正（征）罚。"后二·二七·七·

（六）"□寅，卜，𢍰贞。国奴人，国罚。"后二·三〇·一〇·

（七）"贞，㕟弗其戋羌，罚。"《铁云》一〇五·三·

以上罚事七见，除第一片仅见孤文，无可推证外；第二片云："至罚，我有事。"此至罚之人，虽未必为殷王，然殷人尚决不能至今日之四川，故殷时之蜀地，决不能似秦汉以后之"蜀郡"之远，则似可断言也。第三四片并云："王𢀛于罚"𢀛之言挞；《常武》诗："铺敦淮濆"，不娑毁："汝及戎大𢀛敷"，宗周钟："𢀛伐其至，戮□厥都"可证。第五六片并云："王奴人征罚"。奴之言合，谓集合人众（卜辞常有"奴人五千""奴人三千"之语，详《殷虚书契解诂》）。又此四片之史官名"𢍰"，乃武丁时之贞人。综此四片而观，则在殷王武丁时，王尝𢀛伐于蜀，又常集合人众以征蜀也。是在殷商中叶，蜀人之于殷朝，数尝反侧不靖，殷人又数加膺惩，民族间之情感劣恶，故武王伐殷，乃得乘隙利用，牧野之誓，所以有蜀人在也。此四片甲骨，殆可为《牧誓》之补充疏证，以说明其内在之原因焉。第七片最为重要，乃所以卜是否可"戋羌罚"者？"戋"之义在卜辞则亦为伐（并详《解诂》）。此可注意者：羌、蜀连称，可见此两民族必为邻近毗附之民族。以《牧誓》考之，"庸、蜀、羌、髳……"蜀与羌，亦正相联合，可以互证。今陕西渭水南岸秦岭、终南、大散等山谷，皆羌族游牧生息之区也（详上节氐羌补疏）。而蜀人乃与错间杂居，是知殷周之际，蜀民族之根据地，尚在今陕西省之南部，而未曾南下越剑阁而入岷江溢地也。此蜀民族开始由陕南向西南移动，踰越剑阁而转入川北，在于何时？今无可确考。惟传世西周千百彝器铭文中，"罚"之史迹，反阒然不见；此诚可注意，乃告我人西周时"蜀"民族已被挤迫外迁，逸出华夏"史笔圈"以外矣。惟成王时之毛伯彝曾一见之,其文云:"咸成王……命毛伯……作四方亟,秉:繁、蜀、巢。""命毛公,伐东国㾞戎……"亟,即极。"作四方亟",即作四方之长。犹毛公鼎云:"命女亟一方",为一方之长也。此云为四方长,意谓总理四方之戎夷。究计其四方:在东方,则为"㾞戎"。"巢",则为南蛮。"繁",似指北方之戎。则所谓"蜀"者,自当指极西之夷族而言。度此时蜀人,已渐被挤迫,开始移殖蜀郡矣。此后离距华夏民族,日远日疏,接触日稀,越二百年而始一贡。《北堂书钞》卷三十一,《太平御览》卷八十四并引真《竹书记年》云:"夷王二年(公元前八九三),蜀人,吕人,来献琼玉。宾于河,用介珪。"(按毛伯彝在成王六年公元前一一〇三至夷王二年,相距二百十年。)自此以后,直至秦厉共公二年(元前四七五)以前,蜀民族与华夏民族之联络,乃戛然中断,凡四百十八年。在此长暗期内,华夏之史策虽丰,曾不为蜀人留片影焉,此其故堪深长思也。度其时蜀人生息根据之地,已远奠于岷潜溢地上矣。越四百余年,"蜀人"始再出现于史籍。然亦已非中原之史,乃西戎秦国之史耳。自《史记·秦本纪》,记秦厉共二年蜀人赂秦以后,蜀民史迹,暗而复明。自此以后,蜀之故史,可分三段。自厉共公二年,至惠文王后九年为甲段。自惠文王后十一年至昭襄王二十二年为乙段。自昭襄王二十二年至始皇帝统一中国为丙段。甲段之史凡百六十年,犹是蜀民族自王自治,未受他族侵略控制,《华阳国志》所谓"开明氏王蜀"时代,其兵力强盛时,且尝与秦楚争地焉。乙段之史,凡三十年,此时蜀人已亡于秦人,戴异族以为君,然地方未大开发,秦人控治力犹薄,故三十年间变乱三起焉。丙段之史,凡六十五年,则已彻底为秦征服,且逐渐同化融合而为一族矣。于是秦之能吏,张若,李冰,相踵为治,藩封已改郡县,"西僻"遂成内地矣。今将此三段大事,依序时代,最录如下:

甲 蜀人自主时代

秦厉共公二年(公元前四七五)蜀人来赂。(《秦本纪》,《六国表》同。)

又二十六年(公元前四五一)左庶长城南郑。(《六国表》。)

躁公二年(公元前四四一)南郑反。(《秦本纪》,《六国表》同。)

惠公十三年(公元前三八七)蜀取我南郑。(《六国表》。)

惠公十三年(公元前三八七)伐蜀,取南郑。(《秦本纪》)

楚肃王四年(公元前三七七)蜀伐我(楚)兹方。(《六国表》。)

《楚世家》云:"肃王四年(按同安王二十五年,秦孝公八年),蜀伐楚,取兹方。于是楚为扞关以拒之。"《正义》曰:"《古今地名》云:荆州松滋县,古鸠兹地,即兹方是也。"《索隐》曰:"《郡国志》:巴郡鱼复县有扞关。"观此,则此时蜀人能兼制巴人,兵力且能出夔门而至鄂中,当为蜀最盛之时。

惠文君元年(公元前三三七)蜀人来朝。(《秦本纪》,《六国表》同。)

《华阳国志·蜀志》云:"周显王之世,蜀王有褒汉之地,因猎谷中,与秦惠王遇。惠王以金一笥遗蜀王。"又云:"周显王二十二年(按当作三十二年,即惠文王元年),蜀侯使朝秦,秦惠王数以美女进蜀王,感之,故朝焉。"

又,后九年(公元前三一六)司马错伐蜀,灭之。(《秦本纪》,《六国表》略同。)

《张仪列传》云:"苴、蜀相攻击,各来告急于秦。秦惠王欲发兵以伐蜀,以为道险狭难至。司马错曰:蜀,西僻之国,戎翟之长也。得其地,足以广国。取其财,足以富民。利尽四海。惠王卒起兵,十月取之。遂定蜀。贬蜀王。"《华阳国志》云:"周慎王五年(公元前三一六)秋,秦大夫张仪、司马错、都尉墨等,从石牛道伐蜀,蜀王自于葭萌拒之,败绩,王遁走至武阳,为秦军所害,其傅相及太子,退至逢卿,死于白鹿山,开明氏遂亡。凡王蜀十二世。冬十月,蜀平,司马错等,因取苴与巴焉。"按《国志》详记苴为蜀王弟之分封、及苴,蜀交哄之经过,已引载前"巴人"及"方炀"疏。此不复引。

乙　秦人藩封时代

惠文君后十一年(公元前三一四)公子通封于蜀。(《秦本纪》)

惠文王初更十二年(公元前三一三)公子繇通封蜀。(《六国表》。)

《华阳国志》:"周赧王元年(公元前三一四),秦惠王封子通国为蜀侯,以陈壮为相。置巴郡,以张若为蜀国守。戎伯尚强,乃移秦民万家实之。三年,分巴蜀,置汉中郡。"按《华阳国志》所记年代,与《秦本纪》同。

又后十四年(公元前三一一)蜀相壮,杀蜀侯来降。(《秦本纪》,《表》略同。)

武王元年(公元前三一〇)诛蜀相壮。(《秦本纪》,《表》同。)

《华阳国志》:"赧王六年(公元前三〇九)陈壮反,杀蜀侯通国。秦遣庶长甘茂、张仪、司马错,复伐蜀,诛陈壮。"按《国志》所记较《本纪》,《年表》,皆迟一年。又云:"七年(公元前三〇八)封公子恽为蜀侯。"按此当亦较迟一年。昭襄王六年(公元前三〇一)蜀侯恽反,司马错定蜀。(《秦本纪》,《表》略同。)

《华阳国志》:"赧王十四年(公元前三〇一)蜀侯恽祭,献馈秦王。后母害其宠,加毒以进,王大怒,遣司马错赐恽剑。恽惧,夫妇自杀。"

周赧王十五年(公元前三〇〇)秦王封恽子绾为蜀侯。(《华阳国志》。)

《国志》又云:"王闻恽无罪冤枉死,使使葬之。"

赧王三十年(公元前二八五)秦疑蜀侯绾反,复诛之。(《华阳国志》。)

丙　秦人郡县时代

《华阳国志》:"蜀侯绾诛,但置蜀守张若。周灭后,秦孝文以李冰为蜀守。灌溉三郡,开稻田,于是蜀沃野千里,号为陆海。"

以上蜀民族自殷迄秦其渊源文献之可考见者也。

(原载《中国史学》,一九四四年第一期)

朱子传经史略

集我国学术之大成者,朱子也。朱子于学无所不造其极。于吾国之国粹无论矣。即今日欧西之物质科学,在利玛窦、汤若望未莅华以前,若天文学,若地文学,若地质学,若气学,若光学,若声学,若电学,朱子皆已一一能明其端倪。近世浏阳唐才常,分列以上诸项,而取《朱子语类》条附之,可考也。此姑不具论。今所述者,朱子经学也。故当就朱子经学一项,考其行于躬者,如何而初启端倪,如何而渐加注意,如何而浸施功力,如何而始有所得,如何而大加阐明,如何而竭力发挥,如何融会洞彻,豁然贯通;其传于人者,如何而导其渊源,如何而明其宗派,如何而因而程度,如何而随其天性,如何引伸其是,如何而勘正其非,此《史略》之所以作也。

按学史学案,例必先传其史,而后核其学,盖所以撮凡举纲,将以先明其头绪也,否则终于懵然。准是,朱子传经之史略尚不能知,则朱子传经之家法更何由而能考之哉?考朱子传经之史略,当别为两大项:一项行之于躬者,又一施之于人也。兹分述之:

(一)行之于躬者　终朱子之身,可分六期。

第一期　自十四岁至二十四岁,是为初启端倪时期　朱子于十三四岁始从父受二程子《论语说》,慨然发愤。于是朱子于经学初启端倪矣。至二十四夏见李延平先生,于是折衷旧说,于其冬成《论语要义》一书。

第二期　自二十四岁至三十四岁,是为渐加注意时期　前书既成,于是朱子于经学渐加注意矣。即于二十四至三十四间又成《训蒙口义》一书。

第三期　自三十四岁至四十三岁,是为浸施功力时期　前二书既成,又取程子及其门人十四家之说成《论孟集义》十四卷。于是朱子于经学浸施功力矣。至四十三春而二书成。

第四期　自四十四岁至四十八岁,是为始有所得时期　《集义》成而朱子经学之基立。于四十四岁起,而著《集注》、《或问》、《中庸集解》,于是朱子于经学始有所得矣。至四十八岁,而《论孟集注》、《论孟或问》、《周易本义》、《书集传》均于是年同成,故曰始有所得也。

第五期　自四十八岁至五十三岁,是为益加阐明时期　五十一岁修定《论孟集义》。五十、五十一两岁三修《诗集传》,于是朱子于经学益加阐明矣。

第六期　自五十四岁至六十八岁,是为竭力发挥时期　五十四岁一修《论孟集注》,二修《学庸章句》。五十五岁三修《诗集传》。五十六岁三修《章句》,一修《小学》。五十八岁一修《周易本义》。六十岁一修《中庸集解》。六十一岁二修《集注》。六十二岁一修《启蒙》。六十四岁二修《启蒙》。六十五岁四修《诗传》。六十六岁三修《启蒙》。六十七岁三修《集注》,一修《要略》。六十八岁四修《集注》。

凡此六期,虽由一人臆析,然考之事实,不可诬也。其六十岁《学庸章句》成,始将一贯之说,笔之于书,盖为朱子融会洞彻、豁然贯通之期也。然如《章句》一书修删至死,而《仪礼经传通解》、《书集传》又皆起稿于六十七九之间,此又不可不申明之也。

(二)施之于人者　此较繁复,难以一二言尽。今按

(甲)道其渊源　如于《易》则有蔡渊、董铢、欧阳谦之、度正等,于《书》则蔡沈、陈埴、陈文蔚、滕琪等,《诗》则有辅广、杜知仁、陈淳等,《礼》则杨复、黄干等。详见下图表。

(乙)明其宗派　如西山蔡氏一学派,北溪陈氏一学派,勉斋王氏一学派,潜室陈氏,潜庵辅氏,磐溪董氏,南湖杜氏各一,学勉斋学派实直至明方正学三传弟子王充达而止。此所从略。

(丙)因其程度,随其天性　此不可仓卒说尽,必须将《朱子语类》沉潜反复,方始有见地。

今更详考之如下:

(一)"论语要义"

起,二十四岁夏。

《论语要义》序:某年十三四岁,受二程先生《论语说》于先君,未通大义,而先君弃诸孤。中间历访师友,以为未足。于是遍求古今诸儒之说,合而编之,诵习既久,益以迷眩。晚亲有道,窃有所闻,乃慨然发愤,尽删余说,独取二先生及其门人朋友数家之说,补辑订正,以为一书,目之曰《论语要义》。

王白田《朱子年谱》:二十三年癸酉,二十四岁,夏,始见李先生于延平。

成,三十四岁冬。

王白田《朱子年谱》:孝宗隆兴元年癸未,三十四岁,十一月《论语要义》、《论语训蒙口义》成。

(二)《论语训蒙口义》

起,二十四岁后。

《论语训蒙口义》序:予既叙次《论语要义》,以备览观,又以其训诂略而义理详,殆非启蒙之要,因为删录,以成此编。

成,三十四岁冬。

《年谱》云云见前。

(三)《论语精义》

(四)《孟子精义》

起,三十四岁。

《论语孟子精义》序:《论》、《孟》之书,古今为之说者,盖已百有余家,类皆不足以与闻。斯道之传,宋兴有二程先生者,然后斯道之传有继。(中略)间尝搜辑条疏以附本章之次,既又取横渠张公、范氏、二吕氏、谢氏、游氏、杨氏、侯氏、尹氏九家之说,以附益之,名曰《论孟精义》。

其昌谨按:此盖因前《论语要义》成后而作。观《要义》序云,尽删余说,独取二先生及其门人朋友数家之说云云。推其理,盖先成《论语要义》,后时加修改,因而旁及《孟子》,以是二书之权舆立矣(前所云二先生门人,即此所云二吕氏、谢氏、游氏、杨氏、尹氏、侯氏、范氏八家也。前所云二先生朋友,即此所云横渠张公也。此益可为因前书既成而修改之之证。)

成,四十三岁春。

王白田《朱子年谱》:八年壬辰,四十三岁,春正月,《论孟精义》成。

修定,五十一岁冬。

《论孟要义》后序:某顷年编次此书,锓板建阳,学者传之久矣。后细考之程、张诸先生说,尚或时有所遗脱,既加补塞,又得毗陵周氏说四篇,附于本章云。淳熙庚子冬十一月。

《年谱》:七年庚子,五十一岁。

(五)《中庸集解》

起。

朱子《石君墓志铭》:尝除郴州桂阳县主簿,秩满,循从事郎调泉州同安县丞。

其昌按:此书石子重憝与朱子同编。子重曾为同安县丞,朱子曾为同安主簿,二人相交自此始。疑此书编集即肇于此,然未敢必。

成,四十四岁。

《中庸集解》序:某之友会稽石君憝子重乃始集,而次之合为书,以便观览。名曰《中庸集解》(中略)乾道癸巳九月朱某谨书。

《年谱》:九年癸巳,四十四岁。

修定,六十岁。

《四库全书提要》:乾道癸巳,憝作《集解》,朱子序之。淳熙己酉,朱子作《中庸章句》又取其书,重为删定,名曰《辑略》。

(六)《家礼》

起,四十岁秋。

李果斋《朱子年谱》：五年己丑，四十岁。九月戊午，丁母祝孺人忧。

洪去芜《朱子年谱》：先生居丧尽礼，自始死至祥禫，参酌古今，咸尽其变，因成丧、祭礼，又推之于冠、昏，共为一编，命曰《家礼》。

成，四十五岁夏。

《古今家祭礼跋》：右《古今家祭礼》，某所纂次，凡十有六篇（后改二十卷，见《文集·答郑景望书》）。淳熙元年五月。

《年谱》：淳熙元年，甲午，四十五岁。

《文献通考》：《古今家祭礼》二十卷，朱子集《通典》、《会典》、《会要》所载以及唐本朝诸家祭礼，皆在焉。

其昌谨按：《家礼》一书，王白田以为非朱子书。余谓王说未必然。即如王说，朱子《家礼》已亡，今所传者非朱子原本，亦不能谓朱子未尝编《家礼》。且朱子序文载之文集，其语载之行状，何能伪哉！又按《家礼》二十卷，《文献通考》作《家祭礼》二十卷。余谓朱子居丧，故编《祭礼》二十卷。自四十岁起，四十五岁成，名《古今家祭礼》，即《文献通考》之所载也。今其书已亡。世所传者乃当时士子潜取其书，加以删削，而益以冠昏诸礼而成，即会葬移来本也。岂有朱子居丧，而编冠昏礼之理乎？此其理至易明也。

（七）《论语集注》

（八）《论语或问》

（九）《孟子集注》

（十）《孟子或问》

起，四十四岁。

《乙未与张敬夫书》：《中庸大学章句》缘此略修一过。《论语》亦如此草定一本，未暇脱稿。《孟子》则方欲为之，而日力未及也。

洪去芜《朱子年谱》：先生既编次《论孟精义》，既而约其精粹，得其本旨者，为《集注》，又疏其所以去取之意，为《或问》。

其昌谨按：此四书者，必起稿于四十四岁。此可断言，时为乙未岁。而《论语精义》之成，又在四十三岁。盖朱子之与四书，直未尝有一刻之相离。既成《精义》,即思所以约之,因成书后即行起稿,此《论孟集注》之权舆也。以是随选随录,随明其选录之意,此《或问》所由成也。《或问》、《集注》,盖相附而始终者也。

成,四十八岁夏。

王白田《朱子年谱》:四年丁酉,四十八岁,夏六月,《论孟集注或问》成。

后又屡次修定。五十四岁一修。(《或问》不修)

《癸卯答胡季随书》:某于《语》、《孟》、《大学》、《中庸》,一生用功,粗有成说。然近日读之,一二大节目处,犹有谬误,不住修削。

六十一岁,再修。

《庚戌答张元德书》:《大学》等书,近多改定处,未暇录寄。

六十七岁,三修。

《朱子语类》:张元德问曰:《语孟或问》乃丁酉本,不知后来改定何如?答曰:《论孟集注》,后来改定处多,遂与《或问》不甚相应。(丙辰)

六十八岁,四修。

《朱子语类》:某所解《语》、《孟》,自三十岁便下功夫,到而今改犹未了,不是草草看者。(丁巳)

其昌谨按:朱子之于《语》、《孟》也,自《要义》、《训蒙口义》成,因而作《精义》。《精义》成,因而作《集注》、《或问》。《集注》成,而修改,至此方告定。盖自二十四岁起,至六十八岁止,凡历四十四年之久,而仅成此区区。后之有志于学者,其可不于此尽心也乎。

(十一)《周易本义》

起,四十六岁。

《乙未答张敬夫书》:近又读《易》,见一意思,圣人作《易》,本是使人卜筮以决所行之可否,而因之以教人为善,如严君平所谓与人子言依于孝,与人臣言依于忠者。故卦爻之辞,只是依象类虚设于此,以待扣而决者,使以所值之辞决所疑之事,似若假为神明。(以此意读之,似觉卦、爻、十翼指意通畅)今录首篇二卦拜呈。此说乍以为然,然且置之,时时虚心,略赐省阅,久之或信其不妄耳。

《乙未答吕伯恭书》:读《易》之法,窃卦爻之辞,本为卜筮者断吉凶,而因以训戒。至《彖》、《象》、《文言》之作,始因其吉凶训戒之意,而推说其义理以明之。(中略)窃以为如此求之,似得三圣之遗意,然方读得《上经》,欲私识其说与朋友订之。

成,四十八岁。

王白田《朱子年谱》:四年丁酉,四十八岁,《周易本义》成。

修定,五十八岁、五十九岁。

《丁未与赵提举书》:大抵《易》之为书,本为卜筮而作,旧亦草笔其说。今漫录二卦上呈,其他文义未莹者多,未能卒业。

《戊申答余正叔书》:归家只得看《大学》与《易》,修改颇多。义理无穷,心力有限,奈何?惟须毕力钻研,死而后已耳。

(十二)《诗集传》

起。

《乙未前答范伯崇书》:十五《国风》次序,恐未必有意,故《集传》中不敢提起。欧阳公《本末论》甚佳,亦收在后语中矣。

《吕氏家塾读诗记》后序:此书所谓朱氏者,实熹少时浅陋之说,而伯恭父误有取焉。其后历时既久,自知其说有所未安。

吕东莱《家塾读诗记序》

《四库全书提要》

成,四十八岁冬。

王白田《朱子年谱》:四年丁酉,四十八岁,《诗集传》成。

《诗集传》序:丁酉冬十月新安朱某书。

修定,五十岁一修。

《庚子答吕伯恭书》:《小序》尽出后人臆度,若不脱此窠臼,终无缘得正当也。去年略修旧说,订正为多,尚恨未能尽去。得失相半,不成完书耳。

五十一岁,再修。

《庚子答吕伯恭书》:《小序》之说,未容以一言定。区区之意,已是不敢十分放手。(中略)却望一一仔细垂论,更容考究。何如?

又:《诗》不知竟作如何看?近来看得前日之说,犹是泥里洗土块,毕竟心下未安稳清脱。便中求所定者节目处一二篇一观,或有所警发也。

五十五岁,三修。

《甲辰答潘文叔书》:《诗》亦再看,旧说多所未安,现加删改,别作一小书,庶几简约易读。

《甲辰答潘恭叔书》:近再看《二南》旧说,极有草草处。已略刊订,别为一书,以趋简约,尚未能便就也。

六十五岁,四修。

《甲寅答李公晦书》:《诗说》近修得《国风》数卷,旧本且未须出,甚善。

《甲寅后与叶彦忠书》:《诗传》二本,烦为以新本校旧本,其不同者,依新本改正。有纸卅副在内,恐要帖换也。

(十三)《周易启蒙》

起,四十八岁。

李古冲《朱子年谱》:先生既推羲文之意,作《周易本义》。又惧学者未明厥旨,乃作《启蒙》四篇。

成,五十七岁春。

王白田《朱子年谱》:十三年丙午,五十七岁,春三月《易学启蒙》成。

审定,六十二岁、六十四岁、六十六岁。

《辛亥答孙季和书》:旧读《易经》尝有私记,未定而为人传出。摹印说虽未定,然大概可见。循此求之,庶不为凿空妄说也。又尝作《启蒙》一书,亦已板行。不知曾见之否?今往一通试看如何?

《癸丑答郑仲礼书》:示谕,读之说甚善。某亦尝粗笔其说,而未成也。至于画卦、揲蓍之法,则又尝有一书,模印以传,名曰《启蒙》。

《乙卯答刘君房书》:《启蒙》自今观之,如论河图洛书,亦未免有剩语。

其昌谨按:观朱子与人之书,惓惓以《启蒙》为言者,悉萃聚于此数年之间,虽未明言修改,然亦可知此数年之间,必将《启蒙》审定无异也。

(十四)《孝经刊误》

起(失考)。

其昌谨按:《孝经刊误》朱子后记云:因以书质沙随程可久丈,程答书曰:顷见玉山王端明,亦以此书为多出后人附会。窃自幸有所因述,而免于凿空妄言之罪也云云。则是此书之起,在与程书同时,但今与程之书已失,无可考矣。

成,五十七岁秋。

王白田《朱子年谱》:十三年丙午,五十七岁,秋八月《孝经刊误》成。

(十五)《小学》

起,五十四岁秋,五十六岁修改。

《癸卯七月答刘子澄书》:《小学》书曾为整顿否?幸早为之,寻便见寄。

《乙巳与刘子澄书》:《小学》书却非此比,幸早成之。

又:《小学》书却与此殊科,幸早成之,便中遣寄也。

又:所刻之书皆有益,但《小学》惜乎太遽,又不蒙润色耳,近略修改。

其昌谨按:观此,则可知因朱子三次去书催促,而刘遂成书刊行。朱子乃取其已刊之书,修改之而成一完本、即今所传者是也。

《乙巳与刘子澄书》:《小学》现此修改,(中略)凡定著六篇。

成,五十八岁春。

王白田《朱子年谱》:十四年丁未,五十八岁,三月,《小学》书成。

《小学》题辞:淳熙丁未三月朔旦,晦庵题。

(十六)《大学章句》

(十七)《大学或问》

(十八)《中庸章句》

(十九)《中庸或问》

起,三十八岁前。

《丁亥答许顺之书》:《大学》之说近日多所更定,旧说极陋处不少。

草修,四十三岁,《或问》起。

《甲午答吕东莱书》:《中庸章句》一本上纳。此是草本,勿以示人。更有详说一书,字多未暇。(中略)《大学章句》并往亦有详说,后便寄也。

草修,四十四岁。

《乙未答张敬夫书》:《中庸、大学章句》缘此略修一过,再录上呈。然觉其间更有合删处。

草修,五十四岁。

《癸卯答胡季随书》:某于《语》、《孟》、《大学》、《中庸》一生用功,粗有成说。然近日读之,一二大节目处,犹有谬误,不住修削,有时随手又觉病生,此岂易事。

草修,五十六岁

《乙巳答詹帅书》:《中庸》《大学》旧本已领二岁,所改尤多。《中庸》序中推本尧舜传授来历,添入一段甚详。《大学·格物》章中改定,用功程度甚明。删去辨论冗说极多。旧本直是见得未真也。

著定成书,六十岁。

王白田《朱子年谱》:十六年己酉,六十岁,二月甲子,序《大学章句》。三月戊申,序《中庸章句》。

王白田《朱子年谱考异》:按与张、吕书,则甲午、乙未《大学》、《中庸》已有本矣。与詹帅书,在乙巳尚云所改极多。距甲午、乙未十余年,而已及《中庸序》。则两序作于乙巳间,至己酉而后定耳。

其昌谨按:朱子童时,即受四书于韦斋先生。历访贤友,沉潜反复,至三十四而成《论语要义》《训蒙口义》。因此二书,至四十三而又成《论孟精义》。因此二书而旁及四书。此四书集注所由作也。(详考之源流自见)

修改,无时不修。

《朱子语类》:问:赵书记欲以先生《中庸解》锓木,如何?先生曰:切不可。某旋见得旋改,一年之内改了数遍,不可知。

改定,至先生卒。

王白田《朱子年谱》:六年庚申,七十一岁,三月辛酉,改《大学·诚意章》。甲子,先生卒。

蔡九峰《梦奠记》:初六日辛酉,改《大学·诚意章》。令詹淳誊写,又改数字。初九日甲子午刻,先生逝。

(二十)《孟子要略》

起,不可确考:约在五十四岁后。

曾文正《孟子要略》序:观金氏所记,则朱子当日编辑要略,别为注解,与《集注》间有异同。

本篇《论孟集注或问》:五十四岁一修。

成,六十三岁冬。

王白田《朱子年谱》:三年壬子,六十三岁,是岁《孟子要略》成。

修,六十七岁

《丙辰与黄直卿书》:病中看得《孟子要略》数章,分明觉得从前多是衍说,已略修正。写去此书,似有益于学者。

(二十一)《仪礼经传通解》

起,六十七岁。

王白田《朱子年谱》:二年丙辰,六十七岁,是岁始修《礼》书。

修,七十一岁。(先生卒之前日)

蔡九峰《梦奠记》:初八日癸亥,精舍诸生来问病。(中略)诸生退,先生作范伯崇念德书,托写《礼》书,又作黄直卿干书,令收《礼》书底本,补葺成之。

《庚申与黄直卿书》:礼书无人商量,且就直卿处折衷。如向来《丧礼》详略,皆已得中矣。《臣礼》一篇兼旧本,今先附案,一面整理其他,并望参考条例,以次修成。

(二十二)《书集传》

起,六十九岁。

王白田《朱子年谱》:四年戊午,六十九岁,集《书》传。

李古冲《朱子年谱》:按大全集《二典》、《禹谟》、《金縢》、《召诰》、《洛诰》、《武成》诸说数篇,及亲稿百余段具在,其他悉口授蔡沈,俾足成之。

修,七十一岁。(先生卒之前日)

蔡九峰《梦奠记》:三月初二日丁巳,是夜,先生看沈《书集传》说数十条。初三日戊午,先生在楼下改《书传》二章,是夜说《书》数十条。

蔡九峰《书集传》序:庆元己未冬,先生文公令沈作《书集传》。明年先生殁。又十年始克成编。(中略)微辞奥旨,多述旧闻。二《典》三《谟》,先生亦尝是正,手泽尚新。呜呼惜哉!

朱子诂经之史,既如上述。虽然,朱子之学,非外六经而求之空虚寂灭之域也。其于《大学》《中庸》二书,用力三十二年之久,而修删至死前三日。其用功于六经如此其勤,故能发孔孟未尽之蕴,而立万世不易之准也。今欲考朱子之经术,则大贤之学既邃深,而非吾辈末学所易窥其真相,姑退一步而求之其门人。然朱子门人合《道南源委》、《洛闽源流录》、《宋元学案》、《儒林宗派》等书(《考亭渊源录》,余未之见,其所载当更较上之所举者为富也)而计之,尚有五百三十余人之可考,皆亲炙而非私淑也。其平日侍朱子久,承朱子之诲,于朱子诂经阐理处心立身治世之大道,必有得其真诠与神髓者,特后人不加统系之纪述,剖析之观察而已。

欲考一人之学术,必按程以求之,而门人即其津梁也。譬如济川,自浅及深,而门人即其浅处也。故能得其门人之学术,进而求诸其人不难矣。今考朱子之门人者,古今不乏其人,而考夫朱子授经之源流,探朱子诂经之家法者,实所罕闻,可慨也已!

然间或有之,朱子门人王力行曾著《紫阳授受图》,惜今已佚。此后粗发其凡者,则有康熙间徐健庵。其言曰:《易·附录纂注》序:朱子之门,若节斋蔡氏、盘涧董氏之于《易》;九峰蔡氏之于《书》;传贻辅氏之于《诗》;清江张氏之于《春秋》;勉斋黄氏、信斋杨氏之于《礼》,皆朱子嫡传也。再传而后怀孟、金华、新安、鄱阳，其传益著，其派益广，苟能为之稽其授受，别其源流，使后之学者知渊源之有自，岂不为明经之一助乎？

然创之者既不详考其渊源，而后之人又不推衍其流派，（自注：甚者清初人之言，而今人已茫然莫知。如万季野氏《儒林宗派》所载，朱子弟子传之今日，已有不可考。又如朱锡鬯氏《经义考》所载朱子弟子，后人视之不啻珍闻旧说，且取以补《宋元学案》之不足。即以徐氏之言考之，其嫡传固人所易知。其再传所谓金华者，指何北山、王鲁斋也；所谓新安者，指胡玉斋、胡双湖也；所谓鄱阳者，指陈师凯、王充耘也；所谓怀孟者，今无可考。中国学史之荒芜，于此可见其概。）故其说不行，而朱子传经之迹泯焉。

一传

蔡元定（《律吕新书》）；黄干（《仪礼经传通解》、《四书通释》）；蔡渊（《易训解》、《易象意言》、《卦爻辞旨论》、《六十四卦大意》、《象数余论》、《易大义》、《古易叶韵》）；辅广（《四书问答》、《四书纂疏》、《诗童子问》、《六经集解》）；陈埴（《禹贡辨》、《洪范解》、《王制章句》）；蔡沈（《书集传》、《洪范内篇》）；陈淳（《四书口义》、《礼解》、《诗解》）；张洽（《春秋集注》、《春秋集传》、《左氏蒙求》）；叶味道（《四书说》、《大学讲义》、《礼解》、《祭法郊社外传》）；李方子（《禹贡解传》）；廖德明（《春秋会要》）；刘柄（《四书问目》）；林夔孙（《中庸章句》、《书本义》）；陈孔硕（《大学中庸解》）；吴仁杰（《古周易》、《洪范辨》）；陈宓（《论语注》、《春秋三传钞》）；董铢（《易注》）；程珙（《易说》）；晏渊（《孟子注》）；李如圭（《古礼集释》、《释宫》、《仪礼纲目》）；潘柄（《易解》、《尚书解》）；胡泳（《四书衍说》）；孙调（《易书诗注》、《中庸发题》）；李相祖（《书说》）；王遇（《论孟讲义》）；杨复（《祭礼》、《仪礼图》、《家礼杂说附注》）；郑可学（《春秋博议》）；黄士毅（《仪礼注》、《文公书说》）；吴英（《论语问答略》）；林至（《易裨传》）；刘砥（《孟子解》、

《论语解》);吴昶(《易论》、《书说》);陈文蔚(《尚书解注》);张显父(《经说》);童伯羽(《四书训解》);黄干(《五经讲义》、《四书纪闻》);赵崇度(《左氏常谈》);赵蕃(《诗书笺》);赵善佐(《易疑问答》);李大同(《群经讲义》);舒璘(《诗学发微》、《诗礼讲解》);杜知仁(《宋元学案》云:订《礼》、读《易》、说《诗》,多所论述);赵汝谈(《宋元学案》云:有《易》、《诗》、《书》、《论语》、《孟子》、《周礼》、《礼记》注);李闳祖(《宋元学案》云:传朱子《中庸章句》、《或问》、《辑略》);范念德(《朱子年谱》:托范伯崇写《礼书》);余宋杰(《经义考》云:朱子授《易》弟子);李辉(《经义考》云:朱子授《易》、《诗》、《礼》弟子);杨骧(《经义考》云:朱子授《易》、《礼》弟子);杨道夫(《经义考》云:朱子授《易》、《诗》、《礼》弟子);姜大中(《经义考》云:朱子授《易》弟子)。

二传

蔡沉(《春秋五论》、《春秋大义》、《春秋衍义》、《敬义大旨》、《复卦大要》);翁泳(《河洛讲义》);熊酉;熊刚大(《诗注解》);蔡格(《广仁说》);何基(黄宗羲曰:北山宗旨,四书而已);饶鲁(《五经讲义》、《语孟纪闻》、《春秋节传》、《学庸纂述》、《学庸十二图》);董梦程(《诗通释》、《书通释》、《尔雅通释》);吴昌裔(《四书讲义》、《容台议礼》);郑鼎新(《礼乐举要》、《礼学从宜集》);余端臣(《宋元学案》云:以经学教人,从之者数百);董楷(《周易传义附录》);叶采(《宋元学案》云:从蔡节斋受《易》学);缪主一(《尚书说》、《礼记通考》);邱渐(《四书衍义》);蔡模(《易传集解》、《大学衍说》、《论孟集疏》);蔡权(《宋元学案》云:与兄同著各书);刘钦(《尚书衍义》);何云源(《上虞县志》云:得二蔡《易》、《洪范》之学);陈沂(《读易记》);黄必昌(《大学中庸讲稿》);黄以翼(《易说》、《礼说》);郑思永(《易说》);赵景纬(《宋元学案》载先生经筵讲《易》甚精);真德秀(《大学衍义》、《四书集编》);魏了翁(《九经要义》、《经外杂钞》);黄绩(《四书遗说》);董琮(《书传遗疏》);阳枋(《易说》);阳岊(《易说》);滕铅(《尚书注》);欧阳守道(《易故》);陈思谦(《春秋三传》);邱富国(《周易辑解》、《易学说约》);熊禾(《仪礼外传》、《春秋通解》、《易义》、《大学讲义》、《书经集疏》、《诗经集疏》、《易经集疏》);陈櫟(《百一易略》、《四书发明》、《书传纂疏》、《礼记集义》)。

三传

王柏(《书疑》、《诗疑》、《诗目》、《四书通旨》);倪公晦(《周易管窥》);倪公武(《六书本义》);吴迂(《四书语录》、《五经发明》);韩翼甫(《宋元学案》云:先生用功本诸四书);胡一桂(《古周礼》、《四书提纲》、《孝经传赞》、《考经口义》、《孝经讲义》、《易本义附录纂注》、《启蒙翼传》);董鼎(《尚书辑录纂注》、《四书疏义》、《书训释》、《诗训释》、《孝经大义》);沈贵瑶(《四书说》);胡方平(《宋元学案》云:精研《易》旨,著书发明朱子之意);程时登(《周易启篆辑录》、《大学本末图说》、《中庸中和说》);车若水(《内外服制通释》);吕大圭(《易经集解》、《春秋或问》、《学易管见》);陈栎(《百一易略》、《四书发明》、《书传纂疏》、《礼记集义》);石一鳌(《周易五言总论》);阳恪(《春秋夏时考正》);黄仲元(《经史辨疑》);赵顺孙(《四书纂疏》);魏文翁(《中庸讲义》、《大学章义》);史守道(《书略》、《诗略》、《周礼略》、《春秋统会》);税与权(《易学启蒙小传》、《古经传》、《周礼折衷》);史绳祖(《孝经解》);文元龙(《论语集说》);熊庆胄(《三礼通议》);徐几(《经义》);倪士毅(《四书辑说》);朱升(《五经旁注》、《易前图说》)。

四传

金履祥(《大学章句疏义》、《论孟集注考证》、《孟子集注考证》、《尚书表注》);周敬孙(《易象占》、《尚书补遗》、《春秋类例》);黄超然(《周易通义》、《周易或问》、《周易发例》、《周易释象》);张㙔(《宋元学案》云:士大夫欲淑子弟以《四书集注》者，皆遣从先生）；陈澔（《礼记集说》）；吴澄（《五经纂言》）；胡炳文（《易本义通释》、《书集解》、《春秋集解》、《礼书纂述》、《四书通》、《大学指掌图》、《五经会经》、《尔雅韵语》）；黄震（其昌按：《黄氏日钞》内经居其十之八）；韩性（《礼记释》、《诗音释》、《书辨疑》）；黄镇成（《尚书通考》、《周易通义》、《中庸要旨》）；陈师凯（《尚书蔡传旁通》）；邱葵（《易解义》、《书解义》、《诗口义》、《春秋通义》、《周礼补亡》、《四书日讲》）；程显道（《孝经衍义》）；王应麟（《诗考》、《诗地理考》）；程端学（《春秋本义》、《春秋或问》、《三传辨疑》）；董真卿（《周易会通》）；倪士毅（《四书辑说》）；朱升（《五经旁注》、《易前图说》）；王天与（《尚书纂传》）。

五传

许谦（《诗传名物钞》、《四书丛说》）；孟梦恂（《四书辨疑》、《五经辨疑》）；杨刚中（《易通微说》、《诗讲义》）；朱公迁（《四书通旨》、《四书约说》、《诗经疏义》）；熊良辅（《周易本义集成附录》、《小学入门》）；汪克宽（《春秋经传附录纂疏》、《礼经补佚》、《周易傅义音考》、《诗传音考》、《诗经会通》）；程仲文（《大学释旨》）；韩性同（《四书标旨》、《易旁注》、《诗旁注》、《三礼旁注》、《书集解》、《书讲义》）；王充耘（《读书管见》、《书义主意》、《诗义矜式》）；吕椿（《尚书直解》、《春秋精义》）；陈士允（《周易集注》）；吴当（《周礼纂言》）；解观（《四书大义》）；熊本（《经问》、《读书记》）；谢枋得（《礼记评点》、《诗经评点》）；牟楷（《四书疑义》、《春秋辨正》）；陈绍大（《四书辨疑》）。

六传

范祖干（《群经指要》、《读诗记》、《大学发微》、《中庸发微》）；唐怀德（《天经问答》、《书学指南》）；方用（《江南通志》云：以《诗》、《礼》世其家）；

吕溥(《大学疑问》);吕洙(《周易图说》、《大学辨疑》);卫益富(《四书考证》、《易说》);戚崇僧(《春秋纂例原旨》、《四书仪对》);蒋元(《中庸注》);马道贯(《尚书疏义》);洪初(《宋元学案》云:朱公迁诗义,先生左右之);饶宗鲁(《易传》)。

七传

朱右(《春秋类编》)。

八传

何英(《四书释要》、《诗经增释》、《易经发明》)。

以上所述,仅数十分之一。朱门五百余人,今兹所载,五十余耳。朱门再传亦不下数百人,今兹所载亦仅十分之一。以此例推,其传愈远,其人愈寡。盖一先生之门虽众,而实能传先生之经者盖少,即实能传其师之经,而能守其师之家法者盖少。昌黎所谓源远而末益分也。故兹所载,虽声名烜赫,如陈克齐、詹元善、黄商伯、李宏齐、文文山、马端临、宋景濂、方正学等,虽为朱子之渊源,亦皆所不载,所以重传经也。且自南宋及明隆、万以前,私淑朱子者,盈天下皆是,然终不及亲炙之真切。尚友古人,而能酷肖其心性眉目者,古今有几? 故兹所载,虽声名烜赫,如许鲁斋、赵江汉、姚公茂、窦汉卿、刘静修、姚牧庵、欧阳圭斋等,虽能得考亭之正传,亦皆所不载,所以重授受也。而所录之书,亦皆以经为断,非仅尽乎此而已。然尚不能无遗憾。今按:

《宋元学案》卷七十:朱子《四书集注》既成,当时儒者惧后学诵习之难,因各为铨解,于是勉斋黄氏有《通释》,西山真氏有《集义》,宗道祝氏有《附录》,格斋赵氏有《纂疏》,克斋吴氏有《集成》,定宇陈氏有《发明》,云峰胡氏有《四书通》,仁山金氏有《指义》。

其所谓宗道祝氏有《附录》、克斋吴氏有《集成》者,今并其人而无可考矣。虽然犹赖是条之存,得以考见其目于此。其他虽其人甚贤,其书甚精,而不为人所引载,以至汩没而不可考者,又不可以数计。此亦学说不发达之原因也。

右之所述,所谓剖析之观察是也。所贵乎剖析之观察者,以能推原其变化,遂能考求其一时学术之进退,一也。能考求其承受之深浅,二也。能考求其启迪之端倪,三也。反而求之吾身,其一时学术之进退了然明,则是是非非,而可不入于歧异;其弟子于师承授之深浅了然明,则可由其浅处渐及于深,吾之为方有序;其师于弟子启迪之端倪了然明,则不啻亲人昔贤之堂而闻其謦欬,盖其益不但能为哲学史上之小补而已也。

然亦不当只求其郛郭陈迹已耳。当真明其实际,又当真得实益。如朱子传《书》于蔡九峰,则并朱子语蔡九峰之语与蔡九峰之书,莫不探讨而研玩之。朱子传《礼》于黄勉斋,则亦并其语、其书而研玩之。各以性之所近而实力以求之,必知乎真知而后已。既已真知,必求其真行而后已。穷此经,则即能此经之用。若孟子所谓非法言不敢言,非法行不敢行者,如是而曰仍一无补于世也,无是理也。此朱子传经家法之要点,而甚望今后之学朱子之学者。

《朱子语类》:世俗之学所以与圣贤不同者,亦不难见。圣贤直是真个去做,说正心直要心正,说诚意直要意诚,修身齐家皆非空言。今之学者,说正心但将正心吟咏一饷,说诚意又将诚意吟咏一饷,说修身又将圣贤说修身处讽诵而已,如此为学却与自家身上有何交涉?观于此,岂尚可不憬然以悟耶?

然其迹亦不可不明也。今辄为制表以著之,如左:

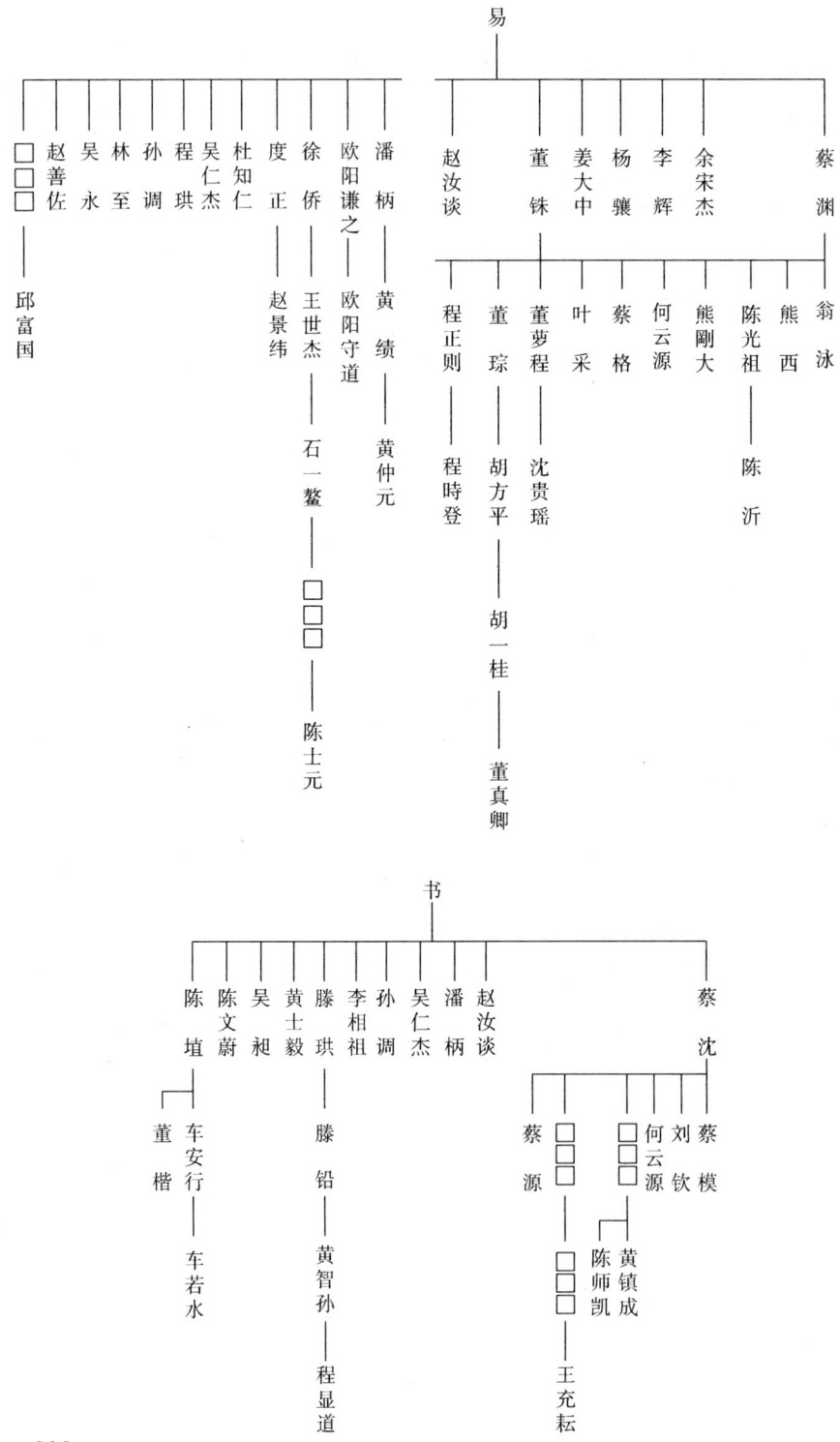

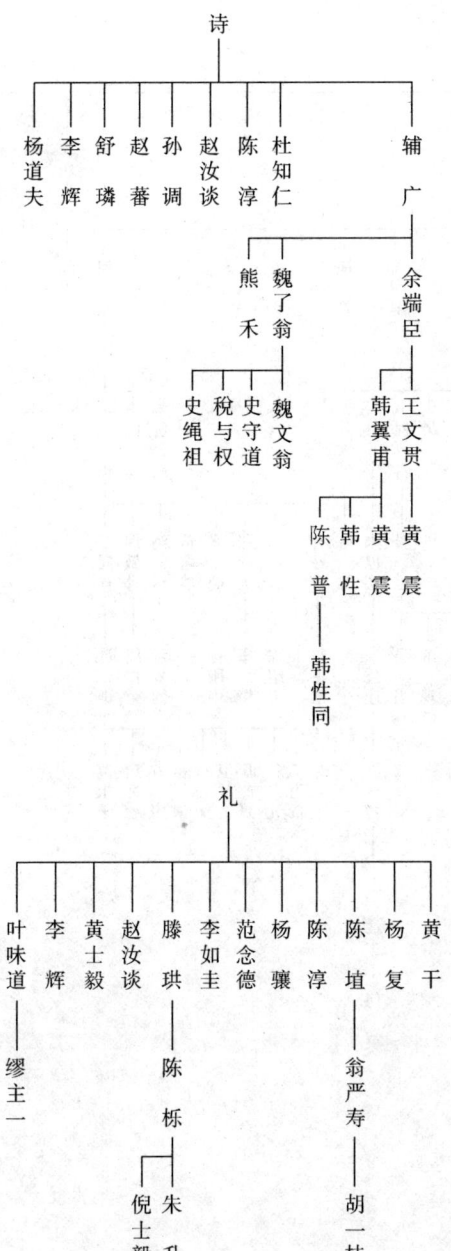

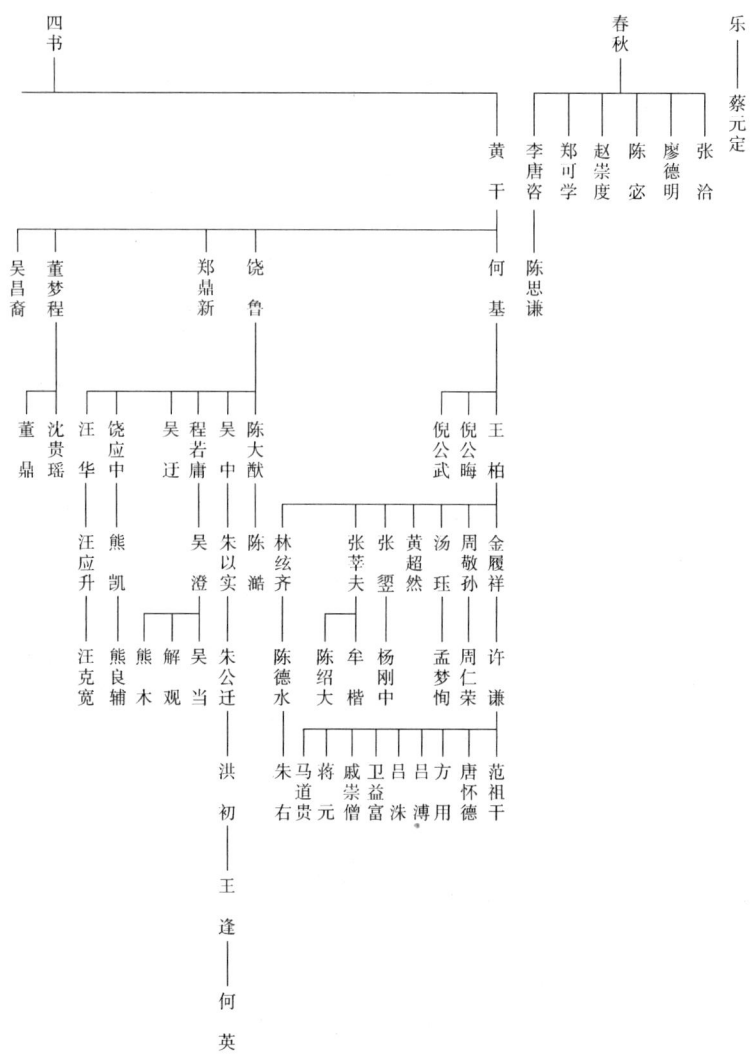

朱子传经史略

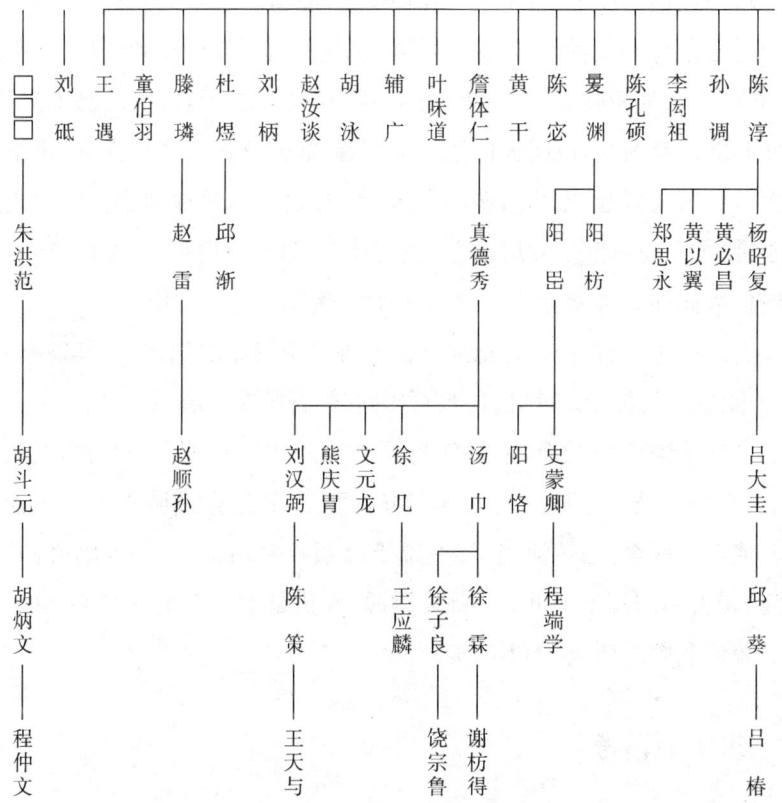

以上为表凡八，分：易、书、诗、礼、乐、春秋、六经、四书八类。依各人所传之经，类聚而区分之。然亦仅能类区朱子嫡传之门人而已。其再传、三传以下之门人，亦仅能附于其师之下，而无繁复之表以细分之也。（如魏文翁本讲四书者，今必不得已而入于诗传。又如史绳祖，本讲孝经者也，今必不得已而入诗传。然亦少数如此而已。）然其大纲已举矣。

师友渊源之表，其来已久。《元史》、《明史》艺文志即载有《伊洛渊源图》：

《明儒学案·崇仁学案·吴康斋传》：先生幼时见《伊洛渊源图》，即慨焉慕之，由是益发愤向学。

然其书类皆湮灭而不传。今宋元师承有统系表之可考者，惟全榭山氏《宋元学案》卷端之所载耳。然其表已半皆出后人之补作矣。盖中国

231

图表自马迁创之以来,庸腐之士咸轻视之,故历千余年而无进化之可言。矧旧时号称理学家者,苟非通达之儒,其不视六经为糟粕者已鲜,况于此等图表,有不为所嗤者乎。(上之所述师友授受之图表,中国已不发达,如此其能以经为断,以明夫传经之源流者,敢云亘古无之。)夫见《伊洛渊源图》,而慨焉兴起,发愤向学,卒成旷世之大儒者,吴康斋也。图表之有益于世,如是也。又安知后人之观朱子传经图而慨焉兴起,发愤穷经,卒成旷世大儒如吴康斋者,无其人乎?此不佞八表之所为作也。

右之所述,所谓统系之纪述是也。所贵乎统系之纪述者,其益有三:(一)能总观其传受之孳乳,使数百年间、数百师友之统系,了然一览而无遗。(二)能考学术之前因,举任何一家之学,吾皆能明其所自出,明其所融合,则得失是非自明,可不惑于歧异,而一惟正道是遵循矣。(三)能推衍其流派之所至,如黄河、长江一源于巴颜哈喇山也,而一入渤海,一入东海,相去不知其千余里矣。师友渊源,亦犹是也。有统系可考,可一览而其源流利弊之所至,无不明矣。

附　朱子经籍考

《大学章句》一卷　(淮南书局仿宋本　四部备要本　无锡国学专修馆施省之、唐蔚芝二先生仿宋淳祐大字刊本)

《大学或问》一卷　(四库全书本　吕氏宝诰堂刊本)

《中庸章句》一卷　(淮南书局仿宋本　四部备要本　施省之、唐蔚芝二先生仿常熟瞿氏铁琴铜剑楼宋本)

《中庸或问》一卷　(四库全书本　吕氏宝诰堂刊本)

《中庸集解》二卷　(宋元本尚存)

《中庸辑略》二卷　(四库全书本　吕氏宝诰堂刊本)

《论语孟子集注》十一卷　(淮南书局仿宋本　四部备要本　施省之、唐蔚芝二先生仿宋淳祐大字刊本)

《论孟或问》三十四卷　(四库全书本　吕氏宝诰堂刊本)

《论孟精义》三十四卷 （四库全书本 吕氏宝诰堂刊本）

《论语要义》无卷数 （未见）

《论语训蒙口义》无卷数 （未见）

《孟子要略》五卷 （湖北丛书本 曾文正公全集本）

《周易本义》十二卷 （西泠印社影宋本）

《易学启蒙》四卷 （康熙殿刊本 吕氏宝诰堂刊本）

《朱文公易说》二十三卷 （通志堂经解本）

《蓍卦考误》一卷 （文集本）

《书集传》六卷 （四库全书本 通行精刊本）

《诗集传》八卷 （四库全书本 通行精刊本）

《诗序辨说》一卷 （津逮秘书本 吕氏宝诰堂刊本）

《仪礼经传通解》三十七卷 （吕氏宝诰堂刊本）

《仪礼经传通解续》二十九卷 （吕氏宝诰堂刊本）

《文公家礼》二十卷 （明刊本 湖南书局刊本）

《孝经刊误》一卷 （吕氏宝诰堂刊本 东雍梁万方刊本 经苑本）

《小学》六卷 （吴讷注本 三鱼堂刊本）

以上经部凡二十二种，二百四十卷。未见者，二种无卷数。

《资治通鉴纲目》五十九卷 （康熙殿刊本 明陈仁锡刊本）

《资治通鉴纲目书法》一卷 （附刊本）

《宋名臣言行录》七十五卷 （婺源洪氏刊本）

《伊洛渊源录》十四卷 （正谊堂全书本 吕氏宝诰堂刊本）

《伊川先生年谱》一卷 （二程全书本 洛阳二程子祠堂刊本）

以上史部凡五种，一百五十卷。

《朱子语类》一百四十卷 （吕氏宝诰堂刊本 广东书局刊本 应元书院刊本）

《近思录》十四卷 （叶采集解本 天津广仁堂刊本）

《太极图说解》一卷 （性理全书本 周子全书本）

《通书注》二卷 （性理全书本 周子全书本）

《河南程氏遗书》二十五卷　（二程全书本　洛阳二程子祠堂刊本）

《河南程氏外书》十二卷　（二程全书本　洛阳二程子祠堂刊本）

《西铭解义》一卷　（性理全书本　张子全书本）

《正蒙注》三卷　（张子全书本　朱文端公丛书本）

《上蔡语录》三卷　（正谊堂丛书本　婺源洪氏刊本　吕氏宝诰堂刊本）

《延平问答》一卷,《后录》一卷　（吕氏宝诰堂刊本　正谊堂全书李延平集本）

《困学恐闻编》无卷数　（未见）

《绍熙州县释奠仪图》一卷　（指海本）

《文公政训》一卷　（宝颜堂丛书本）

《杂学辨》一卷,《附录》一卷　（吕氏宝诰堂刊本　文集本）

《胡子知言疑义》一卷　（湖北崇文书局百子全书本　文集本）

《周易参同契考异》三卷　（纷欣阁丛书本　守山阁丛书本）

《参同契注》一卷　（吕氏宝诰堂刊本）

《阴符经注》一卷　（吕氏宝诰堂刊本）

以上子部凡十七种,二百十五卷。未见者一种,无卷数。

《朱子大全集》一百卷　（四部丛刊本　福州鳌峰书院本　涂朗轩刊本）

《朱子续集》十卷　（四部丛刊本　福州鳌峰书院本　涂朗轩刊本）

《朱子外集》十一卷　（四部丛刊本　福州鳌峰书院本　涂朗轩刊本）

《楚辞集注》八卷　（古逸丛书本）

《楚辞辨证》二卷　（古逸丛书本）

《楚辞后语》六卷　（古逸丛书本）

《韩文考异》十卷　（宋刻本存　李文贞公刊本）

以上集部凡七种,一百四十七卷。

总计都凡五十一种,七百五十二卷。未见者三种,无卷数。

此外又朱彝尊《经义考》载朱子《明堂图说》、《投壶说》、《深衣制度》，三卷，已见大全集，不另载。

朱子一生之著述，大约悉具于此而无遗矣。虽为书只五十一种，而散厕于三十余处，亦可谓极凌乱矣。然犹赖学派绵延，人心尚贤，故其遗书克传至今，亡者仅三种耳。惟无人起而集刊之，可惜也。然上举各书，一一具存，学者诚能按目求书，一一加以研讨，由是而身体力行之焉，以成当代之大贤，则区区所厚望也。

（原载《学衡》，一九二三年十月第廿二期）

朱子之根本精神
——即物穷理

"即物穷理"、"致知格物"为朱子伟大精神之表现,中国思想界自惠施以后,朱子占最有精采、最光荣之一页。朱子之根本思想,实接近于惠施,其博学亦极似惠施,惠施之书五车,朱子著作,当亦不减于五车。惠施五车之书,今无一存者,遂使此朱子以前之大哲,千载下犹蒙"诡辩"之恶谥。《庄子·天下篇》云:

"南方有倚人焉,曰黄缭,问天地所以不坠不陷、风雨雷霆之故,惠施不辞而应,不虑而对,遍为万物说,说而不休,多而无已,犹以为寡,益之以怪……惜乎,惠施之才,骀荡而不得,逐万物而不反。"

其后受惠施之影响而兴起者,于齐则有邹衍。《史记·孟荀列传》记邹衍之学云:

"其语闳大不经,必先验小物,推而大之,至于无垠。"

云"遍为万物说",云"先验小物,推而大之",此种精神,此种态度,实为科学的种子,而自始即不为吾中华民族所喜,轻轻加以"益之以怪""闳大不经"之罪案,而此种子遂为冰雪所冻死。中间隔一千五百余年而生一儒家中比较头脑最清楚之程伊川,始明白宣言"凡一物上有一理,须是穷致其理","一草一木皆有理,须是察","须是今日格一件,明日又格一件,积习既多,然后脱然有贯通处"。(《近思录》卷三引《程氏遗书》)惠施、邹衍培植之种子,至是始稍有暖意。朱晦翁近承程子之遗绪,而实远协惠子之创教。惠施之所以欲"遍为万物说"者,何以故？因惠施之根本思想:

"'大同'而与'小同'异,此之谓'小同异',万物毕同毕异,此之谓'大同异'。"(《庄子·天下篇》)故其结论必落至"氾爱万物,天地一体也"。

换言之,即"天地生万物,人为万物之一,故天地、人、万物,皆是一理,故天地与我一体,而我当氾爱万物"。朱晦翁之根本思想即与惠施密符。《朱子语类》卷十五页十二云:

"万事万物……其实只是一个心。一个根柢出来,抽枝长叶。"(黄卓记)

"格物者,欲究极其物之理……物理即道理,天下初无二理。"(钟震记)

又同卷页十四云:

"事事物物,皆有至理……自家知得万物均气同体,见生不忍见死,闻声不忍食肉……此便是合内外之理。"(徐㝢记)

此其根本观念,与惠施"天地一体""氾爱万物"若合符节,其心理即物理之说,与陆子静原无二致。但陆子静偏于唯心,即欲以个人直觉之心,以为衡量万物之标准。朱晦翁则以为个性人人不同,任其一时直觉,易生危险,故亦欲"遍为万物说""验小物推而大之",如是归纳而得一共同之理,以为内外相参印,则可以为吾心合理之意念作一层物质上之证明,吾心未合理之意念,作一种标准上之比较。故朱、陆之根本异点即陆为信任直觉,朱为不信任直觉,陆为不必求物质证验,朱为必须求物质证验而已。可怜朱晦翁一生,只做到"今日格一件,明日又格一件"地步,而"一旦豁然贯通焉"之梦想,则始终未达到,宜其为陆子静之徒党所讪笑。然吾人所所贵于朱文公者,正以其如此。初期原始之科学家,无一人能成功者,无一人不浅陋,无一人不被牺牲,再直捷而言之,愈科学则其成功亦愈无止境,惟有后继者,步步加进焉,则方有相当之成绩。故朱文公者,实为中国科学思想之冲锋队中一战死之小卒,彼因孤立无后援而被牺牲,故尤值得吾侪之致敬也。

朱晦翁格物穷理之说,其最正式冠冕之宣言,在《大学格物致知补传》,其言曰:

"所谓致知在格物者,言欲致吾之知,在即物而穷其理也。盖人心之灵,莫不有知,而天下之物,莫不有理,惟于理有未穷,故其知有不尽也。是以《大学》始教,必使学者即凡天下之物,莫不因其已知之理而益穷之以求至乎其极。至于用力之久,而一旦豁然贯通焉,则众物之表里精粗无不到,而吾心之全体大用无不明矣。此谓物格,此谓知之至也。"

晦翁既立此标的,揭櫫以昭示天下,欲使天下学者,皆循此标的以贯彻之,因又附带说明其方法及态度上之条件数则,其一曰:"格物须先从实体着手",其言曰:

"人多把这道理作一个悬空底物,《大学》不说穷理,只说个格物,便是要人就事物上理会,如此方见得实体。所谓实体,非就事物上见不得。且如作舟以行水,作车以行陆,今试以众人之力,共推一舟于陆,必不能行,方见得舟果不能以行陆也。此之谓实体。"(《语类》卷十五页七廖德明记)

其二即"今日格一件,明日格一件,一件不漏"之笨律也,其言曰:

"格物,是逐物格将去"(《语类》卷十五页九杨赐记),"一草一木一昆虫之微,亦各有理……一物不格,则缺了一物道理,须逐着一件,与他理会过。"(同卷十三杨道夫记)

"目前事事物物,皆有至理,如一草一木一禽一兽皆有理。"(同卷页十四刘砥记)

此种笨律,真可谓其笨无比,宜哗笑之声,盈于后世,然以今日之头脑观之,则在七百余年前,中国学者中已有此种最忠实态度之宣言,转可为吾民族骄傲也。此种态度,其创始者之决对失败,乃为既定事实,端视继起者劳力之程度,而有相当之成绩。如有继起者不断努力,则其成绩能超过创始者之梦想,一部泰西科学史皆其例证。而在偷懒自弃之中国,则创始者忠实的纪律,适为讪笑攻击之资耳,坐使朱子浅陋的科学思想,不独空前,亦将绝后矣!

其三曰"格物须用彻底之态度以求真知",其言曰:

"致知所以求真知,真知是要彻骨都见得透。"(同卷页一杨道夫记)

"格物者,格尽也。须是穷尽事物之理,若是穷一两三分,便未是格物,须是穷尽得到十分,方是格物。"(同卷页二叶贺孙记)

此三信条,联合而观之,朱子格物之界说始明了,基础始确定,合而为一言即"格物者,必须凭借实物,逐物逐件,彻底研究之也"。其宣言既明白而堂皇如此,吾人试一考其生平学行之内容,是否能以身作则,本此目的而努力。但吾人在考核成绩以前,必不能忘下列各项:(一)创始者之成绩,必极幼稚浅陋。(二)创始者必推想多,而证实少。(三)创始者之工具,为感觉而非仪器,故极不准确。矧朱晦翁生于八百年以前之中国,又安能例外,今试举数例以观之。

(一)"天运不息,昼夜辗转,故地榷在中间,使天有一息之停,则地须陷下,惟天运之急,故凝结得许多渣滓在中间。"(卷一页五杨道夫记)

(二)"天包乎地,地特天中之一物尔。"(同卷页五杨道夫记)"地在天中,不甚大,四边空。"(卷二页六陈淳记)

(三)"大地山河初生时,须尚软在。"(页八李方子记)"地者气之渣滓也。"(卷一页五杨道夫记)

(四)"唐太宗用兵至极北处,夜亦不曾太暗,少顷即天明,谓在地尖处。"(同卷页六包扬记)"地有绝处,唐太宗收地至骨利干,置坚昆都督府,其地夜易晓,夜亦不甚暗,盖当地绝处,日影所射也。"(同页包扬记)"《通鉴》说,有人适外国,夜熟一羊脾而天明,此是地之角尖处,日入地下,而此处无所遮蔽,故常光明,及从东出而为晓,其所经遮蔽处亦不多耳。"(同页黄义刚记)

(五)"月只是受日光,月质常圆,不曾缺,如圆球,只有一面受日光。望日,日在酉,月在卯,正相对,受光为甚。"(卷二页六陈淳记)"月无盈缺,人看得有盈缺,盖晦日,则日与月相叠了。至初三,方渐渐离开去。人在下面侧看见,则其光缺。至望日,则月与日正相对,人在中间正看见,则其光方圆。"(同卷页八吕焘记)"合朔时,日在上,月在下,则月面向天者有光,向地者无光,故人不见,及至望时,月面向人者有光,向天者亦有光,故见其圆满,若至弦时,所谓近一远二,只合有许多光。"(同卷廖德明记)

以上数则,虽有惊人之语,然皆"推想"而已,然朱晦翁实有"实验"精神,则不可诬也。一部《朱子语类》,"推想"多而"实验"少,其率当为九十五与五,然谓无"实验"则不可也,特浅近耳。然吾人苟不忘记朱子所处之时代者,浅近何伤乎,今试举一朱子与一道士量笋之故事,可以见此老精神也。

"王丈云:'昔有道人云:笋生可以观夜气,尝插竿以记之,自朝至暮,长不分寸,晓而视之。已数寸矣。'次日问:'夜气莫未说到发生处?'曰:'然,然彼亦一验也。'后在玉山僧舍验之,则日夜俱长,良不知道人之说。"(卷一百三十八页十李闳祖记)

王丈,不详何人,盖亦朱子弟子而年长于李闳祖者,朱子称其名李氏则称之曰丈也。王氏以道士之言问朱子,以谓"夜气未说到发生,恐不足为证"。朱子重道士之实验,故既许王氏之问,而亦许道士实验之成立,然总觉尚未确定,后在玉山如法亲验之而不验,故又述以告弟子,而李氏记之。此事本末如此。考《朱子年谱》,朱子在玉山讲学乃在经筵讲官罢任回闽时,已六十五岁,如此老翁,尤亲验此种当时士大夫心目中类似儿戏之事,不谓之有"实验精神"不可也。至于本文所举上列数条,以今日衡之,固是推想,然在朱子当时之所以生如此推想者,则在朱子个人,亦已由实验而得矣。何以而知(一)(二)两项"天包乎地""地在天中不大"乎?晦翁曰:

"地在天中,不为甚大,只将日月行度折算可知。天包乎地,其气极紧,试登高处验之可见。"(卷二页七周谟记)何以而知(三)项"地是凝成""初时尚软"?晦翁曰:

"今登高而望,群山皆为波浪之状,便是水泛如此,只不知因甚么时凝了,初间极软,后来方凝得硬。"(卷一页六沈僩记)

何以而知(四)项"地有绝处"？则史所载唐太宗用兵至极北地夜短不暗事可证,晦翁先已言之。何以而知(五)项"月无光,受日之光"？晦翁曰：

"月如水,日照之则水面光倒射壁上,乃月光也。问星受日光否？曰星恐自有光。"(卷二页九廖德明记)朱又说"霜是露结成,雪是雨结成"。何以验之？其言曰：

"霜只是露结成,雪只是雨结成,古人说露是星月之气,未然。今高山顶上,虽晴亦无露,露只是自下蒸上。"(卷二页十一辅广记)"高山无霜露,却有雪,某尝登云谷,晨起穿林薄中,并无露水沾衣,但见烟霞在下,茫然如大洋海,众山仅露峰尖,烟云环绕往来,山如移动,天下之奇观也。或问高山无霜露,其理如何？曰上面气渐清,风渐紧,虽微有雾气,都吹散了,所以不结。若雪只是雨遇寒而凝,故高寒处,雪先结也……想得高山更上去,立人不住了。"(同页沈僴记)

朱一生最有精采之发明,谓"高山乃由海底升上",何以验之？其言曰：

"常见高山有螺蚌壳,或生石中,此石即旧日之土,螺蚌即水中之物,下者却变而为高,柔者变而为刚,此事思之至深,有可验者。"(卷九十四页三周谟记)

又云：

"今高山上多有石上砺壳之类,是低处成高,又砺须生于泥沙中,今乃在石上,则是柔化为刚,天地变迁,何常之有。"(同卷页四郑可学记)

如此卓诚伟见,岂偷懒自欺不努力之徒无聊讪笑所能掩也。然亦间有结论谬误,而其态度及方式则合理者,如云：

"雪花所以必六出者,盖只是霰下被猛风拍开,故成六出,如人掷一团烂泥于地,必溅开成棱瓣也。"(卷二页十一沈僴记)

今吾人治学,首先须问其态度及方式,而不必苛责其结论,因结论无绝对正确之一日也。朱氏此说,不合于理,而其所据以证验之方式,则有实验的精神,犹为可尚也。夫此中国稚弱的原始的科学思想之种子,自

241

惠施、邹衍,下至于沈括、朱熹而遂灭种。朱子之客观实验态度,实筚路蓝缕指示一曙光曦微之道路,不幸南宋所谓"理学家"者,无一人具有晦翁之头脑,相率而误入歧路,复归于清淡,历短促之胡元而入于明清,八股化之脑筋,更根本与此种思想方法为深仇,必欲扑灭之使无丝毫存在而后已。故"格物"之说,痛斥于明人;"辟伪"之论,深恶于清儒,使此曙光曦微之道路,及朱子身殁而复塞,历宋元明清,外表阳尊朱子,奉之如在天上,而朱子之学则早已及身灭绝无噍类矣。此吾民族之深悲奇耻也。使当时能循此道路,改进之,发挥光大之,则此八百年中,当有无数十倍百倍千倍朱子其人者挺生,则中国科学之发达,又安知必不如欧洲哉。

(原载《大公报·文学副刊》,一九三〇年第一四六期)

朱子治学方法考

朱子治学之方法,可即以《朱子语类》一书为根据,籀绎其所记载平日诏示门人以诂经治学之条例,则其方法自见,不必吾人更有所论列。兹分二方面述之:

(甲) 态度方面

此其有条例凡七。其一曰"求真"。求真云者,当虚心以探求一事之真相,丝毫不可搀入自己之主观概念也。故《语类》曰:

"问书当如何看?曰且看易晓处,其他不可晓者,不要强说,纵说得出,恐未必是当时本意。"(卷七十八页十二潘时举记)

"看书不可将自己硬参入去,须是除了自己所见,看他册子上古人意思如何。"(卷十一页九甘节记)

其二曰"求实"。求实云者,就其本体以还其本来实义,不容有一切虚伪情感之存在也。如《易经》,朱子只认为"卜筮之书",而与"灵棋课一样"。《风诗》,朱子只认为是"淫奔之诗",而非"圣贤人所作"。他人之顶礼膜拜神圣视《诗》、《易》者,观之何啻大逆不道,然而朱子得其实矣。《语类》曰:

"向来张安国儿子来问《易》,某说与云:'要晓时,便只是灵棋课模样。'有一朋友言恐只是以其人未能晓而告之以此,某云是诚实恁地说。"(卷六十六页五黄义刚记)

"今观《诗》,且除了《小序》而读之,亦不要将做好底看,亦不要将做恶底看,只认本文语意,亦须得八九。"(卷十一页十三黄䇷记)

"《诗》,郑、邶、鄘、卫,其诗大段邪淫,《国风》中亦多有邪淫者,存之便尽见当时风俗美恶,非皆贤人所作。"(卷八十页二十六黄䇷记)

其三曰"求疑"。求疑云者,即今人所谓"怀疑"也。《语类》曰:

"某向时与朋友说读书,也教他去思索,求所疑。"(卷十一页十叶贺孙记)

"读书,无疑者,须教有疑;有疑者,却要无疑,到这里,方是长进。"(卷十一页十一杨道夫记)

"书中可疑诸篇……如《金縢》亦有非人情者,'雨反风','禾尽起',也是诧异。……若说道都是古人元文,如何出于孔氏者多分明易晓,出于伏生者,都难理会。"(卷七十九页二十九叶贺孙记)

其四曰"阙疑"。怀疑阙疑,义甚明白,不烦解释,怀疑所以戒"诬",阙疑所以戒"妄"。以今言译之,怀疑是大胆破坏,阙疑是小心建设也。《语类》曰:

"经书有不可解处,只得阙,若一向去解,便有不通而谬处。"(卷十一页十七不知何人记)

"春秋,某煞有不可晓处,不知是圣人真个说底话否?"(卷八十三页三十二胡泳记)

"荆公不解《洛诰》,但云:'其间煞有不可强通处,今姑择其可晓者释之。'今人多说荆公穿凿,他却有如此处。"(卷七十八页十一辅广记)

其五曰"专一"。《语类》曰:

"人做功课若不专一,东看西看,则此心先已散漫了,如何看得道理出。须是……读这一章,更不看后章,读这一句,更不看后句,这一字理会未得,更不看下一字,如此则专一而功可成。……某旧时文字,只是守

此拙法,以至于今思之,只有此法,更无他法。"(卷十一页十一三沈僴记)

"问叔器:'《论语》读多少?'曰:'两日只杂看。'曰:'恁地,如何会长进,看此一书,须专看此一书。便待此边冷如冰,那边热如火,亦不可舍此而观彼。'"(卷十九页六陈淳记)

其六曰"循序"。《语类》曰:

"学不可躐等,不可草率,徒费心力,须依次序,如法理会。"(卷十一页十一李闳祖记)

"凡读书,须有次序,且如一章三句,先理会上一句,待通透,次理会第二句第三句,待分晓,然后将全章反复绅绎玩味。"(同卷页十三徐寓记)

其七曰"不求速效"。《语类》曰:

"读书,使急不得,也不可慢。所谓急不得者,功效不可急;所谓不可慢者,工夫不可慢。"(卷十九页五黄干记)

其八曰"鉴别真伪"。鉴别真伪,事较复杂。有真伪已判明者,有未判明者(如《慎子》)。其于已判明者,有全真者,有全伪者,有真伪杂半者(如《墨子》)。其于伪籍中,有故意造伪者(如《列子》),有无意造伪者(如《易·系辞》)。有古有真书而今本为伪者(如《竹书纪年》)。有今本固伪,原本亦伪者(如《子夏易传》)。其于有意伪造之古籍中,有有所依据者(如古文《尚书》),有全无依据向壁臆造者(如《诗·小序》)。其类至繁。在朱文公以前,宋人于辨伪能力,已渐显著。如欧阳修疑《易·系辞》,王安石疑《春秋》,程迥疑《孝经》,胡宏疑《周礼》,吴棫疑古文《书》,以今日视之,诸家所疑,无一不贼赃两得。但诸家各疑一端,朱文公则遍合各家之疑,更推广而扩大之,古伪书至朱文公,狼狈万状,原形毕现。朱子辨伪之语甚为广繁,兹为省杀篇幅起见,列如下表。

书名	古文尚书	易龙图	麻衣易（关朗作）	易系辞（孔子作）
伪之性质及程度	疑或是伪	伪	伪·南康戴某作	可疑
朱子以前及同时之先觉	吴棫			欧阳修
辨伪语举要及其所载之卷帙	孔壁所出《尚书》，如《大禹谟》、《五子之歌》、《胤征》、《泰誓》、《武成》、《冏命》、《微子之命》、《蔡仲之命》、《君牙》等篇皆平易，《君牙》等篇皆平易，《君牙》等篇皆记得难读。如何伏生偏记得难读，至于易所传皆平易的。至于易所传皆平易的。（卷七十八页二万的全记不得，此不可晓。（卷七十八页二万人昔记）伏生《书》多艰涩难晓。孔安国壁中《书》却平易易晓，或谓伏生口授女子，故多错误，此不然。今古《书》中所引《书》语，皆如此。（同页沈僩记）《书》有古文，今文，今文乃伏生口传，古文乃孔壁中之文。《禹谟》、《高宗肜日》、《西伯戡黎》、《泰誓》等篇，皆古文，况又是科斗书，以伏生《书》考之，方读得。岂有数百年壁中之物，安得不讹损一字，又却是伏生记得者难读，此尤可疑，此必不是。（同卷余大雅记）	《易龙图》是假书，无所用。（同卷页三十五刘砺记）	《关子明易》、《麻衣易》皆是伪书。（卷六十七页三十三郑可学记）《麻衣易》是南康戴某所作。（同页李闳祖记）	六十四卦只是《上经》说得整齐，《下经》便乱董董地，《系辞》也如此。只是《上系》好看，《下系》便没理会。《语类》卷六十七页二十六叶渊记）

春秋左氏传(左邱明)	春秋经(孔子作)	古文孝经序(孔安国作)	孝经(曾子作)	诗小序(孔子作,子夏作)	诗序(孔子作,子夏作)	书小序(孔子作)	古文尚书传(孔安国作)	古文尚书序(孔安国作)
疑刘歆伪作	难解	伪	杂伪,战国时人缀成	伪,卫宏等作	伪,后人作	伪,周秦间低手人作	伪,魏晋间人所托	伪,六朝人作
林栗	王安石		程迥	郑樵				陈莹
林黄中谓《左传》"君子曰"是刘歆之辞,胡先生谓《左传》"君子曰"是如何?不知是如何?(卷八十三页七叶贺孙记)《左传》是后来人做。如见陈氏有齐,所以言"三世之后,莫之与京",见三家分晋,所以言"公侯子孙,必复其始"。(同卷八十三页人黄卓记)	《春秋》煞有不可晓处。(卷八十三页一胡泳记)	《孝经》序乱道。(卷八十七页十八吕焘记)	《孝经》,疑非圣人之言。(卷八十二页一扬赐记)《孝经》首一段,只是前面一段是当时曾子闻于孔子者,后面皆是后人缀缉而成。古《孝经》序亦一辅广记)疑处……却似不是《左传》中语,在《左传》自有首尾,都不相接续。疑是战国时人杜撰出来。(页八十二页二黄卓记)	《诗序》,东汉《儒林传》分明说道是卫宏作……某又看得亦不是卫宏一手作,多是两三手合成一序。(同卷页十郭浩记)因论《诗小序》所历言多无义理,皆是后人杜撰,先后增益,凑合而成,就《诗》中采摭言语,盖《诗》中语……谬误胜说。(卷八十页十一周谟记)	《诗大序》亦只是间有病句。(卷八十页七李方子记)"明乎得失之迹"这一句有病。《礼记》中、史记》《周礼》并不掌得高诗。(同页舒寻记)	《书小序》断不是孔子做。(卷七十八页八黄义刚记)《书》只周秦间低手人作。(同卷页八黄义刚录记)	《尚书》决非孔安国所注。盖文字困善,不是西汉时文章,亦非西汉之文。恐是魏晋间所托。(同页沈僴、黄卓、包扬记)	《书序》恐不是孔安国作,文粗枝大叶,今《书序》细腻,只似六朝时文字。(同卷页八黄义刚记)

247

孔子家语（孔子弟子记）	孔丛子（孔鲋作）	元经（王通作）	说文音	尔雅（周公作，孔子作，子夏作）	孟子正义（孙奭作）	《论语》后十篇	周礼（周公作）	小戴礼记（孔门弟子作）	大戴礼（孔门弟子作）
伪，王肃编录古杂记	伪	伪，阮逸作	徐铉作	伪，后人集传注而成	伪，邵武士人假造	大乱	非周公作，亦非王莽作	不可深信	汉后人杂伪
					蔡元定		胡宏		
《家语》只是王肃裒集古杂记。（卷一百三十七页一不知何人记）	《孔丛子》，乃其所著之人伪作，读其首儿章，皆沄《左传》句，已疑之。及读其后序，乃知谓好《左传》，便可见。（卷一百三十七页一不知何人记）《孔丛子》《尚书》记，此是魏晋间人作，《孔丛子》亦然，皆是那一时人所为。（卷七十八页人辅广记）	《元经》阮所作（卷一百三十八页包扬记）	《说文音》，徐铉作，许氏本无。（卷一百四十页十二吴必大记）	《尔雅》是取传注以作，后人却以《尔雅》证传注。（卷一百三十八页一陈文蔚记）《尔雅》非是，只是据诸处训释所作。（同页朋泳记）	《孟子疏》，乃邵武士人假托作，蔡季通识其全不似疏样。（卷十六页一滕璘记）	《易》《下经》《下繋》，便乱童地，《论语》后十篇语亦有不同。……（卷六十六页二十七曼渊记）古书多至后面便不分晓。《论语》冰然。（卷十九页一甘节记）	同《周礼》，曰：未必是周公作……又官名与他书所见多有不同。……又笑曰：禁冶虾蟆，已专设一官，岂不酷耶。（卷八十六页一邵浩记）《周礼》，胡氏父子以为是王莽令刘歆撰，此恐不然。（同页汪敷辅记）	《礼记》有信不得处。（卷八十六页一不知何人记）《礼记》便不可深信。（同页陈文蔚记）	《大戴礼》无头，其间多杂伪。（卷八十八页一黄义刚记）《大戴》中《礼·保傅篇》说秦无道之非古书，此等语必非古，乃后人采贾谊策为之。亦有孝昭冠辞。（同页黄义刚记）

248

书名	真伪	作者	相关论述
度人经（道经）	伪，五代杜光庭作		道家《清净》二经，皆模仿佛家言语，全做佛不成。……《度人经》《生神章》皆杜光庭撰。（同卷一百二十六页七黄㽦记）
清静经（道藏）	伪		后来道家做《清静经》，又却偷佛家言语而说，书不成书。（卷一百二十六页十六扬道夫记）
阴符经（黄帝作）	伪，唐李筌作		《阴符经》恐皆唐李筌所为。（卷一百二十五页十六扬道夫记）
唐太宗李卫公问答（李靖作）	伪，阮逸作		详上《文中子》条。
握奇经（黄帝作）	伪，唐李筌作		《握奇经》等文字，恐非黄帝所作，唐李筌为之。（卷一百二十五页十六扬道夫记）
鹖冠子（战国楚人作）	伪，汉以后人作	柳宗元	韩文公谓"能辨古书之真"，《鹖冠子》亦不能辨，而《鹖冠子》其书乃写贾谊《鹏赋》之类，故有此处只好。……柳看得文字精，以其人深刻。（卷一百一十九页二十六包扬记）
列子	有问题		《列子》能说孔子，然穆公在孔子前，而《列子》中说孔子是郑穆公时人，则不是郑穆公时人言语，多与佛经相类。（卷一百二十六页二十周明作记）庄子全写列子，又变得峻奇。（卷一百二十五页二十贺孙记）
老子（老聃作）	非老聃作		孔子问老聃礼，而老子书中言礼，殊无用之者。恐老聃非一人（但不可考耳）。老子非，想不是周时人。（卷一百二十六页三周明作记）
管子（管仲作）	战国时托名		《管子》非仲所著，仲当时任齐国之政，事甚多，决不是闲功夫著书的人。著书者是不见用之人，亦有之。其书老庄说话，想只收拾仲当时行事言语之类著之，并附他书，以卷一百三十七页一不知何人记）
文中子（王通作）	伪，阮逸作		《唐太宗问李卫公》乃阮逸，建阳人。《文中子》《元经》，关子明易，皆阮逸所作。（卷一百三十七页一包扬记）

木兰诗（梁横吹曲）	李陵答苏武书（李陵作）	春秋指掌图（苏轼作）	省心录（林逋作）	龙城杂记（柳宗元作）	西京杂记（刘歆作）	圆觉经（佛藏）	维摩诘经（佛藏）	楞严经（佛藏）
唐人作	伪，魏晋人作	伪	伪，沈道原作	伪，宋王铚作	伪，魏晋人作	有后人附会增入	伪，南北朝人撰	伪，唐房融增伪
					颜师古		李镇（李纲之子）	
《木兰诗》只似唐人作，其间"可汗""可汗"前此未有。（卷一百四十页五李方子记）	孔氏《书序》不类汉文，似《李陵答苏武书》。（卷七十八页九吴必大记）	《指掌图》非东坡所为。（同页不知何人记）	《省心录》乃沈道原作，非林和靖也。（同页不知何人记）	柳文后《龙城杂记》，王铚性之所为也，子厚叙事文字，多少笔力，此记衰弱之甚。（卷一百三十八页二不知何人记）	《孔丛子》载孔臧兄弟任还书疏，正如《西京杂记》中伪造汉人文章。《西京杂记》之谬，《匡衡传》注中颜氏已辨之，可考。（文集《文书孝经后》自注）	《圆觉经》本初亦能几何，只鄙俚基处便是，其余增入附会者耳。（卷一百二十六页四周读）	《维摩诘经》，旧闻李伯纪之子说，是南北朝时一贵人，如萧子良之徒撰，渠云徒撰，渠云徒撰，《楞严经》本是咒语，后来房融添入许道理说话。（同卷页二十二吴必大记）	《楞严经》，前后皆是说咒，中间皆后增人，盖中国好佛者觉其陋而加之耳。（卷一百二十六页十八郑可学记）《楞严经》本只是咒语，后来房融是咒语，后来房融是理说话。（同卷页二十一李闳祖记）

(乙) 方法方面

方法方面有一定之步骤,今综合《语类》而通籀之,则其步骤凡五。第一"求博学无方"。此为治学最低限度之基础,涉猎不博,无论何种学问,皆谈不上也。《语类》云:

"近日学者,多喜从约而不于博求之,不知不求于博,何以考验其约。"(卷十一页十二郑可学记)

"孙毓云:'外为都宫,太祖在北,二昭二穆,以次而南',出江都《集礼》。向作《或问》时,未见此书,只以意料,后来始见,乃知学不可以不博也。"(卷六十三页三十六董铢记)

"人只是读书不多,今人所疑,古人都有说了,只是不曾读得。"(卷八十七页十七李方子记)

第二"求精密工具"。绩学既博,然后可以进而第二步谈工具问题,苟工具窳劣,则一切学问,仍胥谈不到也。工具问题,又略分数项:

(一)先求"识字"。《语类》曰:

"某解书,如训故一二字等处,多有不必解处,只是解书之法如此,亦要教人知得看文字不可忽略。"(卷一百五页一叶贺孙记)

《语类》中往往以一字之微,反复讨论,示门人以识字之法,其例至多,今举数则:

"婺州《易传》'圣'字亦误用王氏说,'圣'字从'壬',不当从'王'。"(卷六十七页九黄䇷记)

"《书》中'迪'字或解为'蹈',或解为'行',疑只是训'顺'字?《书》曰'惠迪吉,从逆凶,惟影响'。'逆'对'顺',恐只当训'顺'也……'棐'字只与'匪'同,被人错解作'辅'字,至今误用。只颜师古注《汉书》曰'棐'与'匪'同,某疑得之。"(卷七十八页二十九不知何人记)

"《论语》'訚訚',《说文》云'和悦而静'。看得字义,是一难的事。訚訚有争意,《汉志》'洙泗之间訚訚',义同两齿相争。"(卷三十八页三胡

泳记)

"——'世'字与'太'字,古多互用,如'太子'为'世子','太室'为'世室'之类。"(卷一百四十页十一辅广记)

(二)次求"详明音读"。《语类》记其例云:

"先生命二三子说《书》毕,召蔡仲默及义刚语:因借先生所点六经,先生曰被人将去,都无本了。看公于句读音训,也大段子细,那'言天下之至赜而不可恶也',是音作去声字,是公以意读作去声?曰:只据东莱音训读,此字有三音,或音'亚',或如字,或'乌路反',仲默曰:作去声也似是?先生曰:据某看,'乌路切'于义为近。说'虽是如此劳攘事多,然也不可厌恶。'而今音训有全不可晓的,若有两三音的,便着去里面拣一个较近底来解。"(卷七十五页三黄义刚记)

(三)次求"详明训故"。《语类》云

"某解《语》、《孟》,训故皆存,学者观书,不可只看紧要处,闲慢处要都周匝。"(卷十一页八万人杰记)

"某所集注《论语》,至于训故皆子细者,盖要人字字与某著意看,字字思索到;莫要只作等闲看过了。"(同卷页十五曾祖道记)

"诗书略看训故,解释文义,令通而已,其道理只在本文下面小字。尽说如何会得过他。"(卷六十七页八黄㽦记)

(四)次求"校勘异文"。《语类》云:

"李善注《文选》,其中多有《韩诗》章句,常欲写出,'易直子谅',《韩诗》作'慈良'。"(卷八十页二李方子记)

"读书自有可得参考处,如《乐记》'易直子谅之心'一句,'子谅'从来说得无理会。却因见《韩诗外传》'子谅'作'慈良'字,则无可疑。"(卷八十七页二十八钱木之记)

第三"求巩固证据"。第二步工具问题既已有相当把握,方可开始应用此项工具,应用工具,必须有第三者之保障,故第三步在"求证据",在求坚定明确之证据,此点又略分数项:

(一)"自证"及"互证"。自证者,于本书中,以前后文,上下文为证;

互证者,于同类中类集比观以为证也。《语类》云:

"问:一般字却有浅深轻重如何?曰,且看上下文。"(卷十一页十七甘节记)

"看经传有不可晓处,且要旁通,待其浃洽,则当触类而通矣。""经,皆要子细看上下文义。"(同卷页十四万人杰及不知何人记)

"读书,若有所见未必便是,不可便执着,且放在一边,益更读书,以来新见。……学者须是多读书,使互相发明,事事穷到极致处。"(同卷页五辅广记)

(二)"旁证"及"广证"。旁证者,于不同类中,取又一方面之证据也;广证者,言向各种不同类中,博征证据,不厌其多也,《语类》言其类云:

"诗之音韵,是自然如此,这个与天通。古人音韵宽,后人分得密后隔开了。《离骚》注中,发两个例在前:'朕皇考曰伯庸,惟庚寅吾以降——洪——','又重之以修能——耐——纫秋兰以为佩。'"(卷八十页十五李方子记)

"问诗协韵,是当时如此作,是乐歌当如此?曰当时如此作,古人文字多有如此者,如正考父鼎铭之类。"(同页郑可学记)

"——汉《艺文志》引《中庸》云:'索隐行怪,后世有述焉。''素隐'作'索隐',似亦有理,钩索隐僻之义,'索''素'二字相近,恐误。"(卷六十三页十廖德明记)

"孔《传》云:'百官族姓',程子谓古无此说,《吕刑》只言'官伯族姓',后有'百姓不亲','干百姓''咈百姓'皆言民,岂可指为百官族姓。《后汉书》亦云:'部刺史职在辨章百姓,宣美风俗','辨章'即'平章'也。"(卷七十八页十四王过记)

"或问吴氏叶韵(按即吴棫《韵补》)何据?曰他皆有据,泉州有其书,每一字多者引十余证,少者亦两三证,然犹有未尽,因言《商颂》:'天命降监,下民有严,不僭不滥,不敢怠遑。'吴氏云:'严字恐是庄字?汉人避讳,改作严字。'某后来因读《楚辞·天问》,见'严'字都押入'刚'字'方'字去,又此间向音'严'作'户刚反',乃知'严'字自与'皇'字叶。……又

253

如'兄弟阋于墙,外御其侮,每有良朋,烝也无戎',吴氏复疑'侮'当作'蒙',以叶'戎'字,某却疑古人训'戎'为'汝',如'以佐戎辟','戎虽小子',则'戎''女'音或通?后来读《常武》诗有云:'南仲太祖,太师皇父,整我六师,以修我戎',则与'汝'叶明矣……因言古之谣谚皆押韵,散文亦有押韵者,如《曲礼》'安民哉'叶音'兹',则与上面'思''辞'二字叶矣,又如'将上堂,声必扬,将入户,视必下','下'叶音'护'。《礼运》、《孔子闲居》亦多押韵,《庄子》中尤多,至于《易·象辞》皆韵语也。"(卷八十页十六辅广记)

(三)"物证"及"事证"。物证者,从物质之遗留以推求古事,朱子以前,吕大临、黄长睿辈,据地下出土古彝器以驳正汉唐注疏及聂崇义礼图,已开其例。朱子亦曾引薛氏《钟鼎款识》以注《诗经》。事证者:以必然之事实,驳正空想,及鉴别古说可靠性之程度也。《语类》举其例云:

"《诗序》多是后人妄意推想……如庄姜之诗,却以为刺卫顷公,今观《史记》所述顷公竟无一事可纪,但言'某公卒,子某公立'而已,都无其事。"(卷八十页十三黄卓记)

"先生与曹兄论井田,曰:天下安得有个王畿千里之地,将郑康成图来安顿于上?今看古地如丰镐,皆在山谷之间;洛邑伊阙之地,亦多是小溪涧,不知如何措置?"(卷八十六页十五黄卓记)

"问古尺何所考?曰:……《隋书》载十六等尺说甚详,王莽货泉钱古尺径一寸,因出二尺,曰:短者周尺,长者景表尺。"(卷九十二页一黄义刚记)

"因言服制之变……尝见唐人画十八学士,裹幞头,公服极窄,画裴晋公诸人则稍阔,及画晚唐王铎辈则又阔,相承至今,又益阔也。……尝见南剑沙溪一士夫家,尚收得上世所藏幞头,犹是藤织坯子。"(卷九十一页五沈僩记)

"古者用笾豆,簠簋等,陈于地,当时只席地而坐,故如此饮食为便……某处有列子庙,却塑列子膝坐于地,这必有古像。"(卷九十页五叶贺孙记)

于此"求证"一项,独有一先决附带之基本条件,则为"先当确定证据材料之基础"也。盖求证云者，所以征取于第三者以为保障，故似此第三者无论有何种嫌疑而不可靠，则此证案，非徒完全不能成立，且将贻对方以绝大之反证也。此其例如朱子不信《诗·小序》以其无证，而吕东莱以为"小序便是证"，如原告同时欲自作证人，此真千古笑柄也。《语类》云：

"《诗序》实不足信……向尝与东莱论此，渠却云，安得许多文字证据！某云，无证而可疑者，只当阙之，不可据序作证。渠又云，只此序便是证……"（卷八十页十三叶贺孙记）

第四，"求会通异同。"有证据者，固当胪列群证，不厌其多，以求巩固，亦有无证之可求者，则必须比类属辞，错综纬互，始可以见其会通，此法直至有清高邮王氏父子《经义述闻》、《经传释词》，始应用娴熟，完全成功，而其幼稚芽萌，似亦朱子创举，《语类》多此例，今于《易》《书》二经举其一二云：

"《易》中多有不可晓处：如'王用亨于西山，此却是'享'字，只看'王用享于帝吉'则知。……如'公用亨于天子'，亦是'享'字。"（卷六十七页十六杨赐记）

"——'王若曰'，'周公若曰'，'若'字如《汉书》中'帝意若曰'之类。"（卷七十九页二十九沈僩记）

"《书》中'弗吊'字，只如字读，解者欲训为'至'，故音'的'，非也。其义正如《诗》中所谓'不吊昊天'耳。"（同卷页三十沈僩记）

"'忱'、'谌'字，只训'信'。'天棐忱'，如云天不可信。"（同上）按先师王静安先生正如此说。

第五，"求明了当时风俗人情"。此语以今语译之，即求当时之社会背境也。此为方法上最后一步，亦为比较更深刻之一步，晦翁所以诏示弟子者于此点甚为清楚。《语类》曰：

"公不会看诗，须是看他诗人意思好处是如何，不好处是如何，看他风土，看他风俗，又看他人情物态。"（卷八十页十八沈僩记）

（原载《大公报·文学副刊》，一九三〇年第一四九期、第一五〇期）

宋代哲学史料丛考

一　嘉兴沈氏日本长尾氏所藏朱子论语注稿三种跋尾
二　朱文公文集丙戌答张钦夫论未发二书跋尾
三　利津李氏书画鉴影朱文公墓志钟山起居三帖跋尾
四　平湖葛氏爱日吟庐书画续录朱文公春雨帖跋尾
五　明程资刻本朱程问答三卷跋尾（稿存汉口暂阙）
六　紫阳书院志本朱子年谱跋尾
七　河南程氏遗书第十七卷跋尾
八　明道先生定性书年代考证
九　伊川先生颜子所好何学论及上仁宗皇帝书年代考证
十　崇文集传刊考
十一　易本义九图辨伪申宝应王氏说
十二　通志堂经解本合订删补大易集义粹言跋尾

其昌早尝有志撰宋元以后之哲学史，然感觉有一基本的先决条件，即必须将宋元以来之重要哲学史料，先加以精密的考定。否则捕风捉影，高谈玄虚，一若倭邦坊间所售之"中国哲学史"等，将贻后世通人以"瞽说""梼谈"之讥焉。此十二篇，皆从未刊行之稿，乃十五年内陆续所作；最远者，作于中华民国十四年浙江桐乡。最近者，作于二十九年四川嘉定。中惟一篇作于武昌珞珈山，今稿存汉口暂缺。其他已刻行者，尚有多篇，皆不与。海内外方闻通硕，仍恳赐以教正，俾不因板荡而荒学殖，则不独其昌之私幸也。

嘉兴沈氏日本长尾氏所藏朱子论语注稿三种跋尾

朱子《论语集注》稿草，今尚存于天壤间者，据余所知，散为三部！合计手迹二百一十四行。又门人所缮，而朱子所已改者二十行，都二百三十四行。约存全书二十分一。（其珂罗版印本，予皆得之。）凡《子罕篇》十六行，自《自卫反鲁章》注"故归而正之"语"而正之"字起，至《未见好德章》注"使孔子为次乘"句止；旧藏歙县程莼江，后归鲍少筠（名未详）、朱九丹（又名玖呷），今归日本长尾雨山（长尾槇太郎，日本赞岐人，号雨山。又名长尾甲），此一种也。又《颜渊篇》中析为二：前段四十八行（门人缮录二十行，朱子手迹二十八行），自《颜渊问仁章》"请问其目节"注"目，条目也"语起，至《司马牛问君子章》"不忧不惧节"注"而忽之"语止；初藏大兴翁覃溪（方纲，有手跋），后归归安吴平斋（云，亦有跋。其昌按吴氏两罍轩又曾尊藏朱子《周易本义》草稿六十行，见罗叔言跋尾，今不知在何许？此据先师静庵王先生手跋），后又入武原张氏（此亦据先师王先生跋），此又一种也。（今此段不知尚在武原张氏？抑亦已归入嘉兴沈氏？未详。）后段一百七十行，紧接前段继以"晁氏曰"起，至章尽止。但中缺一页，自《子贡问政章》"民无信不立"句注引"程子曰而以死守之""以"字起，至《哀公问有若章》"盍彻乎节"注"欲公节用以厚民也""欲"上一字止。所以知其适为一页者，因此一段占宋刊淳祐大字本集注二十五行不足，而淳祐大字本往往二十二、三行，相当于注稿之一页十二行也。旧藏吴中某氏（未详。据翁跋吴中曾有石本），今为嘉兴沈寐叟（曾植）海日楼秘宝（寐叟在时，不肯语人，此乃沈氏婿僚吾友王瑗仲语予），此又一种也。据翁跋云："石刻谓是明王文恪（鏊）旧物，凡上下二册，上册为《先进篇》"云云；今不见《先进篇》，而反有出于徽郡之《子罕篇》，知朱子《论语注稿》，人间珍袭者尚多；即《先进篇》恐亦尚在天壤，第一时不获踪迹耳。（其四十八行本前有朱子深衣燕居造像一尊；据王澍跋所见《易本义》残稿，卷端有朱子像。而此四十八行，与《易本义》稿同时曾入吴氏二百兰亭斋插架，疑在吴云家时，为人移装于此编也。）

按朱子之于《论语》，真可谓靖献其身心之整体，而毕竭其生命之极限者矣。考其工作之程序：则初成《合编》。因《合编》而成《要义》及《训蒙口义》。因《要义》而成《精义》。因《精义》而成《集义》（一名仍作《要义》）。因《集义》而成《集注》及《或问》（《集注》为最终之稿）。言其各书之内质：则《合编》遍采古今诸儒之说。《要义》，独取程氏及其门人等十一家之说。（此据《要义》序，王白田《年谱考异》则谓《要义》较《精义》殊为粗略。）《训蒙口义》，则编合《注疏》及陆氏《释文》而成。《精义》，乃约撷《要义》而加精之。《集义》，则取《精义》而增入毗陵周氏（孚先）之说。《集注》，则又约撷《精义》而愈益加精焉；而《或问》又所以自为疏也。详其撰述之年月：则《合编》起稿于十余岁时，而成于二十四岁之夏。（以上详见其昌所作《朱子著述考·佚书考》。）《要义》及《训蒙口义》起稿于二十四岁，而成于三十四岁之冬。《精义》起稿于三十四岁，而成于四十三岁之春。《集注》起稿于四十四岁，而成于四十八岁之夏。《集义》则修定于五十一岁。其于《集注》也，则一修于五十四岁，再修于六十一岁，三修于六十七岁，四修于六十八岁以后。（此皆有文字明白可据者，其实随时修改，无时或间也。）距其卒也，不过一二年耳。（以上详见其昌所作《朱子传经史略》。）今证以此注稿手迹涂乙之繁密，足以见当时商略扬榷之艰苦矣。

试取淳祐大字本与此《注稿》相雠校，则有数义可陈述焉：其一：《颜渊篇》十四页六行原稿云"下文又详言之也"，既以"之也"易"如此"，而最后仍作"又详言之"。又四页四行"而泛以仁之大概语之"，最后作"为仁"。七页四行"必不得已而去"，稿本无音释，而最后增音释云："去，上声，下同"。八页十行"然世不究其本"，最后作"后世"。十三页二行"民亦耻而不窃"，最后作"知耻"。十四页八行"好，去声"，最后作"好、下，皆去声"。十五页一行"而专务求名",最后作"求名者"。又四行引程子语"今之学者大抵为名与为利"(二句),最后作"今之学者,大抵为名(句);为名与为利"(析成三句)。皆可以证此稿所改定者,仍非定稿,其后愈改愈密,此稿或尚在丁酉四十八岁以前也。其二:二页十行引程子语"则说出门如见大宾",淳祐刊本(下简称宋刊)作"只说"。四页十二行"而忽之",宋刊作"而忽之也"。六页十一行"致丁宁之意",宋刊作"以致"。十一页五行"而并记此",宋刊无"而"字。又十二行"以见圣人之不以听讼为难",宋刊无"之"字。十二页十四行"故告之如此",宋刊作"以此"。十八页八行"然以义合也",宋刊作"者也"。若此者,虽难确言其互异之短长,而区区薄帙,异文多至如此。亦足证改缮之殷勤矣。其三:四页十行"省,上声;疢,音救",今宋刊无之(凡以后刊本均同)。又五页三行"亡,读为无",又九行"与,如字",宋刊并无。六页五行"肤,如字",宋刊作"肤,苏路反"。十三页七行"焉,音烟",宋刊作"焉,于虔反"。其昌昔撰《朱子佚书考》,知朱子尚著有《四书音训》,故《真文忠公文集》曾有跋云:"……至于音训,亦必反复订正而后已。"此是以证反复订正音训之实矣。疑音训之书,即充扩此类附于经下注前之音释而成也。其四:可以订正自宋刊以后谬误之最大者:十二页十二行"而改三家之政",今淳祐本尚已误作"三家之故",他刊无责。积误垂七百年,而人熟视无睹;不见原稿,孰能正之。尽同此例,可为寒心!二十存一,益令人惋悼其少矣。(其他笔误者,若八页十二行:"而不为迂矣","矣"乃"乎"之误。十六页六行:"能辨之如早","如"乃"为"之误。十八页三行:"有犹未知","有"乃"而"之误笔。夺者,若十六页三行:"故告之",下夺"以此"二字。又十行:"而知所择","知"下夺"有"字。颠倒者,若十页十一行:"而不知求反其所以然",应作"反求"。十三页十行:"岂为人之上者语哉",应作"人上者之语哉"。十八页一行:"不欲独闻其说",应作"不独欲闻"。此皆偶误,无关宏旨,此故不及云。)

中华民国十六年仲冬之望,雪夜深更,灯阑传烛,月白檠青,冰陨如籟,海宁吴其昌记于北京清华园一院。

又按元张洪齐熙《朱子读书法》(重论文斋精钞本)云:"黄勉斋著《论语通释》至'吾之于人也谁毁谁誉章',而曰:'先师之用意于《集注》一书,愚尝亲见之,一字未安,一语未顺,覃思静虑,更易不止;或一二日而未已,夜坐或至三四更。如此章乃亲见其更改之劳,对坐至四鼓,先生曰:此心已孤,且休矣。退而就寝,目未交睫,复见遣小吏,持版牌,改数字以见示;则是退而未寝也。未几而天明矣。用心之苦如此。'"又《朱子语类》(卷一百四)王过记云:"……某旧年思量义理未透,直是不能睡。初看《子夏先传》后卷一章,凡三四夜,穷究到明,彻夜闻杜鹃声!"又《语类》(卷一百十六)曾祖道丁巳所记者(朱子六十八岁)亦云:"某所解《论语》,自三十岁便下工夫,到而今改犹未了,不是草草看者。"观于此,则吾侪小子群居终日,无所用心;与夫诽薄先贤,妄自侈大者,其将何地以容此身耶!予故特连类而表出之,以警夸罔,且以自检焉。越一夕又记。

朱文公文集丙戌答张钦夫论未发二书跋尾

晦庵先生《朱文公文集》卷三十,丙戌《答张钦夫》二书:其前书,朱子自注云:"此书非是!但存之以见议论本末耳。下篇同此。"其后书,朱子自注云:"此书所论尤乖戾!所疑语录(按谓《程氏遗书》)皆非是。后自有辨说甚详。"按:朱子自斥此二书如此,惜所谓"后自有辨说"者,其文不传,不克考见朱子所自辨者,其语云何?而以其昌考之,则此二书所言,与佛经中《释摩诃衍论》,义旨全合。(《释摩诃衍论》,此云《大乘起信论》。旧传马鸣菩萨造,真谛三藏译。然此书决为脂那撰述。日人望月信亨及饮冰师等,考之已详。又陈寅恪师云,陈时实义难陀译《起信论》,其序中于梵文亲依真谛之名亦不能辨,亦见作伪者之学浅。此书与《楞严》俱伪。)若非朱子此二书即本之《释摩诃衍论》,则亦因朱子平昔受彼论暗示已深,故不自觉其出语不越彼之畴范也。但朱学究系承接伊洛程学而来,故不论如何相同,而终于最后一点,与彼论有根本之对立。故其后卒自动深疾此二书也。今试将此二者思想之系统与方法,比较而推论之。

　　此二书所谓"未发",即彼论所谓"本觉"。此二书所谓"已发",即彼论所谓"染相"。此二书所谓"物欲",即彼论所谓"无明"。此二书所谓"无间",即彼论所谓"不灭"。此前书云:"人自有生,即有知识;事物交来,应接不暇,念念迁革,以至于死。其间初无顷刻停息,举世皆然也。然圣贤之言,则有所谓'未发之中',寂然不动者"此言因物欲交来,而感动不断;然其本体,初未尝动。彼论云:"依'阿梨耶'识(按'阿梨耶',华义为藏),有'无明'不觉而起;起念相续,故说为'意'。此'意',复有五种……五者名相续识,以念相应不断故,住持过去无量世等善恶之业,今不失故。复能成熟现在未来苦乐等报,无差违故。"又云:"是心从已来,自性清净,而有'无明'。为'无明'所染,有其'染心'。虽有'染心',而常恒不变。是故此义唯佛能知。"又云:"所谓心性,常无念故;名为不变。以不达一法界故,心不相应,忽然念起,名为'无明'。……"是亦言因"无明"而"染识"相续,而真如本觉,常恒不变。其应合一也。此前书云:"天理本真,随处发见,不少停息者;其体用固如是,而岂物欲之私,所能壅遏而梏亡之哉。故虽汩于物欲流荡之中,而其良心萌蘖,亦未尝不因事而发见。"而彼论云:"破和合'识相',灭相续'心相',显现法身智淳净故;此义云何? 以一切'心''识'之相,皆是'无明'。'无明'之相,不离'觉性';非可坏,非不可坏。如大海水,因风波动,'水相''风相',不相舍离。而水非动性,若风止灭,动相则灭;湿性不坏故。如是众生'自性'清净心,因'无明'风动:'心'与'无明',俱无形相,不相舍离。而'心'非动性,若'无明'灭,'相'续则灭,智性不坏故。"此俱言本性不息不变,虽随"物欲""无明"而荡动,而终不能有损坏于本性。其应合二也。此后书云:"盖'性'(约指本觉)无时不行乎'心'之用,但不妨常有'未行乎用'之'性'耳。熟玩《中庸》,只消著一'未'字,便是活处,此有一息停住时耶。只是来得无穷,便常有个'未发底'耳。若无此物,则天命有已时,生物有尽处,气化断绝,有古无今久矣。"而彼论曰:"问曰:若心灭者,云何相续? 答曰:所言灭者,惟'心相'灭(心相,即朱子所谓"心之用"),非'心体'灭

（心体即朱子所谓"未行乎用之性"）。如风依水有动相，若水灭者，则风相断绝，无所依止。以水不灭，风相相续；唯风灭，故动相随灭，非是水灭。'无明'亦尔。依'心体'而动，若'心体'灭，则众生断绝（此犹朱子所谓"生物有尽处"），无所依止。以'体'不减，'心'得相续；唯'痴'灭，故'心相'随灭，非'心智'灭。"此俱言若无"心相"，则"性体"（或心体）亦无所依托而表见。然"心相"有灭时，"性体"则亘古流行，不息不灭。（朱子之"性体"，即彼论之"心体"。彼论之"相"，即朱子之"用"。以今语释之，则"动态"也。）其应合三也。此前书曰："程子曰：'未发之前，只平日涵养便是。'又曰：'善观者，却于已发之际观之。'二先生之言如此，亦足以验大本之无所不在，良心之未尝不发矣。"此言未发之"性"，即当于已发之"心"上验之。而彼论亦云："所谓无量功德之相（此约等于朱子之大本与良心），常无断绝，随众生根，自然相应；种种而见，得利益故。"其应合四也。此后书云："发者方往。而未发者方来，了无间断隔截处。夫岂别有一物，可指而名之哉。"而彼论亦曰："是故一切众生，不名为'觉'；以从本来，念念相续，未曾离念故，说无始'无明'……"（此从真谛本。北周实义难陀本云："是故一切众生，不名为觉，以无始来，恒有无明妄念相续，未曾离故。"语较明晰。）此在《释摩诃衍》虽斥指凡夫众生，而在朱子乃泛指一切，语兼贤佞，而其状心念之相续无间，则其揆一也。其应合五也。此前书云："几微之间，一有'觉'焉，则又便为已发，而非寂然之谓。盖愈求而愈不可见。"而彼论亦云："如凡夫人，觉知前念起恶故，能止后念，令其不起；虽复名'觉'（按此"觉"字，与朱子"一有觉焉"之"觉"字，名实俱同），即是不觉故。"此朱子言当其"未发"，则并"已发""未发"，皆不能知。略一觉其此时"未发"，则此几微之"觉"，便是"已发"。彼论言"前念"已去，略一"动念"以制止"后念"，则此略一"动念"，便是"后念"。其主旨方式全同。（朱子之"未发"，约等于彼论后念未起之时。）其应合六也。若再从两者立论根据之点而戡之，朱子前书云："……盖有浑然全体，应物而不穷者，是乃天命流行，生生不已之机；虽一日之间，万起万灭，而其寂然之本体，则未尝不寂然也。所谓'未发'，如是而已。"而彼论亦云："所言觉义者,谓心体离念。离念相者,等虚空界,无所不遍,法界一相;即是如来平等法身。依此法身,说名'本觉'。……"此尤可为其昌前说朱所谓"未发",即彼论所谓"本觉"之明证。其应合七也。此不过举其文之可对称者,而两方立说之根据,与衍说之理论,皆历历相类似。盖根株同而枝叶自肖,固不待毕举而枚证之也。

朱子此二书,皆作于乾道二年(一一六六)丙戌,时年三十七岁。(此据王懋竑氏所考定。今按王考是也。说在别简。)正朱子于佛学浸郁方浓,而未挈然舍去时也。《语类·包扬录》云:"某旧时亦要无所不学,禅道、文章、楚辞、诗、兵法,事事要学。"则此二书,决受《释摩诃衍论》影响无疑。(按以文集《中和旧说序》考之,朱子自述此种思想,乃因读《程氏遗书》而自见得者。然以思想之系统考之,明出于《释摩诃衍》而不出于《程氏遗书》。或朱子昔曾研读彼论,下意识已受有根种,而不自觉耳。要亦非明袭彼论也。)惟与彼论十九皆同,而有最后不同者一焉,则立论之目的也。朱子书云:"因事发见,学者于是致察而操存之,则庶乎可以贯大本达道之全体,而复其初矣。"是其最后究竟,要在"达用"。而彼论乃云:"为欲解释如来根本之义,令诸众生正解不谬故。"是其最后究竟,仍在"明体"。此其大异之点也。故其后渐觉立说之尽误,而自斥为乖戾。愈至后,而相距之角度亦愈大;朱学与禅学遂如冰炭之不相容矣。夫宋儒理学,原自禅学中衍变而来,此岂能为理学讳。(我侪今日,亦决不能如清代某种学派斥佛学为大逆不道者之隘量。)而理学实较禅学为切合于实际之人生(尤以伊川与考亭为甚),则亦非为理学誉。因儒家之旨趣,为入世,为修治;与释家之旨趣,为出世,为解脱者,根本原已不同也。

中华民国十六年十月,更残灯灺,秋静如水,海宁吴其昌记于天津饮冰室侍席。

利津李氏书画鉴影朱文公墓志钟山起居三帖跋尾

利津李氏《书画鉴影》(同治辛未家刊本)卷三,著录朱文公三帖。

一,《辞撰墓志帖》(李氏原注云:草书十八行)。一,《论修纲目帖》(即《钟山帖》。李氏原注云:行书十五行)。一,《致问起居帖》。(李氏原注云:草书七行,又云:纸本,高一尺四寸七分,长一尺四寸。凡三纸。字经一寸内外。)除钟山一帖,又见于明汪砢玉《铁网珊瑚书录》卷七,及清卞永誉《式古堂书画汇考》卷十四外,余二帖,各家咸未著录;惟赖李氏此书而仅传,诚可珍已。汪氏书及卞氏书于《钟山帖》后,附录元明以来龚玉、郭畀、苏希则、吴均、杨溥、金幼孜、杨荣等七跋(皆录全文)。李氏书于三帖后,附存龚玉、郭畀、杨士奇、马铎、陈用、蹇义、张洪、王直董、周孟简、陈继、查士标等十一跋节略(但记首尾一二语)。从各跋而细绎之,乃知此三帖前后合而渐散,散而复合,已经数四变化矣。盖此三帖,原为朱子致一家之书。入元后,转辗流入京口郭氏。其后又归于何氏。皆三帖相联属,未尝散失。至明宣德夏间,而《起居》一帖,忽遭散佚。至崇祯,而《墓志》一帖,又忽离去。于是仅存《钟山》一帖,自汪氏以后,直至清康熙间,若卞氏所见者,皆只《钟山》,一帖而已。稍后,乃为不知何人所觅得集合,递传至同治时,归人李佐贤手,始完备著录以传世。此《墓志》、《起居》二帖之不亡,盖一间耳。凡此曲折,均可于跋语中得之。吴均跋略云:"右徽国文正公(按"正"字系笔误)考亭夫子手帖:'一以辞撰墓志,一以致问起居,而一以编辑《通鉴纲目》义例得失,取正于人。皆手书。'"蹇义跋略云:"右子朱子晦庵先生手书,凡三帖。盖京口郭畀天锡家珍藏故物也。今为其外孙何彦澄得之。"金幼孜跋则云:"此卷手书凡三:二书如前所云,一书则折简道平安(按即《起居帖》)。京口何彦澄宝藏之。"郭跋不署时,但跋中有"延祐改元"语,知在元仁宗延祐初年。蹇跋亦不署时。吴跋则署"永乐庚子仲春"。金跋自署"宣德四年己酉四月"。是可知此三帖,自宋经元迄明,至早至宣德四年四月间,尚未散离之证也。杨荣跋略云:"右朱夫子晦庵先生手书二通。观其于撰述张魏公志铭,与他书所载不同,不免悔之。至其所修《通鉴纲目》,十年而后成,然汲汲尚欲求正于人。则知前贤于为文及著书二事,其不敢忽如此。"下自署"宣德四年己酉七月"。与金幼孜跋相差仅三月,而仅存"手书二通"(《墓志帖》

《钟山帖》)矣。此宣德夏间,散去《起居》一帖之证也。汪氏《铁珊瑚网》成书于崇祯时,而只存《钟山》一帖;是至崇祯时,又散去《墓志》一帖之证也。《书画汇考》亦仅载《钟山》一帖,是至康熙时,三帖离散尚未归复之证也。然此后不知为何人所觅得,幸而复合。查梅壑所见,似已有三帖。经李竹朋刊入《书画鉴影》,而世始得窥全豹。然濒于危者数矣!

至其所与之人,经王昌反复考定,《钟山》、《起居》二帖当题云:"答李参仲"。而《墓志》一帖,当题云:"答李季子"。所以确知而不疑者:考《晦庵先生集》有《跋李参仲行状》(卷八十三)略云:"钟山先生李公参仲之子季扎,奉其先君子行状一通,谒予建溪之上,而以铭墓为请。予之先世,家婺源,与公为同县人。绍兴庚午岁,予以二十余(按朱子年二十一),始得一归故乡,拜其坟墓宗族姻党,于是乃获识公。中年复归而再见公,而公已营钟山所住,为将老焉之计矣。渠深沼清,竹树蒙密,时命予与程弟允夫(按即朱子表弟程洵),徜徉其间。既别而归,书疏不绝。其后数年,闻公物故。公之诸子,以不朽为托;受其状而读之,则又允夫之文也。乃以病衰,心力凋耗,把笔欲下,而神已不俱来矣。遂无以塞季子之意。"下署"庆元元年十一月"(按朱子六十六岁),与此三帖所叙述之事实,若合符节。又程洵所著《尊德性斋小集》(《知不足斋丛书》第三十集本)卷三,有《钟山先生行状》,亦可为此三帖之疏证。跋文既云"既别而归,书疏不绝";则朱子与李缯往来简札亦繁,似尚不止此《钟山》、《起居》二通也。《钟山帖》云"窃闻卜筑钟山,以便亲养,去嚣尘而就清旷";与行状跋文铺叙李氏所营钟山之景,相互映照。又与程洵所作行状"筑室山间,为隐居计,名其山曰钟山,榜其室曰中林"者密合。证一。《行状》跋文云:"公营钟山,为将老之计",而帖亦云:"非独为避衰计也"。语又呼应,证二。《墓志帖》云:"伏蒙督过,顾实衰病,不堪思虑。"又云:"切望贷此余生,毋劳竭其精神,以速就于溘然之地"。而《行状》跋文云:"乃以病衰,心力凋耗,把笔欲下,而神已不俱来矣。"所述病苦相符。证三。帖又云:"若无性命之忧,则岂敢有所爱于先世恩契之门如此哉。"是朱子与李氏,原有世代亲故之谊。《行状》跋文亦云:"归故乡拜宗族姻党,乃获识公。"是李缯确为朱子姻党中之一人。考之程洵所作行状,则述李缯"娶同郡朱氏"。当为朱子故乡之远族。证四。惟因朱李为先世姻党,斯《起居帖》所道问者,乃遍及于"台眷中外,贤郎昆仲"矣。证五。据程洵所作《行状》云:"有子男三人:汝极、季扎、叔栩。"(季扎即沧洲弟子籍中之李季子。)缯有三子,宜《起居帖》有"贤郎昆仲"之语矣。证六。朱子于《通鉴纲目》,实起稿于乾道三年丁亥(时年三十八岁),因至长沙访张钦夫,因得于胡文定公(安国)家中,观公所著《通鉴举要补遗》手稿,因而感激起草。至八年壬辰(时年四十三岁),而序之。今《钟山帖》乃有"《通鉴纲目》十年前草创,今夏再修"之语;再考《朱子年谱》:"淳熙三年丙申,四十乙岁,春三月,如婺源。"(至六月初乃归。)此即《行状》跋文中所云"中年复归而再见公"也。自丁酉至丙申,适为十年。帖中所述,与《跋文》及《年谱》所载,岁月时日,榫合无间。证七。再,《钟山帖》云:"所恨未获一登新堂",知此帖又必作于丙申三月以前。因若在三月后,则已"与允夫徜徉其间"矣。但帖中又有"纲目今夏再修"之语,则更进一步,可以确实考定《钟山帖》实乃作于乙未之冬末也。委曲隐微,渐可了然。证八。犹有更佳之证焉,考《朱子年谱》:淳熙十六年五月起(六十岁),朱子之阶秩为"朝散郎"。绍熙二年三月(六十二岁),"复除秘阁修撰"。直至绍熙四年十二月,始"除知潭州,荆湖南路安抚使"。五年五月,始到任。五年十月,始进秩为"朝请郎,赐紫金鱼袋",爵为"婺源县开国男,食邑三百户"。则在绍熙二年至四年十二月以前,朱子之职衔,乃为"朝散郎,秘阁修撰"也。今按程洵所撰行状,则李缯卒于绍熙四年八月。其子季扎请朱子撰志,自当在绍熙四年八月后,十二月前。今《辞撰墓志帖》之结衔,正作"朝散郎,秘阁修撰"。文之密合,不减符印。证九。且亦可更进一步,知《墓志帖》之必为答李季子而其年月,决定在绍熙四年八至十二月间矣。十二月后,荆湖安抚之命既下;朱子一辞再辞,求丐祠官。今《墓志帖》云:"况今祠官,万一不遂,则又将有王事之劳。"可以彼此转注。证十。绍熙四年,李季扎以书请志,既已覆书辞撰。越二年,至庆元元年,季扎丧制既终,乃亲谒于建溪面请,因为之作行状跋文,以塞其悲。故跋文下署"庆元元年"。前后事实连贯。证十一。《墓志帖》中，又指"元臣故老，动关国政"为辞。按"元臣"，乃指赵忠简(鼎)行状而言。"故老"，当即以李镛、李缯父子。据程洵所撰《行状》："父镛，始游太学，知名建炎初"。考南北宋之交，凡太学生，皆"动关国政"；而知名者尤甚。(详其昌所作《宋太学生干政运动考》)缯亦遍师南渡华胄吕和问、吕广问(均吕夷简曾孙)之门。又尝师祁宽(尹焞之高第)。则亦南朝野史苑中之人物也。证十二。

综上所考，则此三帖，原为婺源李氏子孙传家之珍，甚为彰著明白。故得集聚不散。乃其后忽联翩转入于京口郭氏者，疑元季吴郡于文传知婺源时所得？(于氏为元代江南知名文士。甚敬朱子，知婺源时，曾修葺文公家庙。而性又爱藏金石书画，今宋刊《啸堂集古录》，亦于氏旧藏，卷后尚存其手跋。)后又由吴会以入京口，其道甚近。郭天锡亦以搜藏法书珍绘为嗜者，因以实其箧。(郭氏盖亦元代能画士夫之一。今故宫博物院尚藏有郭畀《雪竹》手卷。)然此乃出于假定之推论，尚非有何等佐证也。

又尚有他义可资旁证者：《语类》(卷一页三十一)林枅录云："问赵忠简公行状，他家子弟，欲属笔于先生，先生不许。莫不以为疑。不知先生之意安在？曰：这般文字利害！若有不实，朝廷或来索取，则为不便。如某向作《张魏公行状》，亦只凭钦夫写来事实做去。后见《光尧实录》，其中煞有不相应处。故于这般文字，不敢轻易下笔。"此记与《墓志帖》中所述，文虽异而事悉同。自当出于一时。《语类》总目中各弟子所记，皆有年时详表。独林枅，表中不详年时，而所记甚多，且颇有要语。此于考朱子进德之序，亦一遗憾。今既考得《墓志帖》作于绍熙四年冬间，则《语类》林枅所录之年月，亦可连类而揆度矣。此又因考证三帖而获得之余义，不特自述编撰纲目之经过，可补王氏《朱子年谱》关于此节史料之乏而已也。(朱子自述编撰各书之经过，白田先生所修年谱，采之綦详。独于纲目最略，则以材料本少故也。)

中华民国二十九年三月，微雨新晴，小桃初谢，海宁吴其昌记于川南嘉定轰炸剩余之小楼。

平湖葛氏爱日吟庐书画续录朱文公春雨帖跋尾

平湖葛嗣浵《爱日吟庐书画续录》（民国癸丑平湖葛氏家刊本）卷一，《朱熹张栻札子合卷》，著录朱文公与或人帖。首云："熹窃以春雨复寒，伏惟知府经略殿撰侍郎丈，阃制威严"云云，中有"桂人蒋令，过门相访，云当（原本误作'堂'，今正）上疏论广西盐法；见其副封，甚有本末。渠归必请见，因附以此"云云，末有"未有侍教之日"语，下署"二月十七日，宣教郎，直徽猷阁，朱熹札子"。帖中论及《大学》格物之说，颇为重要；而《朱子文集》、《续集》、《别集》，并皆失之，惟赖葛氏著录以传（前此之金石书画典籍，均未著录），甚为有功。惟葛嗣浵所自为之跋语，则确非是。葛氏据上款结衔，直断此帖谓为"与张南轩"，谬误甚矣。南宋名臣，若曾开、李椿、张孝祥、张栻，其结衔皆得为"知府经略殿撰侍郎"，盖不独南轩一人为然，而贸然径指为南轩，其谬误一。南轩与朱子为友，且较朱子后生三年，朱子与之书，岂得云"丈"，云"侍教"乎？今《文集》"与张钦夫"书多矣，曷尝有此类之称乎？其谬误二。下款署"宣教郎，直徽猷阁"，以王白田《朱子年谱》考之，淳熙九年八月，朱子五十三岁，始以浙东赈济勤劳，除"直徽猷阁"，再辞不受。至十一月，始受。此时距南轩之没，已三年矣（南轩卒于淳熙七年，朱子年五十一）。其谬误三。最后一端，纰谬尤大，此无可争之事实也。

然则此帖果与何人乎？若"与张安国"（孝祥）乎？则于湖亦为朱子之友，仍不当称"丈"称"侍"。若"与曾天游"（开）乎？则乃游鹰山（酢）之弟子，朱子已不及见矣。故反复考之，而知此帖乃"与李寿翁"（椿）者也。此亦有三点可证：其一，以朱子所撰《敷文阁直学士李公墓志铭》（《文集》卷九十四）考之，李卒于淳熙十年十一月旦日，年七十有三。长于朱子者十有九岁（朱子知南唐军在道，曾至其家谒之），宜朱子称之为"丈"，而自谦云"侍教"也。其证一。以《宋史·李椿传》（卷三百八十九）及朱子所撰墓志铭考之,椿除吏部侍郎,以病请祠;不许,请益力,乃除集英殿修撰,知宁国府。后又起为知潭州,湖南安抚使。越二年而遂卒。与上款结衔,所谓"知府经略(即安抚使)殿撰侍郎"者,无一不合。且此项结衔,乃李氏淳熙八年后之履历;而朱子此帖,乃在淳熙十年二月间,尤为符合。其证二。且椿少时,《宋史》本传称其"召为吏部郎官,论广西盐法,孝宗是其说,遂改法焉"。是李氏为研熟广西盐法之专家,在当时定有盛名。至因其说而改国家之成法,其权威可见。故桂人蒋令,欲上疏论广西盐法,而求见之,请教益也。其证三。

朱子手迹,散遗人间,在金时,元裕之已有"晦翁诗挂酒家墙"(见《遗山先生集》卷十三)之叹;若此帖者,有关朱子学问,最足为补订《紫阳年谱》之资。而寿翁学行,于焉可考,亦当在"沧洲同调"之列。而三集未载,零落可慨!盖隐晦已七百余年,今始赖葛氏刊布以传。雒诵沈吟,郑重笺考,恨不得起白田、谢山二老于九原而质正之也。

中华民国十七年仲秋,爽籁潇清,虫声如雨,海宁吴其昌记于天津南开大学百树邨一号庐华镫下。

紫阳书院志本朱子年谱跋尾

王白田(懋竑)先生作《朱子年谱》,深惜宋李果斋(方子)原本《紫阳年谱》,不可复得。(按考之《直斋书录解题》及《文献通考·经籍考》,则李方子撰《紫阳年谱》三卷,原附《晦庵先生朱文公文集》。但今宋本朱集具存,而所附年谱独佚。可异也。)而世所传者,皆为明李古冲(默)窜乱之本。白田于是,盖尝三叹息焉(见《年谱考异》,及《白田草堂存稿》)。今按:李果斋原本年谱,诚已不复可见。而欲得见其近似者,未为李古冲所窜乱者(虽亦有一处据古冲本改原本,而仍注明,不紊乱)之《朱子年谱》,则遍考群书,惟有《紫阳通志》所著录之《朱子年谱》而已。请得而言其详:乾道三年八月,访张敬夫于潭州。李古冲本《年谱》云:"是时范念德侍行,尝言二先生论《中庸》之义,三日夜而不能合。留长沙再阅月;与南轩偕登衡岳,至衡州而别。"书院本《年谱》则云:"留长沙再阅月;偕登衡岳,至衡州而别。有《南岳唱酬集》。"而无"范念德侍行……"云云二十四字。则此二十四字,决为李古冲横插而入,以腹谤朱子者。(王白田《考异》,亦已疑其本无此事。而未见书院本《年谱》也。)此显可证书院本为未经窜乱之本矣。又,乾道八年壬辰,《论孟精义》成。按此书,凡三易名;其次序本末,原委隐曲,自王深宁(应麟)、马贵与(端临)、程畏庵(端礼)、洪去芜(璟)、王白田以来,无一人能的知其实者。其昌曾反复详考,费数千言,始推定。此书初刊建阳本,原名《要义》。再刊南康本,改名《精义》。最后补入昆陵周氏(孚先)之说,又更名《集义》(详见《朱子著述考·佚书考》卷二)。时尚未见书院本《年谱》也。今书院本《年谱》云:"初名《要义》,后改今名(按即上文"《论孟精义》成"之《精义》),最后更名《集义》。"语简而明,丝毫不讹。然则是等处,竟尚为果斋原本,不然何能如此简而确也。又庆元二年,书院本《年谱》有一条云:"九月,归婺源省墓,讲学于郡城天宁山房。"而其下自注云:"是条,原本未载,今补书。"按"天宁寺会讲"公案,本为徽、歙间一种流行之妄说。而在明中叶以后,风靡天下,人人咸信其确有此会讲公案,与鹅湖会讲公案,针锋相对。此正陋妄浅人,左朱袒陆者,诬传此说,以弥缝鹅湖之会朱、陆异同之遗憾。其方法,仍不过窃用阳明"晚年定论"之故智,而尤加拙焉。然明季不喜读书,故习焉不?,哄然盲和。直至清江慎修(永)始作天宁寺会讲辨,博援详征,乃证明此事,根本为无是子虚之幻托(详见《婺源县志》本及单刊本江永著《朱子世家》后附录)。而此注云:"原本未载,今补。"则书院本《年谱》凡不注明"原无今补"字者,皆为一仍原本之真。而其原本之未经李古冲所窜乱,亦易明矣。又,淳熙六年,陆子寿来访一事,王白田《年谱考异》云:"李(古冲)本附载'候命铅山下。'"今书院志本《年谱》"候命铅山"下,无"陆子寿来访"事。盖梭山(陆九龄)此次之访朱子,知者甚鲜。惟《语类》余大雅录有云:"陆子寿自抚来信,访先生于铅山观音寺。"李古冲本,即据是以补入者,李默为陆王之学,故于梭山行止,考核自详。若李果斋修谱时,则余正叔所记语录,尚未行世,故不可得而知也。而今书院本《年谱》无之,此决非漏脱或删削,而必别有所本也。凡此数端,虽无坚证,而其消息,则颇足以资推勘。其他琐杂,不悉言;言其大者。今王白田谱既行,日月出而爝火尽熄;群谱咸废,传世日稀。即欲求李古冲改窜之本,亦卒不能轻得。而此谱乃竟能存嘉靖以前未改窜时之梗概(李默本成于嘉靖三十一年),即非果斋原本之容貌,亦庶几虎贲中郎之彷佛矣。

中华民国十六年重阳,海宁吴其昌记于天津学乐斋侍席(洪去芜本年谱今藏北平辅仁大学。容肇祖氏有长跋)

河南程氏遗书第十七卷跋尾

朱子所编集《河南程氏遗书》第十七卷,不知何人所记,亦不详其年月。朱子目录自注云:"此篇,本无篇名;不知何人所记。或曰:永嘉周行已恭叔?或云:永嘉刘安节元承?或云:关中学者所记?皆不能明也。"今按:此篇年月,当在元祐二年(一〇八七)。记者,或出于左史(刘安节),或出于浮沚(周行已),皆不可知(或竟为给谏、敬亭等其余浙东学者,亦非不能),要之以左史为近,而"关中学者"之说,则全非。此篇之时代明,而永嘉诸子受业伊川之时代亦明矣。

何以确知此篇之在元祐二年也?此有数端可推证。卷中有云:"春秋文字。待刘绚文字到,却用功,亦不多也。"此指伊川先生《春秋传》命刘质夫起稿事而言。今以《伊洛渊源录·刘博士墓志铭》考之,刘氏卒于元祐二年六月,则是卷记时,当在元祐二年六月以前也。此其一。又卷中有云:"《中庸》却已成书。"今考陈忠肃公(瓘)所传《程氏中庸解》,实非伊川所撰真本,乃为蓝田季吕(吕大临字与叔)之作。《朱子语类》(卷六十六)杨方记云:"向见刘致中(勉之)说:今世传明道《中庸解》,(按此"明道"字,又为"伊川"字之偶误。据元蜀人虞槃所作《中庸解后跋》,则在宋时此篇《中庸解》,又尝刊在《伊川先生大全集》中。槃又云'明道先生不及为书',其说是也。元祐二年,"明道新坟草已春"矣!)是吕与叔初本。

后为博士演为讲义。先生又云：尚恐今解是初著，后掇其要为解也"云云；要之，今传本《伊川中庸解》为吕与叔所作，是实。而伊川所自撰《中庸解》真本，乃反因误载而亡佚。是必与叔所作，适与伊川先生所作，同时成书。又值伊川先生成书后，不肯轻出以示人，乃能有此交错之误傅。误吕解为程撰。而吕与叔即卒于元祐二年秋后者，则伊川先生《中庸》之书著成时，亦同在元祐二年可确知。今卷中乃有"《中庸》却已成书"之语，是此卷之年月明甚矣。此其二。又卷中有云："或劝先生以加礼近贵。先生云：何不见责以尽礼。"按：伊川先生韦布自守，直至元祐元年，始通籍而仕。若在其前，无近贵之可接也。（按文彦博、富弼、吕公著、司马光、韩维诸贤，伊川本已亲密。范纯仁兄弟，乃伊川之亲戚。吕大防兄弟，又伊川之门人行。皆不在近贵之列。亦不在加礼之列。）此其三。

然则何以知其出于刘左史之手为近也？按卷中有一条云："常见伯淳所在临政，便上下响应。"今考《上蔡语录》有一条云："刘元承（刘安节之字）曰：诚意积于中者既厚，则感动于外者亦深。故伯淳所在临政，上下自然响应。"此或谢氏得见左史所记此卷语录。或左史既记此条于此卷，而又以语上蔡。故知此卷出于左史手为最近之也。（《上蔡语录》又云："昔从伊川游者，多有语录，二刘各录得数册。"今《程氏遗书》，惟存刘元承手编一卷。与"各录得数册"语殊不合。则此卷或即左史所录数册之一也。或为给谏（刘安上）所录，事亦可能。）不然，属之浮沚，亦非不可能。因永嘉诸子，最初谒见伊川，为同时也（可见朱子注所引或人二说，不为无因）。今更考浮沚受业时之年月，以《宋史·丰稷传》推之，则确在元祐二年（此另有考）。与此考年月又符。则此卷之年月，与永嘉诸子受业时之年月，共大略皆可以睹矣。

中华民国十六年初夏，烟月昏黄，露蛩乱鸣，海宁吴其昌记于北京清华园一院。

又按尹焞《和靖语录》（吴其昌重辑四卷本）云："刘绚解《春秋传》未成，每有人问伊川，辄曰：已令刘绚作之。一日，刘传成，来呈"云云，而此卷乃有"《春秋》待刘绚文字到"之语，是其时刘传尚未来呈也。刘卒于元祐二年六月,则不特可确定此卷应在元祐二年六月以前,且可确定刘氏成书之年,即在元祐二年,其所卒之年也。越二十日,其昌又记。

明道先生定性书年代考证

《明道先生文集·答横渠张子厚先生书》论定性,自南轩及朱子以来,所简称为"定性书"者;其立说之要旨,不特为程伯子学说之根干;举一千余年来凡宋明理学之"明道型"者,咸尸奉此书,以为圭臬经典。故其作成之时代,不可以不详也。《朱子语类》(卷九十三)黄义刚记云"……明道十四五,便学圣人。二十及第,出去做官,一向长进。《定性书》,是二十二、三时作。是时游山许多诗,甚好。"又《语类》(卷九十五)陈淳录云:"《定性书》,在鄠县作,年甚少。"此说因其出于朱子也。遂无人复加以思虑与考辨,甚非朱子治学之态度也。婺源江慎修先生(永)淹博精深,一代大儒,但其作《近思录集注》,引朱子此说,而不加辨正;或出于偶未思考欤。但其甚者,竟将朱子一时之误说,贸然加以肯定宣传,如李厚庵(光地)著《榕村语录》云:"明道二十二岁作《定性书》,伊川十八岁作《好学论》,已到至处,真天授也。"雷同盲和,当更为朱子所不喜也。

今按:《定性书》作于宋仁宗嘉祐三年戊戌,明道先生年二十七岁时。此断然可确定者也。请陈下列八证以明之:以《伊川先生文集·上谷郡君家传》考之,二程子母侯夫人"于皇祐四年壬辰,终于江宁"。时伯子年二十一岁。此后二十二、二十三岁间,兄弟俱居忧读《礼》于江宁,至和元年(明道二十三岁),丧制既终,始侍大中公于徐州沛县。是时二程子足迹未至京师(汴京),无论关陕;与横渠张子,并名氏亦未尝互知。此一证也。以武澄所编《张子年谱》考之:"嘉祐二年,张子三十八岁。至京师,举进士,初见二程子。"所谱是也。吕大临所作《张子行状》云:"嘉祐初,见洛阳程伯淳正叔昆弟于京师,共语道学之要。"(《伊洛溯源录》。及《横渠易说》前附录)《和靖语录》(吴其昌重辑本)云:"横渠昔在京师,坐虎皮说《易》,听从甚众。一夕,二程先生至,论《易》;次日,横渠撤去虎皮曰:

吾平日为诸公说者皆乱道，有二程近到，深明《易》道。……横渠乃归陕西。"(《宋史·张载本传》略同)是嘉祐二年以前，程张从未晤言论学。而虎皮辍讲以后，横渠遂归陕西矣。此二证也。嘉祐二年，明道年二十六岁。始至京师应试(时欧阳修知贡举)，登章衡榜进士及第(与张载、张戬、苏轼、苏辙、曾巩、朱光庭、吕大钧、晁无咎、吕惠卿、蒋之奇、王韶、王回等皆同榜)；授鄠县主簿。至三年，到鄠视事；是二十七岁矣。朱子谓"《定性书》在鄠县作"是也。此三证也。游酢《书明道先生行状后》云："明诚夫子(按张子私谥)虚心恳恳，如不及逮；先生至官，犹以书抵扈(按即鄠县之同声别称)，以'定性未能不动'为问……"可以明证《定性书》实作于鄠县主簿视事之初矣。此四证也。故书末有云："……素拙文辞，又吏事匆匆，未能精虑。当否仁报……"(此一段张侍讲长沙刊本删去，朱子力争不得。此为元时虞槃(虞集之父)谭善心得善本校补。)以"吏事"为言，是在主簿任时。此五证也。《明道文集·游鄠山诗序》云："嘉祐二年，始应举得官。"又云："五年二月，闻贰车晁公来游诸山。见约同往。"又云："今到官几二年矣。"按在"五年二月"，而云"今到官几二年矣"，是到官在嘉祐三年之明证。五年，为二十九岁。三年，为二十七岁，此六证也。据《张子年谱》、《行状》、《本传》及《和靖语录》(均见上)等之所记，横渠年三十八岁时，明道年二十六岁。及横渠归陕西来书，而明道答之；是宜在二十六岁后，而为二十七岁矣。此七证也。明清之人，亦有所见不误者：如明朱衡《道南源委·大程子传》云："二十六举进士，除鄠县主簿。"明时宋元典籍尚多，必有所本。又其昌初考《定性书》年代时，尚未见清诸星杓、池生春所合撰之《二程年谱》也。考定后越一年余，始于武林见池诸本《二程年谱》，诸星杓按亦云："朱子语非，《定性书》作于二十七岁。"与予前所考定，完全符合。盖惟有事实之确定无可争者，斯前人后人，各不相谋，而所考无不合也。此八证也。

至于朱子所以致误之由，今亦可得而寻也。朱子既知《定性书》在鄠县时作"矣，又何至误认为"二十二三岁"时耶？则以朱子先已误认明道"二十及第"故也。因以为作于及第后一二年，则其齿二十二三矣。其所以误认明道"二十及第"者,则以《明道文集》后附有朋友叙述四篇,中有门人刘立之叙述曰:"先生踰冠应试京师",乃误会此"踰冠"之语而讹也。不知"踰冠"乃冠后之通称;二十七岁,固仍为"踰冠"也。体朱子之本意,极力欲明《定性书》作时"年甚少"耳。此不足为朱子病;后人不细读书,但随声附和,斯可病耳。

中华民国十四年春,海宁吴其昌时寓武林。

伊川先生颜子所好何学论及上仁宗皇帝书年代考证

《伊川先生文集·颜子所好何学论》,宋儒学案中最重要之法典也。应有明白正确知其时代之必要,今特考而明之。《文集》原注云:"先生始冠,游太学;胡安定先生以是试诸生,得此论,大惊异之,即请相见。遂以先生为学职。"(此当出文集编者先生子程端中手注)朱子所撰《伊川先生年谱》(《朱文公文集》卷九十八)本之云:"间游太学,时海陵胡翼之先生,方主教导……尝以《颜子所好何学论》试诸生,得先生所试,大惊,即延见,处以学职。"(《宋史·道学传》本传略同)二者皆不明著年月。记明年月者,则为《朱子语类》。而《语类》所记,又呈两歧;一以为十八岁作,一以为二十岁作。《语类》(卷九十三)黄义刚记云:"伊川《好学论》,十八时作……"又(卷三十)潘时举记云:"《好学论》,是程子二十岁(一本作十八岁)时已做得这文……"夷考其实,则不幸此二说皆非也。在朱子一人而有二说,是朱子亦自觉其不能确定,故于撰《伊川年谱》时,宁阙疑不著年月之为智也。今按:《好学论》作于宋仁宗嘉祐元年丙申,伊川先生年二十四岁时。此断然可决定者也。今试历陈证例以说明之:皇祐四年,伊川先生二十岁时,春二月,丁母上谷郡君侯夫人忧于江宁(见文集《上谷郡君家传》);于是守制读《礼》于江宁者三年。至至和元年,大中公知徐州沛县(考证详拙作《明道程子年谱》卷一),先生二十二岁,侍行;于是侍亲于沛县者又三年。嘉祐元年,先生二十四岁;大中公沛县任满,始迁洛阳;《伊川文集·大中公家传》云:"嘉祐初,公卜葬祖考于伊川,始居河南。"又会是年秋,乡贡进士取解(见《宋史》卷一百五十五《选举志》);先生兄弟同举进士,始偕入京师。明道应礼部试。而先生转入太学(不应试),即呈胡安定以是文,则知此文作于二十四岁秋明甚。此一证也。皇祐元年九月,广源州蛮侬智高反,连破广西州郡(见《宋史·仁宗本纪》、《续资治通鉴长编》等)。时先生兄弟侍亲甫离龚州而龚州陷,《大中公家传》云:"……代还在涂,而侬智高作乱,破(龚)州城。后守贷死羁置,人皆以公获免,为积善之报。"二年,先生兄弟侍亲北归。时先生年十八岁。乃在从广西龚州赴江宁之道路中,不得有《好学论》之作。此二证也。文集《上谷郡君家传》云:"皇祐四年壬辰,二月二十八日,终于江宁。"是时先生年二十岁,春仲即丧母,更不得入大学作论也。此三证也。又《欧阳修居士集》(卷二十五)《胡先生墓表》云:"皇祐中,驿召至京师,为大理评事,兼太常寺主簿。复以疾辞。岁余,为国子监直讲,迁居太学……"考皇祐计五年,则"皇祐中"为三年,安定方至京而"复以疾辞",又"岁余,迁居太学",则已在皇祐五年;伊川之岁,既已二十又一矣。此四证也。若伊川年十八岁时,则安定正在湖州府学;盖据《胡先生墓表》,自庆历四年至皇祐中,安定皆居于湖学也。不得更在太学试胄子。此五证也。更以吕本中所撰《童蒙训》(当归草堂丛书本)考之,《童蒙训》云:"荥阳公(按吕希哲)年二十一时(不知何人校云:"一本作十九"。其昌按:作十九者,非也。下又有一条云:"荥阳公入太学时,年二十一岁矣。"可证),正献公(按吕公著)使入太学,在胡先生席下。与伊川先生邻斋,伊川长荥阳公才数岁,公察其议论大异,首以师礼事之。"按,吕希哲年二十一时,而伊川长之数岁,是二十四也(若二十或十八,则反在吕希哲年齿之下矣)。此六证也。《龟山语录》(按此为《程氏外书》卷十二所引之《龟山语录》。今传四卷本《龟山语录》,无此条)云:"伊川二十四五时,吕原明(按希哲字)首师事之。"此说最近事实。盖龟山既以高弟亲炙于伊川者甚久,自然所述为最得事之真象也。荥阳受学于伊川之年月明,而伊川始入太学之年月随之明;而作《好学论》之年月,亦随之定矣。此七证也。《胡先生墓表》又云:"嘉祐元年,迁太子中允,充天章阁侍讲,仍居太学。已而病不能朝,天子数遣使者存问,以太常博士致仕。"似胡氏卧病即在嘉祐元二年(致仕当在二、三年。至四年六月,卒于杭州)。然二年伊川《上仁宗皇帝书》已有"职事"之语,伊川太学任职,既在《好学论》试后;则试论之年,宜在安定未病时之嘉祐元年。此八证也。

《好学论》撰著之年月既明,与《好学论》有同等重要,且有相互牵涉关系,彼此可以佐证时日之《上仁宗皇帝书》,自亦当连带考证其年代。按:文集《上仁宗皇帝书》原注云:"皇祐二年。"此注,亦当出于先生子程端中笔;自无率尔怀疑之余地。故朱子据之,以修《伊川年谱》云:"年十八,上书阙下。劝仁宗以王道为心,生灵为念,黜世俗之论,期非常之功。且乞召对。不报。"(《宋史》本传,及其他各种传记,略同)自宋以来,千余年间,绝无异议;亦几于不容异议也。(元明以后所谓理学家者,伊川晦翁所创导之"怀疑""求真"之精神尽失,师之训徒,务以愚民;徒之尊师,但知盲从。)至清末诸星杓编《程子年谱》,始考定此书实在嘉祐二年。而文集原注"皇祐二年"之"皇"字,实乃"嘉"字之讹文。此说既出,千载之幪,豁然发露。然积重难返,大信未昭。今按:诸氏此考,诚是诚确,决然无疑。当其昌未见池诸本《二程年谱》时,亦已反复详考,定此万言书为嘉祐二年六月以后所上。见诸考而信益坚,足见事实之不可易,故不必相谋而所考无不合也。今即以本文中材料为根据,参考他书以印证;胪举九证,以四证证明"嘉祐二年"之是;以五证反证"皇祐二年"之非,以核实之。书中有云:"臣高祖羽,太祖朝年六十余,为县令,一旦遭遇圣祖,特加拔擢……非有横草之功,食君禄,四世一百年矣。"今考《宋史》(卷二百六十二)《程羽传》云:"……历虞乡醴泉新都令,皆有政绩。开宝中,选为两使判官。入对,太祖询以时事,敷奏称旨,擢著作郎。出知兴州。踰年,改知兴元府……"二说相合。程羽为虞乡令时,自应在开宝前;盖羽自太祖受禅时,即食宋禄矣。计自建隆元年至嘉祐二年,为九十八年;故得简称"百年"。若在皇祐二年者,则只有九十一年,不得有"百年"之称也。此一证也。书中又云:"臣父珦,又蒙延赏,今为国子博士……"以文集《大中公家传》考之,则程珦始以至和元年知徐州沛县,明道、伊川二子俱侍。嘉祐元年，任满。二年，迁国子博士。三年，迁尚书虞部员外郎，知凤州。先生独侍。年月职任，历历可稽。为"国子博士"之时甚短，正在嘉祐二年。此二证也。书中又云："臣自职事以来，思为国家尽死。"按皇祐二年，先生十八岁前，乃一退职州守家内未成人之童子耳，有何职事尽死之可言乎。此所云"职事"者，即嘉祐元年《好学论》试后，胡安定处以太学之"学职"也。故上书宜在二年。此三证也。书中又云："尚赖社稷之灵，西房亦疲。彼知未可远图，遂且诡辞称顺……"考《宋史·仁宗本纪》："嘉祐二年，六月戊午，夏国主谅祚，遣人来谢。"是为西夏与宋开衅后称顺之始。书中所言，与时事密合。此四证也。此正面之证也。先生兄弟始于嘉祐元年，初晋京师。其在嘉祐以前，皆随亲宦游南方；远至岭峤。其每年所在之地，悉有明文具谱（详见其昌所作《二程子年谱》）。皇祐二年，伊川年十八岁时，正侍亲自岭表北归；身在龚州以北江宁以南之途中，未由伏阙上书。此反证一也。皇祐二年，大中公之职位为"太子中舍，再迁殿中丞"，此著在家传，非国子博士也。此反证二也。书中又有"臣观京师缘边……"之语，明明在嘉祐元年进京以后。二程子生于黄陂，长于江西及广西；青年时居家于江宁，嘉祐以前，从未一见京师之情况也。此反证三也。书中又云："不识陛下以今天下，安乎？危乎？治乎？乱乎？"此乃告君以"安不忘危，治不忘乱"之意，是上书时必在天下"表面称治外观甚安"之日。然而皇祐二年，正侬智高侵陷广西，逆焰孔炽之时；直至皇祐五年而始讨平，非"表观称治外貌甚安"之日也。且书中又云："臣窃谓今天下犹无事，人命未甚危……"，尤与皇祐元年至五年间之国势时事相乖违。可以知见其决不合矣。此反证四也。书中既述其时西夏称顺，然若在皇佑二年者，以《宋史·仁宗本纪》考之，云："皇祐元年三月，契丹遣使来，告伐夏国。二年三月，契丹遣使，以伐夏师还来告。"是其时契丹与西夏正酣战，而宋与辽为与国；夏无由称顺于宋也。此反证五也。凡此，皆足以证皇祐二年说之悉谬。

一字之误，疑滋千载。（诸星杓考正一"嘉"字，池生春许以"一字千金"，洵不诬也。然诸考殊简略。）若此书不考正而任其误为皇祐元年十八岁时,则必将有妄人根据书中"职事"之语,即以太学学职为解,因而影响及于伊川初入太学之年,及《颜子好学论》撰成之年,皆可推连而胥误为十八岁时矣。则宋儒思想系统发生之程序皆紊,非小故也。且此书讽评仁宗之政治道德,与有宋一代之政治道德之根本观念;乃以妇人之见,仁爱恩育极少数人为惠政;而永不检点腐政所及,惨害虐杀数百千万之大众而无睹!(故书中诘问宋仁宗:杀人以政以刃,有以异乎?)北宋之具此见解者,范文正、王荆公与先生三人尔。是其本书,已极有考正年代之价值;况又因此书而可以连类推定《颜子好学论》之年代乎。今二书幸而俱得确凿考证其年月,亦一快事,敬呈于朱子之灵而请正焉。

中华民国十五年秋,海宁吴其昌记于北京清华园一院。

崇文集传刊考

《宋史·艺文志》:张载《崇文集》十卷(按张子曾为崇文院校书,故以名其集)。此为横渠张子文集之原本。两宋之收藏著录家,若晁德昭《郡斋读书志》,尤袤《遂初堂书目》,陈振孙《直斋书录解题》,下逮元马端临《文献通考·经籍考》,并同。但元明以来,谫人所改编之《张子全书》既行,而《崇文集》十卷原本遂亡。张子遗文,仅存薄薄一卷,寥寥数篇!惟彼狯人,毒于酷吏;不能宏扬先哲遗文,而反因以毁残弃灭。妄以"全书"欺人,而本来完全之书,反遭不全!阳尊古贤,而实与古贤为仇。事可盩愤,无过于此。清儒而言:书被妄刻,惨于秦火!其后又遇谫人相踵,安于寡陋,不思早时征寻,坐令日久渐尽。浡至今日,则虽通学硕闻,犹不能举张集何名?为书几卷?平人盖无责焉。岂知此书宋时,蜀本、浙本,一刊再刊;今虽书无半页数行之存,名已七八百年长埋,然元明以前,固尝椠刊甚精,流传甚广且盛也。因钩汲遗闻,重为显扬。既于煨烬之余,重辑《崇文集》四卷,复于缀缉余暇,作《崇文集传刊考》。

蜀刊本　乾道元年,玉山汪文定公(应辰)知成都府,邂逅张子曾孙,于其家得《横渠语录》及文集足本。

《宋史》（卷三百八十七）《汪应辰传》："……（隆兴）改元，知福州，在镇二年……会朝廷谋蜀帅，乃以敷文阁直学士，为四川制置使，知成都府。"（按此在"乾道元年"。按《宋史》本之于楼钥所撰《玉山汪文定公行实》。但今《攻瑰集》无此文。）

《文定集》（武英殿聚珍丛书本）卷十五《与朱元晦》（第十书）云："别德寖久，邈在天末！（按时汪在蜀，朱在闽，故云尔。）横渠先生之曾孙，流落在蜀。有《横渠语录》，前所未见。又《文集》，亦多于私家所传者。俟有的便纳去，幸为审订也。"汪初拟寄朱子，后未果；遂属其参议官沙县罗宗约校刊于成都。（按：罗博文字宗约，李延平之弟子。《朱文公文集》卷九十七有罗宗约行状。）

《朱文公续集》（卷五）《答罗参议书》云："汪丈寄横渠三书来（三书，当即《横渠语录》及《文集》，尚有一书无考。或竟是'二书'之误文。又以下文考之，则此所寄乃刊成时之样本也），此为校补甚多，势须刊作一本乃佳；盖补缀不好看也。大抵集中脱误，尽在第二至第五卷中。只换却此四卷，亦得也。第七卷中，有一《论边事状》（按明徐必达本《张子全书》有《泾原路经略司论边事状》一文，疑即此篇）却只于卷末添版，便得。……恐汪丈事多，请出为点对，付之工人。……此道既寂寥，而先贤之子孙，亦复流落不振；自幕府之西，访其书，恤其人，不遗余力，此亦一时节因缘耶。"（王懋竑氏注此书云"乙酉"。按王注是也。乙酉，正为乾道元年）

刊成后，以寄朱子。朱子以别本校之，知其可以增补者尚多（俱见上述），此即所谓"蜀中本"或"川本"也。

浙刊本　越九年，吕成公（祖谦）于婺州（今金华）重刊《横渠集》。初用另一本：

《东莱吕太史集·与朱侍讲书》云："此间方刊《横渠集》，断手当首拜纳……"（癸巳）

朱子答书（朱集卷三十三答吕伯恭第二十三书）云："《横渠集》刊行甚善。但不知用何处本？若蜀中本？则所少文字尚多，俟寄来看，或当补，即作别集也。"此书王氏注云"癸巳"。按乾道九年癸巳，朱子年四十四岁）

此时吕氏似尚不知有蜀中本,以另一本刊,故朱子告之以蜀中本内容。

又答书(朱集同卷答吕伯恭第二十七书)云:"《横渠集》已毕未耶?得本早以见寄,幸甚。"(王氏注"癸巳十二月")

盖朱子亟望其刊成,故一岁之中,再言及之。后知有蜀中汪刊本,即辍刊,而重求蜀本覆刊之。

《东莱吕太史集·与汪端明书》(汪应辰为端明殿学士)云:"近欲刊《横渠集》,已刻数版矣。而子澄(按清江刘清之字子澄)具道尝闻诲谕:在成都所传,得于横渠之孙,最为详备。今即令辍工,专遣人往拜请,幸悉以付去人……"(癸巳。时汪氏离蜀东归已久)

汪氏答书(《文定集》卷十五《答吕伯恭》)云:"《横渠集》,元晦颇以为未尽;曾再理会否?集后有温公帖,偶有吕和叔与明道帖,正是答温公所论,今亦同往也。"

按此云"今亦同往",是以张集及吕帖,同交东莱。再证以汪氏与朱子第十四书有"前此所得本,亦寄他(指东莱)处"之语,尤合。因之,东莱遂得汪玉山成都本而覆刊之矣。故朱子答蔡季通书云:"《横渠集》婺州用川本刊"也。越一年,刊成。朱子拟将他本所校补者,附刊为别集。

《朱文公文集》(卷三十三)《答吕伯恭》(第三十书)云:"寄及横渠文集,此有一写本,比此增多数篇。(按东莱覆刊汪氏蜀本,故阙漏亦相仍。汪答吕书所云"元晦颇以为未尽"也。)偶为朋友借去(按此朋友,为蔡季通,下答蔡书可考),俟取得,寄呈,可作别集;以补此书之阙也。"

按:此书王氏注云"甲午"(朱子四十五岁),是也。盖越一年,东莱覆刊蜀本成,以寄朱子也。

又续集卷二《答蔡季通》(第一百二十书)云:"《横渠集》,告付下(按此即朱子所藏比蜀本增多数篇之另一写本,为蔡氏借去者,故索取之,以付东莱校补也)。婺州用川本刊,欲寄此,令补所无也。僧儿(按朱子长子塾,字受之,受业于东莱。僧儿,其小名也)云:伯恭所选之文,取其备众体,或疏通,或典重,或宽,或紧,或反复曲折耳。(按此所云云,疑述东莱选《崇文集》以入《皇宋文鉴》事也）"

《文定集》卷十五《与朱元晦》（第十四书）云："婺州新刊《横渠集》近方见之。前此所ібeraнем本，亦寄他（按指伯恭）处（按此即前东莱与汪端明书所索，而汪氏寄以蜀中本）。忌日之变，见《吕和叔集》（按：吕大钧，字和叔，横渠弟子。其集今不传），盖必传之横渠也。"

朱子所校补者，东莱曾于南轩处，又增补得数篇。然似终未果刊。

《东莱吕太史集·与朱侍讲书》云："《横渠集》，续收者，本欲便刊。以近得张丈（按指南轩）书，复寻得一二篇。俟其送至乃下手……"（按此书当在己亥时，又越六年矣）

按朱子所校补之文，与罗参议书则云"势须刊作一本"，答东莱第二十三书则云"即作别集"，第三十书则云"可作别集"，是别集之刊，朱子所督促而期于必成者也。以东莱己亥答朱子书考之，则东莱之续刊张集，势亦不能自止。然东莱似求全期备，更有所待，而天不宽假，越一年而南轩卒（淳熙七年庚子），又越一年（淳熙八年辛丑），而东莱亦卒矣！别集之刊，疑终未果也。

至于书题，似汪氏成都刊本，已易名为《横渠先生文集》矣。吕氏浙本从之。尤袤《遂初堂书目》（海山仙馆丛书本）："《横渠先生文集》十卷。"以《宋史·尤袤传》考之："袤少从喻樗汪应辰游。"是尤文简，乃汪文定之弟子也。则遂初堂藏本，自系汪刊。由遂初堂目，可知三点：（一）汪刊本已废《崇文集》之名，而易名为《横渠先生文集》。（二）卷帙仍旧为十卷。（三）并未附有别集一卷，或几卷。至其后东莱与朱子往来之书，金作《横渠集》，未尝一见《崇文集》之名，则其定名仍蜀本之旧，更可见也。

至于朱子所校补之《别集》，虽已久佚，然其内容仍略可窥测。《朱文公文集》（卷二十四）《答魏元履》（第三书）云："横渠有数篇谢人荐举书，甚佳。"（按此书王氏注云"戊子"）。以周密《浩然斋雅谈》（浙刊武英殿丛书本）考之，吕东莱之撰《皇宋文鉴》，其间取去，多征朱子之意。今《宋文鉴》中，颇采《横渠集》之诗文，独此数篇谢人荐举书，若蜀刊十卷本所有者，朱子既称其甚佳，宜在选列。而反不选者，知此数篇书，必在又一写本中，而为朋友借去之故也。考《皇宋文鉴》，成于淳熙四年丁酉之冬；而朱子写本之寄去，已在淳熙六年己亥之左右，故东莱不及以之编入文鉴也。据此约略可窥当日朱藏写本之内容；此谢人荐举书数篇，即其中之一二也。

及至宋末，则婺州吕氏刊本又有一复刊本，见于《咸淳临安志》甚明。此宋刊本之可考者也。入元中叶，而不全本之《张子全书》始出。吴草庐(澄)非寡闻者也，而其所见之《张子全书》已与吾侪今日所见者，材料略等，而次序更紊。草庐乃为之重行厘定，即今本所见者是也。

虞集《道园学古录·吴幼清行状》："张子、邵子之书，先生始为校定次第，正其讹缺。张子之书，挈《东西铭》于篇首，而《正蒙》次之……"今行世之《张子全书》，内容正与此相符；当皆自此本导始。此后迄明，徐名达曾刊《张子全书》(今通行之本，又皆转刊徐本)、《邵子全书》(此本二十四卷。清人无为之转刊者，即将就湮)，盖皆承续吴氏订本矣。

此不全本《张子全书》源流之可考见者也。

中华民国十四年元月，海宁吴其昌作于桐乡县宅之谦益堂。

易本义九图辨伪申宝应王氏说

宝应王氏懋竑《白田草堂存稿》有《周易本义九图论》。其为文，分析致精，援征致详，而论断致确。其总统之结论曰："《易本义九图》，非朱子之作也。后之人以启蒙依仿为之；而又杂以己意，而尽失其本旨者也。"又云："反复参考九图，断断非朱子之作：而数百年以来，未有觉其误者。"今按：王氏坚决断定九图非朱子所作，是也。然其论证，胥在易图本身范围以内，故未由委曲审详其所以致误冒戴之原因，而但泛称"后之人以启蒙依仿为之"，此犹勘谳者，已获赃证，而不能推明其曲折之情伪。故其爱书，犹不能无遗憾也。今再旁侦侧测，始知王氏之判牍无误，而其致误之由，似亦隐约可明。故作说以申论之。

《儒学警悟》七集本宋陈善《扪虱新语》二集卷一(即全书卷五)，伏羲文王八卦图一条(汲古阁本作朱先生易图)云："朱先生易图：有伏羲八卦图,文王八卦图。伏羲图:则乾与坤对;艮与兑对;震与巽对;离与坎对。文王图:则乾位西北;坤位西南;巽东南;而艮东北。坎、离、震、兑,各居四方。其说本《易·说卦》:'天地定位,山泽通气,雷风相薄,水火不相射。'曰:此说伏羲易也。'帝出乎震,齐乎巽,相见乎离,致役乎坤,说言乎兑,战乎乾,劳乎坎,成言乎艮。'又曰:'震,东方也。巽,东南也。离也者,明也;万物皆相见,南方之卦也。坤也者,地也。兑,正秋也。乾,西北之卦也。坎者,水也;正北方之卦也。艮,东北之卦也。'曰:此说《周易》也。予以为不然⋯⋯"

按:陈善所著《扪虱新语》,皆有年月可考。其第一集自跋,下署年月为"绍兴己巳(按绍兴二十年)正月。"其第二集自跋,下署年月为"绍兴二十七年三月"。最后全书之成,据其门人陈益序,下署年月为"绍熙元年"。由是推之,则陈善乃朱子之先辈;其年齿远在朱子之前。且其《新语》卷一至卷四,成于绍兴十九年以前。卷四至卷八,成于绍兴十九至二十七年之间。今此条在第五卷,以年时先后之序次推之,则当在绍兴二十至二十一年间。此时朱子年二十一二岁,尚无一字之著作传于世也。此陈善所见之"朱先生易图",非朱子作。其证一。绍兴二十七年,朱子二十八岁,校正唐陈昌晦《襌正书》三卷。此为朱子学习著作之始(然仍不得称著作)。但此时陈善《扪虱新语》二集已结束矣。且朱子三十以前,禅道、文章、楚辞、诗、兵法,事事要学;而独不学《易》。是《扪虱新语》二集所记之"朱先生易图",决非朱子之作。其证二。又,陈善年齿,远长于朱子,不得尊称曰"朱先生"。又其时朱子年甫弱冠,尤非可戴"朱先生"之尊称者。且陈善雅不好伊洛之学,书中屡毁伊川及龟山,何至独于后进之朱子,尊之以"先生"称。由是可知陈善所称之"朱先生",决非朱子明甚。则此"朱先生"所作之《易图》,亦决非朱子之作明甚。其证三。然而如陈善之所述,则此伏羲八卦图及文王八卦图,与今传世《易本义九图》中之诸图,竟体密合,丝毫无异,是可以知今传世《易本义九图》,实在朱子以前已有,而非始出于朱子,明甚。

然则今所传《易本义九图》,究滥觞于何人耶?以其昌所见,似为朱汉上书也。

朱震《汉上易传·易图说》(通志堂经解本)卷上云:"伏羲八卦图(图略)。右伏羲八卦图……子曰:'天地定位,山泽通气,雷风相薄,水火不相射。'天地定位,则乾与坤对;山泽通气,则艮与兑对;雷风相薄,则震与巽对;水火不相射,则离与坎对。文王八卦图(图略)。右文王八卦(当脱图字),《说卦》:'帝出乎震,齐乎巽,相见乎离,致役乎坤,说言乎兑,战乎乾,劳乎坎,成言乎艮。'又曰:'震,东方也。巽,东南也。离也者,明也;万物皆相见,南方之卦也。坤也者,地也。兑,正秋也。乾,西北之卦也。坎者,水也;正北方之卦也。艮,东北之卦也。'……此说《周易》也。"

按以上所说,与陈善《扪虱新语》所转述者,几于字符句合。故陈善所云"朱先生易图",实指朱汉上《易图说》而言。汉上固为陈氏之前辈,但陈善既"不以为然",且伊川、龟山,更为前辈,而陈善称之并不曰"程先生""杨先生",则仍无独尊汉上为"朱先生"之理由。然汉上曾为今上皇帝(高宗)之侍讲,则绍兴间之宋人,自皆以"朱先生"称之;故遂名其易图曰"朱先生易图"。陈善不过引原书之书名耳。但今宋椠汉上之原著具存,其卷题乃作"汉上易卦图上下",并不题"朱先生易图";而陈善所见者,显题"朱先生易图"。内容相同,而书名歧异。是盖南宋时坊间别有一书,名"朱先生易图"流行于世。疑其书原为坊贾刊以射利者,将汉上之书改头换面而成;但题"朱先生易图",不复更署作者名氏。流传既久,逮于南宋末叶,适会举世又竞称朱子为"朱先生"(南宋末风气如此,多阅当时掌故之书自知);遂不觉桃僵李代,误合为一;而公认此九图为朱子作矣。(姑立假定之推测如此。留待他日之证实。)

然则取此九图以冠《易本义》之卷首,又滥觞于何时耶?以其昌所见,似最初始于九江吴革刊本也。

康熙□□内府覆刊宋咸淳本《周易本义》吴革序云:"……昨刊程传于章贡郡斋,今敬刊本义于朱子故里。……咸淳乙丑(按元年)立秋日,后学九江吴革敬书。"又清陆心源《仪顾堂续跋》(潜园丛书本)卷一,《覆宋咸淳本朱子周易本义跋》云:"吴革,字时夫,江西德安县人。……革三领举于漕,肄业白鹿洞书院。……咸淳初,知建州。……序云'刊于朱子故里',盖革知建宁时所刊也。"

按:宋末元初,易部新著,其为朱子《周易本义》作疏者,大凡六家(皆现存者,亡佚者不计)。而载录此九图于卷首者,凡四家:(一)宋董楷《周易程朱传义附录》,其成书年月,据楷自序所署,为"咸淳丙寅"(按二年)。(二)元胡一桂《周易本义附录纂注》,其成书年月,虽今传本无序跋可考;然据《天禄琳琅书目》卷五,引元刊《启蒙翼传》胡氏自序,署"皇庆癸丑",则附录纂注,其同成于皇庆二年者也。(三)熊良辅《周易本义集成》,其成书年月,据熊氏自序所署,为"至治壬戌"(按二年)。(四)董真卿《周易会通》,其成书年月,据真卿自序所署,为"天历元年"。凡此四家,皆在吴革刊本义以后。最早者,董楷之书,适成于吴革刊本后之明年。天台地与建宁又近。其得见吴革新椠,昭然无疑,而吴革新椠本义。前有九图,后有五赞筮仪(吴革以前易本义刊本,全不可考)。疑最早将九图附本义而合刊者,即始于吴革。吴氏刊本流传既广,阅一年后而天台董氏(楷),越四十八年后而婺源胡氏(一桂),越五十七年后而南昌熊氏(良辅),越六十三年后而番阳董氏(真卿),相继取此九图,附于本义之首;并相沿诬题为"朱熹集录",而九图为朱子作,遂成铁谳,不可破矣。然于时亦尚有卓见之士,造《周易本义》之疏者二家:即(五)胡炳文《周易本义通释》(通志堂经解本),(六)张清子《周易本义集注附录》(元以后从无刊本,今仅存孤钞影元本。旧藏归安陆氏皕宋楼,今入日本岩崎氏静嘉文库。见《静嘉堂秘籍志》卷十三。张菊生先生屡欲印入四部丛刊而尚未果),皆蓟然不为所感,始终屏而不录。可见宋元间学人,亦有怀疑此九图非朱子之作者焉。及至明永乐敕修大全,而诬案铸定,朱子遂代人受无穷莫须有之罪矣。(如胡渭《易图明辨》略云;"以图书冠《易》之首者,古今未尝有也;有之,自朱子本义起。"按不考而妄言,在村妇骂街,可。在学者研考学问,不可。)又,吴时夫既曾肄业白鹿洞书院,则当时所谓"朱先生易图"者,或亦于书院中得之;不假谛审,遂误认为朱晦翁之故稿,而贸然与本义相类聚。今《九图·洛书图》下有注一条"蔡元定曰……"云云,此当时书院诸生所附记者,此亦有线索之可寻也。

陈振孙《直斋书录解题》(武英殿聚珍丛书本)卷一云:"《易传》十一卷,《本义》十二卷,《易学启蒙》一卷,焕章阁待制侍讲新安朱熹晦庵撰。……首列九图,末著《揲法大略》(按《揲法大略》盖即筮仪),兼义理占象而言……"

按陈振孙此说,又见采于马端临《文献通考》(经籍考)。通考流布既广,世之疑易九图为朱子所作者,多引陈氏此说为显证。以谓陈振孙所藏之《易本义》,亦已"首列九图"矣。然陈振孙所藏之《易本义》,果为何人之刊本耶?以其昌所见,恐亦为九江吴革刊本而已。《直斋书录解题》,原书久佚。今本乃从《永乐大典》中重辑者,故无陈氏或他人序跋年月可据;不知直斋编目著录时,截止于何日。(世人或有幻觉,认为陈振孙时代颇早者,实为错误。)然今考《书录解题》中,所著录之书,若吴如愚《准斋杂说》,若税与权《记鹤山周礼折衷》;税氏、吴氏,皆理、度时人。其著作刊成,自不能在度宗以前。直斋乃皆能藏之,自亦及藏咸淳元年之吴革建宁刊本之本义矣。(惟陈氏所藏,尚有朱子《易传》十一卷,则不知为何人所刊耳。)

中华民国十八年春海宁吴其昌记于天津南开大学百树邨一号赁庐。

通志堂经解本合订删补大易集义粹言跋尾

《通志堂九经解》,有纳兰成德《合订删补大易集义粹言》八十卷。据纳兰自序,云系"删合宋陈友文《大易集义》六十四卷,曾穜《大易粹言》七十卷(其实此书亦非曾穜所撰。乃方闻一所编。原书亦只十卷。《四库提要》辨之甚明)二书,删复补漏而成"。古今未闻有对此说提异议者,几已成事实矣。今按:此书决不出容若手。容若亦未尝见陈氏友文之书。此书乃陆元辅(翼王)集合魏了翁《周易集义》六十四卷,与方闻一《大易粹言》十卷而成者。稿入徐乾学手,借纳兰之名以刊;徐氏代为之序,而考之不审,遂乃有此违忒耳。

何以知其所采辑之原编,实为魏了翁之书,而决非陈友文之书耶?

此有三大显据。其一：名称之不符也。纳兰自序云："宋陈友文《大易集义》六十四卷。"按：宋时惟魏了翁著《周易集义》六十四卷。而陈友文所著书，实名《大易集传精义》。此自宋胡一桂《周易启蒙翼传》，董真卿《周易会通》，以迄清朱彝尊《经义考》等著录各家，咸作《集传精义》；从未有以陈友文所著之书，名之为"集义"者。而《周易集义》之名，正为鹤山所著之书名。此必陆翼王原稿，但题"周易集义"，而乾庵遗忘撰者姓氏，遂凭恍惚之记忆，误于《大易集义》之上，强加陈友文三字耳。其二：则卷帙之不符也。鹤山之书，只六十四卷（每卦为一卷）。通志堂合订删补本所采之《周易集义》，亦适只六十四卷。若隆山之《集传精义》，则有六十七卷。因在六十四卷外，尚有纲领三卷故也。双湖《周易启蒙翼传》云："陈隆山《大易集传精义》六十四卷，纲领，上中下三卷。"又云："纲领三卷，甚正大可观。"而今通志堂合订删补之八十卷本，适无纲领。若见隆山之书者，应有纲领。而无之，是未见。知所见者，乃鹤山之书也。其三：则内容之不符也。双湖《启蒙翼传》中篇，记陈友文之书云："隆山所集：王辅嗣、孔颖达、周濂溪、司马涑水、邵康节、程明道、程伊川、张横渠、苏东坡、游广平、杨龟山、郭兼山、郭白云、朱汉上、朱文公、张南轩、杨诚斋、冯缙云。又两家，失姓名，（计共二十家。）但称'先儒''先正'别之。"（《周易会通》略同）又记魏了翁之书云："集义，自周子、邵子、二程子、横渠张子；程门诸大儒：吕蓝田、谢上蔡、杨龟山、尹和靖、胡五峰、游广平、朱汉上、刘屏山；至朱子、张宣公、吕成公，凡十七家。内一家为李隆山（寿）少子秀岩（心传），他《易》不预。"（《周易会通》略同）是则王辅嗣（弼）、孔冲远（颖达）、司马君实（光）、苏子瞻（轼）、郭立之（忠孝）、郭子和（雍）、杨庭秀（万里）、冯当可（时行）等八家，陈有而魏无。吕与叔（大临），谢显道（良佐）、尹彦明（焞）、胡仁仲（宏）、刘彦冲（子翚）、吕伯恭（祖谦）、李存之（心传）等七家，魏有而陈无。疆圉厘然，不可诬也。今通志堂合订删补本，正有吕、谢、尹、胡、刘、李等魏书所有之七家；而无王、孔、司马、苏、郭、杨、冯等，陈书所有之七家。（惟郭忠孝之《兼山易传》有之。然乃别从方闻一《大易粹言》采入者。）此尤证之坚者也。

何以知容若辈,但有魏氏书,而未得陈氏书耶?此则有一旁证,可以推见当时明珠通志堂所藏,但有魏书而无陈书也。王士禛《池北偶谈》(康熙庚辰刊本)卷四云:"康熙二十五年四月,上谕礼部,采访天下遗书。时礼侍徐乾学,疏进宋朱震《汉上易传》并图说十五卷。张浚《紫岩易传》九卷,《读易杂说》一卷。魏了翁《大易集义》六十四卷。曾穜《大易粹言》十卷。……"(下略)是通志堂中,有魏氏方氏书(曾氏书即方氏书也),而无陈氏书之证也。又朱彝尊《经义考》,于陈氏书下,虽注云:"存";而竹垞实未见其书。故但采《启蒙翼传》、《周易会通》二条,而于陈氏宝祐甲寅自序,及学斋史绳祖序,皆未尝有一字提及。竹垞为容若花间草堂密友之一(见《曝书亭集》、《饮水词》、《渌水亭杂志》),若纳兰有其书者,朱氏不容不见。此又通志堂未藏陈氏书之证也。(纳兰未见陈氏书,即陆元辅未见陈氏书。)按此合订删补本源流,《四库提要》云:"相传稿本出陆元辅。性德殁后,徐乾学刊入《九经解》,始署性德之名。"其说不无可信也。(最可异者:王渔洋明记健庵疏进之书,有魏了翁《大易集义》,而代性德作序时,又误证为陈友文。岂此序又劳食客代撰欤?)

然陈氏之书,所采王注,孔疏,温公易说,东坡易传,诚斋易传,郭氏传家易等,今皆传世。(惟冯时行所撰之《易解》,今佚。但冯椅《厚斋易学》五十卷内,采之不少,仍未澌泯。)而鹤山之书所集,则若吕大临之《易章句》,谢良佐之《上蔡易说》,杨时之《龟山易说》,游酢之《广平易传》,胡宏之《易外传》,张栻之《系辞说》,吕祖谦之《读易记闻》等名著,今皆久佚。而尹焞及刘子翚解《易》之书,今并其书名亦不传矣!幸健庵辈误其名而不误其实,所采撷者,确为魏氏书,因皆得赖以幸存。故吾侪于徐乾学等之鹜名忽实,固当有所劾正;而对其汲遗钩沈,流通秘籍,阐扬潜德之功,亦不当没之也。

中华民国十六年深秋,斜日射窗,海宁吴其昌记于天津师门之双涛阁。

(原载《文哲季刊》,一九四一年第七卷第一期)

驳郭鼎堂先生《毛公鼎之年代》

余近日闭户埋头著余之《金文氏族疏证》，金石书籍虽堆积如山，而杂志等新出版品，遂无暇顾及，每晨但阅日报，知武汉大水，为之迴肠一痛而已。昨午于北平图书馆披读丛杂隐人之《文津阁金文》墨本，吾友永嘉刘子植（节）出吾友秀水唐立庵（兰）自东北大学致余书，言郭鼎堂先生于《东方杂志》第二十八卷十三期发表《毛公鼎之年代》一文，对余前年所作之《殷周之际年历推证》（《国学论丛》第二卷第一号）及《金文历朔疏证》（《燕京学报》第六期）二文有所商榷。始亟购其书而读之，精详博洽，无任钦服。攻击其昌于共王年代，不当舍二十年之说，而采十二年之说。虽掩没其昌原文预先声明，姑且假定而未尝决定之明文（辩见下），近于政治家"莫须有"罪人；然举趞曹第二鼎，以证龔王之有十五年，其昌实所心服。此等学术攻错，其昌从未敢自护己短，谨已采纳鼎堂先生之指正，将其昌历谱修正矣。（修正以后，即怡然理顺，沛然冰释。）学术正赖如是互相纠正乃得进步，于此谨谢鼎堂先生之盛意。惟谓毛公鼎乃宣、平时器，而最后决定为宣王时器，则其昌服从事实真理立论，决不谓然。毛公鼎乃成王初年亲政时之器也。谨毕其说，以求天下通人之公决焉。

昔其昌作《金文历朔疏证》时，于毛公鼎及大盂鼎、小盂鼎三器，因无历朔可证,故于年代次序问题,深思穷数昼夜,忘寝如狂,极感苦痛,欲置之厉、宣、幽三朝者,屡矣。最后始决从徐同柏、吴大澂、孙诒让及先师王先生之旧说,决定置于成、康之世。非贸然也,非无证也,今请缕缕述之:

一 历谱之根本问题

鼎堂先生根本怀疑其昌所作之《历谱》,其言曰:

"近人吴其昌……于周初之历朔考定颇勤。初著《殷周之际年历推证》,据刘歆《三统历》,以谱出宗周自文王十三年至幽王十一年之历朔。继著《金文历朔疏证》,即以其所著之历谱,推步彝铭。浅识者颇惊其成绩之浩大,然夷考其实,实无一是处。

例以共王言,本有在位二十年、十年、二十五年、十二年说……吴氏《历谱》中所采者为十二年说。然存世有趞曹鼎第二器,其铭云:'隹十又五年五月既生霸壬午。(按原文作ᅡ,乃ᅡ字之蚀文明甚。豆闭敦"寅"正作"ᅡ"可证。故铭文实为"壬寅",郭氏误释为"壬午",疏矣。)龏王在周新宫。王射于射卢。'此'龏王',即'共王'。由此器,可知共王有十五年。吴谱所采者为十二年说。有此一器,即可证其全谱之不能成立,更何能据其谱以事推步耶。"

郭氏此种指教,于其昌裨益大矣。甚表感谢。虽然,其昌原文云:

康王、共王、夷王之年数,则断不敢截然凭空无佐证而臆说。(一八一页三行)

共王十二年,则更不敢臆说。(一八一页七行)

康王、共王、夷王之年数,于古籍全无可证。(二三七页五行)

至于康、共、夷三王,则更无从虚构。(二三七页七行)

他若康、共、夷王之年数……或因不应臆说而不敢及。(结论·二四〇页十一行)

此种露骨之声明,接连至于五次,天下之人所共见,郭氏岂能掩

匿之而硬加以罪乎。虽其昌假定采十二年说,然亦曾预先郑重声明云:

  惟推较其略近似者以假定焉,然决不敢视为真也。(二三七页七行)

  预先声明,至于如此,郭氏犹欲加以厚诬之罪焉,恐难逃天下后世之公论也。

  然其昌绝不敢稍杂情感,自护己短,虽五六次郑重声明"不敢臆说,姑且假定",而谱中贸然采用十二年说,究属错误疏忽。今谨已容纳郭氏之驳议,改采二十年说。其昌之谱,乃累分而成,每日为$\frac{43}{81}+\frac{43}{81}+\frac{43}{81}+\frac{43}{81}+\frac{43}{81}$……累加三十日而成一月,累加十二月而成一年,累加二百六十七年而成此谱。毫分缕积,如筑长城。故诸王年数之支配,可以移动,而累分积日而成之历谱,不受丝毫影响。故但将旧谱懿王元年,改共王十三年。懿二,改共十四。懿三,改共十五……递改至懿八,改共二十。懿九,改懿元。历谱不动,但将共王、懿王移转八年,则郭氏之说,适足为吾历谱之可能性,骤然加一层坚固有力之保障耳。

  郭氏举出趞曹鼎二之"龏王"即"共王"是也。今按修正历谱:共王十五年(即旧误说懿王三年),即入甲申统以来七一二年,闰余一八,大余四四,小余七二,正月大,戊辰朔;五月大,丙申朔;七日得壬寅。而鼎铭作:"十五年五月,既生霸,壬寅。""既生霸"须九日,历谱与鼎铭,仅差二日耳。其可信之程度,骤高至如此,此拜郭氏之嘉惠者一也。

  其二,郭氏承认匡簠之"龏王"为"懿王"(见第八节),是也。其昌及吾友徐仲舒,并同此说。匡簠云:"隹四月初吉,甲午。懿王在射卢。"按师汤父鼎,共王二十年在"射卢",今懿王亦在"射卢",其为懿王元年可见也。今按历谱:懿王元年(即旧误说懿王九年),即入甲申统以来七一八年,闰余三,大余三九,小余五七;正月大,癸亥朔;四月小,壬辰朔;初吉三日得甲午。与簠铭丝毫密合。此郭说之可以为我历谱增厚证力者二也。

驳郭鼎堂先生《毛公鼎之年代》

其三，师汤父鼎与趞曹鼎，文字气韵全同，且王同在"周新宫射卢"（此为郭氏所未及举），故师汤父鼎之"王"亦"共王"也。师汤父鼎云："隹十又二月，初吉丙☒。"著录此鼎最早者，为《长安获古编》，其昌所藏之《长安获古编》原刊最初印本，（有未刻大方黑堆之木戳甚多，足征其印刷之早。）"丙"字下一字作☒形，顺其笔势而引申之，即成"申"字。今按历谱：共王二十年（即旧误说懿王八年），即入甲申统七一七年，闰余一五，大余一五，小余六五；正月大，己亥朔；十二月小，甲午朔；初吉三日得丙申。与鼎铭密合。因此郭氏之说，而我谱益得坚固之保障者三也。

传世古彝器中，铭月者，不及年。铭年、月者，不及月相。年、月、月相俱铭者，又不及干支。必须年、月、月相、干支四种俱铭者，方可推验此器在某王之某年。然怀疑其昌之历谱者，终不肯信。因器上未尝明铸某王，终无以折不信者之心。今幸郭氏指出趞曹鼎二，王名、年、月、月相、干支五者，俱明铸于器上，此真可谓宗周之历谱重见，而于其昌之谱，仅差二日焉，其昌始愿梦想所未及也。昔日友人每相询难："子之谱果何信乎？"其昌但能答以："非宗周历谱重见，殆自信吾谱不废。"今其昌能慷慨答矣："我之谱，与宗周真历，差二日耳。已有地下遗器作明证矣。"此非郭氏之赐，不及于此。"成绩浩大"之奖，惭不敢当；"无一是处"之讥，亦希其稍慎施于他人也。

附谱（采纳郭氏之说修正之谱）

说误时旧	年二十王共	年元王懿	年二	年三	年四	年五	年六	年七	年八	年九
说新正修	年二十王共	年三十	年四十	年五十	年六十	年七十	年八十	年九十	年二十	年元王懿
统申甲	709	710	711	712	713	714	715	716	717	718
余闰	月本 4 / 年上 16	11	18	6	13	1	8	15	3	10
余大	56 / 32	50	44	8	3	27	21	15	39	34
余小	12 / 20	42	72	64	13	5	35	65	57	6
月正	小辰丙	小辰庚	大戌甲	大辰戊	大辰壬	小亥丁	小亥辛	小巳乙	大亥己	大亥癸
月二	大酉乙	大酉己	小辰甲	小戌戊 / 大卯丁	小戌壬	大辰丙	大辰庚	大戌甲	小巳己	小巳癸
月三	小卯乙	小卯己	大酉癸	大酉丁	大卯辛	小戌丙	小戌庚	大辰甲	大戌戊	大戌壬
月四	大申甲	大申戊	小卯癸	小卯丁	小酉辛	大卯乙	大卯己	小戌甲	小辰戊	小辰壬
月五	小寅甲	小寅戊	大申壬	大申丙	大寅庚	小酉乙	小酉己	大卯癸	大酉丁	大酉辛
月六	大未癸 / 小丑癸	大未丁	小寅壬	小寅丙	小申庚	大寅甲	大寅戊	小酉癸	小卯丁	小卯辛
月七	大午壬	小丑丁	大未辛	大未乙	大丑己	小申甲	小申戊	大寅壬	大申丙 / 大寅丙	大申庚

驳郭鼎堂先生《毛公鼎之年代》

续 表

年九	年八	年七	年六	年五	年四	年三	年二	年元王懿	年二十王共	说误时旧
小寅庚	小申丙	小申壬	大丑丁	大丑癸	大未己	小丑乙	小丑辛	大午丙	大子壬	月八
大未己	大丑乙	大丑辛	小未丁	小未癸	小丑己	大午甲	大午庚	小子丙	小午壬	月九
大丑己	小未乙	小未辛	大子丙	大子壬	大午戊	小子甲	小子庚	大巳乙	大亥辛	月十
小未己	大子甲	大子庚	小午丙	大午壬/小子壬	小子戊	大巳癸	大巳己	小亥乙	小巳辛	月一十
大子戊	小午甲	小午庚	大亥乙	大巳辛	大巳丁	小亥癸	小亥己	大辰甲	大戌庚	月二十
匡簋云"隹四月初吉甲午懿王在射卢"按懿王元年仍在射卢懿王元年十二月小朔初吉甲辰三日为甲午与鼎铭丝毫密合	師汤父鼎云"隹十又二月初吉丙申王在周新宫射卢"按共王二十年十二月小朔初吉丙申吉日为丙申与鼎铭密合					趞曹鼎第二鼎云"隹十又五月既生霸王……在周新宫在射王射于卢"按共王十五年大月大月朔七日壬寅丙寅日为壬寅铭差二日耳				考证

编者注：图表顺序自右向左。

其昌所作宗周历谱,既得赵曹鼎第二器之证实,于宗周之原历,相差最多不过二日,其近真而可信至于此,则其昌据此谱以考宗周之铜器,其可任亦可以见矣。故能历考二百余器(合近作《金文历朔疏证》续编),而能与吴大澂、孙诒让、先师王先生诸说,无一冲突。且于伐楚、伐淮夷、伐玁狁诸役经典所记之时代,无不吻合。最近如郭氏所考之臣辰盉(《燕京学报》第九期)及作册夨彝(见影片)与矢彝、矢敦同时,矢彝在昭王十年八月及十月,矢敦在九月(见《燕京学报》第九期,吴其昌《矢彝考释》),作册夨彝在四月,臣辰盉在翌年五月。作册夨彝云:"隹四月既生霸己丑",按历谱:昭王十年,四月小,辛巳朔,既生霸九日得己丑,与彝铭密合。臣辰盉铭云:"在五月既望,辛酉",按历谱:昭王十一年,五月小,乙巳朔,既望十七日得辛酉,与盉铭密合。当其昌作《矢彝考释》时,尚未见此二器也。然则吾谱之可以恃,左右逢源,无不可以为证。则以吾谱以推师訇敦之为康王元年时器,亦可以无疑矣。

二　语言文字上之比勘

与毛公鼎文法相类,可资比勘者,于经典有《周书·文侯之命》,于彝器有师訇敦、番生敦、𤔲白敦、大盂鼎等。今统组一表以观其会通:

文侯之命	毛公鼎	师訇敦	番生敦	𤔲伯敦	大盂鼎
王若曰:父羲和!	王若曰:父厝!	王若曰:师訇		王若曰:𤔲白!	王若曰:孟!
丕显文武!	不显文武,	不显文武!	不显皇且!	朕不显且玟珷!	不显玟王!
克慎明德,	皇天弘厌厥德,		穆穆克誓厥德,		
	雁受大命。	爰受大命。		雁受大命。	受天有大命。
	率怀不庭方,				匍有三方,
昭升于上,敷闻在下。			严在上,广启厥孙子于下。		

296

续　表

文侯之命	毛公鼎	师询敦	番生敦	◇伯敦	大孟鼎
惟是上帝,集厥命于文王。	惟天◇集厥命。				
亦惟先正,克左右……	亦惟先正……	女乃圣且考,克左右先王,			乃且克末先王,
昭事厥辟,	◇◇厥辟,劳堇大命;	用劳堇厥辟,□□大命;			翼自他邦,又◇于大命;
肆先祖怀在位。	◇皇天亡射,临保我有周。	◇皇帝亡射,临保我有周。			故天翼临子,◇保先王。
	畋天疾畏!	□天疾畏!			畏天畏!
	司余小子弗伋邦,			我亦弗克亯邦,	
	◇上三方,大从不静。◇三方◇毋动,	掌三方民,亡不康静。	用谏三旁,		◇有三方,三方宁
呜呼!闵予小子,嗣造天不愆,	呜呼!◇余小子,家湛于◇,				
	◇朕位。		◇王位。		
其伊恤朕躬……予一人永绥在位。	余一人在位。	◇周邦,绥位。			
	虔夙夕……		虔夙夜,		夙夕……
无荒宁!	毋敢妄宁!				
越小大谋猷,	惠我一人,◇我邦小大猷,	惠◇我邦小大猷,			◇我一人,
	◇◇大命,		用◇◇大命,		
	我弗作先王羞!	吾亡羞于先王!			

297

续 表

文侯之命	毛公鼎	师询敦	番生敦	㱿伯敦	大盂鼎
王曰:父羲和!	王曰:父厝!	王曰:师询!			王曰:盂!
	専命,専政,		専求不𤯍德,		
	今余佳𢼜先王命。命女……	今余唯𢼜𥃞乃命,命女……			今我佳即井𩞄于玟王,今余佳命女盂,
汝克绍乃显祖,			不敢弗帅井皇且考,		命女盂井乃嗣且,
	毋敢𨃺于酒				虗酒无敢𨡚
	敬念王畏。				畏天畏,
	欲女弗以乃辟圅于𢦏	欲女弗以乃辟圅于𢦏			
	汲兹卿事寮,大史寮……命女𤔲嗣公族。	王命𤔲嗣公族。	王命𤔲嗣公族卿事大史寮,		
既我御事,	𤔲朕埶史,				在𤔲御叓
捍我于𢦏	以乃族干𤔲王身.	以乃友干𤔲王身,			
	取𧵩卅爰,		取𧵩卅爰		
用賚尔秬鬯一卣,	锡女𩰬鬯一卣,𨚓圭,䪒宝。	𨖷锡女𩰬鬯一卣,圭,䪒。			锡女鬯一卣。
		夷臣三百人。			邦𤔲三白……夷𤔲王臣十又三百……

298

续　表

文侯之命	毛公鼎	师询敦	番生敦	⿱伯敦	大孟鼎
	朱市,⿴黄。玉环,玉钰。……金车:朱辮较,朱□新。虎冥熏里,右厄,画轉。画輎。……逪衡。……金𰻞。金𢆶,金簟弼,鱼葡,逪衡……朱旂,二铃。		朱市,⿴黄。玉环,玉钰。……车:朱辮较,朱□新。虎冥熏里,右厄,画轉。画輎。……逪衡。……金𰻞。金𢆶,金簟弼,鱼葡。朱旂旟,金芾,二铃,		
马四匹。	马三匹。				
柔远能迩。			柔逮能䛐。		
	毛公𪝿对扬天子皇休,	询稽首敢对扬天子休,	番生敢对天子休!	⿱白敢拜手稽首天子休!	孟用对王休!

编者注：图表顺序自左往右。

观于上表,则此六篇文字,皆一时所作,距离甚近,彰著明白,殆不能以游词争也。其间《文侯之命》、毛公鼎、师询敦三文为一时所作,经徐同柏、孙诒让及其昌抉出证明,郭氏亦已承认其说,故曰:"今按:吴谓毛公鼎与师询敦同出于一时,确有所见。"又云:"师询敦全文结构,与毛公鼎铭如出一印版。"又云:"毛公鼎铭文,全体与《尚书·文侯之命》相类。"又云:"毛公鼎乃宣王时器,同时师询敦与《文侯之命》,亦必宣王时所作。"是其证也。但郭氏又误释师询敦之"亡羞"作"作羞",按:师询敦"亡羞"之"亡"作"亾",下"用作"之"作"作"𠨙",截然分明。今原书具在,可以覆按。郭氏殊不应混淆。又毛公鼎"亾不闲于……""皇天亾斁"二"亡"字,郭氏皆不误释作"作",此处有故意误释以避证据之嫌。郭氏云:"然此(师询敦)云:'哀哉今日！天疾畏降丧,时德不克尽,作(亡)羞于先生'。此岂康、昭之世所应有语耶？仅此一语,已足为吴说之反证,而同时则为此敢与毛公鼎之不作于成、康之世之正证。"若其昌之愚,则以为康王元年,成王新崩,宗法社会与孝道,皆完成于成王、周公之手,则君父之崩,重大何如,观于《顾命》,即可以见。故曰:"哀哉今日!天疾畏降丧!"此岂非康王元年之应有语耶?仅此一语,已足为吾说之正证,同时则为毛公鼎与此敢不在宣王时之反证。此其一。

今更以《文侯之命》考之:《文侯之命》,郭氏亦知其非旧说平王或襄王时书,引王引之《春秋名氏解诂》以为证(说长不具录),其说至当至确。今按《文侯之命》前云:"王若曰:丕显文武!"下云:"惟祖惟父,其伊恤朕躬。"以文武为父祖者,非成王乎? 又前云:"上帝集厥命于文王",下云:"肆先祖怀在位。"以文王为先祖者,非成王乎。此就本经,已足证《文侯之命》为成王时文也。而毛公鼎与《文侯之命》同时,(徐同柏、吴式芬、孙诒让、吴大澂、先师、其昌、郭氏同。)则毛公鼎之为成王器审矣。此其二。

番生敢与毛公鼎同时,殆亦为不能否认之事实。其铭文与毛公鼎相类之程度,较《文侯之命》为尤甚。其赏赐之舆服,奇文异字,丝毫毕同,尤可证为一时之器。他如"𤔲王位"、"𤔲同大命"、"𤔲同公族"、"卿事寮太史寮"等特异名词,又丝毫毕同。而如"𤔲"字,如"𤔲"字等,传世数千古器中,惟毛公鼎与番生敢二三见。如"𤔲"字,数千器中,惟毛公鼎、番生敢及叔向父敢三见耳。(叔向父敢又一器有"鞍妝"字,即"莘姒"也。亦成王时器,详下。)不谓之"几如出一印版",不可也。又《文侯之命》有"柔远能迩",番生敢有"扰远能艺",即一语也。孙诒让、黄绍箕、潘祖荫、王先生皆同此说。(孙、黄、潘说,见《籀庼述林·古籀余论》序。王说见《克鼎考释》)。是番生敢又与《文侯之命》一时,可证也。今按:金文中凡诰诫后人,称颂先祖者,遍检数千古器,皆称颂文、武二王,绝无例外(惟祭时则偶间及成王耳)。如:

"衣祀于王丕显考文王。"大丰敢　武王时

"朕丕显且玟珷。"𤔲白敢　成王时

"丕显玟王。……在珷王嗣玟作邦。"大盂鼎　成王时

"丕显文武。""亡不闲于文武耿光。"毛公鼎　成王时

"丕显文武。"师询敦　成王时

"丕显皇且考。"番生敦　成王时

"克奔走三帝。"周公彝　康王时

"□牲祷周王、□王、成王。"小盂鼎　康王时

"用牲于京宫。"矢彝　昭王时

"王肇遹省文、武堇疆土。"宗周钟　昭王时

按以上天子自称

"我皇且唐公……左右武王。"晋邦盦

"丕显皇且剌考逨匹止(武)王，劳勤大命。"单白昊生钟

"丕显皇考惠叔"虢叔旅钟　疑皆成康时器

按以上诸侯自称

今姑置诸侯自称不论外，其天子所称颂赞美者，惟在文武二王，而无例外，可证也。今更以《诗》《书》证之：

"告于太王、王季、文王。"《书·金滕》　周公时（疑伪）

"天休于宁(文)王。"《大诰》　周公时

"惟乃丕显考文王。"《康诰》　周公时

"公称丕显德，予小子扬文、武烈。""惟周公诞保文、武受命。"《洛诰》周公时

"以觐文王之耿光，以扬武王之大烈。"《立政》　周公时

"以答扬文、武之光训。"《顾命》　成王时

"隹周文、武，诞受羑若。""昔君文、武，丕平富。"《康王之诰》　成王初崩，康王初立时

"丕显文、武克慎明德。"《文侯之命》　成王时

"文王在上……有周丕显。"《诗·大雅·文王》　成王时

"文王烝哉！""武王烝哉！"《文王有声》　成王时

"三后在天，王配于京。"《下武》　成王时？

"於乎！丕显文王之德之纯。"《周颂·维天之命》　康王时

所赞颂称美，亦惟文武二王，几无例外。然则番生敦之"丕显皇且

301

考",以大丰敼、㝬白敼、大盂鼎、毛公鼎、师询敼、《康诰》、《文侯之命》、《维天之命》之文例律之,此"皇且考"之即等于"文、武"得实证矣。金文例:凡"且"以上称"帝",故《窭斋集古录》有帝己、且丁、父癸鼎(册二页十三),又有帝己、且丁、父癸卣(册十八页十七),可证。(参详拙著《矢彝考释·周公子明保节》,《燕京学报》第九期。)是"且"谊,确为父之父。番生敼以文、武为"皇且考"是作于成王时不可移易之坚证也。故成王临崩,作《顾命》,亦有"柔远能迩"之语,与番生敼铭同,是又番生敼作于成王时不可移易之坚证也。(又《诗·大雅·民劳》,亦有"柔达能迩",按《民劳》亦成王时诗,是时殷三监初平,故《民劳》曰:"民亦劳止,汔可小康。"是其证也。)番生敼作于成王时之谳定,而与番生敼如出一印版之毛公鼎为成王时器之谳亦定矣。此其三。

㝬白敼铭文,左同于毛公鼎,而右同于大盂鼎。其文、武字作"玟""珷",与大盂鼎全同。而"雁受大命"之语,文词、字体与毛公鼎全同。又"乃且克禾(懋)先王"之语,又与师询敼"乃圣且考左右先王"之语宛同。又"我亦弗宎㫃邦"之语,又与毛公鼎"司余小子弗彶邦"之语宛同。(使郭氏据此语,亦将以为㝬白敼为宣、平时器乎?)又㝬白即㝬公。(非"益"字。金文中十余见,无与"益"混者,郭氏释"益",太疏。)而师询敼之妣为"㝬姬"。又番匊生壶云:"番匊生铸賸壶,用賸厥元子孟妃㝬"(文津阁金文)是番国嫁女与㝬国之媵奁;㝬国早灭,㝬氏改为毕氏(详《金文氏族疏证·姬姓·㝬氏疏》),番氏后改为潘氏(详《妃姓·番氏疏》),则此㝬氏、㝬氏、番氏之互通婚姻,亦为㝬白敼、师询敼、番匊生壶、番生敼同出一时之坚证也。(以其昌历谱推之:康王二十六年,正月大,庚戌朔;十月大,丙子朔;初吉四日得己卯。与番匊生壶密合。皆成、康时器,决非不通历者所能口舌争也。)而㝬白敼云:"王若曰:丕显祖玟珷",此"王"为成王之坚证也。然则与㝬白敼同时之毛公鼎、番生敼、大盂鼎之皆为成王时器,师询敼、番匊生壶之皆为康王时器,不已明乎。此其四。

又"敃天疾畏"一语,及其类同者,于经典及彝器中,统计之约凡七见:

"㽙天疾畏" 毛公鼎

"㽙天畏" 毛伯彝

"□天疾畏" 师询敦

"昊(旻)天疾威" 《佚周书·祭公》第六十

"旻天疾威"《诗·大雅·召旻》

"旻天疾威"《诗·小雅·雨无正》

"旻天疾威"《诗·小雅·小旻》

除《雨无正》有"周宗既灭,靡所止戾"之语,《召旻》有"今也日蹙国百里"之语,郭氏谓"此等诗篇,早则当作于厉王奔彘以后",其说是也。然《小旻》之诗有"我龟既厌"之语,以龟卜不以筮卜,知其当较《仪礼》为早,而在周初去殷末未远之时;又诗中连举圣、哲、谋、肃、艾五字,与《书·洪范·五事》之连举肃、乂、哲、谋、圣五字全同,必秦汉时《洪范》作者,认《小旻》诗为周初诗,故伪撰武王时之《洪范》,即抄袭之也。是《小旻》诗在周初之两证。

《逸周书》,《商誓》、《皇门》、《祭公》、《芮良夫》……诸篇,与金文及今文《周书》全同,决为真书无疑。《祭公篇》又云:"以予小子,扬文、武大勋,弘成、康、昭考之烈。"则为穆王时文明甚。

是"㽙天疾畏"及其类同之语,为西周一代二百五十年间习用之成语,上自成王时之毛伯彝、毛公鼎,康王时之师询敦、周初之《小旻》诗,中及穆王时之《祭公篇》,下抵厉王以后之《召旻》诗、《雨无正》诗皆沿用之也。诚不知其足为毛公鼎为宣平时器之证何在也。此其五。

三 历史事实上之比勘

大盂鼎与毛公鼎,文体语气相同者,已随疏于上表矣。又毛公鼎"余非庸又闻""无唯正闻",二"闻"字皆假"䎽"字为之;而大盂鼎"我闻殷坠命"之"闻"字亦假"䎽"字为之。此尤数千古器中所独见,为毛公鼎、大盂鼎作为同时之坚证。又《酒诰》云:"罔敢湎于酒!"毛公鼎云:"毋敢湎于酒!"大盂鼎云:"虘酒无敢酕!"又《无逸》曰:"无若殷王受酗于酒德哉!"明此二经二器,皆作于同时,且其时为殷亡未久之时,可证也。《无逸》为周公所作,时间略早;《酒诰》乃成王亲政后,戒其弟康叔封所作;而毛公鼎之语,与《酒诰》之语尤酷肖。此毛公鼎、大盂鼎、《酒诰》同出于成王初年之坚证。此其六。

《无逸》乃周公摄政时诰诫成王之书,而文有云:"不敢侮鳏寡。"《大诰》有"惟我幼冲人"之语,乃成王未亲政时之文,而中有云:"允蠢鳏寡,哀哉!"《康诰》乃成王亲政后诰诫其弟康叔封之文,而中有云:"不敢侮鳏寡。"而毛公鼎云:"廼敄鳏寡",与成王早年之三文同词,是毛公鼎亦作于成王初年之证矣。此其七。

《大诰》者,成王幼年,遭管蔡以殷叛时所作也。《史记·周本纪》云"初管蔡畔周,周公讨之,三年而毕定,故初作《大诰》。"《大诰》曰:"弗吊天!降割于我家不少延!"又曰:"天降威,知我国有疵,民不康。"又曰:"予造天役遗大投艰(𡘥)于朕身!"又曰:"舸(?)今天降戾于周邦,惟大艰人!"郭氏所谓"怆怀时事"、"蒿目时艰,痛定思痛之语"为何如乎?毛公鼎惟因与《大诰》同为成王初年之器,故毛公鼎云:"叹天疾畏,司余小子弗彶邦!"又云:"遘予小子,家湛于𡘥(艰)!"郭氏所谓"可知作器乃骚乱之时",是也。管蔡大叛,征之三年,非骚乱之时乎?郭氏亦有方法可以定《大诰》为宣、平时之作品乎?未见《大诰》,是谓疏忽失言。已见《大诰》,是谓匿迹欺人。故郭氏以毛公鼎中有伤乱之语,而谓为宣、平时器。其昌亦正以毛公鼎中有伤乱之语,与《大诰》相证合,而决定为成王初年之器也。此其八。

虽然,证犹不止于此也,犹有更佳之证焉。《西清古鉴》卷十三页十二有毛白彝,其文曰:

隹八月初吉,□(王)在宗周,甲戌。王命毛白叟虢蔌公服。𠦪王位。作三(四)方亟。秉繁蜀巢 命锡铃鞣(鞣)。咸王(成王)命毛白以邦冢君、土𩡩、戏人伐东或(国) 𦎨戎。咸王命吴白曰"以乃𠂤(师)左比毛父。"王命吕白曰:"以乃𠂤右比毛父。"遭命曰:"以乃族从父(毛父)

征徂㦰。卫父 身！"三年静东或（国）。亡不成。叹 天畏！丕畀屯陟，公告厥事 于上，隹民亡徣在彝，志（懋）哭（天） 命，故亡尤。在顯，誰（濰）敬德！亡 逌（攸）违。班拜稽首曰：乌乎！丕 环甄皇公，受京宗懿（懿）釐。㽙（毓即后）， 文王王姒㽙（圣）孙。尃于大服，广 成厥工。文王孙亡弗裹井；亡克薭（业）厥煭（烈）。班非敢稽，隹 作邵考爽（爽，即爽）益曰大政，子子孙多世其永宝。

此彝铭云："㽙，文王、王姒、圣孙。"㽙即毓，亦即育，亦即后。（详先师《观堂集林．殷先公先王续考。多后条》，确不可易。）云："后，文王、王姒、圣孙"，又云："文王孙亡弗裹井（型）。"则"咸王"之即为"成王"得证实矣。（"后文王王姒㽙孙"，与《大雅．文王》"侯文王孙子"，语法全同。）而此敔云："咸王命毛白以邦冢君、土馭、戏人伐东国㾍戎。"是成王初年，东国群叛，分遣周公、毛公同征东国。周公征管、蔡及叛殷，毛公征东国之㾍戎也。此"毛父班"与毛公鼎之"毛父厝"当为父子或兄弟也。又云："咸王命吴伯曰：以乃师左比毛父。王命吕伯曰：以乃师右比毛父。"是成王又命吴伯、吕伯为毛父之左右翼也。又云："三年静东国。"是毛公征东国，与周公同出师，同班师。皆为三年也。故《豳风·破斧》之诗云："既破我斧，又缺我斨，周公东征，四国是皇。"《东山》之诗云："我徂东山，慆慆不归。……自我不见，于今三年。"是《周本纪》、《鲁世家》、《诗·豳风》、毛白彝互相证合矣。今按毛公鼎云："尃朕位。"番生敔云："尃王位。"而毛伯彝亦云："尃王位。"毛公鼎云："叹天疾畏！"而毛伯彝亦云："叹天畏！"番生敔云："勯于大服。"而毛伯彝亦云："尊于大服。"甚者，大盂鼎云："敬雝德"，而毛伯彝亦云："雝敬德。"则毛伯彝与毛公鼎、番生敔、大盂鼎、《诗·东山》《破斧》之为同时作品，左右逢源，无往而不合矣。毛伯彝为成王时器，有明文不可易，则毛公鼎之亦为成王时器，亦不可易矣。此其九。

复次，《周书》中成王时诸篇，文词语气與毛公鼎同者，尚不胜胪举也。《康诰》云："隹乃知"，毛公鼎云："弘唯乃智。"《洛诰》云："万年厌乃（厥）德"，毛公鼎云："皇天弘厌厥德。"《无逸》云："不敢荒宁"，毛公鼎云："女毋忘宁。"《君奭》云："用乂(䢃)厥辟"，毛公鼎云："䢃辟厥辟。"《立政》云："以观文王之耿光，以扬武王之大烈。"毛公鼎云："亡不闲于文武耿光。"《顾命》云："师氏、虎臣、百尹御事。"毛公鼎云："小子、师氏、虎臣雩朕褺(御)事。"《康王之诰》云："无遗鞠子羞"，毛公鼎云："我弗作先王羞"；师询敦云："亡羞于先生"，《佚周书·皇门》云："是羞于王。"可证毛公鼎与《康诰》、《洛诰》、《无逸》、《君奭》、《立政》、《顾命》、《康王之诰》、《佚周书·皇门》，同为成王一代大典，不过上及周公摄政，下及康王即位耳。此其十。

成王之时，因周公之故，文化大光，为两周八百年之冠。《大诰》、《康诰》、《酒诰》、《梓材》、《召诰》、《洛诰》、《多士》、《无逸》、《君奭》、《多方》、《立政》、《文侯之命》(说详上)、《顾命》、《康王之诰》、毛公鼎、大盂鼎、番生敦、㐱白敦、师询敦。叔向父敦，皆成王一代之大典高文也。(《康王之诰》、师询敦作于成王崩后一年耳。)然据《周本纪》，则成王一代大典巨文，尚有不传之《微子之命》、《归禾》、《嘉禾》、《周官》、《贿息慎之命》……等佚篇，其文化之高如此，亦何独疑于毛公鼎乎。周公、成王既没，王室文化，逐渐降低；高文典册，递次减少；文法亦逐渐异趣。康王时，除《康王之诰》、师询敦作于元年外，尚有小盂鼎、龙敦(《薛氏》卷十四页九)。但《周本纪》之佚书目，已只《毕命》一篇矣。昭王一代，根本无佚书，惟新出土之矢彝、矢敦、及宗周钟，为重宝耳。穆王时无重器，惟遹敦记"穆穆王"；《吕刑》，旧谓穆王时，如可信。因上虞罗氏有吕鼎(《周金文存》册六，补遗卷二)其文与遹敦酷肖也。据《周本纪》，尚有佚书《冏命》一篇而已。自穆王时《吕刑》以下，遂无一篇典诰之传矣。今《周本纪》及《尚书》百篇序目具在，西周书止于《吕刑》，可验也。下至于厉王之世，虽再见重器，然如散氏盘、䣩从鼎、䣩从簋、大克鼎、小克鼎、寰鼎、寰盘、静敦、静彝诸器，有一器与曶鼎、盂鼎、《大诰》、《康诰》……等堂皇冠冕，开国语气相类乎？至于宣王，则记一代伐玁狁之大政，其重大何如，而虢季子白盘、不嬰敦盖、兮甲盘……等巨制，亦有一器与曶鼎、盂鼎、《大诰》、《康诰》……等堂皇冠冕，开国语气相类乎？记一代伐淮夷之大政，其重大何如，而师寰敦、师虎敦、彔伯䇂敦、彔伯䇂卣、𠭯鼎、遇甗、彔敦、敔敦、曾伯霖簠……等明器，曾有一器，与㬰鼎、盂鼎、《大诰》、《康诰》……等堂皇冠冕，开国语气相类乎？今原文具在，郭君及天下之士，能举宣王时一器（已经考定公认者），与毛公鼎相类，以破余说否乎？既宣王时诸器，绝无一器与毛公鼎相类，则毛公鼎之决不能在宣王时亦决矣。此其十一。

四　形制花纹上之比勘

与毛公鼎之形制，花纹可相比勘者，今统组一表。如下：

全同	次同		略同
	形制同花纹异	花纹同形制异	
陕之应鼎 武英殿·一·二六	黄孙子叔单鼎 宝蕴楼·一·二三·	娟氏鼎 考古·一·一二·	虘北鼎 宝蕴楼·一·三一·
商冉鼎 贞松堂·一·六	虢叔大父鼎 贞松堂·一·二〇·	鄂侯作王姞敦 武英殿·一·七五·	甲类牢鼎 新郑·二四·
邓白氏鼎 梦郼草堂·一·一二	鲦冶妊鼎 梦郼草堂·一·一·	十三鱼盘 全上·一·八五·	虢大公鼎 梦郼草堂·一·一三
小子𢎦鼎 澄秋馆·一·七·	中师父鼎 全上·一·一五·	师寏父敦 宝蕴楼·二·六八·	旗鼎 全上·一·四
中义父鼎 陶斋·一·三〇·	猛叔樊鼎 十二家·居贞·六	师寏父盘 全上·二·七八·	芮大子白鼎 双剑誃·一·八
𨛭攸从鼎 全上·一·四〇·	药鼎 尊古斋·一·二二·	孟郑父敦 全上·二·七〇·	赵白鼎 梦坡室·四·四
中宦父鼎 陶斋续·一·八	虘白御人鼎 双玉钵斋·九	雷纹敦 泉屋清赏·七八	叔器父鼎 陶斋续·一·二一
南宫有嗣鼎 善斋二·七一·	姬鼎 澄秋馆·一·八	丰兮敦盖 梦郼草堂·一·二九	大鼎 怀米山房·二·九

307

续　表

全同	次同		略同
	形制同花纹异	花纹同形制异	
至鼎 西清二·三五·	穌卫妃鼎 全上·一·三·	酐从盨 澄秋馆·一·一二	季㚄鼎 长安获古·一·九
环纹鼎一 全上·六·四〇·	𡨴鼎 善斋·一二·一四·	曼龚父盨 怀米山房二·二七	孟㳙鼎 全上·一·一〇
环纹鼎三 全上·六·四二·	遣叔鼎 全上·二·五〇·	师酉敦 二百兰亭斋·三·七	父癸鼎二 西清·一·二二
环纹鼎一 西清续·三·三一·	武生鼎 全上·二·六一·	芮大子簠 两罍轩·七·八	芮公鼎 全上·二·八
环纹鼎二 全上·三·三二·	郘史硕父鼎 全上·二·七〇·	召中鬲 恒轩·三·九四	白荀父鼎 全上·二·二五
史顯鼎 宣和·二·一〇·	鲁内小臣鼎 攀古楼·一·一八	電白作亲姬敦 西清·二七·二四	和鼎 全上·二·三六
齐莽史鼎 全上·三·二〇·	至鼎 全上·一·二三	中惠父敦 全上·二八·八	蟠夔鼎八 全上·六·八
㕫龙生宰鼎 全上·三·二七	辛中姬鼎 西清·二·三〇·	攸酐盨二 全上·二九·二二	颂鼎 西清续·一·二八
雷带鼎 全上·五·二四	弋叔朕鼎 全上·二·三三·		横戈父癸鼎 宣和·一·四二
	云纹鼎 全上·六·二八·		象鼎 全上·二·二四
	夔纹鼎二 全上·六·三四		
	子鼎 全上·三·三五		
	车鼎 西清续·一·四一·		
	康鼎 宁寿·一·一七		
	仲偁父鼎 宣和·三·一六		

表中"西清续"者,专指《西清续鉴》甲编,不涉乙编。"善斋"者,专指《善斋吉金录》,并非《善斋彝器图录》。"贞松堂"者,专指《贞松堂吉金图》,并非《贞松堂集古遗丈》。

此表所列，原书皆彰彰在人耳目，今特注明卷、页，立时可以覆按。由上表观之，与毛公鼎形制、花纹略同者，有十八器之多。次同者，有二十三器之多。即全同者，亦有十七器之多。其非鼎属而花纹同者，亦有十二器之多。此皆不过随手捃拾而已。然即综合此七十器而统观之，已可知"毛公鼎式"之形制、花纹，实乃上自商代，下迄秦汉，绵历一千余年之通式，而绝非某一时代所独具之风格也。

郭氏鉴别毛公鼎形制花纹之理由有二：

（一）"凡圆形鼎之形式，其属殷末周初者：器深，口稍敛，而腹弛下。脚高直而圆，下端略小。——更晚而达于秦汉，则器如半球形，而脚愈低。毛公鼎之形式，与之相类，绝非周初所宜有。"

（二）"——殷末、周初之器，其纹至繁。每于全身复杂之几何图案中，饰以幻想性之人面或兽面，其气韵至浓郁沉重。——稍晚，则多用简单之几何图案，以为环带，其气韵至清新醒目。此鼎之花纹，正属于后者，亦绝非周初之器所宜有。"

郭氏之第二条原则，余虽可以立时举例以破之，然尚确有见地，相当成立。其一条原则，则真可谓扪烛扣盘，举烛鼠璞之论也。谓毛公鼎之足低乎？恐毛公鼎一足之高，两献侯鼎相叠，尚不及也。盖足之"高直式"与"矮肿式"乃与全鼎之大小为比例。约言之，当云：

（一）秦以前，鼎皆置地。为高低适中计，凡鼎高一尺四五寸以上者，鼎足多"矮肿式"。凡鼎高七八寸以下者，鼎足多"高直式"。

（二）秦汉以后，鼎置几案。为免堕地计，鼎足一律采用"矮肿式"。且其时已绝无高一尺五寸以上之鼎。（汉《郊祀志》得二尺以上之鼎，天子且为之改元矣。）

郭氏于此等处，对于古时社会之实际生活状况，太不注意。盖殷周社会，人皆蟠坐于地，即以人之半身之高为单位。列鼎而食，鼎高不及七八寸者，须俯就之，故足多"高直式"。鼎高超一尺四五寸者，须仰扱之，故足多"矮肿式"。然不过多而已，非绝对也。观于《宝蕴楼彝器图录》之鼎，什九在八寸以下，足皆为"高直式"。《新郑古器图录》之鼎，什九在一尺以上,(《新郑图录》用土尺计,一尺恐抵他书一尺二寸以上)即他书一尺二三寸以上,足皆"矮肿式"可知。此虽非绝对定律,然初民实际生活背景,不可忽也。

至于时代问题,则虽谓之毫无影响亦可。澄秋馆之小子夋鼎,形制、花纹二者与毛公鼎丝毫毕肖。但其铭云:"□事小子夋作寒妃好尊鼎。""寒"相传为夏时之国。故《楚辞》、《离骚》、《天问》、《左传》、《史记》皆记夏少康时,有"寒浞"其人。且《史记》及《潜夫论·志姓氏》皆言夏为妃姓,此云"寒妃"亦为妃姓,可证确是商以前古国之遗。又"好"姓,经典皆作"子"姓,此犹金文"妃"姓,经典作"己"姓也。"好"为商王之姓,故春秋宋亦"子"姓。又寒国在宗周中叶时,灭亡已久。(均见《金文氏族疏证·妃姓寒氏疏》)。故此鼎确为宗周初年之器,是宗周初年,已有"毛公鼎式"之鼎矣。此其十二。

又,上虞罗氏藏有商戈在椟鼎,与毛公鼎之形制、花纹二者,又丝毫毕同,形神俱肖;如不睹铭文,殆不能辨别也。盖不啻一冶所铸,一匠所造。乃其铭文只有一形,象椟中有戈之状,足为是鼎绝对为商器之明确证据。今其形著录于《贞松堂吉金图》卷一页六,可以覆验。此足以坚决证明若"毛公鼎式"之形制、花纹,在殷商时早已通行矣。则毛公鼎者,实乃周初时沿袭商时之遗制、作风之产物,其为成王时器,审矣。此其十三。

复次,郭氏所举之两种原则,可举例以立破之也。其第一条形制之原则云:"更晚而达于秦汉,则器如半球形,而脚愈低。"然如《西清古鉴》卷一页二十二之商父癸鼎,但铭"父癸"二字,不谓之商器不可也。但其形制,非"器如半球形,而脚愈低"乎?则此形制,商时已有。第一条原则,根本不能成立。(他如《西清三鉴》及宋人《三古图》所著录之环纹鼎、雷带鼎等数十器,无一字铭识者,什九皆商时器也。)其第二条花纹之原则云:"稍晚,则多用简单之几何图案,以为环带,其气韵至清新醒目。毛公鼎之花纹正属之,绝非周初所宜有。"郭氏以"毛公鼎式"之图案,绝非周初所宜有邪?今考《武英殿彝器图录》上册,第八十五页有十三鱼盘,不铭一字,但环盘唇铭鱼十又三尾,其鱼形尚为原始象形,与《殷文存》之鱼形父庚尊、两鱼爵、鱼形父丙爵、鱼形父丁爵、鱼形父丁鼎、鱼形父癸壶,及《殷文存》所未收之鱼形父乙鼎。(见《集古遗文》及《金文编》)宛同,其为商器,殆为任何人所公认。而其盘外之环带图案,正为"毛公鼎式"之▇图案。则此图案,盖商时已有,尚安得谓"绝非周初所宜有"乎?则郭氏第二条原则,又根本不能成立。此其十四。

日者,游于中央研究院历史语言研究所之考古组,观安阳发掘第二次运来古物。李济之师及吾友董彦堂,出示殷代之大龟二,其龟背沿边之带纹,正略作▇形,吾弟世昌遽曰:"何乃如鼎敦等之花边耶?"余始恍然大悟,凡铜器环带之作此类图案者,其最初皆摹仿龟背沿边之天然图案而来。此正合于一切艺术,其泉源皆出于自然之定律。此种"毛公鼎式"之图案带,实当易其名曰"龟背边式"之图案带。则此"龟背边式"之图案带,其来源之早可见。不特起源于殷代,实当盛行于殷代矣。周初沿习殷风,宜"毛公鼎式"为周初式矣。盖正为周初所宜有也。此其十五。(中央研究院之殷代二大龟,不久终当印出,非可谰言。)

五 结论

综上例证十五,及已得地下遗器证实之与宗周原历只差二天之宗周历谱所推算,定毛公鼎为周初成王时,东国及管、蔡平后所作之器。师询敦为康王元年,成王新崩时所作之器。诸凡:文法、名词、字体、花纹、形制为"毛公鼎式"者,依毛公鼎估计时代可也。郭君及天下通人,尚有意见足以赐教否乎?

二十年九月九日起稿,十日半夜粗脱稿。十四日游颐和园归,作结论修改完成。海宁吴其昌自记于北平东单大羊仪宾胡同。

(原载《东方杂志》,一九三三年三十卷二十三号)

殷代人祭考

中国古史上有一极惨极酷极野蛮之制度,而已为汉以后人所完全忘却,至今日遂使史学专家脑中,亦无丝毫影像者,厥为"人祭"。——虽在古典籍上,时时发现极零碎之专门名词,此种专门名词,在上古之人视之,一望即知其为人祭,不烦诠释。然因人祭之制,废弃已久,故汉以下人则虽日诵此专门名词,亦熟视无睹,绝对不能知其涵义矣。今幸得甲骨发现,悉心籀绎,而殷代人祭之制度粗明,更得周代铜器上之史料为辅,于是再返观古经典群籍上零碎难解之专门名词,遂豁然得其真谛,如网在纲。而人祭之沿革,亦得粗述其大概矣。

"人祭"者,在原始民族某种隆重典礼之下,杀人以祭也。其制度确起于殷代,盖殷代尚在游牧时代,尚未发明农田,故不需多人以供耕种。对于人之需要,既感薄弱,则一旦战胜,俘虏大批敌人,杀之以祭,在当时视之,亦殊无可惜之处也。殷代"人祭"之确证,则在甲骨。罗振玉《殷虚书契前编》卷一,页十八,片四,其文如下:

此文共分三段,上段曰:

丁酉,卜贞,王

宾文,武丁。

伐三十人,

卯六牢,
彡六卣,
亡尤。

其下左段曰:
丁丑,卜贞,
王宾
武丁。伐十人,
卯三牢,彡。
其下右段曰:
庚辰,卜贞
王宾且庚。伐
二人,卯二牢,彡,
二亡卣
尤。
此三段记丁酉、丁丑二日祭武丁,庚辰日祭祖庚。上段以"伐三十人"、"卯六牢"对举。下左段以"伐十人"、"卯三牢"对举。下右段以"伐二人""卯二牢"对举。则此"人"与"牢"之地位必相等,而"伐"与"卯"之意思必相同。"卯"之意义为杀,已经罗、王诸先生所考定,而为古史学者所公认。盖"卯"字原始之形本作❋,象双刀对立之形,其后逐渐由❋变成小篆之卯字也(此其昌另有考)。"牢"之义为牛(作"宰"者义为羊),亦无问题,"卯牢"与"伐人"并举以祭先公先王,则"伐人"之为杀人,意义了然矣。

是故,《广雅·释诂》一云:"伐,杀也。"

又《吕览·尚农》:"山不敢伐材下木",高诱注:"伐,斫也。"

又《书·牧誓》:"不愆于四伐,五伐",郑玄注:"一击,一刺,曰伐。"

郑氏意:"伐"者,谓击杀敌人,刺杀敌人也。

又《诗·甘棠》:"勿剪勿伐","剪"与"伐"相对称,皆谓以金属锋刃器杀除之也。"伐"与"剪"相对称,正犹"伐"与"卯"相对称同例。故知丁酉祭武丁时,杀人三十,杀牛六;丁丑祭武丁时,杀人十,杀牛三;庚辰祭祖庚时,杀人二,杀牛二;此甲骨诏示于吾侪者,甚明白,无可疑也。

以此例推之,则《前编》卷一页三十五片五,文云:

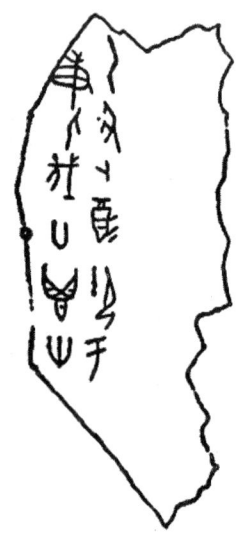

"乙丑,卜酒,御于庚妣,伐廿,卯卅。"
及《前编》卷四页八片三,文云:

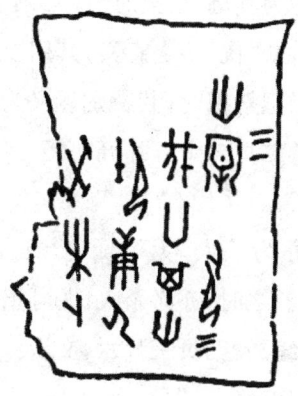

"癸未,卜御庚妣,伐廿,卯卅,卅牢,服三……"
及《前编》卷八页十二片六,文云:

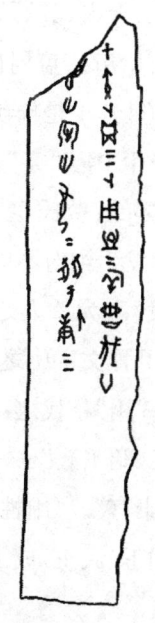

"甲寅,卜贞,三卜用血,三宰昏,伐廿,卯卅,牢卅,服二犾,于妣庚,三"。
此三片中皆有"伐廿"之文,与"卯卅""牢卅"对举,皆谓杀二十人,与

三十邕、三十牢同祭也。是每次祭妣庚,皆杀人二十也,按妣庚为武乙之后,而龟甲文字之时代,大部产生在太丁(即四祖丁)至帝辛(即纣)之时,太丁为武乙之子,妣庚乃为其母,故祭时恒杀二十人,以示特别隆重也。

更以此例推而广之,知"伐"字之意义,其用以记祭祀时,其特别涵义为"杀人",与"卯"字用以记祭祀时,其特别涵义为"杀牛"者,同为甲骨文例上之定律,则《前编》卷二页二十五片五,文云:

"乙未,卜贞,王宾武乙,彡伐,亡尤。"

其"伐"字之意义,亦为杀人,无可疑矣。且武乙之妻妣庚,每次祭时,恒杀二十人,则祭武乙之时,亦必杀人,尤可想见。

更推而广之,则《前编》卷四页三片六,文云:

"辛未,卜贞,王宾,伐,亡尤。"

"丁卯,卜贞,王宾,伐,亡尤。"

此二条记祭时,皆有"伐",可以推知此二次祭时,亦皆杀人也,殷代人祭之时,其数之多,至三十人,或二十人,其野蛮无道,至于此极,而后人从未有知者可慨也。此风至周而始革。盖周民族,实始发明农稼,俘虏可以役使耕殖,"人"之需要骤然迫切;于是俘虏始得由"牺牲"之地位,升至于"牛马"之地位。故周代遂产生"臣""妾";"臣妾"渐多,而"伐"始渐少矣。故周代铜器若大克鼎,不嬰敦、散氏盘、卯敦、敔敦……皆"赏田"与"赏臣妾"连举;"田"与"臣妾",发生绝对不能分离之关系。

周代人祭之风既息,故"伐"字为杀人之义,亦遂湮灭。周代杀生物以祭祀之专门名词,已将商代甲骨文字中之"㚔""霍""沈""卯""伐"……等字,一概废弃不用,而独以一"用"字代之:例如铜器上之例云:

"用牡于太室,啻(禘)邵王(昭王)。"——剌鼎。

"用牲于京宫。"、"用牲于康宫。""用牲于王"。——矢彝、矢尊。

"囗(用)牲,啻(禘)周王囗王(武王)成王。"——小盂鼎。

其在经典上之例,如:

"用牲于郊,牛二。"(《尚书·召诰》)

"六月辛未朔,日有食之,用牲于社。"(《春秋》庄公二十五年《左传》)

"秋,大水,鼓,用牲于社,于门。"——同上

"九月,庚午朔,日有食之,鼓,用牲于社。"(庄公三十年《左传》)

"六月,辛丑朔,日有食之,鼓,用牲于社。"(文公十五年《左传》)

"用大牲,吉。"(《易·萃》卦辞)

"予小子履,敢用玄牡,敢昭告于皇皇后帝。"(《论语·尧曰》引《汤誓》)。

"予小子敢用玄牡,告于上天后。"(《墨子·兼爱下》引《汤说》)。

"秦德公用三百牢于鄜畤,作伏祠。"(《史记·秦本纪》、《汉书·郊祀志》)。

此"用"字之意义,皆谓杀牲以祭祀也。甚至视"用"与牺牲同义者,如《商书·微子篇》云:

"今殷民乃攘窃神只之牺,牷,牲,用。"

是"用"字与"牺""牷""牲"完全同义之证。故《周礼·天官·庖人》: "庖人,掌共六畜",郑玄注:"六畜,六牲也。始养之曰畜,将用之曰牲。" "将用之",谓将杀之以祭祀也。又《春秋》僖公二十九年《左氏传》曰:"介葛卢(郑司农云:'夷狄之人,或晓鸟兽之言')闻牛鸣曰:'是生三牺,皆用之矣,其音云。'问之而信。"介葛卢是否真通牛言,此姑不问;而"皆用之矣"之意,谓皆已杀之以祭矣,则其义甚为明了。故《周礼·庖人》下文云"凡用禽兽",贾公彦《正义》云"杀牲谓之用",尤为显著明白之证。可知周时之"用"字,与殷时之"伐"字,基意义及使用法完全相同也。

既周时之"用"字,与殷时之"伐"字,其意义及使用完全相同,得明白之显证;于是又一问题生矣。此问题为东周初人(?)所作之《周易·爻辞》,及先秦时代人(?)所作之《皋陶谟》,有"非常可怪"从未得确解之奇诡之语,以吾侪今日视之,究应作何解耶?按《易·爻辞》之:

"公用享于天子"——《大有·九三》爻辞

"王用享于帝"——《益·六二》爻辞

"王用享于岐山"——《升·六四》爻辞

吾侪今日,自不敢轻妄测度其即为"人祭";然如《易·蒙卦·初六》

爻辞云：

"利用刑人。"

又《皋陶谟》云：

"天讨有罪,五刑五用哉。"

此二句奇诡费解之异语,不能不令吾侪视为古代杀罪人以祭鬼神之尚未尽拭之血渍也。

其实,周时虽已不用人祭,而殷之子孙尚未尽灭,其保守前朝之旧有制度,甚为顽强。且周人既事实上尽夺商人之土地,以分封其同图腾(即同姓)之皇族,及西来之功臣,故商人在当时虽生于农稼既已发明之后,而实际上亦无田可耕,致使转辗流浪,摽贩贸易,降而为人人所贱之商人。故商贾之商人,则得名于殷商之商人也。则已灭国后之商人,其视土地与人民,犹不发生密切关系,人之生命,犹不若周之贵重,则在事实上,人祭之风,亦较易以保存也。故宗周及成周两代,商人"人祭"之风,仍必继续不断,特史料尽亡,在今日未由考见耳。然亦有至成周中叶之春秋时代,商之子孙,犹作"人祭"恶习,偶印一鳞一爪于史料上者,"商""宋"一声,宋人即商人之后也(此尽人皆知)。《春秋》僖公十九年《经》云：

"夏六月,鄫子会盟于邾。己酉,邾人执鄫子,用之。"

《左氏传》曰：

"夏,宋公使邾文公用鄫子于次睢之社,欲以属东夷。"

杜预注曰：

"睢水次有妖神,东夷皆社祀之,盖杀人而用祭。"

此足以证"用"为杀人以祭之专名,俘虏敌酋,杀之以祭,在周人视之,则为暴戾无道,而在宋公视之,则固吾家祖宗之旧制也。

周人自西北来,而夺取中原,其势力,亦只东伸及中原之四境而止,其"东夷"、"南夷"、"东国"、"南国",所谓"南淮夷"、"反虎方"、"反荆"、"反楚"、"徐方"、"荆舒"等处,则一叛于成王时(故成王伐奄),再叛于昭王时(故昭王伐楚),三叛四叛于宣王时(故宣王伐南淮夷、徐方),始终为周之反动。其风俗、习惯、制度、文化,亦完全同于商而不同于周。故人祭之旧习,不独宋人保存之,其东夷、南夷(楚)皆有至春秋末叶,尚举行人祭之记载。如《春秋》昭公十一年《经》云:

"冬,十有一月,丁酉,楚师灭蔡,执蔡世子有以归,用之。"

《左氏传》曰:

"冬,十一月楚子灭蔡,用隐太子于冈山。"

杜预注曰:

"用之,杀以祭山。"

此南夷之楚,至春秋末叶,尚保存殷旧俗人祭之证也。又如昭公十年《左氏传》云:

"秋七月,平子伐莒,取鄆,献俘,始用人于亳社。"

杜预注云:

"以人祭亳社。"

此东夷小国,至春秋末叶,尚保存殷旧俗人祭之证也。"亳",又殷汤之故都也。其承殷之遗风,又不待言矣。此史料之偶留泥爪于后世者也。数百年间,此其制度必绵延未尝中断,又可想见。今从甲骨得其线索,而经籍始可贯合。殷为无道,至于此极,无量数怨魂冤血,仅借此数片甲骨,得未泯拭,摩挲翠墨,如抚碧磷;深夜考校,如闻啾啼,悲夫!

二十一年四月,倭寇屠辽后七月,海宁吴其昌作于北平。

(原载《清华周刊》,一九三二年三十七卷九、十期)

中国家族制度中子孙观念之起源

世言礼制制自周公,此说也,余尚未敢轻信。惟"子子孙孙"之观念,确自周公发之,此余已得明确之证据,异乎传说旧闻之近神话者矣。故将"子孙"一语,推溯其本原之所由来,亦吾国古文化史上之一大枢键焉。

人类初生,必先知有母而不知有父,此通例无足异者;逮知有父,则必在一夫一妇制度久行以后。故有夫妇,而后有父子。然当其有父子时,必尚无"父之父"、"子之子"之观念也。殷以前,中国未有文字,不可考。(文字始仓颉说,绝不可信,导源于八卦说,尤为荒谬)殷一代重器典籍之传于世者,仅一见"孙"字于《尚书》,及一见"子孙"字于龟契;而锲"子孙"字之龟甲,其真赝尚颇有可疑者,亦前此未觉之异闻也。

罗叔言先生作《殷虚书契考释》,尚止有"父","母","且","夫","妻","儿","女","兄","妹","姪","奴","妾",及地支之"子",天干之"己"(即子字也),尚无"孙"字也。其后编集《殷虚书契后编》,于卷下叶十四一断片中,始见"子孙"字,其文如左:

文曰："多子孙甲。"其字款行列，既迥乎与他片甲骨不类；其语尤不似殷人所出，在《后编》全帙中，此片独触目觉异。今虽不敢断言其赝，然亦未敢决信其真。总之，当在阙疑之列。即为真者，在传世龟契万余墨片中，仅此一见。亦足以证商人之薄"子孙"观念矣；况尚在疑伪之间乎。

更进而考商之彝器。殷器之流传至今日者，除乾隆时敕撰《三鉴》所定时间，多不可恃外，合近世各家著录，不下八百余器。罗氏《殷文存》所集，得七百五十八器，大略备十之八九矣。罗氏审别标准，自序有云："考殷人以日为名，通乎上下，此编集录，即以此为埻的。其中象形文字，或上及夏器？日名之制，亦沿用于周初？"其埻的大抵近是。其云"日名之制，沿用于周初。"尤为通论。盖一种制度，行之既久，断不能截然而止也。即此《殷文存》七百五十八器中，惟二器见"子孙"字，谛审之，皆周器也。其一器云："叔向父㠯敦姒障敦，其子孙永宝用。"（《殷文存》卷上页十四）其第五字罗氏误释为"母辛"二字，故亦侧于商器。其实为一字，非二字；且从"女"，不从"母"也，"敦姒"即"婶姒"，亦即"辛姒"，亦即"莘姒"也。《诗·大明》："缵女惟莘"，《毛傅》曰："莘，大姒国也。"《正义》云："妇人所系，国姓而已。姒是其姓，则莘是其国。"王符《潜夫论·志姓氏篇》云："禹为姒姓，其后分封，用国为姓，故有辛氏。"是此敦之"敦姒"，正与太姒同国同姓。最早即以是为太姒之兄弟行，及其既死，而其子为作祭器，亦当在成康之时矣。且殷器记名，亦有定例：曰"且□"，曰"父□"，曰"兄□"；或云"且日□"，"父日□"，"兄日□"，传世七八百器中，无一紊者，从未有作"叔□父"者。《士冠礼》云："曰伯某父；仲，叔，季，惟其所当。"自是周制；故"伯□父""叔□父"，在周器则时见之矣。此器之为周器，明白太甚，不徒文字气韵之逼似而已也。又一器云："豚㠯父庚宗彝，其子子孙孙永宝。"此亦周器明甚。殷器铭文定例。称所铸器曰"障彝"（十分之七八），曰"宝障彝"（十分之二三），曰"宝彝"，曰"宝鼎"，曰"宝障鼎"（均百分之一二），亦传世数百器中，无一自紊其例者，（此皆治金文者必具之通识，而前人鲜留意及此者）从未有"作宗器"之铭。（殷人遗器，多饮器而少祭器;可以见殷俗沈湎于酒,故周初训谟,谆谆以止酒为诰。祭祀之繁,繁于周代宗祧法已行以后;故周代祭器极多,殷之祭祀,自不及周也。)故此器,又后于叔向敦矣。除此二器,皆为周器,一时误入以外,其他数百真殷器中,绝不见一"孙"字矣。而如

卷上页二　　卷上页三　　　　　　卷上页十　　卷上页十

等状,则明为龟形。《说文》云:"古者,货贝而宝龟,周而有泉。"是商时即以龟贝为泉,故得龟即喜而铭器,以志庆也。宋人释为"孙""子孙",则于形,声,义三者,无一而可,匪夷所思,误逾鼠璞矣。

更以《诗》《书》中求之;《商颂·那》:"汤孙奏假,绥我思成。"又:"于赫汤孙,穆穆厥声。"又:"顾予烝尝,汤孙之将"凡三见"孙"字。然吾昔取甲骨彝器文与《商颂》对读,觉二者相差太远,迥乎不类,窃疑《商颂》乃宋人追颂诗,而非商诗,然讷不敢出口。及读先师王先生《说商颂》,而窃自慰此疑之非荒谬也。《说商颂·下》曰:"《商颂》,盖宗周中叶,宋人所作以礼其先王;正考父献之于周太师,而太师次之于《周颂》之后,逮《鲁颂》既作,又次之于鲁后。若果为商人作,则当如《尚书》例,在《周颂》前,不当次《鲁颂》后矣。然则《韩诗》以《商颂》为宋人所作,长于毛说远矣"是《商颂》虽三见"孙"字,然不足为商时有"孙"字之证也。

周公以前,一见"孙"字,惟《盘庚》而已。《盘庚中》:"先后丕降,与汝罪疾,曰:曷不暨朕幼孙有比!"又:"乃祖乃父,丕乃告我高后曰:作丕刑于朕孙!"《唐石经》"朕孙"作"朕子孙",然各本皆无"子"字。故终商之亡,仅《盘庚》一见"孙"字,略可置信而已。

"子孙"连文,最初见于武王元年之师旦鼎。其铭曰:"惟元年八月丁亥,师旦受命,作周王太姒宝尊彝。敢拜稽首。用蕲眉寿无疆,子子孙孙,其万□(亿)年永宝用享。"(《积古斋钟鼎彝器款识》卷四,页二十,《捃

古录》卷三之一,页十二。)阮伯元引朱右甫云:"《召诰》之言:'王乃初服。'《洛诰》之言:'朕复子明辟。'是摄政七年,成王已即政矣。今以历法推之:《汉志》所云:'成王元年,命伯禽俾侯于鲁之岁,正月己巳朔。'八月当得乙未朔;无丁亥日。依《竹书纪年》:成王元年,即周公摄政元年推之,正月约得壬午朔?八月约得戊申朔?亦无丁亥。惟周公摄政之七年,八月壬申朔,是月既望为丁亥。然后知周公摄政之七年,即成王即政之元年;证之此器,灼然无疑。"按朱考真可谓六经注我,荒缪绝伦矣!《召诰》《洛诰》,作于一时(辩见拙作《殷商之际年历推证》),《洛诰》明云:"戊辰,王在新邑;烝,祭,岁,文王骍牛一,武王骍牛一。王命作册逸作册,惟告周公其后……王命周公后,作册逸诰。在十有二月,惟周公诞保文武受命,惟七年。"是明明诏我人以周公归政,在七年十二月戊辰以后;而戊辰又适为晦日。是又明明诏我人以成王亲政,在其翌日,亦即其翌年也。(朱氏何得乾没经传,以强成己说。且即从朱氏之说,复子明辟,亦在十二月事,此鼎乃在八月,何能及耶?推朱氏之病,不过因不解《三统》推历不通,又不甘舍割私见,遂不恤厚诬经传,以成己说,真不可为训也。)则当在八月时,"师旦受命"。受何人之命耶?今按:成王亲政元年,正月大,己巳朔;(此是《汉志》原文,故朱氏未误。其余三月,无不误者,知朱氏实未尝通历也。)八月小,丙申朔(朱氏误乙未);周公摄政元年,正月大,庚辰朔(朱氏误壬午),八月小,丁未朔(朱氏误戊申),实系皆无丁亥。然此鼎,实武王元年器也。武王元年,即入甲申统以来五百二十二年(西历前一一二二年),闰余六,大余三十一,小余二十一,闰二月,正月小,辛卯朔,八月大,丁亥朔。与此鼎密合,其证一也。古时铸器,必以初吉丁亥(金文中例不胜枚举);而八月一日,适为初吉丁亥,其证二也。铭云:"师旦受命",为周公受武王之命,于词为顺。(于是知《史记》次成王命鲁得"郊"及"祭文王"二事,于《金縢》"拔木偃禾"以下之未谛。盖史公惑于今文家纠缠之说而涉误者。当时今文家说,今考之王充《论衡·感类篇》,尚可推见一二,此另有考。)其证三也。又朱右甫云:"武王时太公为师。故《诗·大明》云:'维师尚父。'周公为师,当在武王既殁之年?"

323

(说见《百一庐丛书》，王复斋《钟鼎款识》。)此说尤非。盖自汉人误解"维师尚父"之"师"，抑若后世"师弟"之"师"，故遂一误百误也。孔冲远《正义》引刘向《别录》云："师之，尚之，父之，故曰师尚父。"其说令人绝倒！若如其说，则武王之事吕望，三倍于事文王矣。古"师"字之谊，皆为兵旅；此自甲骨以来皆然。《说文》："师，二千五百人为师。"《周礼·夏官·叙官》同。《易·师卦》马融注同。《诗·棫朴》"六师及之"郑笺同。《周礼·小司徒》"五旅为师"郑注同。《春秋》隐二年"无骇师师入极"，范宁《谷梁》注，何休《公羊》注，均同。则《诗·小雅·节南山》"赫赫师尹"，《大雅·大明》"维师尚父"之"师"，毛传之所谓"太师"者，均二千五百人之长也。(故《汉官仪》云："二千五百人为师。师，帅一人。""帅"即嬗演于周之"太师"也。)是周之"太师"，实无后世师保之意。《诗·文王》："殷之未丧师"，笺虽云："师，众也。"然自今观之，亦谓未覆败其军旅耳。其后因二千五百人，不可谓不众，故引申之，师谊为众，若《易·象·传》："师，众也。"《尔雅·释诂》："师，众也。"《诗·韩奕》"燕师所完"，《毛传》"师，众也。"《春秋》哀五年《左氏传》"师乎师乎"，伏虔注："师，众也。"应劭《风俗通义》："众者，师也。"《郑志·答赵商》云："师者，众之通名。"再引申之，为众人之表帅，则可以为"师"此义似始见于郑君《周礼》注。《周礼》"师氏"，郑注："师，教人以道者之称也。"又："党正""旅师""闾胥"，郑注："正，师，胥，皆长也。师之言，帅也。"至是"师"字，始略函有"表帅""师保"之义。而在殷周之际，则"师"字决无后世师保之谊，可必也。若然，则当武王兴师伐纣之际，凡与在师者，殆皆可称师。"大师"之称，盖即当时一师之长。太公可称"师尚"，斯周公可称"师旦"矣，奚必一时不能二师，必"师尚"殁，然后方可称"师旦"邪。盖朱氏根本误认"师"为后世"师保"之"师"，故必以为太公为文王旧臣，武王始得师之；周公为武王之弟，武王不能师弟，必成王然后可师叔。此昧于古制之尤者也。今以毛公鼎例之：毛公郑，为成王之叔，成王称之曰"父厝"。故《诗·伐木》传曰："天子谓同姓诸侯曰父。"若必为成王时器，是宜曰"父旦"矣。今曰"师旦"，明未离师次，盖武王元年，军事固未尽弭戢也。其证四也。成王时铸器,今存者尚多,若毛公鼎、大盂鼎尤著,然皆称"文王",此器独称"周王太姒",明与成王时所铸器不类,其证五也。此器之为武王元年器既明,则"子孙"二字连用,自生民以来,文献之可考者,此其朔也。

师旦鼎,周公所铸器也。同时周公弟康叔封所铸鼎,则全袭殷制,而与此大异矣。殷人所铸器,其镂铭,例曰:"□□⿰宝障",或"□□⿰宝障彝"。今按康侯鼎曰:"康矦(侯)⿰,⿰障彝。"此器见于《筠清馆金文》卷四者,⿰字吴荷屋释为手,云:"手⿰殆即今人手笔手记手制之意,此开其先者。"又属邾书燕说矣!按⿰,封字也。从字义言之:《说文》牛部:"牛,大牲也,象角,头,三;封,尾之形。"段君曰:"封者,肩甲坟起之处,谓中画象封也。"按:段说是也。今此封作⿰,与牛字作⿰者相类;故⿰为牛之肩甲坟起者。换言之,即牛之肩甲坟起者为"封牛"也。《汉书·西域传》:"罽宾出封牛。"小颜注:"封牛,项上隆起者也,"《东观汉记》:"封牛,其领上肉坟起,若封然。"皆其明证。又,牛封,为牛之肩甲坟起处,故凡聚土坟起,若牛之肩甲者,亦得谓"封"。《说文》土部:"封,爵诸侯之土也。"爵诸侯之土,诸侯必作为坛墠,隆起若丘垄然,故得名"封"也。《周礼·大司徒》注曰:"封,起土畍也。"《封人》注曰:"聚土曰封"《冢人》注曰:"王公曰丘,诸臣曰封。"皆其明证。故《说文》又云:"⿰,古文封省。"省,谓省寸;⿰,即⿰字下加一土,而⿰即⿰也。从字声言之:封古读如邦,如堋。《论语》:"而谋动干戈于邦内",《释文》:"《郑本》作封内。"又:"且在邦域之中矣。"《释文》:"邦,或作封。"《檀弓》:"悬棺而封",《小司农》注:"《春秋传》作堋。"《周礼·乡师》:"及窆",先司农注:"《春秋传》曰:日中而堋,《礼记》所谓封者。"《太仆》:"窆亦如之",先司农注同。《说文》:"堋,丧葬下土也;礼谓之封。"皆其明证。盖古无轻唇,凡今读 ph 者,古皆读 P 音也,邦、堋,音又同膀。今俗言牛肩甲坟起者曰牛膀子。(推之人身,背上翅骨,曰肩骨膀。)"牛膀",即"牛封"之古读若"牛邦"者矣。从字形言之:古文凡从邑旁之字,与不从邑旁者,皆无异,如"干",即"邗"也。荀子《劝学篇》:"干越夷貉之子",(杨倞注:"干越,犹言吴越。")《吕氏春秋·见知分》篇:"得宝剑于干越。"(高诱注:"吴邑也。")而《说文》邑部:"邗,国也。……一曰,邗本属吴。"又哀九年《左氏传》:"吴城邗","干"即"邗"也。《诗·文王有声》:"既伐于、崇,作邑于丰。"伐"于"、伐崇、作丰,三事相连,与《史记·周本纪》:"明年伐犬戎,明年伐密须,明年败耆国……明年伐'邘',明年伐崇侯虎,而作丰邑。"次序密合。此外如北伯鼎,"北"即"邶"也(《观堂集林》卷十五有《北伯鼎跋》)。朱公华钟,"朱"即"邾"也(《捃古录》三之二)。邵钟,"邵"即"吕"也(即吕甥吕锜之吕。见《攀古楼款识》)。皆其明证。古字有无邑旁,既丝毫无关;则毛公鼎"命女辟我󰀀我家"(《捃古录》三之三),宗周钟"具见廿又六󰀀"(《捃古录》三之二),叔向敦"奠保我󰀀我家"(《捃古录》三之一),国差䈂"齐󰀀"(《奇觚室金文》卷十八)……之数"邦"字,皆可省邑为󰀀。󰀀󰀀无别。即"封""邦"一字也。故《释名》曰:"邦,封也。"《康王之诰》伪书序曰:"以殷余民邦康叔",皆其明证。是则󰀀之为封,从形、声、义三者证之,已成定讞矣。此鼎云:"康侯封",而《周书·康王之诰》云:"孟侯,朕其弟,小子封。"《史记·卫世家》云:"卫康叔名封,周武王同母少弟也。"取相证合,又密合无间;是此鼎确为卫康侯封所铸之器矣。康叔与周公,兄弟也,而康叔所铸器,尚全袭殷人旧制,惟师旦鼎肇见"子孙万年"之文,则"子子孙孙"一观念,不特确起于周公之时,且确为周公之所造成,得明白之证矣。

自是以后,经典彝器,时复见"子孙"之文矣。《书·洪范》:"汝则从,龟从,筮从,卿士从,庶民从,是之谓大同。身其康强,子孙其逢!"据《洪范》云:"惟十有三祀,王访于箕子。"《史记·周本纪》云:"武王已克殷,后二年,问箕子殷所以亡。"盖《史记》以为武王于文王十一年伐殷,故"已克殷后二年",犹《洪范》之"惟十有三祀也"。使如其说,则《洪范》作于武王二年。即师旦鼎之后一年,"子孙"二字,亦为师旦鼎后之最初见者。不幸此"惟十有三祀"之说,既全不足信;而《洪范》一书,决成于战国中叶阴阳五行说形成以后,灼然无疑。(吾友永嘉刘子植节著有《洪范疏证》,翔实言之。其昌全是其说)故《洪范》之"子孙其逢",屏不足数。自师旦鼎一见"子孙"字后,再见"子孙"字者,语又出于周公。故知"子孙"观念,全出于周公一人也。

《金縢》:"周公植璧秉珪,乃告太王、王季、文王,史乃祝册曰:惟尔玄孙某,遘厉虐疾……乃命于帝庭,敷佑四方,用能定尔子孙于下地;四方之民,罔不祗畏。呜呼!无坠天之降宝命,我先王亦永有依归!"《金縢》作于武王疾时,虽未能确知其年,然必作于武王未崩以前(武王克殷后七年而崩,考见《殷周之祭年历推证》)。云"定尔子孙",云"我先王亦永有依归",意盖谓子孙者,所以守先王之遗业;故亦先王神灵所依托。反言之,即欲神灵之有所依归,必贵有子孙矣。"子孙"之意义,至是愈明白而显著,又《梓材》,周公摄政四年时典也。《梓材》:"已若兹监,惟曰:欲至于万年,惟王子子孙孙永宝民。"知为周公四年时者,《康诰》:"惟三月哉生魄,周公初基,作新大邑于东国洛……王若曰:孟侯,朕其弟,小子封!"《尚书大传》说:"是时,周公居摄四年也。"《史记·卫世家》:"周公旦惧康叔齿少,乃申告康叔,为《梓材》以命之。"可以为证。"子子孙孙"连文此具朔矣。又《多方》,成王亲政元年之典也。《多方》:"天惟五年须暇之子孙"。知为成王亲政元年者,《多方》"惟五月丁亥,王来自奄,至于宗周。"《尚书大传》:"周公摄政,一年救乱,二年克殷,三年践奄,四年建侯卫,五年营成周,六年制礼作乐,七年致政于成王。"是伏生以《多方》为作于周公居摄三年时。《史记·周本纪》:"周公反政……成王既迁殷遣民……东伐淮夷,残奄,迁其君薄姑。成王自奄归,在宗周,作《多方》。"是史公以《多方》为在成王亲政元年。以今按之,周公居摄三年,是年五月大,丙申朔,不能有丁亥日。成王亲政元年,五月大,丁卯朔,既望二十一日为丁亥。故史公说是也。(孙星衍亦知非《大传》说,但未知推历,故无以服主《大传》说者也。)《多方》之后有《立政》。《立政》:"今文子文孙孺子王矣。"《史记·鲁世家》:"成王在丰,天下已安;周之官政未次序;于是周公作《周官》。官别其宜,作《立政》。"以上《金縢》、《梓材》、《多方》、《立政》,凡四见"子孙"字,皆周公之语也。盖当是时,除周公外,更无人有所述作者;故除周公外,亦更无人言及"子孙"者。

自周公于周初极其力以鼓吹"子孙"之观念后,至于成王初叶以降,此观念始渐溉及于旁人。史伯硕父鼎铭曰:"隹六年八月初吉己子(巳),史伯硕父追孝于朕皇考,厘中(仲)王母□(旧释"乳",谬甚。)如(半已蚀,旧释"女",未谛)尊鼎,用蘄丐百彔(禄)眉寿窬绰,永命,万年无疆,子子孙孙,永宝永享。"(薛尚功《历代钟鼎款识法帖》卷十页八。王俅《啸堂集古录》卷一页九。又阮元《积古斋钟鼎款识》卷四页二十六,但薛氏、王氏所著录之器真,而阮氏所著录者,膺鼎也。)按:成王亲政六年,八月小丁卯朔;初吉三日,得己巳。惟是年八月初吉,方有己巳;余王尽不可通矣。又归夆敦铭云:"隹王九年九月,十(甲)寅,王命益公征𥄉(眉)敄(微)益公至,□一月,𥄉敄至,见,献帛。己未,王命中(仲)到归𦍋(羌)白(伯)佩衺(裘)。王若曰:𦍋白!朕不(丕)顯(显)且(祖)玟(文)珷(武),雁(膺)受大命……永命鲁寿子孙……"(《窓齐集古录》册十一页二十二)按此器文字体制,与毛公鼎同其文制,而与大盂鼎同其书体,且中云:"朕丕显祖文武",其为成康时器,明白已甚。惟"一月"上一字,剥蚀不清,为大关键耳,盖此字若为"翌"? 为"翼"? 为"粤"? 为"越"? 等字,则"己未"在下月十月内,然皆不似。若不为此等字,则"己未"同在此月九月内也。如"己未"在下十月内者,则必为康王时器,余王尽不可通。如"己未"在此月九日内者,则必为成王时器,余王亦尽不可通也。盖康王九年,九月大,乙酉朔,三十日得甲寅;十月小,乙卯朔,五日得己未;而九月无己未。成王九年,九月大,己酉朔,六日得甲寅,十一日得己未;而十月小,己卯朔,其月无己未日也。(余详《金文历朔疏证》)如此器为成王九年器,则为史伯硕父鼎后最初见"子孙"字者。更后毛公鼎,虽不知作于成王何年,但知其必作于成王时,其铭文始有"子子孙孙永宝用"之语,而金文铭例始渐定,盖至自而"子孙"观念,渐用普遍矣。然大盂鼎作于成王二十三祀。小盂鼎作于成王二十五祀,而皆无"子孙"字。或因去周公实未甚远,故观念终未甚深且广欤?

然成康以还,则子孙观念,日渐扩充而显著。《诗·大雅·文王》:

"陈锡哉周,侯文王孙子!文王孙子,本支百世。"又:"假者天命,有商孙子;商之孙子,其丽不亿。"《皇矣》:"比于文王,其德靡悔;既受帝祉,施于孙子!"《文王有声》:"诒厥孙谋,以燕翼子!"《既醉》:"釐尔女士,从以孙子。"以上皆拘叶于韵,故皆在倒"子孙"字为"孙子"。《周颂·烈文》:"惠我无疆,子孙保之。"《天作》:"有夷之行,子孙保之。"此"子孙保之"一语,在彝器中,成康以下,屡见不鲜,而在经典中,则为最初见者。《大雅·文王之什》,及《周颂·清庙之什》,汉儒皆以为周公助成王,祭祀文武之诗。今按:除《既醉》一诗,语较空洞,不敢质言其必是成王时诗外,其余《文王》、《皇矣》、《文王有声》、《烈文》、《天作》,皆确系成王祭文武之诗,但不敢必其为周公作。如小序《清庙》序云:"周公既成雒邑,朝诸侯,率以祀文王焉",则亦未见有证耳。然《史记》既言周公与召公奭辅成王,则此数诗,与周公亦自有相当关系也。

先师王先生《殷先公先王考》曰:"商之继统法,以弟及为主,而以子继辅之。无弟,然后传子。其传子者,亦多传弟之子,而罕传兄之子。故兄弟之中,有未立而死者,其祀之也,与已立者同。周初之制,犹与之同。《逸周书·克殷解》曰:'王烈祖、太王、太伯、王季、虞公、文王、邑考以列升。'盖周公未制礼以前,殷礼固若斯矣。"又《殷周制度论》曰:"殷以前,无嫡庶之制,此不独王朝,诸侯以下亦然。近保定南乡,出句兵三,皆有铭(铭从略)。当时殷是北方诸侯国,勒祖父兄之名于兵器,以纪功者,而三世兄弟之名,先后骈立,无上下贵贱之别。舍弟传子之法,实自周公已摄反政始。"商人继统以弟及为主,故但有横推广被之观念,而无纵贯绵联之观念。子子孙孙,纵贯绵聊之观念也。《说文解字》第四篇:"㚻,小也。象子初生之形。"徐:"于尧切。"又第十二篇:"糸,系也。从糸,丿声。𢇁,籀文系。从爪,丝。"徐:"胡计切。"又第十三篇:"糸,细丝也。象束丝之形,读若觅。糸,古文糸。"徐:"莫狄切。"其实,此"幺""糸""系"三字,本为一字,且係同声,读若"息兹切",如"丝"音也。兹从形、声、义三者籀之:糸古时间或有读若夭者。如"幼",读若"伊谬切";"幽",读若"伊蚪切",皆从⟨⟩得声者也。玄,金文作⟨⟩,而今读若"伊涓切"(徐:"胡涓切")。则⟨⟩,古或有读"天"者,事诚不诬,然大部分读若与"丝"同。彔伯戎敦:"受兹休",兹作⟨⟩(《愙斋集古录》册十一页二)。毛公鼎:"及兹卿事寮",兹作⟨⟩(《愙斋》卷四页四)。召鼎:"稽首受兹五","用兹三夫",两见兹字,皆作⟨⟩(《愙斋》卷四页十八)。陈昉敦:"作兹实敦",兹作⟨⟩(《捃古录》卷三之一页二十一)。兹从⟨⟩,且⟨⟩亦声;(《说文》:"兹,从丝省声。"亦可证⟨⟩丝一声也。)而今读若"子之切",使⟨⟩不读若"丝"而若"天",则"兹"更何从得声乎?又邾公釛钟:"陆□之孙",孙作⟨⟩(《愙斋》卷一页二十一)。格伯作晋姬敦:"子子孙孙,其永宝用。"孙作⟨⟩(《愙斋》卷十八页六)。南方敦:"子子孙孙其永宝用。"孙作⟨⟩(《愙斋》卷八页七)。陈昉敦:"裔孙寅叔",孙作⟨⟩(《捃古录》卷三之二页二十一)。子孙角:"子孙",孙作⟨⟩(《捃古录》卷一之一页二十七)。其字皆从⟨⟩,且⟨⟩亦声,而今读若"思魂切"。使⟨⟩不读若"丝"而若"天",则"孙"更何从得声乎?至于⟨⟩,则古声皆读若"丝",绝无读为"觊"者,⟨⟩,从两⟨⟩,"读息兹切"。如⟨⟩读"莫狄",则两⟨⟩当读"莫狄"如故,则"丝"之"息兹",又何从来耶?又"素"从⟨⟩从⟨⟩,《说文》自云:"⟨⟩,取其泽也",则从⟨⟩得声而读"桑故切"。如⟨⟩读若"觊",则素又何从得"桑故"之声邪?故知读⟨⟩为"觊"者,古所决无,大悖于文字形声之公律。许君自乱其例也。故从声而言之,则⟨⟩、⟨⟩、⟨⟩,皆一声之假借也。许君以⟨⟩为一字,⟨⟩、⟨⟩为一字,⟨⟩、⟨⟩为一字,其实此五形,皆一字也。今以甲骨文字证之:⟨⟩或作⟨⟩(《殷虚书契后编》卷下页三十八),或作⟨⟩(《后编》卷下页二十)。⟨⟩字或作⟨⟩(《铁云藏龟》页一百九十),或作⟨⟩(《后编》卷下页二十三),或作⟨⟩(《殷虚书契前编》卷五页三十六)。⟨⟩(《前编》卷六页五十八)。或作⟨⟩(《殷虚书契精华》页十),或作⟨⟩(《后编》卷下页三十五)。⟨⟩字或作⟨⟩(《后编》卷下页八)。⟨⟩字,象以手取丝,或作⟨⟩(《前编》

卷五页三十六),或作🅰️(林泰辅《龟甲兽骨文字》卷二页十二),变态至多。总之,象丝麻之属,聚缕成束,束复庋之,两端有绪,若今之一端丝,一绞纱,一束麻者。故字无定形,皆无足异。罗氏释之曰:"↓象束余之绪,或在上端,或在下端,无定形",此通论也;必于其间,强为分别,此读若"天",此读若"覛"此读若"系",则悖矣。既为一形,故古彝器常相通用。如"不显"之显,或作🅰️,或作🅰️。"孌旄"之孌,或作🅰️,或作🅰️。"执讯"之讯,或作🅰️,或作🅰️。鼎彝之彝,或作🅰️,或作🅰️。《说文》系部之字,甲骨文字中,多通从"幺"。如:"约"作🅰️(《前编》卷五页三十六),演,作🅰️(《铁云藏龟》页八十八)。皆互通无碍。故从形而言之,则🅰️、🅰️、🅰️、🅰️、🅰️、🅰️乃至益以手形之🅰️、🅰️、🅰️,皆一形之蜕变也。《说文》:"系,细丝也,象束丝之形。""丝,蚕所吐也,从二糸。"此其本义也。丝从二糸者,糸示一束,丝示二束,孌示三束;所以示多寡,非所以示钜细。凡丝缕皆细,故糸有细义。《说文》:"细,微也。"《广雅》:"糸,微也。"微细,即小也。故《说文》云:"幺,小也。"凡丝缕,皆可以维系。故《说文》:"系,繫也"《广雅》:"系,连也。"《释名》:"系,相连系也。"故契文作🅰️,象以手挈两丝之端,而互繫之也。(又引申之以索系人,则为罪奚,日本岛田忠周《古籀篇》有🅰️,即奚之本字也。《殷契前编》卷二页四十二,有🅰️,又卷一页三有🅰️,皆奚字也。罗氏曰:"予意罪隶,'奚'之本义,故从手持索,以拘罪人;其从女者,与从人同。《周官》有女奚。"按罗氏说是也。此辗转引申之义也。)凡丝缕,可以杼相贯;贯合则成辫,甲骨文字辫作🅰️(《前编》卷五页十一)、🅰️(同上)。罗氏云:"《说文解字》辫,织以丝毋杼。此从一,或从三,正象杼形。"凡丝缕,皆有连绵系续不绝之意,故师望敦"后"字作🅰️,从🅰️从🅰️从夂,象道上踵趾相接,连绵系续不绝,则必后来有人也。故从义而言之,凡此皆一义之引申也。今按"孙"字,或从"幺",或从"糸",或从"系",三字本同象丝形,象连绵系续不绝之形,故子子孙孙,亦有连绵系续不绝之意。故《说文》曰:"子之子,为孙。从子,从系。系,续也。"三字本同为"丝"声,故"孙"读若"思魂切"。三字亦同小义,故"孙"或从"幺","幺"即"糸"也。子之子,则较子更小也。"孙"有连绵系续不绝之意,故"孙"有为人后意。《尔雅·释亲》:"子之子,为孙。"郭璞注:"孙,犹后也。"形,声,义,皆一贯矣。此足以证明"子子孙孙"之观念,为纵贯联绵之观念矣。必纵贯联绵之观念确立,而后宗祧之法,有所借以根据,有所恃以维持。先师谓周之所以定天下者,由于宗法之制;其昌亦谓宗法之制所赖以确立及推行者,则由于子子孙孙之观念也。

十七年十一月十六日子夜草毕于天津南开大学百树村

(原载《女师大学术季刊》,一九三〇年一卷三期)

甲骨金文中所见的殷代农稼情况
——《中国文化史·国民经济篇·田制章》的第一节

中国历史无论哪一部分,史前属于地质学、人类学、古生物学……等范围以内的,这里都略置不谈,一切断自有文字以后起。那么自然应该从最原始的初文里去试探。中国民族最原始的初文是商代的龟甲、兽骨文字,所以讲述中国一切史实,都应该从商代开始。商以前统统属于"史前",而不在历史的领地以内,这实在是一个先天的事实限制。讲中国古代的土地问题、田制问题,自然也不能例外。

甲　游牧时代的田是什么用的?

在史前,土地,就是茫茫的一片大地,山陵起伏,江湖流潴,草木畅茂,虫兽凶毒,渺小的人类处在这片的大地上,也不过如一虻一虱而已!有什么问题可言。等到有一"田"字出现,那就是原始的大地上,开始受着人力加以变动了。甲骨文中的"田"字多作田形,也有少数作

田(《续编》三,二八,三)

殷代的金文中也有作

田(父丁尊,《殷文存》一,二六,四)

田(鼎。《续殷文存》一,四,一一。是否确为田字,尚不能断)

诸形。这是昭示我们在这漫无边际的茫茫大地上，无论方圆畸斜，人类已经对于它有了区限的表示了。所以你若要问："甲骨文中有没有'田'字呢?"那不但是有，而且很多。可是决不能再进一步，误会商朝既然有了"田"字，就连带有什么田地的制度。问题没有那么简单，究竟商代的"田"，是什么用的？那真是出乎意料之外，商代的"田"，不是种稻用的，而是打猎用的。"田"形，是表示这一方区的地面，有野兽可以供给狙猎；不是划方来种五谷的。"田"就是"狙猎"的"狙"的本字，是动词，不大作名词用。我曾经统计过一下：

（一）《铁云藏龟》共见"田"字八次，没有一次是"田地"的意义。

（二）《殷虚书契前编》共见"田"字二三四次，没有一次是"田地"的意义。

（三）《殷虚书契后编》共见"田"字六一次，没有一次是"田地"的意义。

（四）《殷虚书契续编》共见"田"字一○九次，作"田地"意义的二次，作"田猎"意义的一○七次。

（五）《殷虚书契菁华》共见"田"字八次，作"田地"意义的三次，作"田猎"意义的五次。

（六）《龟甲兽骨文字》共见"田"字二六次，没有一次是"田地"的意义。

（七）《燕大殷契卜辞》共见"田"字一八次，没有一次是"田地"的意义。

就用上列七部大书为例，共见"田"字四七三次，而确实可以解作"田地"意义的，只不过五次而已。余下的都是狙猎的意义，是动词，非名词。这类记载殷王"田猎"的卜辞，时间、地点、休咎，都是写得非常清楚。最详细的，把每次田猎所得的禽获品都一一记上。譬如：

"王田瑾……获麋二，雉二。"（《前》二，一一，六。）

"田䃶……获鹿十。"（《前》，二，一六，一。）

"田𩫞……获鹿二。"（《前》二，二六，五。）

"王田于游……获鹿十。"(《前》二,二九,七。)

"王田游……获狼十一。"(《前》,二,二九,一。)

"田臿……获狼卅一,麋八,兕一。"(《前》二,二七,一。)

"田弋……获狼十又三。"(《前》二,二七,五。)

"田噩……获鹿卅三。"(《续》三,一七,三。)

"田噩……获犬三。"(《续》,三,一七,四。)

"田噩……获虎七,隹(鸟)卅。"(《续》,三,一八,一。)

"王田㫃……获白鹿一,狼二。"(《前》,二,二九,三。)

"田㫃……获狼三。"(《前》,二,二九,四。)

"田㫃……获鹿三,麋一。"(《前》,二,三五,一。)

"田㫃……获鹿二。"(《前》,二,四四.五。)

"田㫃……获鹿一,麋三。"(《续》,三,一六,一〇。)

"田棕……获□二百十五(五十),雉二。"(《前》,二,三〇,四。)

"田棕……获□隹(即鸟)百卅八,虎二。"(《前》,二,三三,二。与下一片,本系一片之碎。)

"田棕……获隹(鸟)百卅八,虎二。"(《续》,三,二四,二。)

"田牢……获兕一,鹿八。"(《前》,二,三一,五。)

"田于氵夬……获鹿十又八。"(《前》,二,三二,四。)

"王田于䅩……获狼二。"(《前》,二,三二,五。)

"王田羍……获鹿八。"(《前》,二,三四,四。)

"田羍……获鹿三。"(《前》,二,三五,一。)

"田羢……获鹿十又□。"(《前》,二,四四,五。)

"田𤉢……获狼廿五,□□六,雉十。"(《前》,二,三四,六。)

"田𤉢……获狼九。"(《续》,三,二四,四。)

"田玨……获鹿六。"(《前》,二,三五,一。)

"王田鸡……获狼二。"(《前》,二,三六,七。)

"田盂……获鹿。"(《前》,二,三七,四。)

"田奚……获狼十三。"(《前》,二,四二,三。)

"田率……获狼七。"(《前》,二,四三,三。)
"王田于敦……获狼□。"(《前》二,四四,三。)
"田敦……获鹿二。"(《前》,二,四四,五。)
"王田☒……获狼十……马三,雉六。"(《后》,一,一四,一〇。)
"王田自东……获鹿六,狼十。"(《前》,四,三六,三。)
"王田于敏蓁……获鹿六。"(《后》,一,一五,七。)
"王往于田,从东,允获犬三。"(《林》,二,二二,一一。)
"田于☒……获兕一。"(《续》,三,二四,五。)
"王田于☒……获狼二。"(《续》,三,二七,三。)
"王往于田,从叡京,允获麋二,雉十一。"(《续》,三,四三,六。)
"王田于麦蓁,获商(叁)戠兕。"(《佚》,五一八。)
"于☒田,获白兕。"(中央研究院藏大兽头骨。)
"王田于□,获鹿□,狼三。"(《前》,四,五,六。)
"田□……获狼三,鹿二。"(《林》,一,七,一三。)
"田□……获兕□。"(《续》,三,三〇,一〇。以上皆以上列七书为例。)

单用以上这些卜辞做例,也就很可以明白殷商一代的主要经济生活是用什么做基础的。所以现代学者一致公认商民族还大部在狙猎游牧时代,这大体是无疑问的。——上列的辞例固然是记载国王个人的私生活,但决没有民众的私生活倒反较进步于国王私生活之理。——照上列的辞例分析起来,商民族的狙猎生产,是以鹿和狼为主要对象的。再详细点造一个表:

物品	次数	数量
鹿	18	133
白鹿	1	1
麋	5	16
狼	17	159

续　表

物品	次数	数量
犬	2	7
马	1	3
兕	4	4
戠兕	1	3
白兕	1	1
虎	3	11
雉	5	31
鸟	3	326
□	1	250

从猎获的次数看来，鹿之类共猎获二四次，狼之类共猎获一九次。而量数的总计，鹿之类共得一五〇，狼之类共得一六六。商人狃猎收获的最大部分为狼和鹿，正和商人游牧的最大部分为牛和羊一样的可考。这也不但殷民族如此，其他东方民族的狃猎时期，差不多也是这样。所以《国语·周语上》记穆王征犬戎"得四白狼，四白鹿，以归"。（贾逵注："白狼，白鹿，犬戎之职贡也。"可见犬戎狃猎所得，也是狼鹿为最多。）直到后来《诗经》时代狃猎所获，依然多是些狼。《豳风》有"狼跋"之诗，《齐风》还云"并驱从两狼兮"。至于麋鹿，古代大众平民的冬季衣料，多仰给着它。《墨子·非乐篇上》说："今之麋鹿，以为衣裘。"司马谈《六家指要》引墨子遗教也说："夏日葛衣，冬日鹿裘。"所以甲骨文中记载田猎所得，狼鹿最多，这正是和后世一贯的现象。

此外，记载田猎的卜辞中，还有一些特异的词句，需要个别的解释。譬如：

"乎(呼)田……"（《铁》，五九，二。）

"乎(呼)禽，省田。"（《铁》，一一四，四。）

"乎(呼)省田。"（《前》，五，二六，一。《燕》，二〇三。）

"弜田。"（《铁》，二三四，三。《前》，八，九，四。《后》，一，一四，五。

《续》,五,二四,九、《续》,六,二〇,九。)

"王弜省田。"(《后》,一,三〇,六。《后》,二,二〇,四。)

怎么叫做"乎田"呢？案："乎田"和"乎禽"是一样文法；"乎田","乎禽",又和金文上的"乎渔"一样文法。今用金文来比较：

井鼎："……王在荓京,王渔于籔𠂤,乎(呼)井从渔。……"(《集古遗文》,三,二三。)

遹𣪘："……穆穆王在荓京,乎(呼)渔于大池。……"(《善斋吉金录》,八,八六。)

"呼渔"就是"喊人去打鱼","呼井从渔"就是"唤井跟去打鱼"。所以"乎"的意义就是"呼唤"、"号召"、"召集",那么以此例彼,"乎田"就是呼集一些人去狩猎,"乎禽"就是呼集一些人去擒兽。(禽兽,即擒狩。本皆为动词。)是非常明白的。"省田"和其他卜辞的"省方","蘳(观)黍"是相同的,"省"就是"省察""省视","省田"就是去省视狩猎。"弜田"的意义虽然不能彻底懂,但一看"弜"字从二弓,自然与动用弓矢有关,那"弜田"的消息也就不难参了。综括起来,以上这类特异的词句,其中"田"字完全是指狩猎,显然可见。所以,根据殷代甲骨遗文统计的结果,凡是"田"字,狩猎意义的占百分之九十九弱,土地意义的占百分之一强。

我们再回头来检查一下经典上的史资,到底和甲骨文字的史料,合不合呢？

《易·师卦·六五爻辞》："田有禽,利执言。"李鼎祚《集解》："荀爽曰：田,猎也。"

又《恒卦·九四爻辞》："田无禽。"

又《解卦·九二爻辞》："田获三狐,得黄矢；贞吉。"李鼎祚《集解》："虞翻曰：田,猎也。"

又《巽卦·六四爻辞》："悔亡(亡悔),田获三品。"

高邮王念孙父子的《经义述闻》(卷一)早已很精细地告诉我们,凡是《易·爻辞》中的"田"字,都应该解作"田猎"；而《爻辞》中的"井"字呢,都应该解作"陷阱"。所以《井卦·初六》的"旧井无禽",和《恒卦·九四》的

"田无禽",是完全一意。至于《巽卦·六四》所狙获的"三品",李鼎祚集解引虞翻说,是:"为狼,为豕,为雉。"又引翟玄说,是:"为鸡,为羊,为雉。"哪一说对,不去管它,我们但知道根据周公彝说:"锡臣三品:州人,秉人,𠂤人"的话(《贞松》,四,四八),确实知道"品"字是专指生物而言,一"品",代表生物三口。所以"田获三品",但知田猎禽获九口生物而已。以上四种爻辞,和甲骨文字,完全一致。可见经典上也告诉我们:中国当商朝时代,还尽看见"田猎"之"田";解作"土地"之"田",真不容易见到。(直到《诗经》时代,《郑风》的"叔于田","太叔于田"……等"田"字,还都是作狙猎解。)

乙 未有农稼以前的主要食料

中国在商以前,既然尚在狙猎游牧时代而尚未发明农稼,那么他们的主要食料,当然不是谷类。我们不妨对这时代取上一个外号叫做"肉食时代"。这是毫不成问题的事,我们祖宗先发明吃肉,很后才发明吃饭。这道理,不必现在,秦汉的人已经知道得很清楚了。所以他们就说:

"昔者先王……未有火化,食草木之实、鸟兽之肉,饮其血,茹其毛。"(《礼记·礼运》)

"上古之世……民食果蓏、蚌蛤,腥臊恶臭。"(《韩非子·五蠹篇》)

"……民人食肉饮血,衣皮毛。"(《新语·道基篇》)

"古之人民,皆食禽兽肉。"(《白虎通·号篇》)

"古之时,民人茹毛饮血,而衣皮苇。"(《白虎通·号篇》)

"古之民,茹草,饮水,采树木之实,食蠃蛖之肉。"(《淮南子·修务训》)

"上世之民,饮血,茹毛,无五谷之食。"(《论衡·齐世篇》)

"太古之初,人吮露精,食草木实。穴居野处,山居则食鸟兽,衣其羽皮,饮血茹毛。近水则食鱼鳖螺蛤,未有火化,腥臊多害肠胃。"(谯周《古史考》)

以上各书所述的"上古情形",大致是不错的。不过,所谓"上古"的解释,站在我们现在的立场上说来,应该是以"商"为始罢了。我们知道,游牧时代,是往往"牛羊以谷量"的,有千千万万的牛羊充人们的私产,这环境必然地造成人类的肉食。所以我们一看卜辞,那商人每一次祭祀,屠宰牛羊的数量,浪费得教人骇然! 一次宰食三百条牛,在当时是稀松平常,不算什么一回事的。

"贞御(禦。《说文》:御,祀也。)叀(剚)牛三百。"(《前》,四,八,四。)

"贞御,叀牛三百。"(《续》,一,一〇,七。)

"三百羊,用于丁。"(《绩》,二,一六,三。)

并且还有用了三牛,更宰一百羊的。

"御太丁、太甲、祖乙;百毁,百羊,卯三百田。"(《后》,一,二八,三。)

"贞御自唐(汤)、太甲、太丁、祖乙,百羌,百宰。"(《续》,一,一〇,七。)

至于一次杀一百牛羊的,自然更多。

"癸亥卜贞弹,毁百,牛百。"(《前》五,八,四。)

"求年于丁,亜十物牛,酋(义同杀)百物牛。"(《续》,一,一四,四。)

"……尹寅,伐百牛。(《广雅》:伐,杀也。)"(《后》二,四〇,二。)

"贞▽,牛百。"(《前》三,二三,三。)

"酋宰□,百羊。"(《铁》,六五,一。)

"……用百牛。"(《前》,四,四九,三。)

"叀百羊,用。"(《续》,二,二〇,七。)

"贞羿,豕百。"(《前》,六,四二,八。)

"……祖妣,用百□。"(《前》,四,四九,三。)

"大示(祀),百□。"(《后》二,三五,六。)

每次杀五十的,也不少。

"……田(上甲),五十羊。"(《后》,一,二七,八。)

"……于丁,戌□五十牢。"(《后》,一,二七,一一。)

"……丁,五十小宰。"(《续》二,一九,二。)

"……祖丁,五十宰。"(《铁》,三三,一〇。)

"……父乙,晋五十宰。"(《续》,一,二八,七。)

"贞⽑,牛五十。"(《前》,一,二九,一。)

至于每次杀牲四十,或三十,或二十的,甚至于说"不可胜举",也不为过。

"贞⽑于王亥,卌(四十)牛。"(《前》,四,八,三。)

"衾于王亥,卅(三十)牛。"(《后》,一,二三,一六。)

"于唐(汤),卅羊,卯卅牛。(卯,义为戮)"《续》,二,二〇,六。)

"太甲,卅宰。"(《后》,一,二七,五。)

"于父丁⿴(俎),卅牛。"(《后》,一,二七,一〇)

"⼷(祊)于丁,卅牛,衾。"(《前》,五,三,一。)

"⼷于丁,卅牛。"(《后》,一,二七,一二。)

"衾于丁,卯晋卅牢。"(《后》,一,二三,一一。)

"御庚妣……卅牢。"(《前》,四,八,二。)

"牢卅……于妣庚。"(《前》,八,一二,六。)

"于妣庚……牢卅。"(《后》,一,二一,一〇。)

"⽑于囗庚,卅小宰。"(《铁》,七二,一。)

"⽑⽑(养)于母丙,卅小宰。"(《铁》,九七,二。)

"贞于宗,酒,卅小宰。"(《后》,一,二〇,八。)

"……⽤羊卅,卯十牛。"(《前》,六,一六,一。)

"……卅羊,卯十⿴。"(《续》,二,二五,四。)

"……羊卅,卯囗牛。"(《前》,四,一〇,五。)

"衾十牛……⿴⿴卅。"(《后》,一,二三,一二。)

二十以下,那真是数不清,只好从略了。初民习惯:大家分喝神所饮过的酒叫做"福",分吃神所享过的肉叫做"胙"(后作"祚")。照上列的卜辞看来,单是胙肉已经够商人一辈子吃了。况且我们现在所得到的甲骨,也正就是商人吃剩下来牛羊的骨殖堆积如山的成绩,那时肉食的情形,也够想见了。所以粗枝大叶地说来,商人大概是以牛羊……等牲畜之肉,以为主要食料;果蔬天产,以为副食料的。

是的,这时代——商——我们的祖宗,虽然还不十分知道吃稻和麦;可是我们祖宗所牧养的畜生,老早已经在茫茫的荒原上乱咬那些天生的野稻野麦的草秆了。

丙 酒醴的发现

游牧时代,人是吃牛羊等家畜之肉的;而牛、羊、马……等反刍类牲口呢,又是吃草料的。吃牛羊肉的人,食料不受气候影响的,春夏秋冬,一样的可以宰杀。而为人所吃的牛羊呢,它们的食料——草类,春夏秋三季,蔓天都是,尽随你去游逐放牧;一到冬天,这一群一群成千的牲口食料,就会发生恐慌。经验告诉了人类,以是人类为不致饿死他们的畜产起见,在秋季不得不预先收聚一些刍豢——草秆,以备牲口的冬粮。自然,那些刍料之中:野草、荒稗……乃至野稻、野黍、野麦,乱割一起,乱堆一丘。冬天如吃不完,一到春暖,湿热蒸腾,不免自然要发起酵来,透出了一种异样的香味。那些"牧人乃梦"的牧人们,有时居然也感觉到了;滴沥下来的水质不少,好奇地尝它一尝,出乎意外,甘美非常! 就是这样不知不觉的,"酒"之神,便悄然临到了商代的中国。

这样的才从乱草中间,另眼看待那些野稻、野黍,渐渐单拣这几种东西,种植栽培起来,意思是专门用它酿酒。所以"酒"的发明,实在早于"饭"的发明,实在就是"饭"的发明的前驱。明白些说:就是在我们祖宗"吃"的进化史上,是先由于吃"肉",而渐至于吃"酒",吃"醴",而渐至于吃"饭"的。所以最早我们祖宗种稻、种黍之目的,是做酒,不是做饭;这一点吾们必须明白。这不是空口白说,有诗为证:

"载芟载柞,其耕泽泽……有略其耜。俶载南亩,播厥百谷,实函(含)斯活。……载获济济,有实其积,万亿及秭,为酒为醴,烝畀祖妣,以洽百礼。"(《周颂·载芟》)

"丰年多黍多稌,亦有高廪;万亿及秭,为酒为醴。烝畀祖妣,以洽百礼,降福孔皆!"(《周颂·丰年》)

按:"及"字为"秉"字之误文。古金文"秉"作🔣,"及"作🔣,形近故易误。"秭",即曶鼎"十秭"、"卅秭"之"秭"。"秉"和"秭"都是古代计算禾黍的单位,那时还不知道用谷或米来计算,都还用稻秆连茎计算,一秉就是手中一把,一秭便是一束。用现代语说起来,"万亿秉秭"相当于"千把万束"。"稌"和"稻",乃是一声之转。《毛传》:"稌,稻也。"可证。

这两首诗告诉我们:在西周初叶(?)《周颂》的时代,还不知道稻麦百谷,是可以直接用来做"饭"吃的。所以诗中并没有说"万亿及秭,以为粒食",或其他类似的话。而两处都说:"万亿及秭,为酒为醴。"道岂是偶然的!我们注意:从此可以确切知道那时万亿秭的"百谷",万亿秭的"黍稌",都只能用来"为酒为醴"罢了。事实上除了为酒为醴以外,在那时候,就不知道黍稻之类,竟然还有第二种用法。

那时候,他们吃酒,和我们现在喝酒的方式也颇有不同。他们是连酒糟一块儿吃的。这在《楚辞》、《礼记》诸书中,早已很明白告诉我们了。

《楚辞·渔父》:"众人皆醉,何不哺其糟而扬其醨。"

《礼记·内则》:"饮,重醴:稻醴清糟,黍醴清糟,粱醴清糟。"孔颖达疏:"此稻、黍、粱三种醴,各有清糟。以清糟相配重设,故云重醴。"

《礼记·少仪》:"其以乘壶酒……"郑玄注:"乘壶,四壶也。酒,谓清也,糟也。"

观此可知古人之所谓"酒",照例是兼指"汁"和"糟"的。清,就是酒汁;糟,就是酒米。《周颂》上所说"为酒为醴"的"醴",也正是酒米。有下列明白的证据:

《礼记·杂记》:"醴者,稻米也。"

《礼记·内则》:"或以酏为醴。"郑注:"醴……汁滓相将,如今恬(甜)酒矣。"(按今陕西正有"甜米酒",江浙正有"甜酒酿",连汁和糟,一起并吃。)

大概我们祖宗当年就是这样不知不觉中因"哺糟"、"设醴",而发现

"粒食"。所以"吃饭"实在先从"吃酒"中带出来的,这也不是杜撰,有诗为证:

"自昔何为?我蓺黍稷。我黍与与,我稷翼翼。我仓既盈,我庾维亿。以为酒食,以享以祀,以妥(绥)以侑,以介景福!"(《大雅·楚茨》)

"疆场翼翼,黍稷彧彧。曾孙之穑,以为酒食。畀我尸宾,寿考万年。"(《大雅·信南山》第三章)

按:金文中郑井叔钟,"用绥宾"作"用妥宾"。《楚茨》诗"绥"也还做古文"妥",可以证明它本身可信的程度。注意!这里两处都说"以为酒食",和以前两处都说"为酒为醴",显然是不同了。在宗周一代,《周颂》是比较早期的诗,《大雅》是比较后期的诗。《周颂》中也一样有"黍稷"(《良耜》:"黍稷茂之"),同一原料,早期,人们只知道黍稷的用处单是"为酒为醴";到后来,才知道黍稷的用处,"为酒"以外,还可以"为食",这岂不明明白白是一种"吃"的进步。从《大雅》时期以后,我们先民乃正式踏入"吃饭"的阶段了。

以上所讲的委婉曲折的情形,在殷代甲骨遗文上,也并不是没有线索可以供我们现在探讨的。譬如左图所列举的八个"酉"字作:

䚄(四) 䚄(一) 䚄(三) 䚄(六) 䚄(二) 䚄(七) 䚄(五)

等象形字。金文中也有下列各象形字:

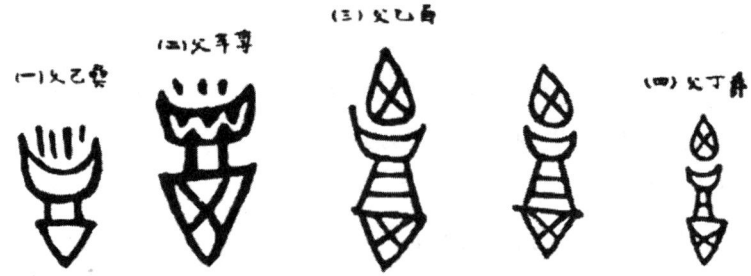

(父己罍见《续殷》,二,六七,八。父辛尊见《续殷》,一,五四,八。父乙卣见《殷存》,一,三三,七——八。父丁爵见《殷存》,二,二〇,三。)

这类象形字所象之形,是一望可见的:下部是一个酿酒及贮酒的器具,现在殷虚所发掘出来的盛酒浆用的陶瓮瓦缶之类,正和这形状相像。上部是堆浮起来的米粒之形。《后编》卷一页三三片一一的"❉"字从"𖡈","𖡉"即卜辞的"米"字,是很好的明证。因此推例,可以证明其余"❉"、"❉"、"❉"等,都是"米"字的简省,米粒的象形。

这类❉、❉……等字,至小篆就变成酋字。《说文解字》:"酋,绎酒也。从酉,水半见于上。"什么叫做"绎酒"呢?刘熙《释名·释饮食》:"醳酒,久酿酉泽也。"又云:"酒,酉也。酿之米曲酉泽,久而味美也。"可见小篆"酋"字的本义,也是象正在酿酒之时米曲酉泽之状,故字形结构,也作酋,口之上露米曲屑粒之形。(《说文》所谓"水半见于上",段玉裁谓指"八"是也。但"水半见"实为"米半见"之误认。)殷代喝酒并"醴"、"醑"一块儿同吃;及古代粒食之实在最先发现于吃醴吃醑,在这几个象形字体上,已经很够给我们一种有力的显示了。

丁 因培植酒苗——黍禾年——而开始种蓺谷类

商人因为已经发明了"酒"、"醴"的缘故,所以需要大量栽培造酒的原料。最适宜的酒苗,当然是"黍"。《说文解字》引那个冒牌孔子说:"黍可为酒,故从禾入水也。"这话倒是并没有错。殷代甲骨文字中"黍"字少说也见了六十多次,没有一次不恰恰像禾秆葳蕤倒浸在水中的形状,那真是适合极了。更明白的,还有下面所举的五个例:

(一)贞我受❉年。贞我不其受❉年。

贞我受黍年。贞我不其受黍年。(《佚存》,四〇〇。《邺中》,二,二七,四。)

(二)甲子卜㱿贞,我受❉年。

甲子卜㱿贞,我受黍年。(《续编》,二,二九,三。)

(三)癸未卜❉贞,受❉年。

癸未卜❉贞,受黍年。(《燕大》,四一九。)

(四)弗其受❉年,二月。

弗其受黍年,二月。(《后编》,一,三一,一一。)

(五)贞不其受䆉年。

贞受黍年。(《林氏》,二,一一,二。)

由上述五例看来,卜辞中"受䆉年"和"受黍年",无论在文法上、意义上,都是绝对的相同,并且对称平行。这更可证明"黍"与"䆉"绝对的关连,原来"䆉"就是象"黍"粒在陶制的"𠙴"上酿酒的情状啦。所以,商人的开始种蓺黍、禾、年,目的和功用,都是在"培植酒苗"这一点(不是做饭)。现在看来,商人的酒瘾是很高的(详下),因有酒瘾的缘故而开始种蓺酒苗,这在商人,也是很努力的。(商承祚说:"受酉年,不受酉年,殆卜所蓺酿酒之黍,丰年不丰年也。"其说是。)

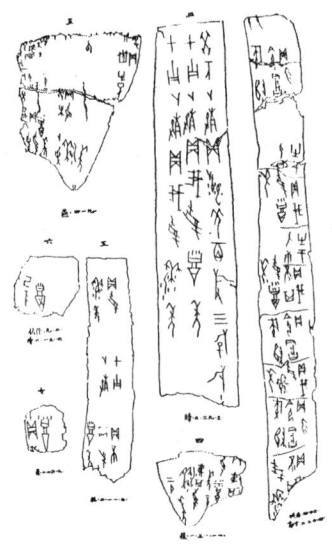

关于商人蓺植工作致力的概况,在金文中描写了许多断片的绘画,或者是一个人双手把苗正在种植下去,或者画两个人对面跪在地上,手中各把着一枝苗对种,有如下列六个图像之所示:(一)䍃觚,见《小校经阁经金文》,五,四七。(二)父辛彝,见《泉屋清赏》。三八。(三)彝,《殷存》,一,一四,九。(四)父丁卣,《续殷》,一,七四,一。(五)父己□器盖,《善斋》,五,七二。(六)祖癸觚,《续殷》,二,四六,一〇。

一　　二　　三　　四　　　五　　　六

往后凡是 🙾🙾……这一类形象，逐渐变成 榯、摰、藝 等形，那就正式成为"我蓺黍稷""树蓺五谷"的"蓺"字。在殷虚卜辞中，这"蓺"字也很多见（不下二十余次），譬如：

🙾　文云："丁卯卜，⿰卜⿱比 贞。王窒蓺，尊。亡⿴囗田。"（《前编》，六，一五，三。）

🙾　文云："甲子卜，行贞。王窒蓺，樽。亡⿴囗田。"（《后编》二，三〇，一一。）

🙾　文云："囗申卜，行贞。王窒蓺，樽。亡⿴囗田。"（《续编》二，一一，七。）

🙾　文云："丁酉卜，行贞。王窒蓺，樽。亡⿴囗田。"（《戬寿》，一九，八。）

🙾　文云："……⿱屮蓺，卯羊卅，卯十牛。"（《前编》，六，一六，一。）

以上各"蓺"字，虽然从卜辞的文义上考求，乃确实是殷代的一个人名；然而一定先有这个字，方才可以给人取这字以为名，那更足以推见商人对于"树蓺"、"蓺植"的工作，其概念已经很普遍了。

"蓺"字在金文甲骨文中出现之繁数，是显示商人对于禾苗种植的努力；既然努力种植下去以后，自然希望它有丰富的收获；因此商人向他们的祖宗祷祝祈求"禾"、"黍"、"年"的丰收，是非常虔诚的。这类祈求丰收的祷祝，在卜辞中叫做"求年"、"求禾"，是多得触目皆是的。

"贞求年于夋。"（《铁云》二一六，一。）

"……祀若（昌若），求年。"（《燕大》，一二八。）

"贞求年于兒（王倪）……二月。"（《邺中》，二，三七，二。）

"贞求年于夒。"（《铁云》，四五，二；又，一九七，一。《前编》，一，五〇，一。《燕大》，三三。《佚存》，三七五。《续编》，二，二八，一。《燕大》，

347

三〇。)

"贞羹,求年。"(《前编》,六,二四,四。)

"贞酒求年于羹。十三月。"(《前编》,七,五,二。)

"贞于王亥求年。"(《后编》,一,一,一。《续编》,一,二,二。)

"贞求年于田(上甲)。二月。"《续编》一,三,一。)

"……卜,于田求年。"(《林氏》二,一九,一三。)

"……御(禦)年于大乙。"(《前编》,一,四四,五。)

"……求年于大甲,十牢。且乙,十小牢。"(《后编》,一,二七,六。)

"……求年于兕。二月。"(《续编》,一三七,一。)

"……贞求年于兕。"(《铁云》,二一六,一。《林氏》,二,一九,八。)

"贞于兕求年。"(《铁云》,一九六,三。)

"求年□□于兕。"(《林氏》,一二一,一四。)

"求年于昏……"(《续编》,一,四一,六。)

"于昏求年。"(《续编》,一,五〇,四。)

"其徙求年于爵。"(《续编》二,二八,三。)

"……求年于丁……晋(同杀)百物牛。"(《佚存》,一二六。)

"……贞求年于丁……九月。"(《佚存》,四六。)

"……贞求年于母[丙]。"(《续编》,一,四〇,八。)

"贞彡求年于邦土(邦社)。十三月。"(《前编》,四,一七,三。)

"于□求年。"(《燕大》二三四。)

"……酒,求年。"(《前编》,六,六六,三。)

"……其求年。"(《铁云》,一九九,四。又,二一四,三。《后编》,二,三九,九。《林氏》,二,三,一〇。《燕大》,一三二。)

以上是求年的记载。

"贞求禾于夋。"(《后编》,一,二二,四。)

"……其求禾于戠。"(《后编》,一,二四,九。)

"贞求禾于夋。"(《佚存》,三七六。)

"……其求禾于示王。"(《佚存》,八九二。)

"贞求禾于🐾。"(《后编》,一,二二,三。)

"其求禾于🐾。"(《后编》,一,二三,六。)

"贞求禾于🐾。"(《佚存》,三七六。)

"贞求禾于🐾。受禾。"(《续编》,四,一七,六。)

"求禾于高妣□。"(《佚存》,二五九。)

"求禾于三🐾。"(《后编》,二,三三,五。)

以上是求禾的记载。

"年"即是"禾",本质是毫没有分别的。甲骨文中"年"字作🐾,象"禾"之连根拔起者。"禾"作🐾,象"年"之齐根割断者。所以"禾"与"年"就是一种物类,其不同之点,乃在于收获方法的变迁。连根拔起,用力劳而费时多;齐根割断,用力省而时间短。同一黍秆,在商时从"年"的称呼,走到"禾"的称呼,这就告诉我们是农稼技术上的一种进步,从徒手进步到用器。那时候割禾的工具,大部是用青石磨成薄片的半月形石镰。

从蓺植,祈祷丰收,以后,再经过相当时间,真个收获期到了。收获的记载,在卜辞中叫做"受年"、"受黍年",也是屡见不鲜的:

"癸卯卜……今🐾(岁)商受年。"(《燕大》,四九三。)

"甲辰卜,商受年。"(《前编》,三,三〇,六。)

"戊申卜……受中商年。十月。"(《前编》,八,一〇,三。)

"戊辰卜……商受年。十月。"(《续编》,二,二八,二。)

"癸卯卜……[受]卫年。"(《佚存》,八七六。)

"戊午卜,🐾受年。"(《佚存》,七三四。)

"□□卜,万受年。"(《前编》,三,三〇,五。)

"乙巳卜……西土受年。三月。"(《后编》二,三八,三。)

"贞呼黍,于北受年。"(《续编》,二,三〇,三。)

"乙未卜贞黍,在龙圉……受屮年。二月。"(《前编》,四,五三,四。)

"……贞呼黍,于🐾……受[年]。"(《续编》,二,二八,六。)

"重羊,王受年。"(《佚存》,九二八。)

"我受年,一月。"(《续编》,二,二九,六。)

"……伐,我受年,七月。"(《续编》,二,二九,四。)

"……我受年,十一月。"(《佚存》,五五〇。)

"我受年。"(《续编》,二,二八,六。又,二,三〇,一。《燕大》,一二七。)

"丙子卜,乎垈受年。"(《前编》,七,一五,三。)

"……今伐(岁)受年。"(《燕大》,一二六。)

"……[今]伐(岁)受年。二月。"(《续编》,二,二九,二。)

"受坐年。十一月。"(《前编》,四,七,四。)

"受年。一月。"(《燕大》,一三一。)

"受年。十一月。"(《林氏》,二,四,六。)

"受年。十一月。"(《燕大》,一三〇。)

"受年。十三月。"(《燕大》,九一。)

"受年。"(《铁云》,二四,三。《拾遗》,一〇,二。《前编》,四,三三,六。《后编》,二,二七,一八。《续编》,二,二九,五。《佚存》。二四〇。)

"其受年。十一月。"(《续编》二,二八,五。)

"其受年。"(《佚存》,五七八。)

"……不雨……受年。"(《前编》,六,七,四。)

以上是受年的记载。

"癸卯贞,东[方]受禾。北方受禾。西方受禾。"(《续编》,二,二九,七。即《佚存》,九五六。)

"辛未贞,受禾。"(《后编》,二,六,一六。)

"癸酉贞,受禾。"(《后编》二,三三,五。)

以上是受禾的记载。

"我其囵黍。"(《燕大》,一三三。)

"……帚(归)妌,受黍。……我受黍。"(《续编》,四,二七,三。)

"贞我受黍年,□于唐(汤)。"(《续编》,一,七,一。)

"我受黍年。二月。"(《续编》,一,三七,一。)

"我受黍年。三月。"(《前编》三,三〇,三。)

"我受黍年。"(《前编》,四,四〇,二。《后编》,二,二八,一四。《续编》,一,四九,二。又,二,二九,三。又,二,三〇,二。《铁云》,二四八,一。)

"……贞寻(归)妌,受黍年。"(《前编》,四,三九,六。《后编》,一,三一,一〇。《续编》,四,二五,三。又,四,二六,四。又,四,二七,四。《林氏》,二,一九,五。《佚存》,七六二。)

"贞受黍年。"(《前编》,三,二九,五。《林氏》二,一一,二。)

"贞受黍年。一月。"(《燕大》,四九一。)

"受黍年。"(《前编》,三,二九,四。又,四,三九,三。又,六,六〇,三。)

"贞呼黍,受年。"(《前编》,三,二九,七。)

"惟黍年受。"(《前编》,三,三〇,一。)

"……鲁受黍。"(《续编》,五,六,一〇。)

以上是受黍年的记载。

在未收获以前,还得要时常去观看,循(省)视。卜辞记:

"其萑(观)黍,不归妌。"(《后编》,三,四〇,一五。)

"归井,萑(观)黍。"(《后编》,二,六,九。)

"萑(观)黍。"(《前编》,四,三九,四。)

"萑(观)年。"(《前编》,四,四三,五。又,六,一四,一。)

"贞王夕往省黍。"(《燕大》,四九二。)

如果缺少雨量呢,还得去祷神,求雨。卜辞记:

"帝(禘),命雨足年。贞帝(禘),命雨弗其足年。"(《前编》,一,五〇,一。)

"庚午卜贞,禾㞢旻,雨。三月。"(《前编》,三,二九,三。)

然而,由于天时或其他原因,以致没有收获的年份,还是很多。卜辞记:

"庚辰卜,大贞;雨……不图年。"(《前编》,七,三〇,一。)

"乙巳卜,㕣贞;雪,不其受年。"(《前编》,七,四三,一。)

"……今㦰(岁)不年。"(《佚存》,三〇九。)

"贞我不其受年。"(《前编》,一,二七,二。《佚存》,五四。)

"贞我弗其受年。"(《续编》,一,二九,一。)

"贞不其受年。"(《后编》,一,二九,一。)

"贞弗受又(有)年。"(《后编》二,四一,一五。)

"不受年。"(《前编》,四,三三,六。)

"贞不其受黍年。二月。"(《后编》,一,三一,一二。)

"贞不其受黍年。"(《前编》三,三〇,二。)

"我弗其受黍年。二月。"(《前编》,一,三一,一一。)

"我弗其受黍年。"(《前编》,三,三〇,三。《铁云》二四一,一。)

再就上列卜辞材料而综合一看,商人"求年"及"收获"的时令,也颇耐寻味。计"求年"在九月中一次,在十三月(相当于后世闰十二月)中二次,在二月中三次。祈求应该在收获以前。至于收获——"受黍年"——计:在七月中一次,十月中二次,十一月中五次,十三月中一次,一月中三次,二月中三次,三月中二次。自秋令的七月起至春令的三月止,都有"受黍年"的记载。而明白宣告"不受黍年"的,二次皆在二月中,恐不是偶然。

以上自蓺植、求禾、求年、省黍、观年、命雨,以至收受,都有地下遗文可稽。商人对于培植"酒苗"工作,也可以算是勤奋了。虽然目的不在粒食而用以酿酒,然而如果撇开了他们的动机不问,事实上种黍的土田,到底因之而推广发达了。那么就说商代后期也已经具足了农稼生活的雏形,似乎也不致大谬的。

戊　从"哺糟"进到"抟饭"

殷商民族对于酒醴的嗜好,愈到后期,那嗜欲愈高,这在经典、古器

物、古传说三方面史料上都有一致的叙述。在经典上,有商人自己的叙述,更与出诸周人之口者不同,譬如《商书·微子》:

"微子若曰……我用沈酗于酒,用乱败厥德于下……父师若曰……天毒降灾荒殷邦,方兴沈酗于酒。……"出诸于周人记载的,比较更详。

《周书·酒诰》:"成王若曰……在昔殷先哲王,罔敢湎于酒……在今后嗣王,酣身厥命,惟荒腆于酒。……庶群自酒,腥闻在上!故天降丧于殷,罔爱于殷。"

《周书·无逸》:"无若殷王受之迷乱,酗于酒德哉!"

古器物上的史料,如:

大盂鼎:"……我闻殷坠命,唯殷边侯,甸,粤殷正百辟,率肆于酒,故丧师!"

毛公鼎:"……王曰:父厝!……毋敢湎于酒。……"(此为周人鉴殷亡国于酒之自警词。)

先秦传说上的史料,如:

《韩非子·喻老》:"昔者纣……登糟丘,临酒池……纣遂以亡。"

《韩非子·说林上》:"纣为长夜之饮,惧以失日。……"

《史记·殷本纪》:"帝辛……好酒淫乐,以酒为池。……"(汉人另有许多怪说,太怕人了,尽删。)

可见后期商朝,上自君王(今后嗣王),中至百官(殷正百辟),下至人民(庶群),个个染上了浓烈的酒癖,几于整个民族浸沉在酒尊之内,醺醺儿醉眼陶然!那知正在这"沉酗于酒"的时候,西方一支开化未久的京周民族,突然起了,突然起了"吃"的革命。上面已经说过,从"哺糟"、"设醴",而发现"粒食",这个发现的荣誉,好像应该归之于商末亡时期的京周民族的。直到现在,还保留着当时京周民族骄傲歌唱的诗篇。

第一个值得歌唱赞美的,是京周民族的开山老祖,同时也就是农稼之神——后稷。他的赞美诗曰:

"閟宫有侐,实实枚枚。赫赫姜嫄,其德不回。上帝是依,无灾无害,弥月不迟。是生后稷,降之百福!黍稷重穋,植稚菽麦。奄有下国,俾民

稼穑。有稷有黍,有稻有秬。奄有下土,缵禹之绪。"(《鲁颂·閟宫》)

《毛传》:"閟,闭也。恤,清净也。实实,广大也。"《释文》引《韩诗》:"枚枚,闲暇无人之貌也。"《郑笺》:"弥,终也。""重"即"种","穋"即"稑"。《吕览·任地篇》高诱注:"晚种早熟为稑,早种晚熟为重。""植"和"稚",《释文》引《韩诗》:"植,长稼也。稚,幼稼也。""秬",《郑笺》:"秬,黑黍也。"这首诗是专歌咏后稷发明农稼的功德,可是还不算详细。更详细的史诗,在《大雅》的《生民》:

"厥初生民,时维姜嫄……履帝武敏歆……载生载育,时维后稷。"

"诞弥厥月……不坼不副,无菑无害……上帝不(丕)宁……居然生子。"(这二章,可和《閟宫》参考,即见出于一源。余详本书《婚姻章》。)

"诞置之隘巷,牛羊腓字之。诞置之平林……诞置之寒冰,鸟覆翼之……后稷呱矣……"

"诞实匍匐,克岐克嶷(从《鲁诗》),以就(求)口食。蓺之荏菽,荏菽旆旆。禾颖(从《三家诗》。《毛诗》作'役'。)穟穟。麻麦幪幪,瓜瓞唪唪。(从《三家诗》。《毛诗》作"唪"。)"

"诞后稷之穑,有相(省)之道。拂(从《韩诗》。即'拔'字。)厥丰草,种之黄(横)茂。实方实苞,实种实褎。实发实秀(透),实坚实好。实颖实粟,即有邰家室。"

"诞降嘉种:维秬维秠,维穈维芑。恒之秬秠,是获是亩。恒之穈芑,是任是负。以归肇祀。"

"诞我祀如何?或舂或揄(从《三家诗》。《毛诗》作'揄'。),或簸或蹂。释之叟叟,烝之浮浮。载谋(禖?)载惟(?),取萧祭脂。取羝以軷(祓),载燔载烈(烂)。以兴嗣岁。"

"卬(仰)盛于豆,于豆于登。其香始升,上帝居歆。胡臭亶时,后稷肇祀。庶无罪悔,以迄于今。"

这是一首后稷的本行赞,一首很详细的后稷一生的史诗。"敏",《尔雅·释训》:"敏,拇也。""腓"字,《毛传》:"腓,辟;字,爱也。"谬。"腓"、"庇"古同声。"字"即《易·屯·六二》"女子贞不字,十年乃字"之"字",

354

《说文》："字,乳也。"(《经义述闻》考之甚详。)"嶷",《说文》："小儿有知也。""就",马瑞辰《毛诗传笺通释》云："就之言求也。《释诂》：就,求,并训。"(又云："《论语》'就有道而正焉',即求有道而正之也。")马说至确。"荏菽",《毛传》："戎菽也。"《郑笺》："大豆也。""旆",《毛传》"旆然长也。"用现在的俗语来说,"旆旆",即"勃勃";"幪幪",即"蓬蓬"。《孟子》云："则苗勃然兴之矣"可证。"相",即前举甲骨文字"省田"之"省"。"拂",与"拔"同声,《广雅释诂》："拂,拔也。""黄",古与"横"、"广"为一字,《毛传》："黄,嘉谷也。"荒谬。"方"、"苞"、"种"、"褎",姑依《郑笺》云："苞,亦茂也。方,齐等也。种,生不杂也。褎,枝叶长也。""秬"、"秠",愚按"秬"从"巨",有大之义;"秠"从"丕",亦有大义。《毛传》："秠,一稃二米也。"一稃内而有二米,那稃之大可想。古人都有以丕巨为名者,例如：鄦侯𣪘："鄦侯之孝孙丕巨。"亦祝望丰收稃大也。"穈"、"芑",《毛传》："穈,赤苗也。芑,白苗也。""舀",或作"抌",《说文》："舀,抒臼也。""蹂"者,玄应《一切经音义》九引《通俗文》"践谷曰蹂"。"释之……"二句,《鲁诗》作"浙之溞溞,烝之烰烰。"(《尔雅释训正义》引樊光注引)孙炎《尔雅注》云："溞溞,淅之声;烰烰,炊之气。""取萧……"二句,《郑笺》："取萧草与祭牲之脂,爇之于神位。"又云："烈之言烂也。""卬",当与《卫风·匏有苦叶》"人涉卬否,卬须我友"之"卬"不同;当即为"仰"字,毛公鼎之"卬绍",《大雅》之"瞻卬",正以"卬"作"仰"可证。"胡亶"句费解,马瑞辰云："《广雅·释诂》：'胡,大也。''胡臭',犹《士冠礼》之'胡福'。'胡臭亶时',与《士冠礼》'嘉荐亶时'句法相似。"按马说近是。以上把难解的古声古语,交代清楚。

这首诗,赞美后稷一生的圣功神德。最重要的,这位天神下凡、上帝的儿子,当他匍匐咿哑的年龄,已经知道努力求口食了。他童子时代的成绩,就很可观了：大豆勃勃,禾穗垂垂,麻麦幪幪,瓜瓞蓬蓬!他很勤苦地省道,拔草;种得又广又茂,又齐又长。那里有大黑黍、双稃谷、赤稻、白稻,一亩一亩收获,一包一包背回家,去祭祀。注意,后稷的重要发明,在这里了：我们且看他怎么祭法？他不单是模仿别人"为酒为醴"去祭,这位聪明的司先生(后即司,也即台。)他另有一种米的新鲜弄法。"诞我祀如何?"他怎样弄呢?这里诗人问得也真内行。他,把谷先铺在地上,用足一踏(蹂),踏去了壳。再挪起来一簸,壳都飞了(或簸或蹂)。然后把那去壳的糙米放在石臼内一舂,抒抌一遍(或舂或舀),糠都丢了。(这里原诗因为押韵的关系,不能不把次序倒转。)他又把这些夹糠的米,用水一淅,溲溲几声,糠就淘干净了(淅之溲溲)。再放在那个甑里一烝,那饭香饱和着热气一阵一阵往上浮(烝之浮浮)。得了,就可以抓来吃了(抟饭)。

这里需要一点补充说明,是属于抓饭吃的方式,《生民》诗上尚未讲到,我们可取《礼记》上的记载来考见。《曲礼》说:

"共饭:不泽手。毋抟饭。毋放饭。……"

那末独饭时自然是"抟饭",自然是不妨"泽手"、"放饭"了。《郑注》:"礼:饭以手。泽,谓挼莎也。'抟饭',为欲致饱不谦。'放饭',去手余饭于器中,人所秽……"

孔颖达疏:"古之礼:饭不用箸但用手,既与人共饭,手宜絜净,不得临食始挼莎手乃食,恐为人秽也。共器若取饭作抟,则易得多,是欲争饱,非谦也。'放饭'者,手就器中取饭,饭若黏着手,不得拂放本器中也。'去手余饭于器中,人所秽'者,当弃余于筐。无筐,弃余于会。会,谓篚盖也。"

以上所讲的情形,大致是不错的。这就是周民族所历劫难忘的他们祖宗吃饭的大发明。后稷本来是可以没有这个人的,根本就是一位"稷之神"。周民族大概在商之中叶左右,已经发明吃饭了,所以想起后稷的故事,好像已经老远老远的了;所以古代的传说,后稷的时代,以为在汤以前。那些初居于邰(即后,即司),东迁于京,更东迁于周的周民族,因发明吃饭之故,变游牧为农稼;经济力就充实,土地需要欲就高亢,逐渐沿着渭水东下。他们努力继续他们祖先所发明的新事业。他们的领袖,也继长增高,无限制地开拓农地。民众不断地歌唱:

"思文后稷,克配彼天,立我烝民,莫匪尔极。贻我来牟,帝命式育

(即毓,即后)。"(《周颂·思文》)

"嗟嗟保介,维莫之春(维春之暮),亦又何求,如何新畬。于皇来牟,将受厥明……命我众人,庤乃钱镈(持厥泉镈),奄观铚艾(㘝)。"(《周颂·臣工》)

"思文",即"思前文人"。"文",即《诗·江汉》"告于文人"之"文人"的省称;亦即善鼎、昊生钟、西宫殷、兮中钟之"前文人"的省称也。"来牟",《韩诗》作"嘉麰"(《文选·典引注》引),《鲁诗》作"厘麰"(《汉书·刘向传》引),《齐诗》作"来麰"(赵岐《孟子注》引)。本来,"来牟"是古代一字的复辅音(详《清华学报》拙作《来纽明纽古复辅音通转考》),《说文·禾部》又作"麦秾",《孟子·告子篇》又作"麰麦",总之只是一个"麦"字古读的声音。"保介",陈奂《毛诗传疏》云:"嗟嗟保介,犹嗟嗟臣工耳。""维莫之春"当是"维春之莫"之误文,上韵为"茹",此韵为"暮",下韵为"畬",刚好符协。可证。"新畬"《毛传》:"田,二岁曰新,三岁曰畬。""庤乃"即"持厥",郏公牼钟"分器是寺",即"分器是持"可证。金文"乃"作𠄎。"厥"作𠂆,二字极像,顶容易错,从汉到清终弄不清,刘心源、王国维才弄清楚。"钱"即"泉",篆文"泉"作𤽄,象原物的𤽄形,本为农人挑土之器,后用为货币的。故《毛传》及《说文》并云:"钱铫,古田器。"可证(余详本书《货币章》)。"镈"即"钟镈"之"镈"。古钟即是合拢农器两镈而成的;钟作𠙹形,剖为两半,便成𠙹形,那就是田器铲土之"镈"了。所以《释名》说:"镈,锄类也。"可证。"艾"字,依本人的观察,另外意义,一概都解不通;只恐怕是金文𠭯殷、𠭯貞、𠭯盂、𠭯爵、𠭯觚的㘝字,像两把铲属交叉地堆着。古声古语,大致如此。

这二首赞美诗,是歌咏着后稷怎样的在春天,新开垦不上二三年的田里,叫他的臣工保介们用挑子、铲子……等器具去种"麦"的故事。

己 因粒食而培植百谷,推广农稼

根据以上的几首诗,和以下的《绵》诗,知道周人逐渐发明的农产品,有禾(又名"年")、黍、稷(又分为"重"、"穋"、"穉"、"稙")、稻(又分为"秬"、"秠"、"穈"、"芑")、麦(来牟)、荏菽、瓜瓞、麻、堇荼等。后稷以后,周人事实上在那里加速努力推广。再看看后稷的子孙,周民族迁居于豳的始祖——公刘——的史诗:

"笃(诞)公刘!匪居匪康,乃场乃疆,乃积乃仓。乃裹糇粮,于橐于囊。"

"笃(诞)公刘!既溥既长,既景乃冈,相其阴阳。观其流泉……度其隰原,彻田为粮。度其夕阳,豳居允荒。"(《大雅·公刘》)

这是一首公刘的本行赞,叙述公刘一生史迹中的重要几点。再看看公刘子孙公亶父的史诗:

"周原膴膴,堇荼如饴。爰始爰谋,爰契我龟。曰止曰时,筑室于兹。"

"乃慰乃止,乃左乃右。乃疆乃理,乃宣乃亩。自西自东,周爰执事。"(《大雅·绵》)

这是一首公亶父的本行赞,叙述公亶父一生史迹中的几个重要点。

"笃"与"诞",一声的转变;其为发声语助辞,也和"诞"正同(《毛传》:"笃,厚也。"《郑笺》每句解作"厚乎公刘",甚可笑)。"糇粮",赵岐《孟子注》解为"干食"。《毛传》:"小曰橐,大曰囊。""溥",即"博";故《郑笺》云:"既广其地之东西,又长其南北。"以"广"解"溥",可证。"景",即"㬌",铜器中累有此字,义与"京"同,亦为大。"既景乃冈",就是说"又大又高"(《卷耳》"陟彼高冈"),和上句的"又博又长",正是相对的语法。(《毛传》:"考于日景,参之高冈。"《郑笺》:"以日景定其经界于山之脊。"都是用后世的概念,度古人的生活,宜其无当。)"彻",即《豳风·鸱鸮》"彻彼桑土"之"彻",为豳地方言;《毛传》:"彻,治也。"略近(《郑笺》以谓即彻税,甚谬。"荒"。《毛传》:"大也。""原",有泉的高土,象厂(岩)上有泉下流之意,故与低地的"隰"为对称字(《郑笺》:"广平曰原。")。"堇",《尔雅》郭璞注:"今堇葵也。""荼",《毛传》:"苦菜也。""时",与"庤乃钱镈"之"庤",及"峙"、"跱"皆为一字;《广雅·释诂三》:"止也。""慰",《方言》:

"慰,居也。""宣",当即"趄";它所从的"𠷎",或"𠷎",象有水洄环土田之形。这是两诗古声古义的大概。

这两首诗,《公刘》一首,叙述公刘时代一面因受狄人的侵略而思迁避,一面也因为要找寻土地的缘故,沿着渭水水流的方向,向东而下;所以把以前从疆场上得来,积在仓里的干粮,裹在囊橐之中,迈步向外出走去发展;那是已经吃饭很久的证明。而且他到了豳的地方以后,即刻又努力相度地势、水利,着手开垦起原田来了。公刘——他如何地重视农稼啊!《绵》,那一首诗,讲公亶父从"陶复陶穴"里面爬出头来,沿着渭水走马,走到周的地方,碰见了那位姜姓女酋长——姜嫄——以后,同时很快地注意到周地一片平原,膴膴(《韩诗》)然的肥肤,那里长着青葱甘茂的野葵、野菜。他定居下来以后,即刻又努力开垦起田来。这样看来,凡是周民族所自认为伟大的圣人的祖先,统统就是努力开创农业生产的伟人。至于创业的帝王——如武王,除了恭维他翦减殷商以外,又恭维他的万邦丰年:

"绥万邦,娄丰年。桓桓武王,保有厥士(事)。于以四方,克定厥家。"(《周颂·桓》)

又如成王,除了恭维他平定东国之外,又恭维他播厥百谷:

"噫嘻成王!既昭假(格)尔。率时农夫,播厥百谷。骏发尔私,终三十里。亦服尔耕,十千维耦。"(《周颂·噫嘻》)

《毛传》:"士,事也。"说是。"厥事",即稼穑之事。保有稼穑之事,所以能"屡丰年",那么武王之努力稼穑可见。"时",即"是"。《尧典》"维时懋哉",《史记·五帝纪》作"维是勉哉";《皋陶谟》"咸若时",《史记·夏本纪》作"皆若是"。可证。"骏发",王先谦《三家义集疏》以为即"急发",近是。但"发"即"垡土"之"垡"耳。"私",《说文》云:"私,禾也。北道名禾主人曰私主人。"又《郑笺》:"亦,大;服,事也。"是。"十千",即(甫田)诗"岁取十千"的"十千",似乎是指禾的数量而说。"耦",即《论语》"长沮、桀溺,耦而耕"之"耦"。统观全诗,整个记成王提倡农稼的生产工作。

还有文王,《尚书大传·西伯戡耆篇》记文王曾经有断虞人、芮人争田之事,是文王提倡农田的努力,也很可想见。这样看来,周民族的领袖——创业帝王——没有一个不是继续努力于农稼生产的人物。农业时代的成熟,及其基础的巩固,确实应该推周民族为最肯努力、最有成绩的功臣。

复次,我们还得须要再回头来检讨一次,当周民族正在极力推广农稼时期,在东方的殷民族此时的生活情形,变化到如何景况呢?无疑的,会深刻地蒙受着周民族的影响。在殷民族的辞典中,竟然已经发现了"农"字:

"蕽……"(《佚存》,八五五。又《佚存》,九二四。)

"……且蕽……"(《前编》,五,四八,二。)

"癸亥卜贞,□𢆉叀(劓),且蕽,酒。"(《前编》,五,四七,六。)

"己酉卜贞,告于母辛;叀。蕽。"(《前编》,五,四七,五。又《前编》,五,四八,一。)

虽然卜辞中所见的"蕽"和"祖蕽",都是人名,但一定先有此事,而后人造此字,先有此字,而后人取此名;这是粗浅的必然之理。卜辞中"农"字作𦿆、蕽,从"林"从"辰"。"林"是植树成列的表征,"辰"是有人弄织机的表征(详《燕京学报》第九期拙作《矢彝考释》)。商代民众经济生活的内容,这裏也可以管窥一斑——纵然不是全豹,不是主要。

如果我们尝试寻探商时农作物的种类,除了禾(年)、黍,已见上文外,卜辞中还报告我们那时也有"麦":

"麦……"(《前编》,四,四〇,四。又,四,四〇,五。《后编》,二,一五,三。)

"……其告麦。"(《前编》,四,四〇,六。《燕大》,四一。)

"……屮告麦。"(《前编》,四,四〇,七。)

"告麦"的意思,大约是告麦类丰收于其先祖。殷代还有一个地名叫做"麦菉":

"壬午,王田(狃)于麦菉……"(《佚存》,五一八。又,四二六。《邺中》二,四七,七。)

甲骨金文中所见的殷代农稼情况

"麦禁"得名的由来，实在是和后世的"榆林"、"榕城"……等一类的名称同例，是因为其地产"麦"著名之故。推想殷人麦的收获量，也并不太弱。

在殷人的田中，到后来，塍畦的整治，作物的茂生，多逐渐着进步；也往往可以从卜辞、金文的象形字中见到一二。看了下列各字，即可得相当证明。

🔲（金文，父乙尊，《续殷》，一，五三，一。卜辞，《前编》，六，二二，三。）

🔲（金文，母丁鼎，《续殷》，一，一七，九。）

🔲（《铁云》，一四四，二。）

🔲（《续编》，六，一九，二。即《佚存》，九〇五。《铁云》，二六二，四。）

🔲（《铁云》，二一四，一。）

🔲（《佚存》，七三〇。）

🔲（金文，父丁尊，《殷存》，一，二六，四。卜辞，《续编》，三，二八，三。）

🔲（《前编》，四，五三，四。按此即《石鼓文》之囿字。）

《卜辞》中又有"🔲"字，或"🔲"字，如：

🔲（《前编》，四，四一，三。即《续编》，五，二五，六。）

"不佳🔲。"（《续编》，五，三〇，八。）

"贞，今其雨？不佳🔲。"（《后编》，二，七，二。）

像一行一行的禾，排列着种在田中的形状。殷民族农稼生活的程度，在这几个字上表现得最为明显。至于农作物收获以后，也很知道爱惜与廪藏，观于下列各字可见：

🔲（《燕大》，二。）

🔲（《拾遗》，一二，二。）

🔲（《前编》，一，二九，七。《铁云》，二四二，二。《林氏》，二，二，一六。）

☒（《佚存》，七七二。）
☒（《燕大》，二九二。）
☒（《后编》，二，三一，三。）

这类形象，恐怕多是像稻秆堆积圈集而成一囷廪之形：直到现在，农家的稻秆囷堆，还是做这样形状，在囷堆的极顶上，挑起一束稻秆立着，和上面的字形宛然。"☒"又为后来"☒"、"☒"……诸字之所由出；《说文》"廪"字的正体篆文作"☒"，那又是从这"☒"字变出来的。至于殷人和周初人廪藏的方法，也和后来的廪藏法不同，这里似乎也有附带说明的必要：

那时候的廪藏，乃是圈积地上割下来的禾，连带谷穗，一并堆结成为一个类似塔形的高物，所以在这高物的顶上，还蓬松地立着禾秆而成为"☒"形（和后世仓藏谷粒或米粒的情形大不相同）。这说，也并不是没有明白证据的，《周颂》"亦有高廪"。《毛传》说："廪，所以藏☒盛之穗也。"可证。

并且，殷人也已经知道打下来的谷粒，需要舂去糠；所以在甲骨文中，已经发现"舂"字和"康"（糠）字。

☒（《后编》，二，三七，八。）

"求于羹，☒，御。"（《后编》二，三九，二。）

☒或☒在卜辞中就是"午"字，也就是"杵"字。在安阳殷墟，曾经出土过一个玉质的杵，见于《邺中片羽》卷下第十九页，可算是地下实物的证明。这☒，☒字形，从两手捧杵打在禾上之形，"舂"的意义完全表露了。既舂了，当然有糠。《卜辞》中"康且丁"的"康"字，就是糠的本字。字形作☒，也像两手捧杵，下有☒或☒或☒谷皮屑碎的形状，这不是糠吗？《说文解字》："穅，谷皮也……或省作康。"更可以证"康"为本字，"穅"和"糠"多不过是后起字罢了。由此看来，连《周颂·生民》诗中所说的"或舂或揄"的技能，殷人也已经完全学得。只有是否即从周人那里学来？现在我们还不知其详。

最后,要回头来检讨一下前面所讲的《菁华》见"田"字八次中有三次作"田地"意义,《续编》见"田"字一〇九次中有二次作"田地"意义,那五个"田"字的究竟,以结束我们对于殷人"田地"问题的认识:

"王凸(稽)曰:'㞢求,其㞢(有)来𡚻上下。'至九日辛卯,允㞢来𡚻自北。收𢻫妾告曰:'土方𢼸(牧或侵)我田十人。'"(《菁华》,二,一。)

"癸巳卜,𣪠贞;旬亡田。王凸曰:'㞢求,其㞢来𡚻上下。'至五日丁酉,允㞢来𡚻自西。洗臧告曰:'土方㞢(征)于我东啚(鄙),戈(灾)二邑。㕣方亦𢼸(牧或侵)我西啚田。'"

"王凸曰:'㞢求,其㞢来𡚻上下。'至七日己巳,允㞢来𡚻自西。退双角告曰:'㕣方出,𢼸(牧或侵)我示𥎦田七人。'"(《菁华》,一,一。)

"□□卜,𠱠贞。□□我田㞢来……"(《续编》,五,二九,一。)

"……大命众人曰:'劦田,其受年。'十一月。"(《续编》,二,二八,五。)

"土方"和"㕣方",从卜辞各方面看来,显然是比殷文化更落后的两个蛮族。大概殷人已受到农稼生活影响的时候,他们还是滞溺在游牧时代。"𢼸"字,可以译为"牧"字,同时又是侵略之"侵"字之所从出。上文所云"㕣方亦𢼸我西鄙田","㕣方𢼸我示𥎦田七人","土方𢼸我田十人"……等一类的话,应该是说殷人已经种植农稼的田中,被㕣方及土方两蛮族的畜群所放牧,所侵躏;"七人"、"十人"似乎指牧夫而言。《续编》的"我田㞢来","㞢"的义为有,"来"的义为麦,颇有解作"我田有麦"的可能("㞢"有六义,其一为"有"。详拙著《殷虚书契解诂》)。最后一条的"劦"字,乃像三把耒耜并列之形(亦详《解诂》)。引申之义,仿佛是并耒耦耕的意思。"劦田,其受年"的语意,仿佛是"并耒耦耕于田,则可以受丰年"!很合适是"大命众人"的训词。从这一片卜辞上看,殷人推广农稼的工作,虽不及原来发明农稼的周民族那样的努力,也算是努力一番过了。

二十五年国庆节脱稿于首义之地武昌

(原载《张菊生先生七十生日纪念论文集》,一九三六年)

汉敦煌太守裴岑破北匈奴纪功碑跋尾

惟汉永和二年八月敦煌
太守云中裴岑将郡兵三
千人诛呼衍王等斩馘部
众克敌全师除西域之灾
蠲四郡之害边竟艾安振
威到此立㠿祠以表万世

右汉敦煌太守裴岑破北匈奴之纪功碑。原在新疆巴里坤城西五十里。巴里坤,乾隆后已改译巴尔库尔,亦名巴尔库勒(此城今在哈密略北)。雍正七年,大将军岳钟琪移至将军府,撤兵时,又移至城西五十里之关羽庙;时世尚鲜有知者。乾隆二十二年,裘文达(曰修)奉命巡伊犁,亲见是碑,丛拓归以遗士夫,名遂大显(据《金石萃编》说)。精鉴如覃溪,鸿博如竹汀,其所著《两汉金石记》及《潜研堂金石跋尾》中,均有考证;然皆不过以其事不见史传为惜,无他谊也。今反复研玩,谛审此碑,而知此区区片石六十字者,乃几可与《燕然山铭》并其重要。盖自燕然一战,而北匈奴遂永不敢南下觊觎;蒲类一战(即巴里坤裴岑之战),而北匈奴不敢扰西域者十有五年。虽元嘉小衅,重战蒲类,而北匈奴亦永不敢西肆其虐。裴岑之功,高敌窦宪,次亦居班(勇)、祭(肜)之列,不仅于史无征,为可惜也。虽然,不明其准望,不知当日疆圉之形势;不明其往史,不知前此华夷消长之枢键;不明其战术,不知汉京所持以制夷之方策;则无以知此碑也。今次第将此三者(准望、历史、政策)厘而述之,而此碑之所以与《燕然山铭》等其重者,可不言而自见焉。

《钦定大清一统志·西域图志》云:"巴尔库尔,于前汉为匈奴东蒲类王兹力支地,后汉属伊吾卢地,后魏属蠕蠕,隋属伊吾郡,后入突厥,唐属伊州伊吾县,明属瓦剌。"王兰泉曰:"其地西北山麓,槛泉竞发,分为三支,汇入巴里坤淖尔,即汉蒲类海也。"(《金石萃编》卷七)按:以巴里坤即为汉蒲类,以巴里坤淖尔,即为汉蒲类海,是也。"巴里""蒲类",一声之转耳。若谓巴里坤为汉伊吾卢属地,犹可也;但伊吾卢屯治之所,则在今哈密附近,而非即巴里坤。今巴里坤在巴里坤淖尔东滨,知汉蒲类亦即在蒲类海东滨矣。由此以东,则为北匈奴正西之极境;由此以西,则为车师后部正东之极境;离此正南数百里,始为汉敦煌郡治。是其地为北匈奴与车师后部接壤之要地,而汉之威力所不易及者。车师自经班勇破后,内向殊殷(见《后汉书》卷七十七《班超传附勇传》。事在延光三四两年,文长不具录),故尤为北匈奴所侧目;又以汉威力所鲜至(汉兵屯柳中,尚在其南),故北匈奴于是处,尤放恣。《后汉书·西域传》序(卷一百十八)云:"延光二年,敦煌太守张珰上书陈三策:以为北虏呼衍王,常展转蒲类秦海之间,专制西域,共为寇钞……"云云,即其证矣。是伊吾卢柳中至蒲类海之间,为汉与匈奴西域之瓯脱,而蒲类海环岸,又为后部车师与北匈奴之牙错地也。此当时华夷疆圉形势之大略也。

准望既明,而华夷势力消长之故,可得言焉:北匈奴初时,常不靖于东圉,后经祭肜(见《后汉书》卷五十卷《祭遵传附肜传》。事在建武二十五年以后,文长不具录)、窦宪(见《后汉书》卷五十三《窦融传附宪传》。事在永元元年秋,文长不具录)大破以后,东扰之念渐弭(又《后汉书》卷一百二十《鲜卑传》云:"建武二十一年,鲜卑与匈奴入辽东,太守祭肜击破之,斩获殆尽,由是震怖;及南单于附汉:北虏孤弱"),又其时南匈奴乌桓(《后汉书》卷一百二十《乌桓传》云:"建武二十五年,辽西乌桓大人郝旦等九百二十二人,率众向化,诣阙朝贡。及明、章、和三世,皆保塞无事。"按安帝后虽有一二次小叛,然皆不久击平)、鲜卑皆归汉;(《鲜卑传》云:"永平元年,鲜卑大人皆来归附,并诣辽东受赏赐。明、章二世,保塞无事。")鲜卑又骤强(《鲜卑传》云:"永元中,大将军窦宪,遣右校尉耿夔击破匈奴。北单于逃走,鲜卑因此徙居其地;匈奴余种留者尚十余万落,皆自号鲜卑,鲜卑由此渐盛"),丁零亦倔起(《后汉书》卷一百十九《南匈奴传》云:"章和元年,鲜卑入左地击北匈奴,大破之。斩优留单于,取其皮而还,北庭大乱。……其年七月,单于(按南单于也)上言:臣累世蒙恩,故令乌桓鲜卑讨北虏,斩单于首级,破坏其国,今所新降虚渠等诣臣自言,去岁三月中发虏庭,北单于创刈南兵,又畏丁零鲜卑,遯逃远去,依安侯西河")。北匈奴见南匈奴、乌桓、鲜卑、丁零联合以图己,于是东寇之念尽杀,遂转而觊觎南窥矣。然以汉兵与南匈奴协力,警备森严,因又不得逞;(《南匈奴传》:"令西河长史,岁将骑二千,弛刑五百人,助中郎将卫护单于,冬屯夏罢,自后以为常。……南单于亦列置诸部王助为扞戍:使韩氏骨都侯屯北地,右贤王屯朔方,当于骨都侯屯五原,呼衍骨都侯屯云中,郎氏骨都侯屯定襄,左南将军屯雁门,粟籍骨都侯屯代郡,皆领部众,为郡县侦罗耳目。北单于惶恐,颇还所略汉人,示善意。")及至燕然大挫,一败再败,穷蹙狼狈,南窥之念尽绝,遂麕聚于蒲类一角,(《南匈奴传》云:"永元元年,窦宪击北虏,大破之。事已具《宪传》。二年,南单于复上书求灭北庭,于是遣左谷蠡王师子等将左右部八千骑,出鸡鹿塞;中郎将耿谭遣从事将护之,至涿邪山,二军俱会,夜围,北单于大惊,率精兵千余人合战,被创,堕马复上,将轻骑数十遁走,仅而得脱。三年,北单于复为右校尉耿夔所破,逃亡不知所在;其弟右谷蠡王于除鞬自立为单于,将右温遇鞬王骨都侯已下众数千人,止蒲类海。遣使款塞,大将军窦宪上书立于除鞬为北单于,朝廷从之。")反侧蹂躏,惟在西道矣。顺帝中,班勇立加特奴为车师后王,遂与北匈奴以毗邻而成世仇;(《后汉书·西域传·车师传》云："顺帝永建元年，班勇率加特奴、八滑等，发精兵击北虏呼衍王，破之。勇于是上立加特奴为后王，八滑为后部亲汉侯。阳嘉三年夏，车师后部司马，率加特奴等千五百人，掩击北匈奴，至阊吾陆谷，坏其庐落，斩数百级，获单于母、季母及妇女数百人，牛羊十余万头，车千余辆。"）故车师后部，最受北匈奴侵，此永和以前，北匈奴势力由东西渐之大势也。

因此大势，故汉家制夷之策：初期在东，所重在辽东太守，得一祭肜其人，离贰东方诸夷（乌桓、鲜卑、丁零之属），使归汉仇虏，而北单于遂东敛其锋。及其锋向南渐，则又亟须离隔南北匈奴，使之助汉而互仇，于是增置度辽将军，使其专掌监视离贰之任焉。（《南匈奴传》云："永平八年，遣越骑司马郑众北使，而南部须卜骨都侯等怀嫌怨欲畔，密因北使，令遣兵迎之；郑众出塞，疑有异，伺候，果得须卜使人。乃上言宜更置大将，以防二虏交通。由是始置度辽营，以中郎将吴棠，行度辽将军事；副校尉来苗、左校尉阎章、右校尉张国，将黎阳虎牙营，屯五原曼柏。又遣骑都尉秦彭将兵屯美稷。其年秋，北虏果遣二千骑候望朔方。作马革船，欲度迎南部畔者，以汉有备，乃引去。"按自是以后，度辽将军遂成重缺。名将如来苗、耿秉、邓鸿、皇甫稜、朱徽、冯柱、庞奋、梁慬、耿夔、邓遵、法度、傅众、庞参、宋汉、耿晔、马续、吴武等，皆曾膺选。）直至永和汉安间，北匈奴南窥心死，专扰车师时，度辽将军始无用而废焉（永和七年，改汉安元年，吴武为度辽将军，以后遂废）。及匈奴既已西侵，于是要塞由美稷、曼柏，移而至伊吾、柳中；要镇由度辽将军，移而为西域长史；使之离隔北匈奴与西域之提携。惢恩后车师与北单于之战争，此汉廷困北虏之常经，而汉世有识谋者所公然者。如曹宗（《后汉书》卷七十七《班勇传》："元初六年，敦煌太守曹宗，遣长史索班，将千余人屯伊吾，车师前王及鄯善王皆来降。"按：此事又见《西域传》序）、班勇（《班勇传》："勇上议曰：……旧敦煌郡有营兵三百人，今宜复之；复置护西域副校尉，居于敦煌，如永元故事。又宜遣西域长史，将五百人屯楼兰。西当焉耆、龟兹径路，南强鄯善、于阗心胆，北捍匈奴，东近敦煌，如此甚便。"）、张珰[《后汉书·西域传》序:"延光二年,敦煌太守张煌上书陈三策:以为北虏呼衍王,常展转蒲类秦海之间,专制西域,共为寇钞。今以酒泉属国吏士二千余人,集昆仑塞,(李贤注云:前汉敦煌郡广至县有昆仑障。按:李注是也。广至县,在敦煌郡东北。杨守敬《东汉舆地图》:昆仑塞在敦煌郡东南。大缪不然。)先击呼衍王,绝其根本。因发鄯善兵五千人。胁车师后部,此上计也。"]、陈忠(《西域传》序:"陈忠上疏曰:今北虏已破车师,势必南攻鄯善;威临南羌,舆之交连,如此则河西四郡危矣!臣以为敦煌宜置校尉,案旧增四郡屯兵,以西抚诸国,庶足折冲万里,震怖匈奴。")所献之策,无非此法。盖此敦煌、伊吾、柳中、蒲类相近之地,实西域北虏之咽喉(略如前汉之乌垒矣),能从敦煌出奇兵纵击以扼之,而操纵西域焉,足以使匈奴气绝不纾,而垂于灭亡;此汉家制北匈奴之方策之常经也。

地望、事势、方策三者既明,而此碑之重要自见。以华夷三方互倚必争之地,当北虏穷蹙死守,积谋反侧之时;而衡以汉家扼要据险,离夷制夷之策;故巴里坤者,实汉与北虏命脉之所在;匈奴据之,则足以胁西域以扰汉;汉据之,则足以臣西域以扼虏。故裴岑敏谋精计,出奇纵击,至此一捷,而北匈奴不敢窥西域者十有五年,攻得其要害也:自阳嘉三年,班勇据伊吾卢以大破北匈奴后;四年,呼衍王欲复勇仇,乃倾巢来犯。范书《车师传》云:"四年春,北匈奴呼衍王率兵侵后部,帝令敦煌太守发诸国兵及玉门关,候伊吾司马,合六千三百骑救之,掩击北虏于勒山,汉军不利。秋,呼衍王复将二千人攻后部,破之。"(凡言后部,指车师后部国也。)呼衍王殊死大胜以后,宜可以宰制西域,为所欲为矣;乃忽而潜影慝形,不敢复犯车师至十五年者(自永和二年,至元嘉元年,计十五年),即以有永和二年(阳嘉四年后,即永和元年),裴岑纵击之大捷故也。故《后汉书》不载此事,所惜犹小;然无此碑,则《后汉书》不复可读矣!非小故也。直至桓帝元嘉元年,呼衍王(按此碑:则呼衍王既斩;而此又一呼衍王者,盖呼衍为匈奴一姓,故得代代袭称,犹今云亨利路易第几矣。《南匈奴传》云:"单于姓虚,连题异姓,有呼衍氏、须卜氏、丘利氏、兰氏四姓,为名族。")始稍稍收辑残亡,重窥伊吾。时毛恺虽出蒲类,但止五百人,兵力过薄，故遂遭挫；司马达以四千人出蒲类纵击之，而呼衍王遂闻风惊走，(范书《车师传》："元嘉元年，呼衍王将三千余骑寇伊吾。伊吾司马毛恺，遣吏兵五百人，于蒲类海东与呼衍王战，悉为所没。呼衍王遂攻伊吾屯城。夏，遣敦煌太守司马达将敦煌、酒泉、张掖属国吏士四千余人救之，出塞，至蒲类海；呼衍王闻而引去，汉军无功而还。")北匈奴亦自此垂亡矣。无他，得出侧兵于蒲类(即巴里坤)而纵击焉，已握必胜之枢机，故足以制其死命也。然则谓此战与祭、窦同功，亦何过乎。今班椽美铭，虽播千古，而燕岭丰碑，蚤成柱础！此片石者，虽潜晦千载，乃垂存至今；显晦幸咎，其差如此！是非特裴岑一人之私感，令后人三复摩挲，长喟而不能已也。至于范书《莎车国传》，有敦煌太守裴遵其人，岑或遵之苗裔？事不可知，此其小者，不复缕及云尔。

戊辰季夏朔日，夜静临晓，百籁俱寂，海宁吴其昌记于天津师门饮冰室。

先师王先生所译日本箭内亘博士《鞑靼考》，其第二节《阴山之鞑靼考》一段，中有云："盖沙陀者，西突厥之别部，本称处月；居蒲类海今巴里坤 Barkul 湖之东。"(见海宁王忠悫公遗书《观堂译稿》。)则其昌前所推测，徼幸竟与之合！差喜援证之稍厚矣。越五月，雪夜，自记于南开大学。

(原载北京大学《国学季刊》，一九二九年二卷二号)

金文名象疏证·兵器篇（节选）

说

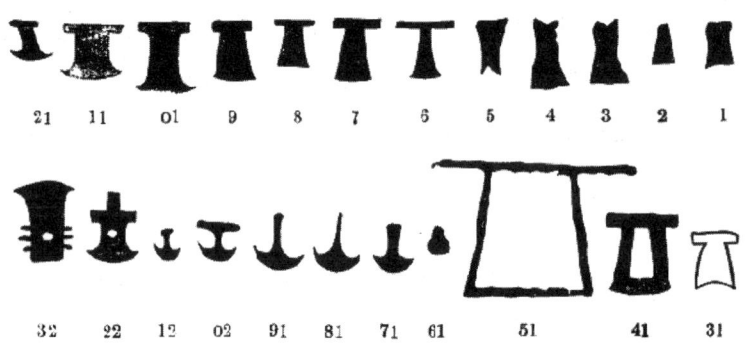

1. 爵　罗振玉贞松堂集古遗文卷九页三十七
2. 爵　贞松堂卷九页三十七
3. 父辛卣　罗振玉殷文存卷一页三十五
4. 父辛卣　殷文存卷一页三十五
5. 爵　殷文存卷二页八
6. 子爵　吴大澄愙斋集古录册二十二页十四

7. 子█爵　愙斋册二十三页六

8. █爵　贞松堂卷九页三十九

9. █匜　西清古鉴卷三十二页三

10. 子█卣　端方陶斋吉金录卷二页

11. █爵　愙斋册二十二页十三

12. 子█卣盖　陶斋卷二

13. █爵　吴式芬捃古录卷一之一页三十三

14. █爵　贞松堂卷九页三十一

15. █爵　刘心源奇觚室吉金文述卷七页六

16. 且乙角　贞松堂卷十页二十四

17. 父癸鼎　贞松堂卷二页三十一

18. █鼎三　王俅啸堂集古录册一页十一

19. █鼎二　啸堂册一页十一

20. 乙辛爵　殷文存卷二页十九

21. 父癸尊　奇觚室卷五页八

22. 隹彝　容庚金文编附录卷上页十七

23. 父乙簋　贞松堂卷四页三十四

以上诸形，可与上列诸图，互相参看，皆摹绘石斧之形也。盖上古石斧，既作是形，其后由石斧变为铜斧，质虽改而形不易。而又家备人有，故闲或铭之于器。或以拜国王之赐，或以旌战胜之武，或以纪获物之意，因而得传其形于今。非铜器时代铸器时人，尚沿用石斧也。

前人不识石斧，覩此状遂不知为何物(如吴式芬，吴大澂，罗振玉，于█字皆云"不可识"或缺之)。亦有强欲识之，遂释为"丁"(簠斋吉金录陈介祺释█为丁)，为"壬"(吴式芬，陈介祺释█为壬)。不悟此本未成字，但为先民摹绘石斧之形耳(诸人皆未见石斧，亦无责焉)。其后则"工"

371

"士""壬""王"……等字,皆从此出,而此则但可目为原始之名象耳。

以其序言之,则有孔者当在无孔者之后。盖初民第知砺石块为片;不知经若干年又发生石锥之属,或石鐟进步,然后始又知锥孔为窍也。故第一,第二,第三,第四,第五,第十六诸形所示者,乃最早原始石斧之形也。其后或因贯以壮指,便以握切;或因系以绳索,便以携带;故锥成小孔,则如第二十二,第二十三诸形之所示是也。其后或缚以短柯,以便取取用,则如第六形至第十五诸形,或已连短柯之斧也。又金文状物通例,虚描与实,无异故 ⌒ 同"乙"。⋂ 同"丙"。⍮ 同"辛"。▱ 同"丁"。⋎ 同"戈"。⋏ 同"戉"。⋔ 同"子"。⋕ 同"止"。准如斯例,易仆难终。则 ⊓⊓ 同物,例所当然;故知第十三,第十四,第十五诸形,亦石斧遗形之虚描者也。

石斧遗形,不特见铭于彝器已也。其后虽改铸以铜铁,而最初之铜斧,其简陋之形制,固与石斧无少异。贞松堂集古遗文卷十二页三十一有癸斧,其形制如下:

此癸斧明为商器而其形乃与第一第二诸形宛肖,可证也。

及石斧时代过去稍远之后,然人类怀古之心极强,不忘其昔日祖先所用之器具,故保存其遗迹于典礼之中,以作纪念。故其后兵器日巧日利,石斧之属,久已不适于用,而人类犹未忘其遗制,则模制其形,选以美珉，以为舞器，而举行于某种隆重典礼之中。虽表观似已涂附一层繁缛之藻饰，而其本形则未尝少变；宣和博古图及西清古鉴所载之周舞戚，片云戚，可见也。

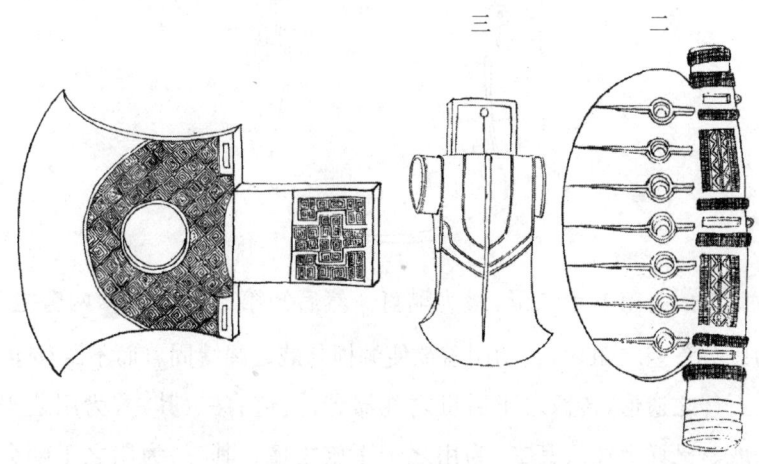

此舞戚一，见西清古鉴卷三十七页五。舞戚二，见同卷页六。舞戚三，见同卷页七。（博古图所载舞戚及片云戚略同，不复举）此舞戚一与舞戚三，盖象石斧之遗形，一有孔，三无孔。而舞戚一与第二十二形，舞戚三与第十形，其轮廓尤为逼肖。舞戚二，则象石刀之遗形，其柲上所缕刻之花纹，盖摹仿绳索绕缚于木柯上之遗象也。

礼记明堂位云："朱干玉戚。"又文王世子云："大乐正学舞干戚。"又祭统云："朱干玉戚，以舞大武。"是周末之戚以玉为之，其用不过执之以舞而已。然戚之为物，本为斧钺（戚谊为斧，详下说戚）。故刘熙释名云："戚，慼也。斧以斩断，见者皆蹙惧也。"是舞戚本以摹制兵器之证，亦即上列三图，即为石斧石刀遗形之证也。

石斧之遗形，不仅保留于舞戚已也。又有一种非舞用之戚，如吴大澄古玉图考第二册第九十五页有黄玉戚如下（原本太大，今改用同文书局石印本）：

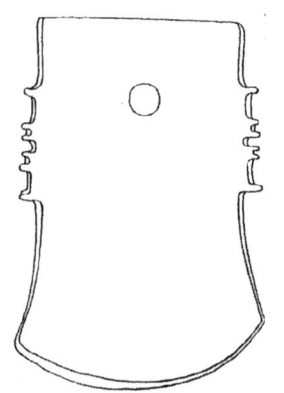

此玉戚与第二十二形,最为酷肖。然后知第二十三形两旁之齿,乃为戚旁参差之鉏牙,其功用盖欲使缠柯与戚之绳缚固着而不游移也。

石斧之遗形,传留之于后世之礼器者,其道有三:其一,为用之于乐舞之戚。已详上述。其二,为用之于军旅之璋。其三,为用之于朝会之圭。今请分别述之。

吴大澂古玉图考页二十一有牙璋,其制如下:

周礼典瑞:"牙璋,以起军旅,以治兵守。"白虎通云"璋以发兵"(按此统大璋,中璋,牙璋言之)。又周礼考工记玉人:"牙璋,中璋,七寸;射二寸,厚寸。以起军旅,以治兵守。"郑注云:"二璋,皆有鉏牙之饰于琰侧。"

今此图剡侧正有鉏牙,竟可以证实郑注(按郑众典瑞注云:"牙璋,瑑以为牙。"又贾公彦玉人疏云:"文以鉏牙,言或作云气,误。"观此二说,知前人竟有误会以为在璋上刻缕成牙形文者,得此图知惟郑康成乃真知耳)。是盖皆模拟祖先石斧之遗形,以示克绳祖武之意。且最初之战争工具,亦祗有斧而已矣,故传其形制于军旅也(按"璋",今省作"章"。如云"徽章""证章""军章"是。用于军旅,故象斧形。若聂崇义三礼图,陈祥道礼书,下迄黄以周礼书通故所绘之牙璋,作 形,荒戾甚矣)。

至其用于朝觐会同之圭,则吴大澂古玉图考,曾摹绘其各类其形制。今随类举一于下:

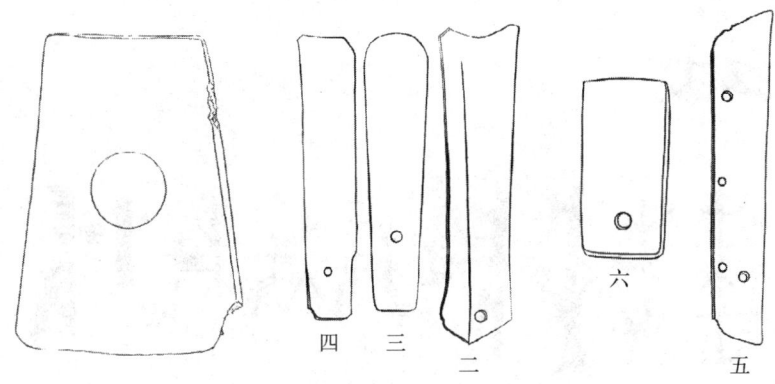

第一镇圭,见吴氏古玉图考册一页一。第二琰圭,见同册页又十三。第三琬圭,见同册页十。第四大圭,见同册页八。第五吴氏名为笏(是否为笏?待考),第六为瑁,见同册页二十三。又于梁任公师家见一大圭即斑作 形,极薄,真合"明自炤"之说。皆石斧之遗形也。镇圭,与瑁,形制尤肖;琬,琰,斑,圭,但略长耳。第五图,则为石刀之遗形也。周礼考工记玉人云:"大圭,长三尺(吴大澂疑'三尺'为'二尺'之误文,近是),杼上,终葵首。"郑注:"——'终葵',椎也。"又礼记玉藻:"天子搢斑。"郑注:"斑,或谓之大圭。于杼上,又广其首,方如锥头。"又太平御览器物部引何承天纂文云:"柊楑,方椎。"按云"终葵首",云"柊楑,方锥",云"方如锥

375

头",则明明为斧形也。又周礼春官典瑞"王晋大圭,执镇圭——以朝日。"郑注:"郑司农云:'晋',读为搢绅之'搢'。谓插之于绅带之间,若带剑也。"盖石斧为初民随身自卫之器,时刻不离,故常插之于腰带之间,其后遂衍为搢圭,搢笏之礼也。

综之,人类纪念其祖宗生存之武器,处处不忘;故一留其遗形于战胜献俘舞蹈时之舞戚,再留其遗形于发兵遣征时之牙璋,三留其遗形于君臣朝会时之大圭。上古石斧其保存于遗制者,其大略可考如此。

更以彝器之铭文考之:🅰鼎二云:"🅱(呼)贝🅲。"贝与🅲连称,则此🅲字(第十八上第十九形)亦必为一国君赏赐臣下之器物之形,是斧也。则其意义犹虢季子盘之锡"戈",不嬰簋盖之锡"弓""矢"矣。

说 工

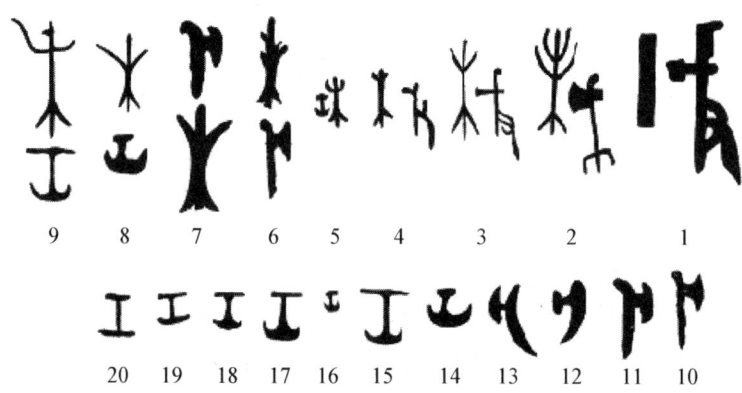

1. 父乙尊　贞松堂卷七页四
2. 父己瓿　殷文存卷下页二十六
3. 父丙卣　殷文存卷上页三十四
4. 板家卣　殷文存卷上页三十八
5. 母甲觯　殷文百卷下页三十
6. 祖戊瓿　殷文存卷下页二十五

7. ㄨ卣　愙斋册十八页七

8. 母已鼎　愙斋册三页八

9. 木工册鼎　愙斋册三页九

10. 即6

11. 即7

12. 父已爵　薛尚功薛氏钟鼎款识法帖卷四页九

13. 父丁爵　王俅啸堂集古录卷上页四十四

14. 即8

15. 即9

16. 斦父癸尊　奇觚堂卷五页八

17. 矢彝　贞松堂卷四页四十九

18. 史兽鼎　邹安周金文存一

19. 史兽鼎　同上

20. 师寰敦　周金卷三页十六

第二第三第四诸形，左有木，右执斧柯以伐之，形义显了。故吴式芬、吴大澄、罗振玉诸氏，皆释为伐木形，是也。因此以推第一形，则知亦斧柯之类琢木之形也。因此以推第五形，右有木，左有斧，但横置而不直立，然意义相同，至浅显也。因此以推第六第七第八第九四形，或木在上，斧在下；或斧在上，木在下；其斧或横或立，而意义相同，可类知也。此等用以伐木而置于木旁之斧形，皆"工"字也。如第十一至第十六等七字，皆为木下之斧形，而其中第十四第十五第十六，三字，与第十七第十八第十九，三字全同；然第十七字在矢彝云："众里君，众百工。"第十八字在史兽鼎云："咸献工。"第十九字在史兽鼎云："史兽立工于成周。"皆确为"工"字，亦皆确为斧形，故知"工"字最初之凤义，为伐木之斧之遗形也。

以斧伐木，是人类原始之工作也，故"工"之本义为斧，而引申之第一义，则衍为"工作"。周礼天官序官玉府贾疏云："工，谓作工。"是其证也。

以斧伐木,是功役也;故"工"义又衍而为"功"。虢季子白盘:"庸武于戎工",即"庸武于戎功"也。史兽鼎:"立工于成周",即"立功于成周"也。《书·皋陶谟》:"天工其代之",汉书律历志引作"天功"。又"苗顽弗即工",《史记·夏本纪》引作"不即功"。又周礼肆师:"凡师不功",郑注:"古者工与功同字。"是其证也。以斧伐木,是"斩之""析之"之义也。师寰簋云:"工首执讯",此即虢季子白盘铭之"折首执讯"也。此又"工"之本义为斧之一证也。握斧在手,斯可以攻人矣。故攻从"工"、从"攴",像手有所执也。叔弓钟:"汝肇敏于戎攻",攻作"𢻹"(宋本啸堂集古录卷下页七十六)其所从之"工",正作斧形,尤为显据。此"工"之本义为斧之又一证也。以斧伐木,而百物渐兴,于是遂衍为今义。考工记云:"审曲面势,以饬五材,(古者材皆谓木材)以辨民器,谓之百工。"又周礼太宰:"五曰工事之式",郑注:"工,作器物者。"又《汉书·食货志》:"作巧成器曰工。"又何休注《公羊传》成公元年云"巧心劳手,以成器物曰工。"此又引伸之义也。引伸之义愈衍而愈远,以至于为"巧饰",(《说文》:"工,巧饰也。")为能事,(《大戴礼》文王世子"进退工故",庐辩注:"工,能也。")为百官,(《广雅》释诂四:"工,官也。"为乐人,(《大戴礼》保傅"工诵正谏",注:"工,乐人也。")而"工"之本义,遂晦霾千载无人知矣。

说士

1. 奢敦　窓斋册八页十三
2. 臣辰盉　贞松堂卷八页四十三
3. 矢彝(器)　贞松堂卷四页五十
4. 噉尊　贞松堂卷七页十八

5. 旂鼎　殷文存卷上页八
6. 师衮簋　周金卷三页十六
7. 克钟　周金卷一页二十六
8. 沇儿钟　周金卷一页二十一

第一字为奢敦"初吉"之"吉"字所从之"士"字。第二字臣辰盉云："王命士上众史寅"。此"士上"之名，与下克钟"士召"之名正同。第三字，矢彝云："众百工"，乃"工"字；此为金文"士""工"一字之确证。第四字，噉尊云："王锡噉士：卿，(飨)贝，朋。""噉士"即"士噉"之倒文。(金文倒文例，多至不可胜举)与"士上""士召"，正同例也。第五字，又为旂鼎"初吉"之"吉"字所从之"士"字。第六字，师衮簋云："俘(俘)士女牛羊。"第七字，克钟云："王乎(呼)士召。"第八字，沇儿钟云："……及我父娊(兄)庶士。"观于诸字顺次之演化，则知"士"之最初本义亦为斧形，不烦诠疏，甚为明白。且最异者矢彝一器，器盖异其字体，在盖铭作"众百工"者，其字作工，而器铭则作"众百士"，其字作士。尤足证原始"士""工"之无别。工义为斧，已如上述；士义亦斧，甚为连贯矣。

伐木之斧为"工"，是先民原始之工作也。亦得为"士"，是先民原始之事业也。有斧于斯，乃有所事事也。故"士"即"事"，《论语》"虽执鞭之士"盐铁论贫富引作"虽执鞭之事。"又彝器中毛公鼎番生敦，矢彝，小子𣪘之"卿事"，在经典如牧誓，洪范，十月，假乐，常武，长发，皆作"卿士"。皆古初'士''事'一义之证也。(详矢彝考释卿士寮节疏)此第一引伸之义也。有斧于斯，斯足以抵抗强敌，有斧于斯，斯足以征伐他族。抵抗强敌，征伐他族，是'军士'也。故士为'斧'亦为'兵'，由武器义转为武人，郑康成笺诗采芭云："士，军士也。"高诱注吕览简选("锐卒千人")淮南览冥("质壮轻足为甲卒")本经("武王甲卒三千")修务("不过一卒之才")并云：("在车曰士""步曰卒")又文选东京赋"戎士介而扬徽"，薛综注："士，士卒也。"又荀子王霸"霸者富士，"杨倞注："士，卒伍也。"又老子"善为士者"，王弼注："士，卒之帅也。"皆其证也。此第二引伸之义也。

又刑人者不以斧,斧示刑具,故士又为主刑狱之官。尧典"汝作士,"马融注:"士狱官之长。"孟子告子下:"举于士",赵岐注:"士,狱官也。"周礼大司徒"其附于刑者归于士,"郑玄注:"士,谓主断刑之官。"皆其证也。此第三引伸之义也。于是由'武士'而更引伸之,则士为男子之大称。诗都人士,干旄等疏)由'理官'而更引伸之,则士为'守道''有才智'者。(贾子道术,后汉书仲长统传)于是去本义愈远,几不可究诘矣。

一斧一碪则为'吉'。上弦新月,弯鬉如斧,故又名'初吉。'年少美妙之士,皎丽如月,故又名'吉士'(详矢彝考释月吉节疏)此又引伸义之骈枝旁苗者也。

说 壬

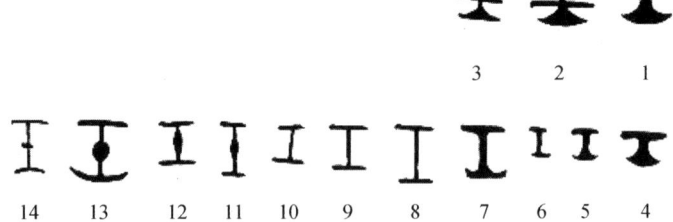

1. 穆公鼎　啸堂册一页十三
2. 父壬子形爵　啸堂册一页四十五
3. 父壬爵　啸堂册一页四十六
4. 子壬乙酉爵　愙斋册二十二页十五
5. 父壬爵　殷文存册下页十五
6. 父壬索形爵　愙斋册二十二页二十四
7. 父壬舟形爵　殷文存册上页二十二
8. 父壬木形鼎　殷文存册上页四
9. 兄日壬勾兵　周金卷六页六十八
10. 茅壶　周金卷五页五十四

11. 伯中父簋　周金卷三页六十六
12. 叔宿簋　捃古卷二页四十一
13. 鬲攸从鼎　周金卷二页二十一
14. 汤叔尊　周金卷五页四

第一字在穆公鼎铭曰："作命臣工"，其为"工"字，不可移易；而其字形与第二字"父壬"之"壬"字全同，但少一画耳；是"工""壬"一字之明证也。第二，第三，又第五至第八，计六字，其铭文皆作"父壬"。第九，第十，计二字，其铭文皆作"兄日壬"。第四字，其铭文作"子壬"。皆确系"壬"字，不可移易。而其字体皆作"工"字，亦不可掩讳。是"工""壬"一字之明证二也。说文于"工"字下云："与巫同意"。于"壬"字下又云："与巫同意"。是"工""壬"一字之明证三也。

第二字与第三字，铭文皆作"父壬"。然第二字已与"王"字酷类；第三字则直为"王"字；亦明显不容掩辩。此又"壬""王"一字之明证也。

"工""士""壬""王"既系一形，则此四字自必同义，又可知也。"工""士"之义皆为斧，则"壬"之初义自亦为斧。又如第二字"父壬"之"壬"作 ，乃绘一斧两端俱有锋刃，腹贯修柯之状。殆古时有一时期，本有此特制之斧，以便倒仰可用，吾人姑名曰"两刃斧"。"壬"之地位，殆适介于"斧"与"两刃斧"之间者欤？

"甲""乙""丙""丁""戊""己""庚""辛""壬""癸"十者，皆兵器，杀人器，刃属器也。（说络续详下疏）"壬"为两刃之斧，辛亦斧属武威刑杀之器，（详下疏）故"壬"与"辛"之义，相近相应。故春秋成公十六年左氏传：记楚公子壬夫字子辛。春秋名字自相诂，是其证也。

递后 字之中画，由一渐短而成 。上下之 形 形，渐省而为 形 形。更省之，则为一。于是一变而为鬲攸从鼎之 ，再变而为汤叔尊之 。更后小篆又从汤叔尊之 衍而成壬；而壬之原形毁，本义亦随之灭矣。（今说文乃云"壬，象人怀妊之形。"）释名乃云："壬，妊也。阴阳交物，怀妊，至子而萌也。"是皆汉儒阴阳五行之说既行之后之訾言。

不知古文"已"乃作"子"而"子"字乃作"巢"也。

说王

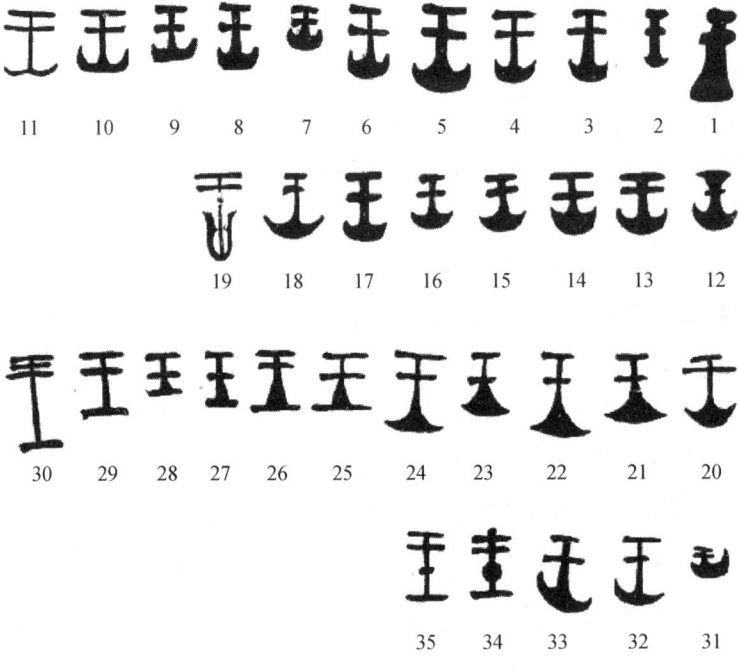

1. 丰王斧　罗振玉梦郼草堂吉金图卷二页二十五
2. 大丰簋　周金卷三页三十一
3. 戊寅鼎　殷文存卷一页七
4. 矢簋　贞松堂卷六页十一
5. 盂鼎　周金卷二页十
6. 庚嬴卣　愙斋册十九页三
7. 作册大鼎　贞松堂卷三页二十六
8. 中禺彝　贞松堂卷四页四十五
9. 周公彝　贞松堂卷四页四十八
10. 楷伯彝　梦郼草堂卷一页二十五

11. 王作姬鬲　愙斋册十七页十七

12. 小臣𬎟卣　愙斋册十八页二

13. 宰峀簋　愙斋册十一页二十六

14. 格仲尊　捃古卷二之二页三十七

15. 文王鼎　啸堂卷一页七

16. ᙁ簋　贞松堂卷五页十四

17. 太保簋　愙斋册七页五

18. 小子射鼎　捃古卷二之三页二十一

19. 者𤔲钟　周金卷一页四十二

20. 史伯硕父鼎　啸堂册一页九

21. 兄癸卣　啸堂册一页三十四

22. 小臣艅尊　愙斋册十三页十

23. 乙亥卣　愙斋册七页十六

24. 矢王鼎　贞松堂卷二页三十一

25. 作册𠩺鼒　捃古卷二之二页八十六

26. 白克尊　啸堂卷一页二十五

27. 公伐郤鼎　周金卷二页三十

28. 剌鼎　周金卷二页二十八

29. 颂簋　周金卷三页二

30. 姑冯句鑃　周金卷一页七十八

31. 父戊爵　殷文存卷下页十三

32. 史䜌彝　捃古卷二之三页二十一

33. 𠤳鼎二　啸堂卷一页十一

34. 古鉨文　吴大澂说文古籀补卷一页二

35. 古鉨文　古籀补卷二页二

"王"字之本义,斧也。云"天下所归往"者,汉人不明古义引伸之说也。吴大澄云:"地中有火""象火奕奕有光"者,倒因为果之说也。何以

383

知"王"之本义为斧乎,请就下列八证以明之:

"王"与"壬",本为一字,已见上述;然证据犹不止此也。春秋文公七年左氏传:"宋公王臣卒。"释文:"或本作壬臣。"又定公四年传"宋王臣,"释文:"或作壬。"又史记周本纪"顷王壬臣立"。汉书古今人表下上作"顷王王臣"。又襄公五年左氏传:"楚公子壬夫,"颜师古匡谬正俗谓宜为"王夫"。皆其证也。又如第二十字之王,(史伯硕父鼎)与父壬爵之"壬"字全同。第十二字之王,(小臣𢆶卣)与子形父壬爵之"壬"字全同。第三十四,五之王,又与鬲攸从鼎,汤叔尊之"壬"字全同;但增一画耳。此文其证也。故知"工""士""壬""王",本为一字,盖成定案。"工""士""壬"谊皆为斧,则其同为一字之'王',其本谊亦为斧,成定谳矣。其证一也。

殷文存卷下页十九有立申爵,文如甲:

贞松堂集古遗文卷二页二十六有立𢆶父辛鼎,文如乙:

据古录卷一之三页七有立𢆶父辛鼎,文如丙:

积古斋钟鼎款识卷一页,有立矛父辛鼎,文如丁:

陶斋古金录卷一页二十三,有立王且甲鼎,文如戊:

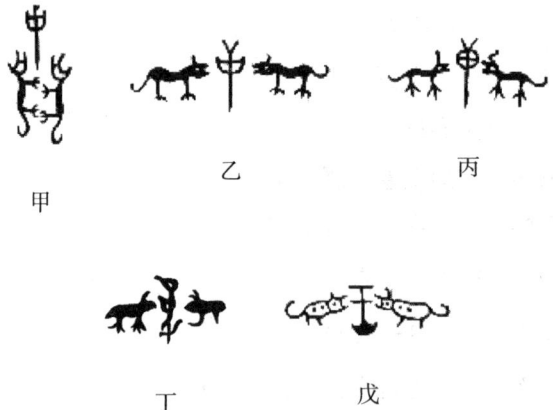

甲　　　　乙　　　　丙

丁　　　　戊

(丙)图之"𢆶",亦为兵器。此即"𢆶"字,故其后衍而为戬,兵器斯可以战也。以(丙)例推(乙),则知(乙)之"𢆶"亦"𢆶"字也。以(丙)(乙)例推(甲)，则知(甲)之"⚁"，亦"⚂"字也。综(甲)(乙)(丙)而通观之，则知其中所立者自⚁至⚂，皆搏战时所用之兵器也。"单"与"矛"皆为兵器，既如上述；此五器者，其意义完全相同，则更以(甲)(乙)(丙)(丁)之例推(戊)，则(戊)器之"王"，亦为兵器，又当然也。盖此五器者，皆为游猎时代，初民佃猎获兽，为事可喜，故铸器以纪念之。中立兵器，所以示武；旁列二兽，所以记功。则"王"字本为兵器之义，跃然自显。故知(甲)(乙)(丙)为单，(丁)为矛，则知(戊)为斧矣。其证二也。

梦郼草堂吉金图卷二页二十五有丰王斧，上铭"丰王"二字，其斧形如下：

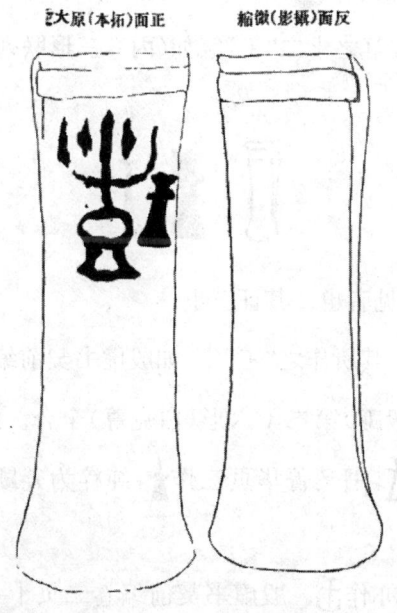

此丰王斧盖为原始之铜斧。其时代当在殷末；盖"丰王"与"周王"为殷末关中之二大诸侯。但不久"丰王"为"周王"所吞并。故在武王周公时，已降而称"丰白"，(详周公东征鼎)此犹称"丰王"，则其时在文王以前矣。因为时甚早，故"王"字尚保存原始之形体。此丰王斧之本身形态，与斧头上所铭"王"字之形态，酷肖无异。不烦诠解。而知"王"字之本义矣。

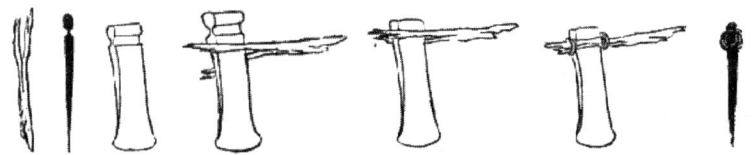

丰王斧近柲处,正反面皆有凹形之刻沟一道,其作用,盖将以施柯,其施柯之次序及方法,悉如图。必将柯夹伏于两面刻沟之内,然后斩伐时可以不致因震动而使柯渐渐向后松移也。丰王斧所铭之"王"字,最显明诏告我侪:"王"字之上两画,乃象斧柲上刻沟之两沿也。故"王"字之上两画,相距必其近而作王,斯其明验也。若丰王斧之本形如(甲),其"王"字如(乙),大丰簋之十二"王"字如(丙),三形联列而观

斯又明验之易见者也。其证三也。

龟甲兽骨文字,其所作之"王"字,如殷虚书契前编卷一页二作王,与第二十五形(作册般甗)第二十六形(白克尊)全合。此外如卷三页三十作大,页三十一作大,书契菁华页三作大,纯粹为斧戚之类之绘形,与金文义合。其证四也。

甲骨文字"王"亦作王。殷虚书契前编卷二页十一有取字。又页八有取字。又页三十四页三十五有取字。其意虽为地名,然其字实从"王"从"又"。"又",象手以执之,此治小学者所共知。若如说文说:王之义为"贯通天地人之道",则此道非可以手执之也。若如吴大澂说:王之义为"火焰焰之光",则此光亦非可以手执之也。必王之义为斧,斧,斯可以执之。其证五也。

金文名象疏证·兵器篇(节选)

更以上所举例之三十五字考之。除第三十四三十五之字作王,乃古铁之变文,与壬之变文作王者同例不计外;其余三十三字,又可析为四类。自第一至第十一,为(甲)类。自第十二至第十九,为(乙)类。自第二十至第三十,为丙类。自第三十一至第三十三,为丁类。其柄与柲之处,并无大异;而其锋刃之处,则四类显各不同。第一类自丰王斧式变出,故皆方刃作⊔⊔⊔形。第二类则自王式变出,故皆圆刃作∪∪形。第三类则自甲骨文㐅式变出,故皆锥刃作△△△形。第四类则摹绘生动,与第十二字(小臣𧫢卣)第十八字(小子射鼎)尤为宛肖斧状,一望可悟。其证六也。

今更以经籍及典礼证之。尔雅释器:"斧,谓之黼。"又释言:"黼黻,彰也。"孙炎注:"黼,文如斧。盖半白半黑,如斧刃白而身黑。"(又书益稷"黼黻"伪孔传:"黼,如斧形。"又左氏桓公二年传:"火龙黼黻,"杜预注:"白与黑,谓之黼;形如斧。"皆可参证。)盖"黼"即"斧"之同声假借后起字耳。今考仪礼觐礼云:"天子设斧依于户牖之间"此"斧依",在周礼则作"黼依"。周礼春官司几筵云:"凡大朝觐,大飨射;凡封国,命诸侯;王位设黼依。"(郑注云:"斧谓之黼。其绣白黑采,以绛帛为质。'依',其制如屏风然")盖古之王者皆以威力征服天下,遂骄然自大,以为在诸侯之上而称"王"以"王"之本义为斧故。斧,武器,用以征服天下;故引伸之,凡征服天下者称"王"。斧形即"王"字,故绘斧于扆,不啻书"王"字于扆,以表示此为王者。及至后世虽王者已不尽恃武力,而祖先历世相传之遗制,终不敢忘;故于朝天下,觐诸侯,封藩服,会卿事,之时,仍设绘斧之扆以纪念之。既以示王者威德,且告人以此为王者。惟王者可设斧依,则"王"字之本义为斧,益彰明矣。其证七也。

戊寅鼎之"王"字实作王,下尚从∪,此为王字中之仅见者。按∪为磁形;故"士"义亦为斧,而一斧一磁则为"吉"。如旟鼎,奢簋,"初吉"之"吉"字,及姑觯(贞松堂集古遗文卷九页二十四)之"吉"旁,并作吉或吉或

[吉]，皆正象一斧一磴之形，可以为证。故知此戊寅鼎之，"王"字作"[吾]"，亦正象一斧一磴之形，而与"吉"字，正为同例类同系统之字。其证八也。

其后由（甲）组之[王]，（丙）组之[王]，变成小篆之[王]。由（乙）组之[王]，变成说文籀文之[王]。原形毁而本义灭矣。说文云："王天下所归往也。"此本引伸之义，未云甚误。至引董仲舒说（董说云"古之造文者，三画而连其中谓之王。三者，天地人也。而参通之者，王也。"）则大谬矣。即以说文攻之，说文明云："[王]，古文王。"然则天道人道，何以皆直；而地道又何以独曲诘作[U]乎。则恐许氏亦不能自答矣。至引孔子之说则尤为无稽。（王应麟困学纪闻曰："说文引孔子曰：'一贯三为王。''推十合一为士。''粟之言续也。''黍可为酒，禾入水也。''鸟盱呼也。''貉之言恶也。''牛羊之字，以形举也。''几在人下故诘屈。''狗叩也。''视犬之字，如画狗也。'未详所出？然似非孔子之言。或纬书所载也。"说甚是。）盖此学本义之不明久矣。至清吴大澂始觉其缪，而欲自创新说以解之：以王之义为象火，则不自其适倒因以为果，至其自谓说曰："地中有火，其气盛也。火盛曰王，德盛亦曰王。"则又郢书而燕说矣。（总之，彼等以为愈古愈文明，愈近愈野蛮，抱此退化见解，便一切首尾倒置。以吾侪今日视之，则杀人多者为"王"之本义耳。）

吴其昌先生学术年表[1]

吴其昌(1904—1944),字子馨,曾号正厂,浙江省海宁县硖石镇人。父文清,母杨氏。上有三姐,下有一妹、一弟。弟吴世昌为著名汉学家、红学家。

1904 年,岁次甲辰

4 月 26 日,出生于浙江省海宁县硖石镇(今南关厢一二二号)。先生书斋名为闻斯行斋,又号褱香楼。

1915 年,岁次乙卯,先生十一岁

受业于桐城派古文家张仲梧树森先生,接受高小教育,被称为张先生的三位古文高足之一。[2]

---

[1] 编辑中主要借鉴了吴令华女士所编《海宁吴其昌教授年谱》(吴令华:《吴其昌文集》五,三晋出版社,2009),在此谨表谢忱。并根据《无锡国专编年事辑》、《吴宓日记》、《罗音室学术论著》、各报刊所载文章以及吴其昌先生诸同学友人为其所作小传等,进行择要编录,在此,一并致谢。

[2] 张先生的三位古文高足为吴其昌、徐志摩、许国葆。

1916 年,岁次丙辰,先生十二岁

母亲去世。

1917 年,岁次丁巳,先生十三岁

高小毕业。① 因家贫,开始自学之路。

1920 年,岁次庚申,先生十六岁

冬,父亲去世。家中愈贫,大姊带全家迁往桐乡婆家。吴其昌被伯父介绍到杭州邢家米行教孩子读书。弟吴世昌被送到杭州望仙桥立大参号学徒三年,出徒后又当一年伙计。期间,吴其昌曾给吴世昌寄去半部扫叶山房印的《文选》,鼓励他不要放弃读书,以后定会想办法让他继续学业。

1921 年,岁次辛酉,先生十七岁

考入无锡国学专修馆②,师从唐文治先生,主要治宋明理学。与王蘧常、唐兰合称"国专三杰"。

端午节,作《吊屈灵均文》,唐先生赏其才,效杜老语曰:"吴生吴生歌莫哀,我能拔尔抑塞磊落之奇才。"吴其昌闻之呜咽流涕。

唐文治先生开始刻印《十三经读本》,吴其昌参与校勘。

国专期间,因作文做得好,屡获奖学金。

---

① 一说 1918 年毕业,待考。
② 据刘桂秋著《无锡国专编年事辑》记载,无锡国学专修馆首届招生考试在 1920 年 12 月 19 日,正式开馆上课在 1921 年 2 月 27 日。其中,1920 年 12 月 25 日所公布的第一届录取名单中没有看到吴其昌先生的名字,然而 1921,在王蘧常先生的《自述》中,写到吴其本年端午节所作《吊屈灵均文》,当知此时吴其昌已就学于国专,并且第二届的招生考试是在 1921 年 12 月 18 日。而且本编年事辑记载 1924 年毕业的第一届学生名单里有吴其昌先生。这样看来,吴其昌先生应当是第一届考入的学生,时间应是 1920 年底,但不知为何第一届名单里未录,存疑待考。

1922年,岁次壬戌,先生十八岁

由唐文治先生所辑,吴其昌与诸同学襄校而成的《十三经读本》刊印完成。

1923年,岁次癸亥,先生十九岁

10月,为编辑《朱子全集校释》,唐文治先生派吴其昌、王蘧常、唐兰、等同学到宝应刘翰臣家分抄清代学者王懋竑、朱泽沄的《朱集笺注》,七日完毕。

10月,第一篇学术论文《朱子传经史略》在《学衡》第22期发表,

遍搜佚书,重辑张载《崇文集》四卷,请同学毕寿颐题签。

本年,唐文治先生派吴其昌与王蘧常等同学到苏州拜谒曹叔彦元弼先生,求教《礼经》。后共同编辑《礼经大义》。

12月,为筹备第一届学生的毕业礼,无锡国专准备进行毕业学生论文演讲。12月30日,吴其昌演讲题目为《性理学概论》;12月31日,吴其昌演讲题目为《朱子一元哲学》,此文收入《无锡国学专修馆讲演集初编》。

1924年,岁次甲子,先生二十岁

1月1日,自国专毕业。在国专期间,吴其昌主要治宋儒五子外诸家年谱,到此时已作有程明道、程伊川、谢显道、李延平年谱及朱子著述考等初稿各若干卷。

经无锡国专教习陈柱尊介绍,到广西容县中学教书。

在去桂途中,见《鹤林玉露》有朱熹的一篇轶文,便从此开始搜集朱子轶文。

4月,弟吴世昌从杭州寄信来,吴其昌先生作有诗《满江红》答之。

在容县中学曾至书胡适建议保存石鼓、辑宋元佚书等,还自荐编中国哲学家年表。

夏秋,到天津周氏塾馆,作教席,教古诗词。

年底亦或下年初,回桐乡与诸湘女士(同邑斜桥人)完婚。回乡前在苏州滞留,有词《浣溪沙》。

1925 年,岁次乙丑,先生二十一岁

1 月,在桐乡作《崇文集传刊考》,考宋代张载《崇文集》传刊源流。

春,于杭州作《明道先生定性书年代考证》。

7、8 月间,修订《崇文集》为《横渠佚书》,四卷。

9 月,清华大学国学研究院成立,招收第一届学生。吴其昌以第二名的成绩被录取。师从梁启超先生,跟随梁先生治文化学术史、宋史;并从王国维先生治甲骨文、金文、古史;并为二先生讲课担任记录。

11 月 6 日、13 日,记录的梁先生讲稿《读书法》在《清华周刊》24 卷 9 号、10 号连续发表。

11 月 20 日至次年 3 月 26 日,记录的梁先生讲稿《读书示例——荀子》在《清华周刊》24 卷 11 号、13 号、25 卷 3 号、5 号连续发表。

12 月 18 日,吴宓作函介绍吴其昌等学生到北大国学研究所参观。

12 月 25 日,吴其昌等记录的梁先生讲稿《政治家之修养》在《清华周刊》24 卷 16 号发表。

年底,写《明道程子年谱目录》序,《明道程子年谱》共八卷。

作《菩萨蛮》廿首,后刊于《实学》。

1926 年,岁次丙寅,先生二十二岁

担任《清华周刊》编辑(自该刊第 25 卷第 1 期起),负责《特载》栏。

参加"三一八"反帝大游行。在此次游行中险遭枪击。有《祭韦杰三烈士文》(刊于《清华周刊》第 25 卷第 7 号)悼念遇难同学。之后,奋笔撰成《宋代学生干政运动考》,发表于《清华周刊》第 3 卷第 2 号,是研究古代学生运动的最早的文章。

4 月,与研究院同学汪吟龙、刘盼遂、闻惕、高亨、杜纲百等创办了《实学》杂志,《两宋历朔天文学考》一文在第一期发表。本月 9 日,所记《王静安先生古史新证讲授记》在《清华周刊》第 25 卷第 7 号发表。

5月7日至6月1日,所记《王静安先生尚书讲授记》在《清华周刊》第 25 卷第 11 号至第 16 号连续发表;《王静安先生古金文字讲授记》在《清华周刊》第 25 卷第 16 号同时发表。

5月,《三统历简谱》(前篇)在《实学》第 2 期、第 4 期连续发表。

5月,作《〈文中子考信录〉序》,《文中子考信录》为同学汪吟龙作,于一九三四年在商务印书馆出版。

6月,《经义述闻志疑》(易部)、《浣溪沙》、《除夕》在《实学》3 期发表。在《实学》第 6 期又连续发表《国庆病起》、《西院独步呈衣云》、《送彤伯至甘肃》、《浣溪沙》。

夏,梁启超先生手书旧作律诗——两首《自励》("献身甘作万矢的……";"平生恶作牢骚语……")赠吴其昌先生。

第一学年结束,成绩得甲等第四名,期间完成篇目除前文所提,还有:《宋代学术史》(天文地理金石算学)、《谢显道年谱》、《朱子著述考》、《李延平年谱》、《程明道年谱》、《文原兵器篇》。得以申请留校一年。

秋,于清华园作《伊川先生颜子所好何学论及上仁宗皇帝书年代考证》。

10月,校辑完旧稿《朱子佚文钞》,更名为《朱子外集》,十卷。

12月10日,《王静安先生仪礼讲授记》在《清华周刊》第 26 卷第 10 号发表。

这一年还发表了《宋三京图考》,载《清华周刊》十五周年纪念增刊;《裒香廎校辑宋儒佚书序目》,载《国学年刊》第 1 期。

1927 年,岁次丁卯,先生二十三岁

1月,《何君一公哀辞》,在《清华周刊·何鸿烈纪念册》发表。

1月7日,《明程荣汉魏丛书本星经跋尾》(上),在《清华周刊》第 26 卷 14 号发表。

1月19日,《忠言》,载《甲寅周刊》,此为与主编章士钊就时局和《甲寅》所设栏目进行商讨。

2月28日，康有为逝世，吴其昌作挽联云："大道之行，天下为公，有王者必来取法；群言淆乱，折衷诸圣，微斯人吾谁与归。"被梁先生赞誉为所有挽联第一。

作《菩萨蛮》二阙。

初夏，于清华园作《河南程氏遗书第十七卷跋尾》。

6月2日，王国维先生自沉昆明湖，吴其昌悲痛异常。

作《汉以前恒星发现次第考》，后于1944年发表在《真理杂志》第1卷第3期。

6月，随梁先生去天津，但随时回校听课。

于天津梁师双涛阁作《汉孟琁残碑跋尾》，1930年发表于《北平图书馆馆刊》第4卷第5号。

6月，《象形古义考》发表于《实学》第7期。

6月，《宋之地理学史》发表于《国学论丛》第1卷第1号。

夏，主持编辑《清华学校研究院同学录》；作《三统历简谱》后篇《纪术篇》，刊于《中国学术讨论第二集》；厘定《朱子著述考》目录，并作序，修定《伊川程子年谱》。

7月，于天津梁师饮冰室作《渐西村舍丛书本卫藏通志跋尾》，上篇发表于1929年《清华周刊》第30卷第10期，下篇发表于该刊第11期。

8月，于饮冰室作《敦煌石室唐武德四年写本星占残卷跋尾》。

于双涛阁作《明程荣汉魏丛书星经跋尾》（下）

9月，《朱子著述考（佚书考）》，发表于《国学论丛》第1卷第2号。

10月，《朱文公文集丙戌答张钦夫论未发二书跋尾》、《紫阳书院志本朱子年谱跋尾》、《通志堂经解本合订删补大易集义粹言跋尾》于天津陆续完成。

初冬，于清华作《汉龟兹左将军刘平国东乌累关城制亭诵跋尾》，后于1932发表在《清华周刊》第37卷第4期。

12月，于清华园作《嘉兴沈氏日本长尾氏所藏朱子论语注稿三种跋尾》。

1928年,岁次戊辰,先生二十四岁

1月,于清华园作《清王谟重辑汉唐地理遗书抄本星经跋尾》。

1月下旬至2月,唐兰来京,与吴其昌、芸阁小聚。

4月,《王静安先生学术》,发表于《国学论丛》第1卷第3号,以纪念王先生逝世一周年。

4月下旬,手书虢盘铭赠弟世昌。

春夏之交,回杭为五妹完婚。

6月,从清华国学研究院毕业。随梁先生在到天津,随侍先生左右,但仍回校听陈寅恪先生的课。

于天津作《水龙吟·杨花》,得梁先生赞许。

7月,作《汉敦煌太守裴岑破北匈奴功碑跋尾》。发表于《国学季刊》1929年第2卷第2号。

作《说椐檟声例》,有梁、陈二先生的批示,一直珍爱不忍发表,直至1940年发表于《金陵学报》第10卷第1、2合期。

8月16日,始作《殷周之际年历推证》。

仲秋,作《新城博士周初年代之商兑》,发表于《国学论丛》1929年2卷1号;作《平湖爱日吟庐书画续录朱文公春雨帖跋尾》。

9月,因梁启超先生举荐,受聘南开大学。期间,吴其昌先生仍趁寒假回北京听陈寅恪先生和赵元任先生的课。

10月12日,新得精景宋拓大令十三行,作《媚儿眼》,寄诸湘夫人。

10月16日,于南开作《中国家族制度中子孙观念之起源》,发表于《女师大学术季刊》1930年9月第1卷第3期。

12月,《印度释名》,发表于《燕京学报》第4期。

有《襄香楼待焚词》,后更名为《襄香楼寂寞词》。

1929年,岁次己巳,先生二十五岁

1月,《渐西村舍丛书本卫藏通志跋尾》(上、下)、《水龙吟·杨花》、《浣溪沙》发表于《清华周刊》第30卷第11期。

1月15日,于南开起草《古彝籀历》(《金文历朔疏证》初稿)。

1月19日,梁先生病逝。吴其昌哀痛不能自已,作挽联云:"报国唯恐后时,献身作的,天下自任;著论誓移旧俗,新知牖学,百世之师。"

春,于南开作《易本义九图辨伪申宝应王氏说》。

5月25日,于南开起草《先秦入声的收声问题》,8月21日于北平燕京大学图书馆脱稿。后于1931年编入《将来社丛书》第一种。

8月,《殷周之际年历推证》发表于《国学论丛》第2卷第1号。

9月9日,梁先生安葬,吴其昌写有《祭梁启超先生文》。

9月14日,于北平作《魏毋丘检讨高句丽丸都山纪功刊石跋尾》,发表于《北平图书馆月刊》第3卷第3期。

10月,于南开作《来纽明纽古复辅音通转考》初稿。

12月,《金文历朔疏证》,发表于《燕京学报》第6期。《汉敦煌太守裴岑破北匈奴纪功碑跋尾》,发表于《国学季刊》第2卷第2期。本月,亦开始作《矢彝考释》。

1930年,岁次庚午,先生二十六岁

年初,回乡安葬父母,3月底回平,有词《新荷叶》。南下途中,将未成的《矢彝考释》呈给罗振玉求教,罗振玉赠《汉石经集字》。

春,积累《金文历朔疏证续补》资料,对《金文历朔疏证》继续刊谬完善。

5月7日,致书胡适,催促为《国学丛刊》出梁先生纪念号一事。

5月23日,《矢彝考释》脱稿。

9月,吴其昌任清华大学历史系专任讲师,讲授中国文化史,专攻中国经济史文献。整理有《群史食货志校勘记》。本月发表《汉孟琁碑跋尾》于《北平图书馆月刊》第4卷第5号,及《中国家族制度中子孙观念之起源》发表于《女师大学术季刊》第1卷第3期。

10月27日,为纪念朱子诞辰八百年,《大公报·文学副刊》出了专版,吴其昌《朱子之根本精神——即物穷理》发表,又于11月17日及24

日,又连载了《朱子治学方法考》。

12月中旬,到天津接诸湘夫人。自天津致信胡适祝贺胡适四十寿辰。

1931年,岁次辛未,先生二十七岁

1月,《先秦入声的收声问题》在天津将来社丛书出版了单行本。

2月27日,于清华继续修补《来纽明纽古复辅音通释考》。

5月12日,《星经四种跋尾》在《清华周刊》第35卷第10期发表,该文集合了之前所作《敦煌石室唐武德四年写本〈星占残卷〉跋尾》、《明程荣汉魏丛书本星经跋尾》(上下)、《清王谟重辑汉唐地理遗书抄本星经跋尾》。

6月,《矢彝考释》,发表于《燕京学报》第9期。

还应《燕京学报》之请,代审部分投稿,其中发现了郭沫若《汤盘孔鼎之扬榷》一文,大为赞赏,力荐发表。

夏,著《金文氏族疏证》,历时两年多。

秋,作《殷卜辞所见先公先王索引表》、《先妣索引表》、《人名索引表》,之后开始作《卜辞所见殷先公先王三续考》。

9月8日,经唐兰与刘节,得知郭沫若先生针对《殷周之际年历推证》和《金文历朔疏证》有批评文章《毛公鼎之年代》,于是,9月14日完成《驳郭鼎堂先生〈毛公鼎之年代〉》。

九一八事变爆发,吴其昌兄弟二人均积极投入抗日活动。11月20日,率弟世昌、妻诸湘夫人到张学良府邸绝食请愿,又南下南京亲见蒋介石,要求蒋介石奋力抗日,并哭谒中山陵。此事在全国引起巨大反响,也带动了各地学生的抗日请愿活动。

11月19日,吴其昌在赴南京途中得知表兄徐志摩[①]遇难。写《志摩在家乡》哀悼之。

[①] 吴其昌先生祖母孙氏,与徐志摩的嫡祖母为亲姊妹。

12月,《鼺羌钟补考》,发表于《国立北平图书馆馆刊》第5卷第6号。此文为之前与唐兰、刘节、商承祚约定之作。

1932年,岁次壬申,先生二十八岁

1月,《来纽明纽古复辅音通转考》,发表于《清华学报》第7卷第1期。

3月,《汉龟兹左将军刘平国东乌累关城制亭诵跋尾》,发表于《清华周刊》第37卷第4期。

作《金文疑年表》、《人器经纬表》、《王号表》、《诸侯王表》、《重见史臣表》、《王在王格表》,诸表总名之《金文疑年表》。发表于《国立北平图书馆馆刊》第6卷第5、6号。

4月,作《殷代人祭考》。此文于5月发表于《清华周刊》第37卷第9、10合期。

6月2日,王国维先生五周年忌日之际,吴其昌完成《卜辞所见殷先公先王三续考》。

夏,原有《金文氏族疏证初稿》八卷,在此基础上又完成《金文世族谱》四卷三十六篇初稿。

暑假,作小说《苦笑》。

亦在暑假,被聘为武汉大学历史系教授,讲授古代文字学、商周史、中国通史、中国文化史、宋元明清学术史。

9月21日,完成《金文历朔疏证续补》。

10月,被推荐担任中文图书审查委员会委员。

10月,作《金缕衣》两首。

11月21日,给全校学生演讲,题目为《治学的态度和救国的态度》,发表于《国立武汉大学周刊》第145期。后于2003年编入《名人名师武汉大学演讲录》。

1933 年,岁次癸酉,先生二十九岁

同学高亨作《诸子今笺》,请吴其昌作序,1 月 15 日,作《〈诸子今笺〉序》。

2 月,诸湘夫人响应号召,亲手缝制十件棉背心慰劳前线的抗日战士,4 月收到抗日将领宋哲元、孙魁元的感谢函。

3 月,作《采桑子·恸哭》一首,因上海及喜峰口之役而发。

6 月,将自己 1930 年前后与张仁政、钱穆、方壮猷等友人及妻、弟游故都名胜时所吟咏词集为《燕都八哀辞》,并缀小序。6 月 19 日发表于《大公报·文学副刊》。

暑假,回家乡硖石,此次,将五妹之次女令华领回抚养膝下。

《金文历朔疏证续补》在《文哲季刊》第 2 卷第 2 至 4 期连载。

9 月,《民族危机的认识和救国治学的态度》,发表于《中兴周刊》第 14 期。

10 月至 12 月,据殷墟第二次发掘的大龟第四版作《从碎甲古金文中所涵殷历推证》。

12 月,被武汉大学校务委员会推定为《文哲季刊》委员会委员。本月,在《燕京学报》第 14 期发表了《卜辞所见殷先公先王三续考》;在《东方杂志》第 30 卷第 23 期发表《驳郭鼎堂先生〈毛公鼎之年代〉》。

1934 年,岁次甲戌,先生三十岁

甲骨文研究的代表作之一《殷虚书契解诂》从《文哲季刊》第 3 卷第 2 号开始连载。

5 月 21 日,给全校学生做演讲,题为《开国的士风与亡国的士风》。此讲稿发表于《国立武汉大学周刊》第 202 期,6 月,又更以《民族复兴与士风》为题载于《中兴周刊》第 39 期。此文亦收入《名人名师武汉大学演讲录》。

暑假,携全家回北平。重校了《从碎甲古金文中所涵殷历推证》,发表于《历史语言研究所集刊》四本三分册。此时,一校《金文世族谱》。

11月,将此前所作《金文历朔疏证》和《金文历朔疏证续补》进行删复增益,又将《金文疑年表》诸表收入,并附上《驳郭鼎堂先生〈毛公鼎之年代〉》一文,集成《金文历朔疏证》一书,于1936年在商务印书馆出版。

1935年,岁次乙亥,先生三十一岁

就刘节《楚器图释》和于省吾《尚书新证》进行评议,作《楚器图释及尚书新证评议》,该文于5月2日发表于《大公报·图书馆副刊》。

5月6日,给全校学生讲演,题为《中国本位所需要的青年和文化》,在《国立武汉大学周刊》第234期登载,《大公报》以《开国的建国的根本精神》为题于同日登载。5月11日,《中兴周刊》第94期以原题目登载,6月10日又在《文化建设》第1卷第9期以原题登载。此文亦收入《名人名师武汉大学演讲录》。

本月,应凌淑华之邀,作《读词》,这也是吴其昌仅存的一篇词学论文,连载于1935年5月10日、6月14日之《武汉日报·现代文艺》。

暑假,二校《金文世族谱》。

《秦以前中国田制史》,发表于《社会科学季刊》第5卷第3、4期,共4万字。

10月,《国家的命运》,发表于《中兴周刊》第113期。

11月,发表讲演,题为《历史上国难的教训》,此稿于本月13日起在《大公报》上连载,《中兴周刊》于23日登载。后有武昌止止堂主人自费印刷此文,足见此文之感染力。

12月24,《国民节操运动》,发表于《大公报》。

1936年,岁次丙子,先生三十二岁

春,三校《金文世族谱》。

4月,《金文世族谱》由上海商务印书馆出版。而前此所作的《金文氏族疏证》八卷本已编入《国立北平图书馆考古学丛刊》即将出版,却因战事,书稿至今下落不明。

3月14日,《复兴民族的教育宗旨》,发表于《武汉日报》。

3月,吴其昌与周传儒、姚名达笔述之梁启超先生《古书真伪及其年代》在中华书局出版。

《甲骨金文中所见的殷代农稼情况》,收入《张菊生先生七十生日纪念论文集》,该论文集于1937年1月出版。

暑假,重回北平,有《二十五年燕京杂诗》十首。

7月25日,应邀在青岛市政府大礼堂作讲演,题目为《民族复兴的自信力》。于9月发表于《国闻周报》第13卷39期。

《北魏均田以前中国田制史》,发表于《社会科学季刊》第6卷第3、4期。

《金文名象疏证——兵器篇》,发表于《文哲季刊》第5卷第3号和第6卷第1号。

12月,《金文历朔疏证》八卷编入《国立武汉大学丛书》,由商务印书馆出版。

日本人桥川时雄于1936年所编《中国文化界人物总鉴》为吴其昌兄弟立专条。

1937年,岁次丁丑,先生三十三岁

春,应邀在湖北省党部礼堂作讲演,题为《文人对于国家的责任》,此稿刊于《奔腾》半月刊第1卷第4期。

春,患急性肋膜炎住院,但在医院,仍忧心国事。

抗日军兴,吴其昌不遗余力地演讲撰文、口诛笔伐。还在中央干部训练团为抗日军官讲"历史上的国难教训"等历史课。数年中,为抗日写论文三十余万字。

11月24日至25日,《不屈服,即胜利》在《武汉日报》和《扫荡报》上同时连载。

12月9日,《肃清几种错误的概念》载于《扫荡报》。

《宋以前中国田制史》在《社会科学季刊》第7卷第2、3期连载。

于珞珈山作有《明程资刻本朱程问答三卷跋尾》,于战乱中丢失。

1938年,岁次戊寅,先生三十四岁

1月16日,《建国与卫国》一文于《大公报》发表,3月25日,金华《新阵地》摘刊。

1月27日,《现阶段我们的工作》发表于《扫荡报》。

本月,武汉大学西迁,吴其昌将大量藏书、文物及文稿存于英商平和(待定)洋行,共三十七箱。然太平洋战争爆发,日军进入洋行,存物尽失。

2月,在汉口等待轮船时,利用间隙增订《朱文公外集》目。

2月16日,《民族盛衰的史例观》发表于《扫荡报》,3月15日又登载于《新阵地》第2期。

2月20日,《从陈振先生被害说道国营事业及国家纪纲》,发表于《大公报》。

3月20日,《后方民众再度兴奋起来》,发表于《武汉日报》。

春末,到达成都,拜谒杜甫草堂,作《鹧鸪天》。

4月,到达四川乐山。

5月,《乐观、知耻、戒慎、奋进》,发表于《国论》。

夏,游峨眉山,作《二十七年峨眉杂咏》八首。

10月23日,《十五月来华倭战象的解释》,发表于《扫荡报》。

1939年,岁次己卯,先生三十五岁

3月,《西北的复兴根据地——关中》一文发表。

4月23日,《准备时间要长,反攻时间要短》发表于《扫荡报》。

5月,作《〈陈龙川年谱〉序》,《陈龙川年谱》是同学颜希深所作,从香港寄来向吴其昌求序。该序发表于《国书季刊》新1卷4号。

与马衡院长重游峨眉山,此次归来就开始咯血,之后一直未愈,但上课、撰文从未停歇。

夏,兼任武汉大学历史系主任。曾先后邀请顾颉刚、商承祚、王恩洋、郭沫若来给学生做学术讲演。

还兼任文法理工四科研究所硕士学位考释委员会委员、文史研究所研究生指导教师等职。

10月27日,《国际形势好转的保证》,发表于《扫荡报》"星期专论",之后亦在《春秋》第1卷第6期刊登。

12月16日,《春秋的民族主义和复仇主义》,发表于1940年《春秋》第1卷第1期。本月还写了《中华民族生存发展的斗争》,发表于《青年中国季刊》第1卷第3期。

本年前后,开始编《华族亚细亚国群史表及考证》,基本完成《世系表》十二卷。

1940年,岁次庚辰,先生三十六岁

2月13日,郭沫若来函请吴其昌协助考证戚继光相关事迹之事。

3月10日,《长期抗战的国民意志》一文,发表于《扫荡报》。本月作《利津李氏书画鉴影朱文公墓志钟山起居三帖跋尾》。

常致书陈寅恪先生问安,4月2日,陈先生有回信。

4月28日,《蛮族侵略历史性的比较》一文,发表于《扫荡报》。

5月,《说椇樻声例》在《金陵学报》第10卷第1、2合期发表。

8月,主编《中华民族复兴论》一书。

8月29日,《再论不屈服即胜利》一文,发表于《扫荡报》。

暑假,到重庆。

10月4日,为纪念清华校庆,应冯友兰先生之邀,作《〈王会篇〉国名补疏》。

11月,杨树达自湖南大学寄来《关于甲骨文札记》一文,请吴其昌提意见。本月,《国际形势好转的保证》于《春秋》第1卷第6期发表;《南宁收复的深刻意义》发表。

本年秋,吴世昌因伯昇夫人要继续学业,就将两岁的女儿令徽送到乐山由吴其昌抚养。

欲搜集资料写一部《抗战护国贤豪传》,已成《郝梦龄传》与《郑安宝传》两篇。

1941 年,岁次辛巳,先生三十七岁

1 月 5 日,《第二次世界大战抉微》一文,发表于《扫荡报》。还在乐山浙江同乡会发表讲演,题为《中日战争的一个历史看法》,后发表于《春秋》第 2 卷第 1 期和《中央周刊》第 3 卷第 31 期。

2 月 6 日,董作宾写信告知研究殷历新得。

为《边政公论》撰写《历代边政借鉴》一书。2 月 25 日,完成《秦以前华裔与边裔民族关系的借鉴》,发表于《边政公论》第 1 卷第 1 期。

3 月,先生聘请钱穆来武大讲课,课程为"中国政治制度史"和"秦汉史",为时两个月。

4 月,《足利时代后日本人的民族性》一文,发表于《时代精神》第 6 卷第 1 期。又值德军队侵占希腊,作《哀希腊》四首。

《乱世青年的人生观》一文,发表于《星期评论》第 27 期。

7 月,《宋代哲学史料丛考》发表于《文哲季刊》第 7 卷第 1 号。该文为前所作《嘉兴沈氏日本长尾氏所藏朱子论语注稿三种跋尾》、《朱文公文集丙戌答张钦夫论未发二书跋尾》、《紫阳书院志本朱子年谱跋尾》、《通志堂经解本合订删补大易集义粹言跋尾》、《平湖爱日吟庐书画续录朱文公春雨帖跋尾》、《明程资刻本朱程问答三卷跋尾》(存目)、《河南程氏遗书第十七卷跋尾》、《明道先生定性书年代考证》、《伊川先生颜子所好何学论及上仁宗皇帝书年代考证》、《崇文集传刊考》、《易本义九图辨伪申宝应王氏说》十二篇的合刊。也曾将这组文章加之《〈诸子今笺〉序》、《朱子之根本精神——即物穷理》、《朱子治学方法考》、《〈陈龙川年谱〉序》等作为"宋元明清学术史"讲义发给学生。

前所作《〈王会篇〉国名补疏》上篇发表于《清华学报》第 13 卷第 2 期。

12月26日,完成《两汉边政的借鉴》,发表于《边政公论》第1卷第5、6合期。

在乐山期间,常与马一浮、王献唐等先生往来。并与刘节多有书信往来。①

1942年,岁次壬午,先生三十八岁

为黄独峰题画并作序,发表于《诚报》。

3月26日,作《赵望云先生画理序》。时值赵望云来乐山办画展,

4月初,《国史上安南暹罗缅甸之地位》一文,在《思想与时代》月刊第9期发表。4月13日,《拯救沦陷区的忠诚青年》一文,发表于《扫荡报》。4月下旬,于病中作《水龙吟嘉定寓宅感双燕赋》。

同学姚名达于抗战中壮烈牺牲,7月29日,作《哀念姚名达教授》,7月31日发表于《诚报》。

知陈寅恪先生自香港安全抵达桂林,赶忙致函问候。8月5日,陈先生复信告知情况并垂询吴其昌病体。

8月27日,完成《魏晋六朝边政的借鉴》。发表于《边政公论》第1卷第11、12合期,第2卷第3、4、5合期。

秋,撰《梁任公先生别录拾遗》,于9月发表在《思想与时代月刊》第13期。

初冬,作《梁任公先生晚年言行记》,发表于《中央周刊》第5卷第21期。

12月,《大中华民族西移建国的史概》一文,发表于《大中国》第1卷第3期。

---

① 据《刘节日记(1939—1977)》所载,1941年两人书信频繁,如1941年3月3日、3月17日、3月24日、7月30日、8月2日、9月5日均有记录,但书信内容不详。(见刘节著;刘显曾整理:《刘节日记(1939—1977)》,大象出版社,2009,第206—239页。)据吴令华女士《海宁吴其昌教授年谱》记载,通信内容多为诗词。(见吴令华:《吴其昌文集》(五),三晋出版社,2009,第342页。)

本年,为高级中学编写历史教科书第一、二册。教育部聘先生为"部聘教授"。

本年,病情加剧,但仍不曾休假。

1943 年,岁次癸未,先生三十九岁

《宋元时代中国农田制度史》一文,发表于《社会科学季刊》第 8 卷第 1 期。

春,到重庆出席史地教育委员会第三次会议和中国史学会成立大会,提出建立东亚国群史系统。此行期间,蒋介石还请吴其昌到家中吃便饭,就东亚史研究会及编东亚史事宜要求其组织并主持。归途大病,至乐山,咯血加剧。

5 月 12 日,《绘画三昧说》一文,刊于《诚报》。

7 月 16 日,于病中整理完《群史食货志校勘记》,发表于 1944 年《说文月刊》合刊。

8 月,《王国维先生生平及其学说》讲稿,发表于《风土什志》。

冬,作《响应献金运动补陈三义》,于 12 月 1 日发表在《诚报》。

12 月中旬,开始撰写《梁启超》,至 1944 年 1 月 19 日,一气呵成上册三章,共五万余字。

本年,因病重,坚辞武大历史系主任一职。

1944 年,岁次甲申,先生四十岁

元旦,《光明的进程》在《诚报》刊登。

进入二月,卧床不起。

2 月 23 日清晨 6 时许,逝世于乐山寓所。大后方各方报刊同声致悼。

3 月 5 日,安葬于乐山德胜门外武汉大学公墓。

5 月,生前旧作《汉以前恒星发现次第考》在《真理杂志》第 1 卷第 3 期发表。

《边政公论》分四次发表其遗作《隋唐边政之借鉴》。

遗作《梁启超》于本年在胜利出版社出版。

《〈王会篇〉国名补疏》(中篇)在《中国史学》第1期发表。

吴世昌将吴其昌的散杂文辑为《子馨文在》,于1945年在独立出版社出版。

启　事

上世纪初短暂存在过的清华国学院,已成为令后学仰视与神往的佳话。而三年前,本院于文化浩劫之后浴火重生,继续秉承"独立之精神,自由之思想",而更强调"中国主体"与"世界眼光"的平衡,亦广受海内外关注与首肯。

本院几乎从复建之日起,即致力于《清华国学书系》之"院史工程",亟欲缀集早期院友之研究成果,以逼真展示昔年历程之艰辛与辉煌。现据手头之不完备资料,暂定在本套《书系》中,分册出版文存五十一种,以整理下述前贤之著述:

梁启超、王国维、陈寅恪、赵元任、李　济、吴　宓、梁漱溟、钢和泰、马　衡、林志钧、梁廷灿、赵万里、浦江清、杨时逢、蒋善国、王　力、姜亮夫、高　亨、徐中舒、陆侃如、刘盼遂、谢国桢、吴其昌、刘　节、罗根泽、蓝文徵、姚名达、朱芳圃、王静如、戴家祥、周传儒、蒋天枢、王　庸、冯永轩、徐景贤、卫聚贤、吴金鼎、杨筠如、冯国瑞、杨鸿烈、黄淬伯、裴学海、储皖峰、方壮猷、杜钢百、程　憬、王耕庄、何士骥、朱右白。

本《书系》打算另辟汇编本两册,收录章昭煌、余永梁、张昌圻、汪吟龙、黄绶、门启明、刘纪泽、颜虚心、闻惕生、王竞、赵邦彦、王镜第、陈守实

启 事

等前贤之著述。

本《书系》已被列为国家十二五重点图书。为使其中收入的每部文存,皆成为有关该作者的"最佳一卷本",除本院同仁将殚精竭虑外,亦深盼各界同好与贤达,不吝惠赐《书系》所涉之资料、线索,尤其是迄未付梓、或散落民间的文字资料、照片、遗物等。此外,亦望有缘并有志之士,能够以各种灵活之形式,加入此项院史编集工程,主动承担某部文存的汇集与研究。如此,则不光是清华国学院之幸,更会是中国学术文化之幸。

惟望本《书系》能继前贤之绝学,传大师之火种,挽文明之颓势,为创造中国文化的现代形态,收到守先待后之功。

清华大学国学研究院
2012 年 8 月 11 日